国家开放教育汽车类（专科）专业规划教材
全国汽车职业教育人才培养工程规划教材

汽车电控技术
（第2版）

国家开放大学汽车学院组织编写

舒 华 郑召才

国家开放大学出版社·北京

人民交通出版社股份有限公司·北京

内 容 提 要

本书为国家开放教育汽车类（专科）专业规划教材、全国汽车职业教育人才培养工程规划教材之一。本书的主要内容包括：汽车电控技术概述、汽油机电控喷油技术、发动机排放控制技术、柴油机电控喷油技术、汽车行驶安全电控技术、汽车电控自动变速技术、汽车电控系统故障自诊断技术。

本书可作为高等职业技术学院和高等专科学校汽车类专业的教材，也可供从事汽车维修、汽车营销的工程技术人员参考。

图书在版编目（CIP）数据

汽车电控技术 / 舒华，郑召才主编 . —2 版 . —北京：国家开放大学出版社：人民交通出版社股份有限公司，2023.1（2025.1 重印）
ISBN 978-7-304-11556-2

Ⅰ.①汽…　Ⅱ.①舒…②郑…　Ⅲ.①汽车—电子系统—控制系统—开放教育—教材　Ⅳ.①U463.6

中国版本图书馆 CIP 数据核字（2022）第 254858 号

汽车电控技术（第 2 版）
QICHE DIANKONG JISHU
舒　华　郑召才

出版·发行：国家开放大学出版社　人民交通出版社股份有限公司
电话：营销中心 010-68180820（国家开放大学出版社）
　　　总 编 室 010-68182524（国家开放大学出版社）
　　　营销中心 010-59757973（人民交通出版社股份有限公司）
网址：http://www.crtvup.com.cn（国家开放大学出版社）
　　　http://www.ccpress.com.cn（人民交通出版社股份有限公司）
地址：北京市海淀区西四环中路 45 号　　　邮编：100039（国家开放大学出版社）
　　　北京市朝阳区安定门外外馆斜街 3 号　邮编：100011（人民交通出版社股份有限公司）
经销：新华书店北京发行所

策划编辑：王　普　　　　　　　　版式设计：何智杰
责任编辑：刘　慧　　　　　　　　责任校对：冯　欢
责任印制：武　鹏　马　严

印刷：中煤（北京）印务有限公司
版本：2023 年 1 月第 2 版　　　　2025 年 1 月第 5 次印刷
开本：787mm×1092mm　1/16　　　印张：18　字数：424 千字

书号：ISBN 978-7-304-11556-2
定价：48.00 元

总　　序

国家开放大学汽车学院是国家开放大学的二级学院，是在北京中德合力技术培训中心与中央广播电视大学（现国家开放大学）2004 年合作开设的汽车（专科）专业基础上，经过多年的教学实践与经验积累，于 2013 年 11 月 26 日正式成立的。

2003 年，《教育部等六部门关于实施职业院校制造业和现代服务业技能型紧缺人才培养培训工程的通知》（教职成〔2003〕5 号）确定汽车运用与维修专业为人才紧缺专业，对加快培养汽车维修专业人才提出了迫切要求。

2004 年年初，《教育部关于以就业为导向 深化高等职业教育改革的若干意见》（教高〔2004〕1 号）特别提出，"加快高技能紧缺人才培养……中央广播电视大学的相关专业，要从 2004 年入学的新生开始，实施两年制试点。"在这一背景下，为发展职业技术教育，快速培养紧缺人才，满足从业人员业余学习的需要，2004 年 10 月，北京中德合力技术培训中心联合汽车行业组织与中央广播电视大学签订合作协议，开办汽车（专科）专业，发挥各自优势，整合国内外优质教育资源，联合培养汽车维修专业人才。

2005 年 1 月 12 日，中央广播电视大学和北京广播电视大学批准，在北京中德合力技术培训中心建立教学点，开展联合办学试点，2005 年春季学期开始招生。

2006 年 11 月，《中央广播电视大学与北京中德合力技术培训中心联合开展汽车（专科）专业开放教育试点协议书》正式签订。中央广播电视大学将汽车（专科）专业纳入"中央广播电视大学人才培养模式改革和开放教育试点"项目统一管理，面向全国电大开设汽车（专科）专业。

2007 年 1 月 10 日，《中央广播电视大学　北京中德合力技术培训中心关于在汽车行业开展开放教育试点汽车（专科）专业工作的通知》（电校教〔2007〕1 号）提出，自 2007 年春季学期起，在汽车行业联合开展开放教育汽车（维修方向）（专科）专业和汽车（营销方向）（专科）专业试点工作。此后，在全国陆续有 40 余家省级电大开办了这两个专业，基本完成了汽车（专科）专业在全国的试点布局。

为满足教学需要，2005—2006 年，北京中德合力技术培训中心组织编写了中央广播电视大学汽车（专科）专业系列教材，共 27 本，由中央广播电视大学出版社（现国家开放大学出版社）出版发行。这套教材被定为教育部人才培养模式改革和开放教育试点教材，自使用以来，受到广大读者普遍欢迎与肯定。

2015 年，按照教育部颁布的《普通高等学校高等职业教育（专科）专业目录（2015 年）》，国家开放大学汽车学院对已开设的开放教育汽车（维修方向）（专科）专业和汽车（营销方向）（专科）专业，以及"新型产业工人培养和发展助力计划"汽车检测与维修技术（专科）专业和汽车技术服务与营销（专科）专业进行了合并，重新设置了汽车运用与维修技术（专科）专业和汽车营销与服务（专科）专业，并制定了新的专业人才培养方案。

2017—2018 年，为满足专业调整后的教学需要，国家开放大学汽车学院组织编写了 32 本汽车类（专科）专业系列教材，由国家开放大学出版社和人民交通出版社联合出版发行。该系列教材被定为国家开放教育汽车类（专科）专业规划教材和全国汽车职业教育人才培养工程规划教材，自启用以来受到国家开放大学办学体系内外学习者的热烈欢迎和广泛好评。截至 2021 年年底，总计发行近 30 万册。其中，《汽车底盘构造与维修》于 2021 年荣获首届全国教材建设奖全国优秀教材（职业教育与继续教育类）二等奖。

"教育、科技、人才是全面建设社会主义现代化国家的基础性、战略性支撑。"2022年，为深入贯彻落实习近平总书记关于教育的重要论述，扎实推进习近平新时代中国特色社会主义思想进课程教材，落实立德树人根本任务，根据教育部最新颁布的《职业教育专业目录（2021）》，国家开放大学汽车学院将汽车运用与维修技术（专科）专业和汽车营销与服务（专科）专业分别更名为汽车检测与维修技术（专科）专业和汽车技术服务与营销（专科）专业；同时，对两个专业的人才培养方案进行了调整，并根据《国家开放大学教材管理办法》的相关要求，组织编者对 2017—2018 年出版的教材进行了再版修订。修订后的教材保留了上一版教材的既有特点，又增加了新的元素和特色：

第一，内容针对性强。在教材内容选择、深浅程度把握、编写体例等方面严格按照《教育部办公厅关于加强高等学历继续教育教材建设与管理的通知》精神和国家开放大学的教材编写要求，满足开放教育的需要。修订后，教材有机融入了课程思政元素，帮助学习者了解汽车行业从业者的岗位职责、培养行业自信。

第二，专业特色鲜明。汽车检测与维修技术（专科）专业和汽车技术服务与营销（专科）专业都是应用型专业。教材主编均为来自高校和汽车维修、营销行业企业一线的专家，他们的教学和实践经验丰富，所选内容能够强化实训环节，理论和实训部分比例适当、联系紧密，教材实用性强。修订后，教材对汽车行业发展的新技术、新结构、新标准等进行更新，切实改善内容陈旧问题。

第三，立体化资源建设。该系列教材采用融媒体技术，通过二维码引入二维、三维动画和音视频等学习资源，增加了教材的可读性、可视性、知识性和趣味性。修订后，文字教材以纸质书和电子书两种版本出版发行，并与网络课程中的讲授视频、直播课、微课、案例、复习指导（含复习指导书）等共同构成立体化的教学资源体系，满足学习者随时随地学习的需求。

第四，读者适用面广。该系列教材集合了国家开放大学出版社和人民交通出版社两大出版单位，面向国家开放大学办学体系和全社会公开发行，不但能够满足国家开放大学汽车检测与维修技术（专科）专业和汽车技术服务与营销（专科）专业的教学需要，而且适合其他高等职业院校汽车类（专科）专业师生以及汽车行业维修、销售等岗位工作人员选用。

　　第五，教学评一体化。该系列教材对应课程均在国家开放大学学习网上建设了网络课程。除综合实践和毕业论文外，包括形成性考核和终结性考试在内的各个教学环节都可在网上进行，有助于学习者开展自学，实现了教学评一体化。

　　在该系列教材的组编和修订过程中，国家开放大学就如何做出鲜明行业特色做了重要指示。北京中德合力技术培训中心承担了教材编写、审定的组织实施，以及出版、发行等环节的沟通协调工作。中国汽车维修行业协会积极调动行业资源，深入参与教材的组织编写，人民交通出版社积极提供二维、三维动画和音视频等多媒体资源。有关行业组织积极推荐主编人选，参与教材编写的组织工作。各教材主编、参编老师和专家认真负责、兢兢业业，确保教材的组编和修订工作顺利完成。没有他们辛勤的劳动付出，本套教材的编写、修订、出版、发行就不可能这么顺利进行。借此机会，对所有参与、支持、关心本套教材编辑、出版、发行的人士表示衷心感谢！

　　编写、修订工作恐有不尽之处，亦难免存在不足或疏漏，敬请批评指正！

2022 年 11 月

前　　言

　　《汽车电控技术》（第 2 版）是国家开放教育汽车类（专科）专业规划教材、全国汽车职业教育人才培养工程规划教材之一。

　　通过本教材的学习，学生可以了解汽车电控技术的应用概况与发展趋势、汽车电控系统的基本组成与分类方法，熟悉汽油机电控喷油系统、发动机排放控制系统、柴油机电控喷油系统、汽车行驶安全电控系统、汽车电控自动变速系统和汽车故障自诊断系统的组成、功能及其控制部件的结构原理，掌握各种电控系统的控制原理、控制过程与故障自诊断测试方法；还可以学习本专业所必需的基础理论、专业知识和专业技能，逐步成为高等职业教育所需的应用型人才。

　　本教材根据专业培养目标和培养对象的认知水平与学习特点，将汽车电控技术的相关知识紧密围绕汽车运用与维修技术专业和汽车营销与服务专业的特点进行阐述。本教材以"必需、够用、有效、经济"为原则，将电控技术与汽车专业知识进行了有机结合，对教材内容进行了优化整合和深度融合，在内容编排上重点突出了电控技术在汽车专业中的运用，较好地体现了汽车运用与维修技术和汽车营销与服务的专业性和实用性，具有较强的专业知识和技能培养的针对性。

　　根据开放教育的特点，本教材中配有二维码，扫一扫即可观看相关的动画或视频。本教材二维码均由人民交通出版社提供。

　　本教材由军事交通学院的舒华教授、中国人民解放军 94938 部队的郑召才高级工程师担任主编，陆军军事交通学院的何松柏教授、军事科学院系统工程研究院卫勤保障技术研究所的舒展工程师担任副主编。本教材由舒华教授完成统稿工作。

　　在本教材的编写过程中，承蒙国家开放大学和兄弟院校及企业有关同志的大力支持，特别是人民交通出版社提供了大量附图，在此编者向他们表示衷心的感谢。此外，本教材在编写过程中参考了大量的文献资料，在此编者一并向原作者表示感谢。

　　由于编者知识水平有限，教材中难免存在疏漏之处，敬请读者批评指正。

编者

2022 年 11 月

学习指南

0.1 学习目标

完成本门课程的学习之后，学生将达到以下目标：

1. 认知目标

（1）了解汽车电控技术的应用概况与发展趋势。

（2）熟悉汽车电控系统的基本组成与分类方法。

（3）熟悉空气流量传感器、歧管压力传感器、曲轴与凸轮轴位置传感器、节气门位置传感器和温度传感器的功能、类型、结构组成与工作原理。

（4）熟悉汽车电控单元、电动燃油泵、油压调节器和电磁喷油器的功能、结构组成与工作原理。

（5）熟悉汽油机起动时和起动后喷油量的控制原理。

（6）掌握汽油机电控喷油系统喷油提前角与喷油持续时间的控制过程。

（7）熟悉怠速控制系统、断油控制系统、空燃比反馈控制系统、燃油蒸发排放控制系统、废气再循环控制系统和汽油机爆燃控制系统的组成、控制原理与控制过程。

（8）熟悉步进电动机式怠速控制阀、氧化锆式和氧化钛式氧传感器、爆燃传感器等控制部件的结构组成与工作原理。

（9）熟悉高压共轨式电控柴油喷射系统压力控制阀、限压阀、流量限制阀、共轨油压传感器和电控喷油器的结构组成与工作原理。

（10）掌握高压共轨式电控柴油喷射系统喷油量和喷油压力的控制方法。

（11）熟悉防抱死制动系统、制动力分配系统、制动辅助系统、驱动轮防滑转调节系统、车身稳定性控制系统、安全气囊系统和安全带收紧系统的组成与控制过程。

（12）掌握两位两通电磁阀式防抱死制动系统制动压力的控制方法和驱动轮防滑转的调节方法。

（13）熟悉汽车电控自动变速系统和电控无级变速系统的结构组成与变速原理。

（14）掌握汽车电控自动变速器换挡时机和液力变矩器锁止时机控制方法。

（15）熟悉汽车电控系统故障自诊断监测原理。

（16）掌握汽车电控系统故障自诊断测试方法。

2. 技能目标

（1）能够说明汽车电控技术的应用与发展趋势。

（2）能够熟练地阐述汽车电控系统的组成与分类方法。

（3）能够说明空气流量传感器、歧管压力传感器、曲轴与凸轮轴位置传感器、节气门位置传感器和温度传感器的功能、类型、结构组成与工作原理。

（4）能够说明汽车电控单元、电动燃油泵、油压调节器和电磁喷油器的功能、结构组成与工作原理。

（5）能够熟练地说明汽油机起动时和起动后喷油量的控制原理。

1

（6）能够熟练地说明汽油机电控喷油系统喷油提前角与喷油持续时间的控制过程。

（7）能够说明怠速控制系统、断油控制系统、空燃比反馈控制系统、燃油蒸发排放控制系统、废气再循环控制系统和汽油机爆燃控制系统的组成与控制过程。

（8）能够说明步进电动机式怠速控制阀、氧化锆式和氧化钛式氧传感器、爆燃传感器等控制部件的结构组成与工作原理。

（9）能够说明高压共轨式电控柴油喷射系统压力控制阀、限压阀、流量限制阀、共轨油压传感器和电控喷油器的结构组成与工作原理。

（10）能够熟练地说明高压共轨式电控柴油喷射系统喷油量和喷油压力的控制过程。

（11）能够说明防抱死制动系统、制动力分配系统、制动辅助系统、驱动轮防滑转调节系统、车身稳定性控制系统、安全气囊系统和安全带收紧系统的组成、控制原理与控制过程。

（12）能够熟练地说明两位两通电磁阀式防抱死制动系统制动压力的控制过程和驱动轮防滑转的调节过程。

（13）能够说明汽车电控自动变速系统和电控无级变速系统的结构组成与变速原理。

（14）能够熟练地说明汽车电控自动变速器换挡时机和液力变矩器锁止时机控制过程。

（15）能够说明汽车电控系统故障自诊断监测原理。

（16）能够熟练地说明汽车电控系统故障自诊断测试过程。

3. 情感目标

（1）发挥自主学习能力和团队合作精神，养成一丝不苟、严肃认真的工作作风。

（2）发挥收集、分析学习资料的能力，培养归纳、总结、关联知识点的能力。

（3）培养形象思维能力和抽象思维能力，养成分析问题、解决问题的能力。

0.2　学习内容

本教材包括以下内容：

1. 汽车电控技术概述

本章主要内容包括汽车电控技术的应用与发展、汽车电控系统的组成与分类方法。通过本章内容学习，学生能够了解汽车电控技术的基本知识，重点掌握汽车电控系统的组成与分类方法。

2. 汽油机电控喷油技术

本章主要内容包括汽油机电控喷油系统的组成与分类、电控喷油系统传感器和执行器的结构原理、汽车电控单元的结构原理、汽油机电控喷油系统的控制原理与控制方法。通过本章内容学习，学生能够掌握汽油机电控喷油技术的相关知识，重点掌握空气流量传感器、歧管压力传感器、曲轴与凸轮轴位置传感器、节气门位置传感器、温度传感器、汽车电控单元、电动燃油泵、油压调节器和电磁喷油器的结构组成与工作原理以及汽油机电控喷油系统喷油提前角与喷油持续时间的控制过程。

3. 发动机排放控制技术

本章主要内容包括怠速控制、断油控制、空燃比反馈控制、燃油蒸发排放控制、废气再循环控制和爆燃控制等子控制系统。通过本章内容学习，学生能够掌握汽油机动力性、经济性与排放性控制技术的相关知识，重点掌握汽油机怠速控制系统、断油控制系统、空燃比反馈控制系统和爆燃控制系统的结构组成、控制原理与控制过程。

4. 柴油机电控喷油技术

本章主要介绍柴油机电控喷油技术的发展概况与基本原理，柴油机电控喷油系统的组成与分类，高压共轨式电控柴油喷射系统的组成，高压共轨式电控喷油系统的关键技术、喷油量和喷油压力以及多段喷射的控制等内容。通过本章内容学习，学生能够掌握柴油机电控技术的相关知识，重点掌握高压共轨式电控柴油喷射系统压力控制阀、限压阀、流量限制阀、共轨油压传感器和电控喷油器的结构组成与工作原理以及高压共轨式电控柴油喷射系统喷油量和喷油压力的控制过程。

5. 汽车行驶安全电控技术

本章主要介绍汽车防抱死制动控制、制动力分配控制、制动辅助控制、驱动轮防滑转调节、车身稳定性控制等主动安全技术以及安全气囊控制和安全带收紧控制等被动安全技术的内容。通过本章内容学习，学生能够掌握汽车行驶安全电控技术的相关知识，重点掌握防抱死制动系统、制动力分配系统、制动辅助系统、驱动轮防滑转调节系统、车身稳定性控制系统、安全气囊系统和安全带收紧系统的结构组成、控制原理与控制过程。

6. 汽车电控自动变速技术

本章主要介绍汽车电控自动变速系统的组成与控制原理，电控变速器自动换挡的控制过程和液力变矩器锁止时机的控制过程，电控无级变速系统的组成与控制原理等内容。通过本章内容学习，学生能够掌握汽车电控自动变速技术的相关知识，重点掌握电控自动变速系统和电控无级变速系统的结构组成、变速原理以及变速器换挡时机和液力变矩器锁止时机的控制过程。

7. 汽车电控系统故障自诊断技术

本章主要介绍汽车故障自诊断系统的组成与功能，汽车电控系统故障自诊断监测原理，电控系统自诊断测试方式、测试内容、测试工具和测试过程，汽车电控系统故障诊断与检修方法等内容。通过本章内容学习，学生能够掌握汽车电控系统故障自诊断测试技术的相关知识，重点掌握汽车电控系统故障自诊断监测原理和自诊断测试过程。

0.3 学习准备

在学习本门课程之前，学生应具有高等数学、汽车电工电子、汽车构造、汽车电器设备构造与维修的基础知识以及使用计算机或手机进行网页浏览、资料下载等能力。

0.4 学习资源

为了帮助学生更好地掌握本门课程的内容，顺利地完成学习，本课程在文字教材的基础上配备了二维、三维动画及音视频等配套学习资源，以二维码的形式呈现在各章节对应位置。

0.5 学习评价

1. 评价方式

本课程的学习评价采用形成性考核和终结性考试两种方式进行。其中，形成性考核在国家开放大学学习网上进行。终结性考试是在形成性考核的基础上，对学生学习情况和学习效果进行的一次全面检测。

2. 评价要求

本课程的评价重点为文字教材的基本概念、基础知识和基本分析方法，各章内容均有考核要求。

3. 试题题型

本课程试题题型及其他说明详见"汽车电控技术课程考核说明"（发布于国家开放大学学习网）。

目　　录

第1章　汽车电控技术概述

导　言

汽车电子控制技术简称汽车电控技术，是以电器技术、微电子技术、计算机技术、自动控制技术、智能控制技术、液压传动技术、新材料和新工艺为基础，旨在解决能源紧缺、环境污染和交通安全等社会问题，并提高汽车整车性能的技术。汽车工业是我国经济的支柱产业之一，汽车电控技术是汽车技术的组成部分，其水平高低是衡量一个国家科研实力和工业水平的重要标志之一。

本章主要内容包括汽车电控技术的应用与发展、汽车电控系统的组成与分类方法。本章学习内容力求使学生掌握汽车电控技术的相关基础知识，为学习相关章节打下坚实的基础。

学习目标

1. 认知目标

1）了解汽车电控技术的应用与发展趋势。

2）熟悉汽车电控系统的基本组成。

3）掌握汽车电控系统的分类方法。

2. 技能目标

1）能够说明汽车电控技术的应用与发展趋势。

2）能够熟练地阐述汽车电控系统的组成与分类方法。

3. 情感目标

1）逐渐养成学习汽车新技术与新知识的习惯。

2）注重培养一丝不苟、严肃认真的工作态度和工作作风。

3）加强形象思维能力和抽象思维能力的培养，不断提高学习兴趣和学习效率。

1.1　汽车电控技术的应用

汽车电控技术是提高汽车动力性、经济性、排放性、安全性、舒适性、操纵性、通过性等整车性能的技术。技术是指人类在利用自然和改造自然的过程中积累起来，并在生产劳动中体现出来的经验和知识，也泛指其他操作方面的技巧，如汽车电器技术、汽车电控技术和汽车维修技术。知识是指人类在社会实践中积累起来的经验的总和，是人类认识自然、认识

1

社会和认识自身的产物，如社会知识、生活知识、汽车电控知识和汽车维修知识。

汽车技术、建筑技术和环境保护技术是衡量一个国家工业化水平的三大标志。汽车技术不仅代表着社会物质生活发展水平，而且代表着科学技术发展水平。20世纪80年代以来，汽车性能的提高，主要取决于汽车电控技术。汽车电控技术已广泛应用于汽油发动机控制、柴油发动机控制、汽车底盘控制、汽车车身控制、汽车故障诊断和无人驾驶等技术领域。20世纪90年代，电控技术已经在轿车上广泛应用，如图1-1所示。

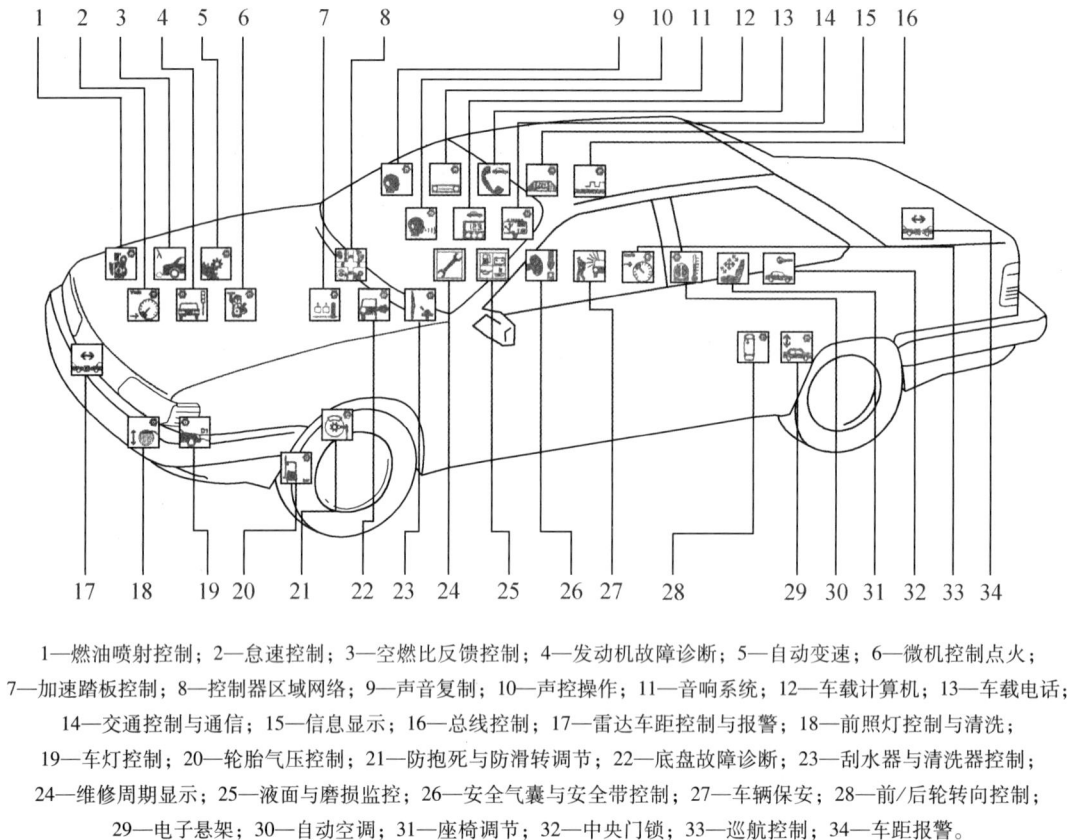

1—燃油喷射控制；2—急速控制；3—空燃比反馈控制；4—发动机故障诊断；5—自动变速；6—微机控制点火；
7—加速踏板控制；8—控制器区域网络；9—声音复制；10—声控操作；11—音响系统；12—车载计算机；13—车载电话；
14—交通控制与通信；15—信息显示；16—总线控制；17—雷达车距控制与报警；18—前照灯控制与清洗；
19—车灯控制；20—轮胎气压控制；21—防抱死与防滑转调节；22—底盘故障诊断；23—刮水器与清洗器控制；
24—维修周期显示；25—液面与磨损监控；26—安全气囊与安全带控制；27—车辆保安；28—前/后轮转向控制；
29—电子悬架；30—自动空调；31—座椅调节；32—中央门锁；33—巡航控制；34—车距报警。

图1-1 电控技术在轿车上的应用概况

当今世界，衡量汽车先进水平和档次的标志主要是汽车品牌、汽车外观和汽车电子化程度。汽车制造商普遍认为，增加汽车电控装置的数量，促进汽车电子化是夺取未来汽车市场的有效手段。汽车设计人员普遍认为，电控技术在汽车上的应用，已经成为汽车设计研究部门革新汽车结构的重要手段。汽油机应用电控喷油技术，能够精确控制空燃比和实现闭环控制，如果再加装三元催化转化器，就可使汽油发动机的有害排放物降低95%以上；柴油机应用高压共轨式电控喷油技术，能够精确控制喷油量和160~200 MPa的喷油压力，不仅能够降低汽车油耗和减少有害物质排放，而且还能提高汽车的动力性；汽车应用防抱死制动技术，可使汽车在湿滑或冰雪路面上的事故发生率降低24%~28%。

21世纪以来，国内外轿车都已普遍应用发动机电控喷油技术、微机控制点火技术、防抱死制动技术和安全气囊技术。在国内生产的中高档轿车上，每辆轿车上电控装置的平均成本已占整车成本的30%~35%，在一些豪华轿车上，电控装置的成本已占整车成本的50%以上，并始终保持逐年增长的趋势。

1.2 汽车电控技术的发展

汽车技术的发展主要是汽车电器技术、电控技术和车身技术的发展，汽车电子化（即自动化、智能化和网络化）是21世纪汽车发展的必由之路。

20世纪60年代以来，随着汽车结构的不断改进和性能的不断提高，汽车装备的传统电器设备面临着巨大的冲击与挑战。随着电子工业的发展，电控技术在汽车上的应用越来越广泛，新型车用电控装置如雨后春笋般的涌现，特别是大规模集成电路和微电子技术的应用，给汽车电控装置带来了划时代的变革。在解决汽车油耗、排放和安全等问题方面，汽车电控技术具有举足轻重的作用。例如，采用电控燃油喷射技术和微机控制点火技术，不仅能够节油5%~10%，而且还能大大提高汽车的动力性和排气净化性能；采用电子控制防抱死制动技术，不仅可使汽车在泥泞路面上安全行驶，而且可以在紧急制动时防止车轮抱死滑移，保证汽车安全制动；采用安全气囊技术，每年可以挽救成千上万人的生命，当同时使用安全气囊与安全带收紧技术时，可使驾驶人和前排乘员的伤亡人数减少43%~46%。在实现汽车操纵自动化，提高舒适性和通过性等方面，电控技术也扮演着重要角色。

1.2.1 汽车电控技术发展的动因

汽车电控技术是汽车技术与电子技术结合的产物。近半个世纪以来，汽车电控技术飞速发展的动力和原因包括两个方面：一方面是全球能源紧缺、环境污染和交通安全问题促使汽车油耗法规、排放法规和安全法规的要求不断提高；另一方面是电控技术水平不断提高。汽车油耗法规和排放法规促进了汽车发动机电控技术的发展，汽车安全法规促进了汽车底盘和车身电控技术的发展。随着汽车油耗法规、排放法规和安全法规要求的不断提高，汽车发动机燃油喷射电控系统、防抱死制动系统和安全气囊系统已经成为国内外轿车的标准装备。

1.2.2 汽车电控技术的发展趋势

汽车为人类交通运输做出了不可磨灭的贡献，未来的汽车不仅仅是一个代步工具，而且具有交通、办公、通信和娱乐等多种功能。毋庸置疑，汽车在造福人类的同时，也带来了能源紧张、环境污染和交通安全等一系列社会问题。就人类目前拥有的科学技术而言，解决这些问题的有效途径依然是继续开发利用汽车电控技术、研究新能源汽车技术和开发汽车轻量化技术，这也是我国汽车工业科技的发展战略。

1. 汽车电控技术

汽车电控技术的发展趋势是网络化和智能化，主要是研究智能传感器技术、微处理器技术、智能交通系统、光导纤维技术、模块化设计技术、电压倍增技术、主动安全技术、网络通信技术和无人驾驶技术等。汽车电控技术发展的终极目标是使汽车发展成为能够自动筛选最佳行驶路线的智能汽车。

（1）智能传感器技术

全球汽车传感器市场的年均增长率达20%。智能传感器不仅能够提供汽车的状态信息，还能对信号进行放大和处理，对温度漂移、时间漂移和非线性数据进行自动校正，具有较强的抗电磁干扰能力，在恶劣条件下仍能保持较高的测量精度。

（2）微处理器技术

微处理器已广泛用于汽车发动机、底盘、车身和故障诊断控制系统，车载各类控制系统目前使用的微处理器已达30~60个。汽车智能化发展的一个重要趋势就是大量使用微处理器，用以改善汽车的整体性能。

（3）智能交通系统

智能交通系统（Intelligent Traffic System，ITS）是将机器视觉、环境感知、卫星定位、信息融合、决策与控制等相关技术相互融合，使汽车自动筛选最佳行驶路线的系统。

（4）光导纤维技术

光导纤维不仅具有柔软性好、易于连接、质量小、成本低、弯曲半径小、数值孔径大、耦合效率高等优点，还具有电气绝缘性能好、抗电磁干扰和抗辐射能力强等优异的传输特性。随着光导纤维的成本不断降低和其在汽车上的应用量逐年增大，大大降低了汽车电控系统乃至汽车整车的制造成本以及减轻整车整备质量，同时还可为汽车轻量化开辟一条新的技术途径。

（5）模块化设计技术

模块化设计是指为开发具有多种功能的不同产品，不需要对每种产品实施单独设计，而是精心设计出多种模块，将其经过不同方式的组合来构成不同的产品，以解决产品品种、规格、制造周期和成本之间的矛盾。汽车整车电控系统的零部件用量越来越大，采用模块化设计技术，能够减小体积、减轻质量、缩短装配工时，提高汽车电控系统乃至汽车整车的可靠性。

（6）电压倍增技术

2008年，欧盟国家已经开始实车应用48 V电源电压技术。理论与实验证明，在电器负载功率不变的情况下，电源电压提高2倍，负载电流可以减小2/3。因此，提高汽车电源电压，可大大减小汽车电器或电子控制部件的电流，汽车导线、电缆、电动机、驱动线圈等零部件就可减小尺寸、减小质量。同理，在负载电流大小不变的情况下，提高汽车电源电压，可以增大汽车电器或电子控制部件的功率，电控螺线管驱动可变气门定时、电控电动转向、电控气动阀机构、飞轮内装起动机/发电机一体式结构、电控电动制动器就能够实现，电控系统就能驱动大功率执行器来实现自动控制功能的目的。

（7）主动安全技术

汽车主动安全系统包括车身动态综合管理系统、速度与车距自动调节系统、车辆碰撞预警系统、红外夜视系统、轮胎压力预警系统和驾驶环境控制系统等。

车身动态综合管理系统（Vehicle Dynamics Integrated Management System，VDIM）将

防抱死制动系统、电子控制制动力分配系统、电子控制制动辅助系统、驱动轮防滑转调节系统和车身稳定性控制系统等控制制动力和驱动力的主动安全系统，以及电子控制动力转向系统和电子调节悬架系统等进行综合集成，对车身姿态进行综合控制，使汽车在各种行驶条件下，特别是在转向、制动或打滑时，都能保持方向稳定、行驶安全和乘坐舒适。事实上，车身动态综合管理系统是一个采用智能识别与判断技术来控制车辆行驶稳定性的主动安全体系。汽车速度与车距自动调节系统是利用安装在车内的雷达探测装置准确探测汽车行进过程中的障碍物信息，由发动机控制系统、自动变速系统和防抱死制动系统等自动采取相应控制策略的集成控制系统。当雷达探测装置探测到障碍物时，系统将采取减速措施，一旦障碍物消失，就会取消制动并控制油门开度增大而加速。车辆碰撞预警系统是一个由前部探测、后部探测和侧部探测装置组成的监控系统，其功能是提醒驾驶人避免车辆发生碰撞。红外夜视系统是一个利用红外探测技术，能在夜间探测到距车 650～750 m 的发热物体（人、动物和有余热的故障车辆等）的监测与报警系统。汽车前照灯一般能够照射到距车前方 150 m 的物体，最远能照射到距车前方 300～400 m 的物体。红外夜视系统的功能与车辆碰撞预警系统相似，主要是提醒驾驶人躲避障碍物。轮胎压力预警系统是一个集中央轮胎充放气系统为一体的监控与报警系统。该系统利用安装在每一只轮胎中的压力与温度传感器直接监测胎内气压和温度，并用无线射频装置将气压和温度信号发送到驾驶室内的接收与监控器，再由监控器显示与控制每一只轮胎的气压和温度。轮胎压力预警系统的功能是避免轮胎温度和气压过高而导致爆胎事故或轮胎漏气导致气压过低而加速磨损，使轮胎始终保持在正常气压和温度状态下，延长轮胎使用寿命、降低汽车燃油消耗。驾驶环境控制系统是一个舒适性控制系统。该系统配备自动空调系统，可据驾驶室内外温度、行驶速度、空气流量、气流方向进行换气通风，给驾驶人营造一个舒适的驾驶环境，减轻驾驶疲劳，保证车辆行驶安全。

（8）网络通信技术

汽车电子化发展的趋势是利用网络通信技术来传输海量的实时数据。网络通信技术将集成通信系统与车载信息系统，提供实时的交通信息、气象数据、满足个性化要求的信息以及详细的道路指南信息等。网络通信技术被视为汽车工业继高压缩比发动机电控技术之后的又一次革命。作为引领汽车产业向另一发展阶段进发的新技术领域，网络通信技术必将进一步整合移动通信技术与无线网络技术，使汽车与人类活动紧密相连。

（9）无人驾驶技术

无人驾驶技术集自动控制、人工智能、感知识别与计算等众多技术于一体，是计算机科学、模式识别和智能控制技术高度发展的产物，其水平高低是衡量一个国家科研实力和工业水平的重要标志之一，在国防和国民经济领域具有广阔的应用前景。

无人驾驶汽车是通过车载传感系统感知道路环境，自动规划行车路线并控制车辆到达预定目标的智能汽车。车载传感系统可感知车辆周围环境，并根据感知所得的道路、车辆位置和障碍物信息，控制车辆的转向和速度，从而使车辆在道路上安全、可靠地行驶。

2. 新能源汽车技术

新能源汽车技术是指具有新型动力系统或燃用新型燃料的汽车技术。具有新型动力系统的汽车包括纯电动汽车、混合动力汽车、燃料电池汽车等；燃用新型燃料的汽车包括天然气汽车、液化石油气汽车、醇醚类燃料汽车、生物燃料汽车与合成燃料汽车等。

3. 汽车轻量化技术

汽车轻量化技术是指在使用要求和成本控制的前提条件约束下，使用能够减小汽车自身质量的材料、设计和制造的技术。轻量化材料包括高强度材料（高强度钢）和低密度材料（铝、镁、塑料、复合材料等）。众所周知的奥迪 A8 轿车就是全铝车身的杰出代表，捷豹汽车则是全铝发动机的开路先锋。轻量化设计包括减少汽车零部件数量、优化汽车结构设计，如基于载荷和强度特性的结构设计、底盘与车身结构的拓扑优化设计。轻量化制造包括激光拼焊、液压成型、热压成型、铝合金半固态成型以及异种材料之间的连接等。汽车综合运用轻量化技术的根本目的是降低燃油消耗、减少尾气的排放量。

1.3 汽车电控系统的组成

汽车电子控制系统简称汽车电控系统，是指由传感器、电控单元和执行器组成的，能够提高汽车性能的机电一体化控制系统。

汽车电控系统的主要功能是提高汽车的整体性能，包括动力性、经济性、排放性、安全性、舒适性、操纵性及通过性等。

1.3.1 汽车电控系统的基本组成

在同一辆汽车上，配装有若干个电控系统。每一个电控系统，都能实现不同的控制功能。汽车车型不同、档次不同，采用电控系统的多少也不尽相同。但是，汽车上每一个电控系统的基本结构都是由传感器（传感元件）与控制开关、电控单元（Electronic Control Unit，ECU）和执行器（执行元件）三部分组成（见图 1-2），这是汽车电子控制系统的共同特点。

图 1-2 汽车电控系统的基本组成

1. 传感器与控制开关

传感器是将各种非电量（物理量、化学量、生物量等）按一定规律转换成便于传输和处理的另一种物理量（一般为电量）的装置。

传感器相当于人的眼、耳、鼻、舌、身等五官。在汽车电控系统中，传感器的功用是将汽车各部件运行的状态参数（各种非电量信号）转换成电量信号并输送到各种电控单元。

车用传感器安装在汽车的不同部位。汽车型号和档次不同，装备传感器的多少也不相同。有的汽车只有几个传感器，如仅装备发动机电控系统的汽车就只有 6~8 个传感器；

有的汽车装备有 50 多个传感器。一般来说，汽车装备传感器越多，其档次就越高。

按检测项目不同，汽车电控系统采用的传感器可分为以下几种类型。

1）流量传感器。如发动机燃油喷射系统采用的翼片式、量芯式、涡流式、热丝式与热膜式空气流量传感器。

2）位置传感器。如发动机燃油喷射和微机控制点火系统采用的曲轴位置传感器（又称为发动机转速与曲轴转角传感器）、凸轮轴位置传感器、节气门位置传感器，电子调节悬架系统采用的车身位置（又称为车身高度）传感器，信息显示系统和液面监控系统采用的各种液面位置（或高度）传感器，自动变速系统采用的选挡操纵手柄位置传感器，巡航控制系统采用的加速踏板位置传感器，电子控制动力转向系统采用的方向盘转角传感器。

3）压力传感器。如发动机控制系统采用的进气歧管压力传感器、大气压力传感器、增压压力传感器、喷油压力传感器、排气压力传感器、汽缸压力传感器，发动机爆燃控制系统采用的爆燃传感器。

4）温度传感器。如发动机冷却液温度传感器、进气温度传感器、排气温度传感器、燃油温度传感器，空调控制系统采用的车内温度传感器。

5）浓度传感器。如发动机控制系统采用的氧传感器，安全控制系统采用的酒精浓度传感器。

6）速度传感器。如防抱死制动系统采用的车轮速度传感器、车身纵向和横向加（减）速度传感器，发动机控制系统采用的转速传感器，发动机、自动变速以及巡航控制系统采用的车速传感器、变速器输入轴转速传感器以及输出轴转速传感器。

7）碰撞传感器。如辅助防护系统采用的滚球式、滚轴式、偏心锤式、压电式和水银式碰撞传感器。

2. 电控单元

汽车电子控制单元简称电控单元，又称为电子控制器或电子控制组件，俗称"汽车电脑"。

电控单元是以单片微型计算机（单片机）为核心所组成的电子控制装置，具有强大的数学运算、逻辑判断、数据处理与数据管理等功能。

电控单元是汽车电控系统的控制中心，其主要功用是分析处理传感器采集的各种信息，并向受控装置（执行器或执行元件）发出控制指令。

3. 执行器

执行器又称为执行元件，是电控系统的执行机构。执行器的功用是接收电控单元发出的指令，完成具体的执行动作。

汽车电控系统不同，采用执行器的数量和种类也不相同。发动机燃油喷射系统的执行器有电动燃油泵和电磁喷油器；发动机怠速控制系统的执行器是怠速控制阀（或怠速控制电动机）；燃油蒸汽回收系统的执行器是活性炭罐电磁阀；微机控制点火系统的执行器有点火控制器和点火线圈；防抱死制动系统的执行器有两位两通电磁阀或三位三通电磁阀、制动液回液泵电动机；安全气囊系统的执行器是气囊点火器；座椅安全带收紧系统的执行器是收紧器的点火器；自动变速系统的直接执行器有换挡电磁阀和锁止电磁阀；汽车巡航控制系统的执行器有巡航控制电动机或巡航控制电磁阀。

1.3.2 汽车发动机电控系统组成

发动机电控系统（Engine Electronic Control System，EEC 或 EECS）又称为发动机管理系统（Engine Management System，EMS），其主要功能是提高优化汽车的动力性、经济性和排放性。随着汽车电控技术的发展，世界各大汽车公司或电子技术公司开发研制的发动机电控系统千差万别。控制系统的功能、控制参数和控制精度不同，采用控制部件（传感器、电控单元和执行器）的类型或数量也不尽相同。通过对各种控制部件进行不同的组合，便可组成若干个子控制系统。

大众 M 型发动机电控系统的组成如图 1-3 所示，结构原理简图如图 1-4 所示，控制部件的安装位置如图 1-5 所示。

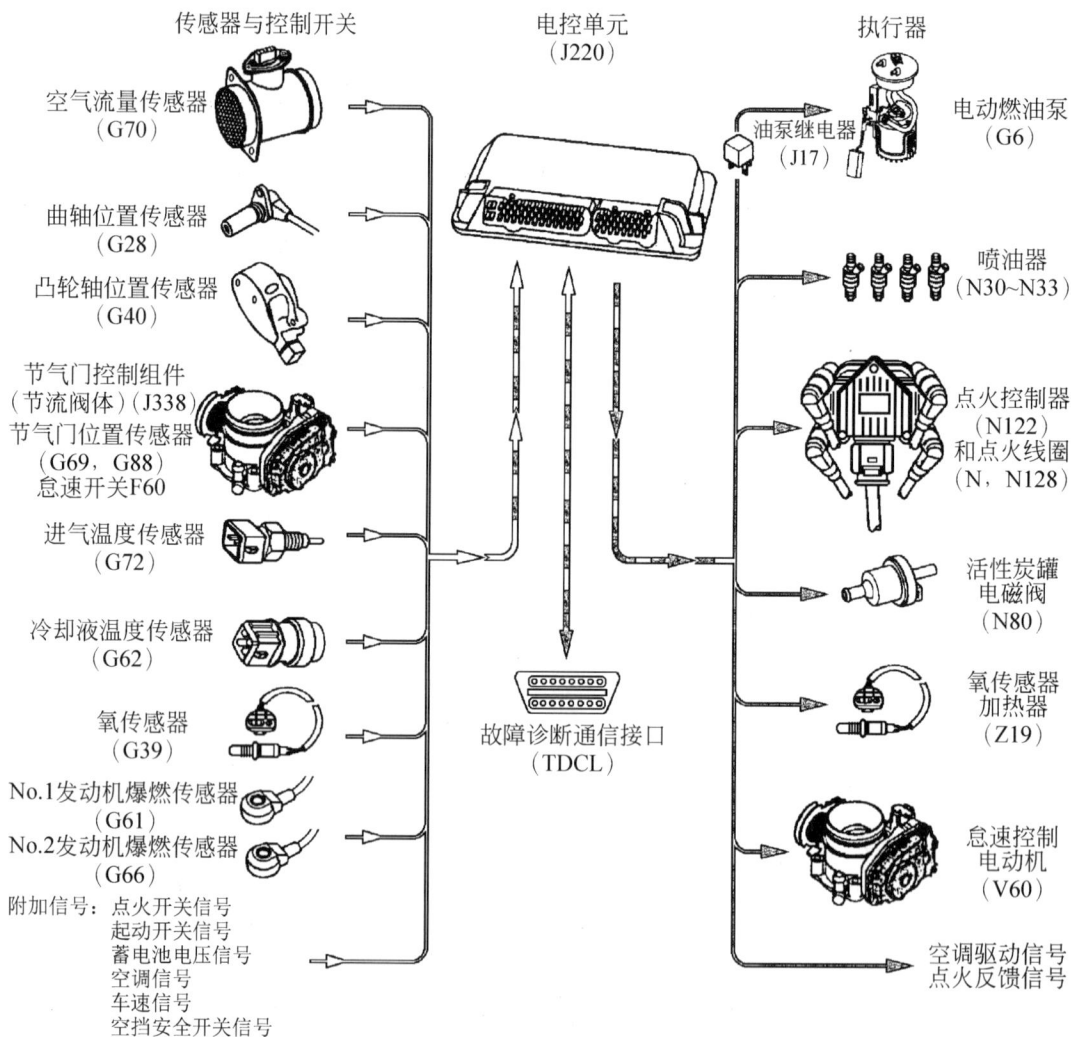

传感器与控制开关　电控单元（J220）　执行器

空气流量传感器（G70）

曲轴位置传感器（G28）

凸轮轴位置传感器（G40）

节气门控制组件（节流阀体）（J338）
节气门位置传感器（G69，G88）
怠速开关F60

进气温度传感器（G72）

冷却液温度传感器（G62）

氧传感器（G39）

No.1发动机爆燃传感器（G61）
No.2发动机爆燃传感器（G66）

附加信号：点火开关信号
　　　　　起动开关信号
　　　　　蓄电池电压信号
　　　　　空调信号
　　　　　车速信号
　　　　　空挡安全开关信号

油泵继电器（J17）

电动燃油泵（G6）

喷油器（N30~N33）

点火控制器（N122）和点火线圈（N，N128）

活性炭罐电磁阀（N80）

氧传感器加热器（Z19）

怠速控制电动机（V60）

空调驱动信号点火反馈信号

故障诊断通信接口（TDCL）

图 1-3　大众 M 型发动机电控系统的组成①

① 图中括号内代号 G70、G28 等为原厂维修资料代号，下同。

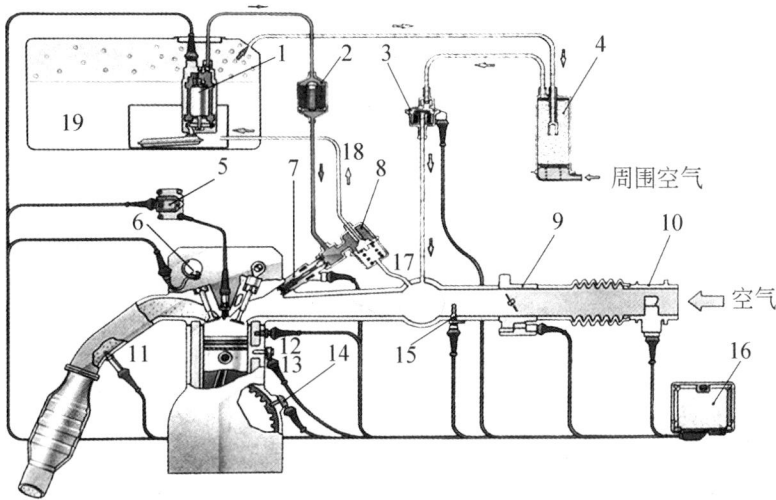

1—电动燃油泵；2—燃油滤清器；3—活性炭罐电磁阀 N80；4—活性炭罐；5—点火线圈和点火控制器 N152；
6—凸轮轴位置传感器 G40；7—喷油器 N30、N31、N32、N33；8—燃油压力调节器；
9—节气门控制组件（节流阀体）J338；10—空气流量传感器 G70；11—氧传感器 G39；12—冷却液温度传感器 G62；
13—No. 1 发动机爆燃传感器 G61 及 No. 2 发动机爆燃传感器 G66；14—曲轴位置传感器 G28；
15—进气温度传感器 G72；16—多点喷射电控单元 J220；17—真空管；18—回油管；19—燃油箱。

图 1-4　大众 M 型发动机电控系统结构原理简图

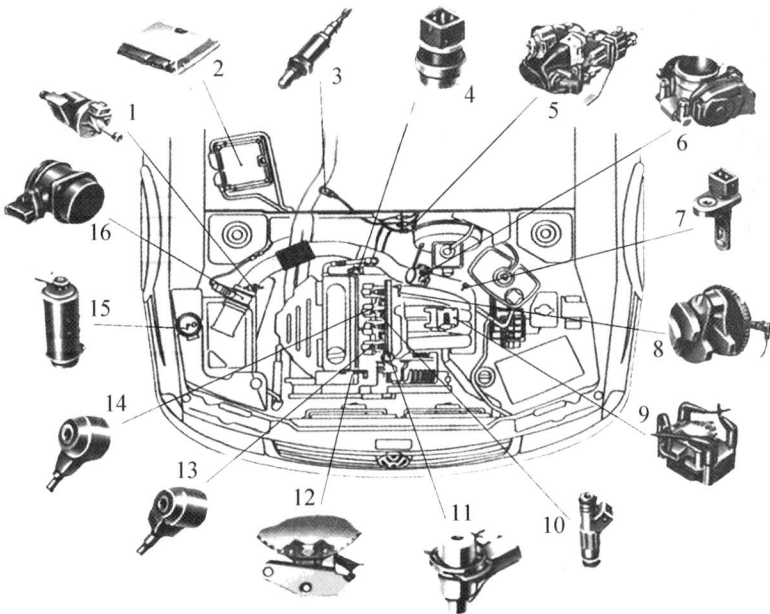

1—活性炭罐电磁阀 N80；2—多点喷射电控单元 J220；3—氧传感器 G39；
4—冷却液温度传感器 G62 与组合仪表用冷却液温度传感器 G2；5—传感器线束支架；
6—节气门控制组件（节流阀体）J338；7—进气温度传感器 G72；8—曲轴位置传感器 G28；
9—点火线圈和点火控制器 N152；10—喷油器 N30、N31、N32、N33；11—燃油压力调节器；
12—凸轮轴位置传感器 G40；13—No. 1 发动机爆燃传感器 G61；14—No. 2 发动机爆燃传感器 G66；
15—活性炭罐；16—空气流量传感器 G70。

图 1-5　大众 M 型发动机电控系统控制部件的安装位置

1. 发动机传感器与控制开关

大众 M 型发动机电控系统采用的传感器有空气流量传感器、曲轴位置传感器、凸轮轴位置传感器、节气门位置传感器（节气门位置传感器和怠速节气门位置传感器与节气门控制组件 J338 制作成一体）、冷却液温度传感器、进气温度传感器、氧传感器、发动机爆燃传感器和车速传感器。

1）节气门控制组件 J338 又称为节流阀体，由怠速节气门位置传感器 G88、节气门位置传感器 G69、怠速控制电动机 V60 和怠速开关 F60 组成。怠速节气门位置传感器 G88 安装在节流阀体内并与怠速控制电动机 V60 连接在一起；节气门位置传感器 G69 安装在节气门轴上。两个节气门位置传感器的功用都是检测节气门开度信号并输入电控单元 J220。在大众 M 型发动机电控系统中，发动机怠速时的进气量采用了直接控制节气门开度的方式进行控制，所以当发动机在怠速范围内的工况时，电控单元 J220 将根据怠速节气门位置传感器 G88 提供的信号调节怠速时的节气门开度；当发动机在怠速以外的工况时，电控单元 J220 将根据节气门位置传感器 G69 提供的信号进行控制。

2）空气流量传感器（Air Flow Sensor，AFS）安装在发动机空气滤清器与节气门之间的进气道上，直接检测吸入发动机汽缸的进气量，以便计算确定喷油量的大小。

3）曲轴位置传感器（Crankshaft Position Sensor，CPS）安装在发动机缸体侧面，直接检测发动机曲轴的转速和转角，以便控制喷油提前角和点火提前角的大小。

4）凸轮轴位置传感器（Camshaft Position Sensor，CPS）安装在发动机凸轮轴的前端，直接检测第一缸活塞相对于压缩冲程上止点和排气冲程上止点的位置，以便确定开始喷油和开始点火时刻，又称为汽缸判别传感器（Cylinder Identification Sensor，CIS）。需要特别说明的是，曲轴位置传感器和凸轮轴位置传感器的英文缩写字母均为 CPS，为了便于区分，本书一律采用 CIS 来表示凸轮轴位置传感器。此外，在部分汽车发动机电控系统中，曲轴位置传感器与凸轮轴位置传感器制作成一体，统称为曲轴位置传感器，并用 CPS 表示。

5）节气门位置传感器（Throttle Position Sensor，TPS）安装在发动机进气道上节气门轴的一端，用于检测节气门开度（发动机负荷）的大小，如节气门关闭、部分开启和全开。此外，电控单元通过计算节气门位置传感器信号的变化率，便可得到汽车加速度或减速度信号。

6）冷却液温度传感器（Coolant Temperature Sensor，CTS）安装在发动机缸体上，检测发动机水套内的冷却液温度，用于修正喷油量和点火提前时间。

7）进气温度传感器（Intake Air Temperature Sensor，IATS）安装在发动机进气歧管上，直接检测吸入发动机汽缸空气的温度，用于修正喷油量。

8）氧传感器（Exhaust Gas Oxygen Sensor，O_2 或 EGO）安装在发动机排气管上距离排气歧管不超过 1 m 的位置，通过检测排气管排出废气中氧离子的含量来反映可燃混合气空燃比的大小，以便修正喷油量并实现空燃比闭环控制。

9）发动机爆燃传感器（Engine Detonation Sensor，EDS）。两个发动机爆燃传感器均安装在发动机排气管一侧的缸体上，第 1 缸与第 2 缸之间安装一个，第 3 缸与第 4 缸之间安装一个，分别检测各汽缸是否产生爆燃现象，以便修正点火提前角并实现点火提前角闭环控制。

10）车速传感器（Vehicle Speed Sensor，VSS）安装在变速器输出轴上，检测汽车行驶速度，用于判定汽车的状态，以便实现怠速控制等。

在上述传感器中，空气流量传感器 G70、曲轴位置传感器 G28、凸轮轴位置传感器 G40 和节气门位置传感器 G69 四种传感器是控制燃油喷射与点火时刻最重要的传感器，其结构性能与工作状况直接影响控制系统的控制精度和控制效果。

2. 发动机电控单元

发动机电控单元除了采集上述传感器的信号之外，还要采集点火开关、起动开关、空调开关、怠速开关 F60、蓄电池电压以及空挡安全开关（对自动变速汽车而言）等控制开关提供的信号，以便判断汽车运行状态并采取相应的控制措施。

在汽车电控系统中，不仅采用了传感器信号，而且采用了控制开关信号。大众 M 型发动机电控系统采用的控制开关信号有以下几种。

1）点火开关信号（Ignition Switch，IGN），当点火开关接通"点火（IG）"挡位时，向电控单元输入一个高电平信号。

2）起动开关信号（Start Switch，STA），当点火开关接通"起动（ST）"挡位时，向电控单元输入一个高电平信号。

3）空调开关信号（Air Conditioning，A/C），当空调开关接通时，向电控单元提供接通空调系统的信号。

4）蓄电池电压信号（U_{BAT}），向电控单元提供蓄电池端电压信号。

5）空挡安全开关信号（Neutral Security Switch，NSW），在装备自动变速器的汽车上，用于检测自动变速器的挡位选择开关是否处于空挡位置。

3. 发动机执行器

大众 M 型发动机电控系统采用的执行器有电动燃油泵、喷油器、怠速控制电动机（在节气门控制组件 J338 内）、活性炭罐电磁阀、点火控制器和点火线圈。

1）电动燃油泵用于供给发动机电控系统规定压力的燃油。

2）喷油器用于接收电控单元发出的喷油脉冲信号，计量燃油喷射量。

3）怠速控制电动机用于调节发动机的怠速转速。其控制内容包括两个方面，一方面是在发动机正常怠速运转时稳定怠速转速，达到防止发动机熄火和降低燃油消耗的目的；另一方面是在发动机怠速运转状态下，当发动机负载增加（如接通空调、动力转向器或液力变矩器）时，自动提高怠速转速，防止发动机熄火。

4）活性炭罐电磁阀用于控制回收发动机内部（曲轴箱、气门室、燃油箱等）的燃油蒸汽，减少碳氢化合物的排放量，从而减少排气污染。

5）点火控制器和点火线圈用于接收电控单元发出的控制指令，适时接通或切断点火线圈初级电流，并产生高压电点着可燃混合气。

汽车发动机电控系统是一个综合控制系统，并具有多种控制功能。将发动机电控系统的传感器和执行器进行不同的组合，就可组成燃油喷射控制系统、微机控制点火系统、空燃比反馈控制系统、发动机爆燃控制系统、超速断油控制系统、减速断油控制系统、清除溢流控制系统、怠速控制系统、燃油蒸汽回收系统和故障自诊断系统等，从而实现燃油喷射控制、点火提前闭环控制、空燃比反馈控制、发动机爆燃控制、超速断油控制、减速断油控制、清除溢流控制、怠速控制、燃油蒸汽回收和故障自诊断等功能。其中，控制燃油喷射和点火是发动机电控系统的主要功能，其余均为辅助控制功能。此外，某一控制系统也可能同时具有多种控制功能。例如，电控燃油喷射系统能够精确控制喷油量，还能使喷射的燃油雾化良好、燃烧完全，因此，它不仅能够提高汽车的动力性，还能提高汽车的经济性和排放性。

在汽车电控系统中，发动机电控系统的控制部件最多、控制参数最多、控制功能最强、控制过程最复杂。因此，只要熟悉发动机电控系统的结构原理与控制过程，掌握该系统的故障诊断与检修方法，学习其他电控系统时遇到问题就能迎刃而解。

1.4 汽车电控系统的分类

汽车电控系统种类繁多、形式各异，分类方法也不相同。一般可按控制系统的控制目标和控制对象进行分类。

1.4.1 按控制目标分类

根据控制目标不同，汽车电控系统可分为动力性、经济性与排放性、安全性、舒适性、操纵性和通过性六种类型的控制系统。汽车电控系统的主要控制目标与控制项目如表1-1所示。其中，经济性与排放性控制系统具有双重功能，既能降低燃油消耗量，又能减小有害物质的排放量。

表1-1 汽车电控系统的主要控制目标与控制项目

类型	控制目标	系统名称	主要控制项目
汽车电子控制系统	动力性	发动机燃油喷射系统（EFI）	喷油时刻（喷油提前角）、喷油量（喷油持续时间）、喷油顺序、喷油器、电动燃油泵
		微机控制发动机点火系统（MCI）	点火时刻（点火提前角）、点火导通角
		发动机爆燃控制系统（EDC）	点火提前角
		发动机怠速控制系统（ISC）	怠速转速
		电子控制自动变速系统（ECT）	发动机输出转矩、液力变矩器锁止时机
		发动机进气控制系统（IAC）	切换进气通路提高充气效率、可变气门定时
		涡轮增压控制系统（ETC）	泄压阀控制、废气涡轮增压器控制
		控制器局域网（CAN）	发动机电控单元（ECU）、自动变速电控单元（ECT ECU）、防抱死制动电控单元（ABS ECU）等

续表

类型	控制目标	系统名称	主要控制项目
汽车电子控制系统	经济性与排放性	发动机空燃比反馈控制系统（AFC）	空燃比
		发动机断油控制系统（SFI）	超速断油、减速断油、清除溢流
		电控废气再循环系统（EGR）	排气再循环率
		燃油蒸发排放系统（FEC）	活性炭罐电磁阀控制
	安全性	防抱死制动系统（ABS）	车轮滑移率、车轮制动力
		电子控制制动力分配系统（EBD）	车轮制动力
		电子控制制动辅助系统（EBA）	车轮制动力
		车身稳定性控制系统（VSC）	车轮制动力、车身偏转角度
		驱动轮防滑转调节系统（ASR）	发动机输出转矩、驱动轮制动力、防滑转差速器锁止程度
		辅助防护安全气囊系统（SRS）	气囊点火器点火时机、系统故障报警控制
		安全带紧急收缩触发系统（SRTS）	安全带收紧器点火时机
		雷达车距报警系统（RPW）	车辆距离、报警、制动
		前照灯光束控制系统（HBAC）	焦距、光束照射角度
		安全驾驶监控系统	驾驶时间，转向盘状态，驾驶人脑电图、体温和心率
		防盗报警系统（GATA）	报警、遥控门锁、数字密码点火开关、数字编码门锁、转向盘自锁
		电子仪表系统	汽车状态信息显示与报警
		车载故障自诊断系统（OBD）	故障报警、故障代码存储、部件失效保护、故障应急运行
	舒适性	电子调节悬架系统（EMS）	车身高度，悬架刚度，悬架阻尼，车身姿态（点头、侧倾、俯仰）
		座椅位置调节系统（SAM）	向前、向后方向控制，向上、向下高低控制
		自动采暖通风与空气调节系统（AHVC）	通风、制冷、取暖
		CD音响、DVD播放机	娱乐欣赏
		信息显示系统（IDS）	交通信息、电子地图
		车载电话（CT）	通信联络
		车载计算机（OBC）	车内办公
	操纵性	电子控制动力转向系统（EPS）	助力油压、气压或电动机电流控制
		巡航控制系统（CCS）	恒定车速设定、安全（解除巡航状态）
		中央门锁控制系统（CLC）	门锁遥控、门锁自锁、玻璃升降
	通过性	驱动轮防滑转调节系统（ASR）	发动机输出转矩、驱动轮制动力、防滑转差速器锁止程度
		中央轮胎充放气系统（CTIS）	轮胎气压
		自动驱动管理系统（ADM）	驱动轮驱动力控制
		差速器锁止控制系统（VDLS）	防滑转差速器锁止程度控制

1.4.2 按控制对象分类

根据控制对象不同，汽车电控系统可分为发动机电控系统、底盘电控系统和车身电控系统三大类。

1. 汽车发动机电控系统

为了提高汽车的动力性、经济性与排放性能，汽车发动机率先采用了电控系统。汽车发动机普遍采用的电控系统主要有以下几种。

1）发动机燃油喷射系统（Engine Fuel Injection System，EFI）。
2）微机控制发动机点火系统（Microcomputer Control Ignition System，MCI）。
3）发动机空燃比反馈控制系统（Air Fuel Ratio Feedback Control System，AFC）。
4）发动机怠速控制系统（Idle Speed Control System，ISC）。
5）发动机断油控制系统（Sever Fuel Injection System，SFI）。
6）发动机爆燃控制系统（Engine Detonation Control System，EDC）。
7）加速踏板控制系统（Electronic Control Accelerator Pedal System，EAP）。
8）发动机进气控制系统（Engine Intake Air Control System，IAC）。
9）燃油蒸发排放系统（Fuel Evaporative Emission Control System，FEC）。
10）电控废气再循环系统（Electronic Control Exhaust Gas Recirculation System，EGR）。
11）可变气门定时控制系统（Volatile Valve Timing Control System，VVT-i）。
12）巡航控制系统（Vehicle Cruise Control System，CCS）。
13）车载故障自诊断系统（On Board Self-Diagnosis System，OBD）。

2. 汽车底盘电控系统

汽车底盘电控系统的主要功用是提高安全性、操纵性和通过性，主要有以下控制系统。

1）电子控制自动变速系统（Electronic Controlled Automatic Transmission System，ECT）。
2）电子控制无级变速系统（Electronic Controlled Continuously Variable Transmission System，CVT）。
3）电子控制手动-自动一体变速系统（Electronic Controlled Active-matic Transmission System，Active-matic ECT）。
4）防抱死制动系统（Anti-lock Braking System 或 Anti-Skid Braking System，ABS）。
5）电子控制制动力分配系统（Electronic Brakeforce Distributing System，EBD）。
6）电子控制制动辅助系统（Electronic Brake Assist System，EBA）。
7）车身稳定性控制系统（Vehicle Stability Control，VSC）或车身动态稳定性控制系统（Dynamic Stability Control System，DSC）或电子控制稳定性程序（Electronically Controlled Stability Program，ESP）。
8）驱动轮防滑转调节系统（Acceleration Slip Regulation System，ASR）或牵引力控制系统 TCS/TRC（Traction Force Control System）。

9）电子调节悬架系统（Electronic Modulated Suspension System，EMS）。

10）电子控制动力转向系统（Electronically Controlled Power Steering System，EPS）。

11）电子控制四轮转向系统（Electronically Controlled 4-Wheel Steering System，4WS）。

12）中央轮胎充放气系统（Central Tyre Inflate and Deflate System，CTIS）。

13）自动驱动管理系统（Automatic Drive Management System，ADM）。

14）差速器锁止控制系统（Vehicle Differential Lock Control System，VDLS）。

3. 汽车车身电控系统

汽车车身电控系统的主要功用是提高安全性和舒适性，主要有以下控制系统。

1）辅助防护安全气囊系统（Supplemental Restraint System Air Bag，SRS）。

2）安全带紧急收缩触发系统（Seat-Belt Emergency Retracting Triggering System，SRTS）。

3）座椅位置调节系统（Seat Adjustment Position Memory System，SAM）。

4）雷达车距报警系统（Radar Proximity Warning System，RPW）。

5）倒车报警系统（Reverse Vehicle Alarm System，RVAS）。

6）防盗报警系统（Guard Against Theft and Alarm System，GATA）。

7）中央门锁控制系统（Central Locking Control System，CLC）。

8）前照灯控制与清洗系统（Headlamp Adjustment and Wash System，HAW）。

9）挡风玻璃刮水与清洗控制系统（Wash/Wipe Control System，WWC）。

10）自动采暖通风与空气调节系统（Automatic Heating Ventilating Air-Conditioning System，AHVC）。

11）车载局域网（Local Area Network，LAN）。

12）车载计算机（On-Board Computer，OBC）。

13）车载电话（Car Telephone，CT）。

14）交通控制与通信系统（Traffic Control and Information System，TCIS）。

15）信息显示系统（Information Display System，IDS）。

16）声音复制系统（Electronic Speech Reproduction System，ESR）。

17）液面与磨损监控系统（Fluids and Wear Parts Monitoring Systems，FWMS）。

18）维修周期显示系统（Load-Dependent Service Interval Display System，LSID）。

本章小结

本章主要介绍了汽车电控技术的应用概况与发展趋势、汽车电控系统的功用与基本组成、发动机电控系统的组成以及汽车电控系统的分类方法等内容。

下列问题覆盖了本章的主要学习内容，利用以下线索可对所学内容做一次简要的回顾：

1. 汽车电控技术的应用概况。汽车电控技术已广泛应用于汽油发动机控制、柴油发动机控制、汽车底盘控制、汽车车身控制、汽车故障诊断和无人驾驶等技术领域。

2. 汽车电控技术的发展动因与发展趋势，主要研究的技术。其中，发展趋势是网络化和智能化，主要研究智能传感器技术、微处理器技术、智能交通系统、光导纤维技术、模块化设计技术、电压倍增技术、主动安全技术、网络通信技术和无人驾驶技术等。

3. 汽车电控系统的基本组成。汽车上每一个电控系统的基本结构都是由传感器（传感元件）与控制开关、电控单元（ECU）和执行器（执行元件）三部分组成。

4. 汽车电控系统采用传感器和执行器的种类。

5. 发动机电控系统采用传感器和执行器的种类。

6. 汽车电控系统的分类方法。

自测题

一、单选题（在每小题的备选答案中，选出一个正确答案，并将其序号填在括号内）

1. 近半个世纪以来，汽车发展的标志性技术是下述哪一种？（　　）

A. 发动机技术　　　　　　B. 底盘技术　　　　　　C. 电控技术

2. 汽车发动机采用电控技术的主要目的是提高下述何种性能？（　　）

A. 排放性　　　　　　　　B. 通过性　　　　　　　C. 安全性

3. 汽车防抱死制动系统的主要功能是提高下述何种性能？（　　）

A. 排放性　　　　　　　　B. 通过性　　　　　　　C. 安全性

二、判断题（在括号内正确的打√、错误的打×）

1. 汽车发动机电控系统不仅能够降低燃油消耗量，还能减小有害物质的排放量。
（　　）

2. 汽车电控技术是衡量一个国家科研实力和工业水平的重要标志。（　　）

3. 汽车电控技术是汽车技术与电子技术结合的产物。（　　）

三、简答题

1. 汽车采用电子控制技术的主要目的是什么？

2. 汽车发动机电控系统常用的传感器和执行器有哪些？

3. 汽车电控系统的分类方法有哪些？各分为哪些类型？

4. 什么是新能源汽车？哪些汽车属于新能源汽车？

5. 汽车电控技术的发展趋势是什么？汽车电控技术主要研究哪些技术？

第2章 汽油机电控喷油技术

导 言

汽油机电控喷油技术简称汽油电喷技术，是借鉴飞机发动机喷油技术而诞生，并伴随着汽车油耗法规、排放法规和电子技术的进步而逐步发展到当今水平的一种技术。因为电子控制燃油喷射式发动机（简称电控发动机或电喷发动机）具有卓越的动力性、经济性和排放性，所以在20世纪末完全取代了化油器式发动机。

本章主要内容包括汽油机电控喷油系统的组成与分类、汽油机电控喷油系统传感器和执行器的结构原理、汽车电控单元的结构原理、汽油机电控喷油系统的控制原理与控制方法等。本章学习内容力求使学生掌握汽油机电控喷油技术的相关知识，为继续学习相关章节以及使用、维修汽油机打下坚实的基础。

学习目标

1. 认知目标
1) 了解汽油机电控喷油系统的组成与分类方法。
2) 熟悉汽油机电控喷油系统传感器和执行器的结构原理。
3) 掌握汽油机电控喷油系统的控制原理与控制方法。

2. 技能目标
1) 能够说明汽油机电控喷油系统的组成与分类方法。
2) 能够说明汽油机电控喷油系统主要传感器和执行器的结构组成与工作原理。
3) 能够熟练地阐述汽油机喷油提前角和喷油量的控制过程。

3. 情感目标
1) 逐渐养成学习汽油机电控喷油技术的习惯。
2) 注重培养一丝不苟、严肃认真的工作态度和工作作风。
3) 加强形象思维能力和抽象思维能力的培养，不断提高学习兴趣和效率。

2.1 汽油机电控喷油系统的组成

汽油发动机电子控制燃油喷射系统又称为发动机电控喷油系统或燃油喷射系统（Engine Fuel Injection System，EFI）。汽油机采用电控喷油技术的目的是降低燃油消耗和减少有害气体排放。

　　燃油喷射系统是发动机电控系统的重要组成部分，主要由空气供给系统（供气系统）、燃油供给系统（供油系统）和燃油喷射电控系统三个子系统组成。

2.1.1　空气供给系统

　　空气供给系统简称为供气系统。燃油在发动机汽缸内燃烧时，需要一定数量的空气。供气系统的功用就是向发动机提供混合气燃烧所需的空气，并测量出进入汽缸的空气量。

　　根据燃油喷射式发动机怠速进气量的控制方式不同，供气系统分为旁通式和直供式两种。

　　1. 旁通式供气系统

　　设置有旁通空气道、发动机怠速进气量由怠速控制阀控制的供气系统，称为旁通式供气系统，其结构如图 2-1（a）所示。旁通式供气系统主要由空气滤清器、空气流量传感器、进气软管、旁通空气道、怠速控制阀、进气歧管、动力腔、节气门位置传感器、进气温度传感器等组成。

　　当发动机正常工作时，旁通式供气系统的空气通道为进气口→空气滤清器→空气流量传感器→进气软管→节气门→动力腔→进气歧管→发动机进气门→发动机汽缸。

　　当发动机怠速运转时，旁通式供气系统的空气通道为进气口→空气滤清器→空气流量传感器→进气软管→节气门前端的旁通空气道入口→怠速控制阀→节气门后端的旁通空气道出口→动力腔→进气歧管→发动机进气门→发动机汽缸。

　　2. 直供式供气系统

　　没有设置旁通空气道、发动机怠速进气量由节气门直接控制的供气系统，称为直供式供气系统，其结构如图 2-1（b）所示。直供式供气系统主要由空气滤清器、空气流量传感器、进气软管、进气歧管、动力腔、节气门位置传感器、进气温度传感器等组成。

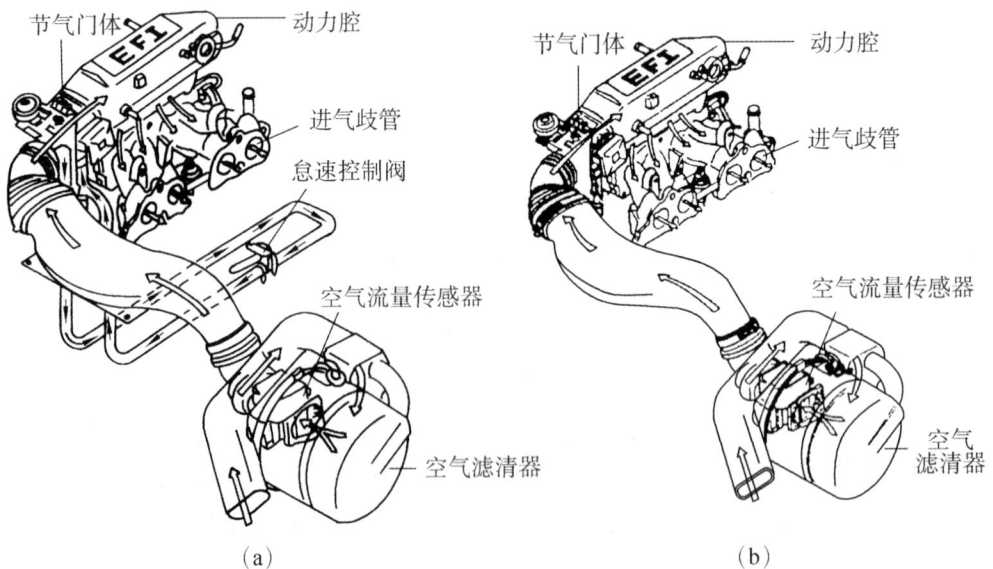

（a）　　　　　　　　　　　　　　　　（b）

图 2-1　燃油喷射式发动机供气系统的结构

（a）旁通式供气系统结构；（b）直供式供气系统结构

发动机正常工作和怠速运转时，直供式供气系统的空气通道完全相同，均为进气口→空气滤清器→空气流量传感器→进气软管→节气门体→动力腔→进气歧管→发动机进气门→发动机汽缸。

空气经空气滤清器滤清后，经节流阀体流入动力腔，再分配给各缸的进气歧管。进入汽缸空气量的多少，由电控单元根据安装在进气道上的空气流量传感器检测的进气量数据求得。发动机怠速运转时，大众 M 型轿车发动机直供式供气系统的标准进气量为 2.0~5.0 g/s。

3. 供气系统的结构特点

燃油喷射式发动机供气系统的显著结构特点是进气道较长且设有动力腔（或谐振腔），其目的是充分利用空气动力效应，增大进气管的进气量（增大充气量），提高发动机的动力性（输出转矩）。空气动力效应是一种十分复杂的物理现象。为了便于说明，可将其视为气流惯性效应与气流压力波动效应共同作用的结果。

气流惯性效应是指在进气管内高速流动的气流在活塞到达进气行程的下止点之后，仍可利用进气气流的惯性继续充气一段时间，从而增加充气量。因为适当增加进气管的长度，能够充分利用气流的惯性效应来增加充气量，所以燃油喷射式发动机都采用了较长的进气管，并将进气歧管制成较大弧度，以便充分利用气流的惯性效应来提高充气量。

气流压力波动效应是指各个汽缸周期性、间歇性的进气而导致进气管内产生一定幅度的气流压力波动。气流压力波动会沿着进气管以音速传播并往复反射。如果进气管的形状有利于压力波反射并产生一定的共振，就能利用共振后的压力波动提高充气量。为此，大多数燃油喷射式发动机都在进气管上设有一个动力腔，又称为谐振腔。

动力腔的优点是没有运动部件，因此，其工作可靠且成本低廉，其不足之处在于只能增加特定转速下的进气量和输出转矩。

2.1.2　燃油供给系统

燃油供给系统简称供油系统，其功用是向发动机提供混合气燃烧所需的燃油。燃油喷射式发动机供油系统的结构如图 2-2 所示，其主要由燃油箱、电动燃油泵、输油管、燃油滤清器、油压调节器、燃油分配管、喷油器和回油管等组成。

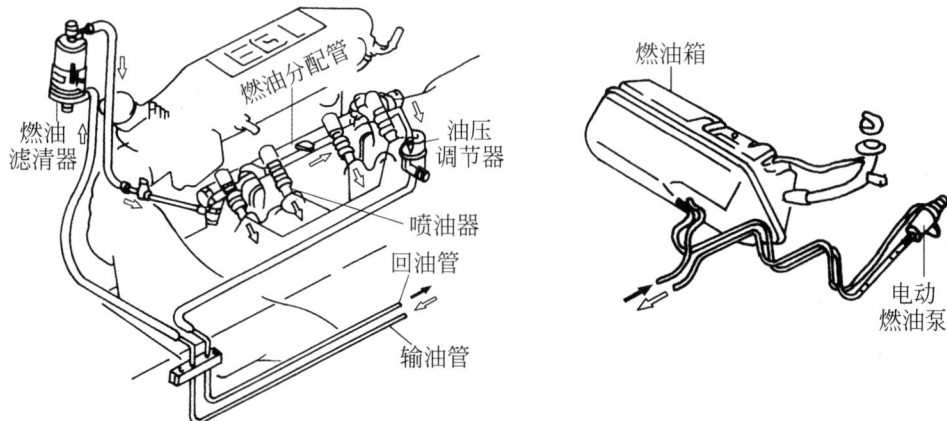

图 2-2　燃油喷射式发动机供油系统的结构

发动机工作时，电动燃油泵将汽油从油箱里泵出，先经燃油滤清器过滤，再经油压调节器调节油压，使油路中的油压高于进气管压力 300 kPa 左右，最后经燃油分配管分配到各缸喷油器。当喷油器接收到电控单元发出的喷油指令时，再将汽油喷射在进气门附近，并与供气系统提供的空气混合形成雾化良好的可燃混合气。当进气门打开时，混合气被吸入汽缸燃烧做功。进入发动机汽缸的燃油流过的路径为燃油箱→电动燃油泵→输油管→燃油滤清器→燃油分配管→喷油器，喷油器再将燃油喷射在进气门附近（缸内喷射系统则直接喷入汽缸）。

当电动燃油泵泵入供油系统的燃油增多、油路中的油压升高时，油压调节器将自动调节燃油压力，保证供给喷油器的油压基本不变。

供油系统过剩的燃油由回油管流回燃油箱，回油路径为燃油箱→电动燃油泵→输油管→燃油滤清器→燃油分配管→油压调节器→回油管→燃油箱。

2.1.3　燃油喷射电控系统

燃油喷射电控系统是由传感器与控制开关、电控单元和执行器三部分组成，典型轿车发动机燃油喷射电控系统的组成如图 2-3 所示。

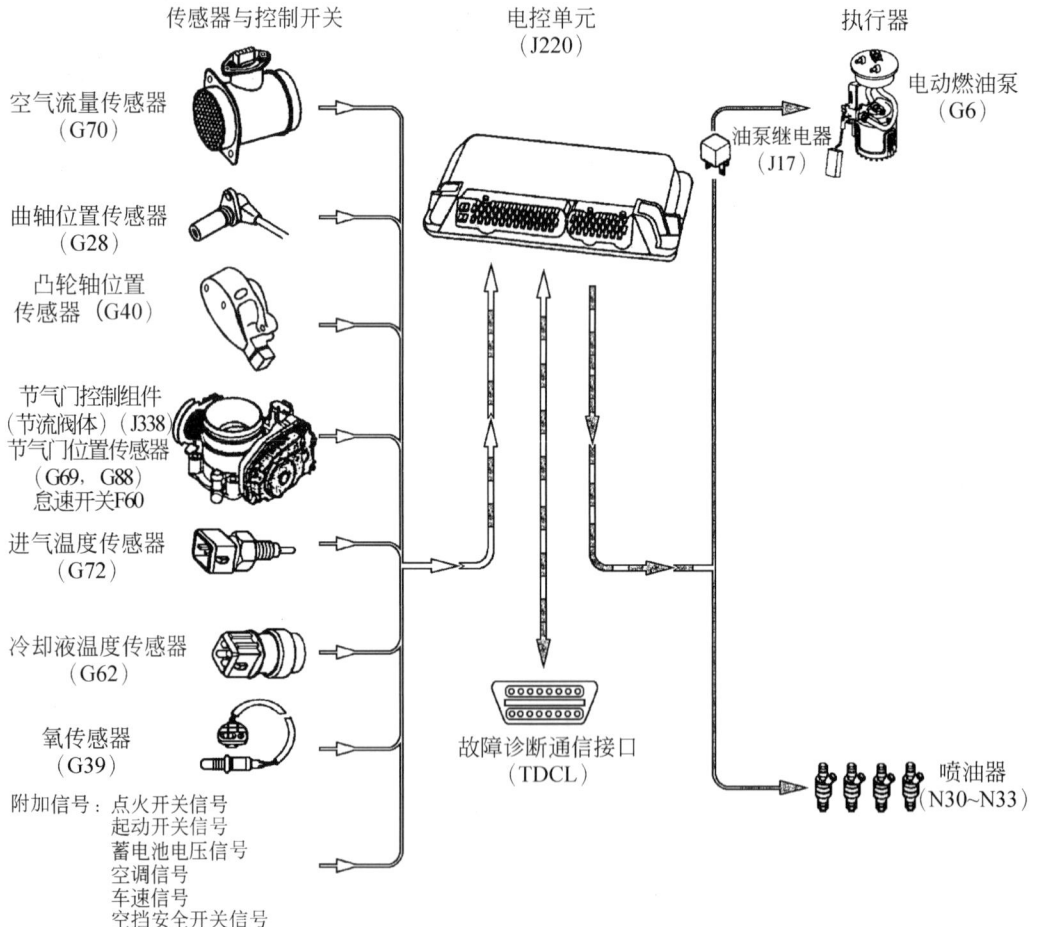

图 2-3　典型轿车发动机燃油喷射电控系统的组成

发动机燃油喷射电控系统采用的传感器主要有空气流量传感器（或歧管压力传感器）、曲轴位置传感器、凸轮轴位置传感器、节气门位置传感器、冷却液温度传感器、进气温度传感器、氧传感器和车速传感器；控制开关信号主要有点火开关信号、起动开关信号、蓄电池电压信号；执行器主要有电动燃油泵和喷油器等。将这些传感器和执行器进行不同组合，即可组成若干个子控制系统，如喷油控制系统、断油控制系统和空燃比反馈控制系统。

在燃油喷射电控系统的控制部件中，空气流量传感器（或歧管压力传感器）、曲轴位置传感器、凸轮轴位置传感器和节气门位置传感器是决定控制系统档次的四种传感器，其信号是计算和控制燃油喷射量必不可少的信号。冷却液温度传感器、进气温度传感器、氧传感器、车速传感器的信号以及各种控制开关信号主要用于判定发动机运行状态、修正燃油喷射量，提高系统的控制精度。

2.2 汽油机电控喷油系统的分类

20 世纪 60 年代以来，一些工业发达国家相继研制开发了多种类型、档次各异的汽车发动机控制系统。20 世纪 90 年代以后，国内一汽-大众汽车有限公司和上汽大众汽车有限公司、奇瑞汽车股份有限公司和长城汽车股份有限公司等也相继研制开发了多种类型的汽车发动机电控喷油系统。

汽车发动机电控喷油系统，即发动机燃油喷射系统经历了机械控制、机电结合控制和电子控制的发展过程，其分类方法各不相同，常用分类方法是按喷油控制方式、喷油器喷油部位和喷油器喷油方式进行分类，如图 2-4 所示。

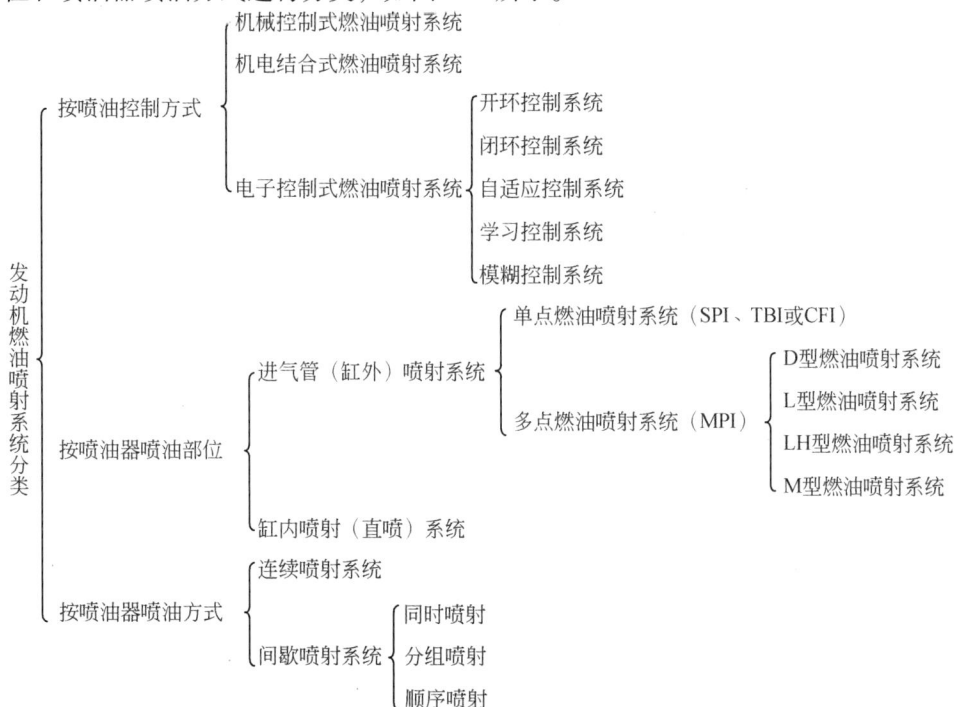

图 2-4 发动机燃油喷射系统的分类方法

2.2.1　按喷油控制方式分类

按喷油控制方式不同，发动机燃油喷射系统可分为机械控制式、机电结合式和电子控制式燃油喷射系统三种类型。

机械控制式燃油喷射系统是指利用机械机构实现燃油连续喷射的燃油喷射系统。早期（1967—1982 年），奔驰轿车、奥迪轿车采用的 K 型汽油喷射系统（K-Jetronic）即为机械控制式燃油喷射系统。喷油器将汽油喷射在进气门附近，喷油压力为 360 kPa。

机电结合式燃油喷射系统是指由机械机构与电子控制装置相结合，从而实现燃油喷射的系统，主要是指 1993 年以前奔驰轿车和奥迪轿车装备的，在 K 型汽油喷射系统基础上改进而成的 KE 型汽油喷射系统（KE-Jetronic）。该系统仍为连续喷射系统，喷油器将汽油喷射在进气门附近，喷油压力为 430~460 kPa。

电子控制式燃油喷射系统是指电控单元根据各种传感器信号，经过数学计算和逻辑判断后，直接控制执行器（喷油器）喷射燃油的系统，如图 2-5 所示。随着汽车电子技术的飞速发展，到 20 世纪 90 年代末期，机械控制式和机电结合式燃油喷射系统已经退出历史舞台，汽车普遍装备电子控制式燃油喷射系统。进入 21 世纪以来，国产汽油发动机汽车都已装备以单片微型计算机为控制核心的电子控制式燃油喷射系统。

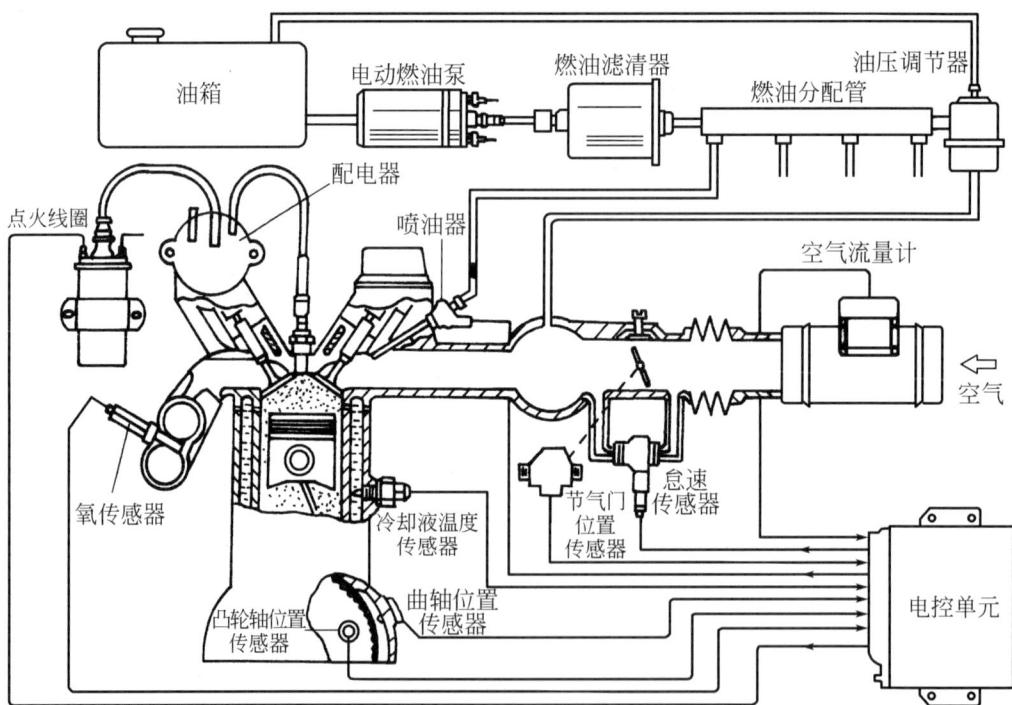

图 2-5　电子控制式燃油喷射系统

电子控制式燃油喷射系统又称为电控喷油系统，其显著特点是发动机供油系统供给一定压力（一般高于进气歧管压力 300 kPa 左右）的燃油，燃油由喷油器喷在节气门附近

（单点喷射），进气门附近（多点喷射）的进气管内或直接喷入汽缸（缸内喷射）与空气混合。喷油器受电控单元控制，电控单元通过控制每次喷油持续时间的长短来控制喷油量。喷油持续时间一般为 2~12 ms，喷油持续时间越长，喷油量就越大。

空气流量传感器（空气流量计）检测进气量并转变为电信号输入电控单元，曲轴位置传感器检测曲轴转速和转角并将其转变为电信号输入电控单元用以计算发动机转速，电控单元根据进气量信号和转速信号计算基本喷油量，再根据冷却液温度传感器和其他传感器信号对基本喷油量进行修正，以确定实际喷油量。除此之外，电控单元还要根据节气门位置传感器信号，在发动机不同工况下按不同的控制模式来控制喷油量。在节气门关闭、发动机处于怠速工况时，电控单元将增加喷油持续时间，提供较浓的混合气，保证发动机怠速稳定；在节气门中小开度、发动机处于部分负荷工况时，电控单元将控制喷油器提供经济空燃比的稀混合气，以便节约燃油和减少排放；在节气门接近全开或全开、发动机处于大负荷或满负荷工况时，电控单元将控制喷油器提供较浓的功率空燃比混合气，保证发动机具有足够的动力。

根据控制方式不同，电子控制式燃油喷射系统又可分为开环控制系统、闭环控制系统、自适应控制系统、学习控制系统和模糊控制系统。

2.2.2 按喷油器喷油部位分类

按喷油器喷油部位不同，发动机燃油喷射系统可分为缸内喷射（直喷）系统和进气管（缸外）喷射系统两种类型。进气管喷射系统又可分为单点喷射（SPI、TBI 或 CFI）和多点喷射（MPI）两种类型。多点喷射系统按进气量的检测方式不同，又可分为压力型（D型）和流量型（L型）燃油喷射系统两种类型。

1. 缸内喷射（直喷）系统

缸内喷射又称为燃料分层喷射（Fuel Stratified Injection，FSI），是指喷油器将燃油直接喷射到汽缸的内部，如图 2-6（a）所示。

缸内喷射是柴油机分层燃烧技术衍生而来的汽油喷射技术。缸内喷射系统均为多点喷射系统，这种喷射系统将喷油器安装在火花塞附近的汽缸盖上，并以较高的燃油压力（10 MPa 左右）将燃油直接喷入汽缸燃烧。因为汽油黏度低而喷射压力较高，且缸内工作条件恶劣（温度高、压力高），所以对喷油器的技术条件和加工精度要求较高。试验证明：缸内喷射的优越性在于喷油压力高、燃油雾化好，并能实现稀薄混合气（空燃比 40∶1）燃烧。因此，使用缸内喷射系统能够显著提高动力性、降低油耗和减少排放。缸内喷射是汽油机电控喷油技术的发展方向，国内外汽车都已采用缸内喷射，如奔驰 E200、E300L，宝马 X6 系列、7 系列，速腾 1.4 L TSI、1.8 L TSI，迈腾，辉腾，奥迪 RS4、R8，丰田雷克萨斯 GS300 等轿车都已装备缸内喷射系统。

2. 进气管（缸外）喷射系统

进气管喷射又称为缸外喷射，是指喷油器将燃油喷射在节气门或进气门附近的进气管内，如图 2-6（b）所示。与缸内喷射系统相比，进气管喷射系统对发动机机体的改动量较小，喷油器不受燃烧高温、高压的直接影响，设计喷油器时受到的制约较少，且喷油器工作条件大大改善。2010年以前，国内外生产的汽车大都采用了进气管喷射系统。

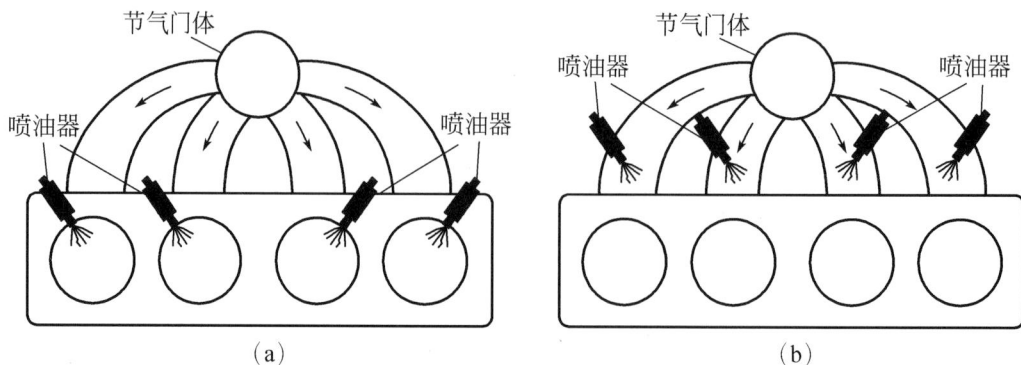

图2-6 喷油器喷油部位示意图
（a）缸内喷射；（b）进气管喷射

（1）单点燃油喷射系统（SPFI或SPI）

单点燃油喷射系统（Single Point Fuel Injection System，SPFI或SPI）是指在多缸发动机节气门的上方，安装一个或并列安装两个喷油器同时喷油的燃油喷射系统，如图2-7（a）所示。

在单点燃油喷射系统中，燃油喷射在节气门上方的进气管中与进气气流混合形成可燃混合气，通过进气歧管分配到各个汽缸。因为喷油器安装在节流阀体（即节气门体）中央集中喷射燃油，所以单点燃油喷射系统又称为节流阀体喷射系统（Throttle Body Injection System，TBI）或集中喷射系统（Concentrate Fuel Injection System，CFI）。如美国通用汽车公司的TBI系统、福特汽车公司的CFI系统以及德国博世公司的Mono-Motronic系统均为单点燃油喷射系统。

单点燃油喷射系统的工作原理与多点燃油喷射系统相似，也是由电控单元根据空气流量传感器、曲轴位置传感器、节气门位置传感器、冷却液温度传感器等检测的发动机工况信号计算喷油时间，在发动机每个汽缸进气行程开始之前喷油一次，喷油量由每次喷油持续时间的长短来控制，喷射所需的压力燃油由电动燃油泵提供。由于单点燃油喷射系统的喷油器距离进气门较远，喷入进气管的燃油具有足够的时间与进气气流混合形成均匀的可燃混合气，因此，它对燃油雾化质量的要求不高，可以采用较低的喷油压力（一般为100 kPa，早期高尔夫轿车SPI系统怠速时的燃油压力为80~120 kPa）。这样可以降低对电动燃油泵、燃油滤清器等供油系统零部件的要求，从而降低系统的制造成本。

（2）多点燃油喷射系统（MPFI或MPI）

多点燃油喷射系统（Multi-Point Fuel Injection System，MPFI或MPI）是指在发动机每个汽缸都安装一只喷油器的燃油喷射系统，如图2-7（b）所示。缸内喷射系统的喷油器安装在汽缸盖上的火花塞附近，进气管喷射系统的喷油器安装在进气门前方。根据进气量的检测方式不同，多点燃油喷射系统又分为压力型（D型）和流量型（L型）燃油喷射系统两种类型。其中D和L分别来源于德文的Druck（压力）和Luftmengen（空气流量）。

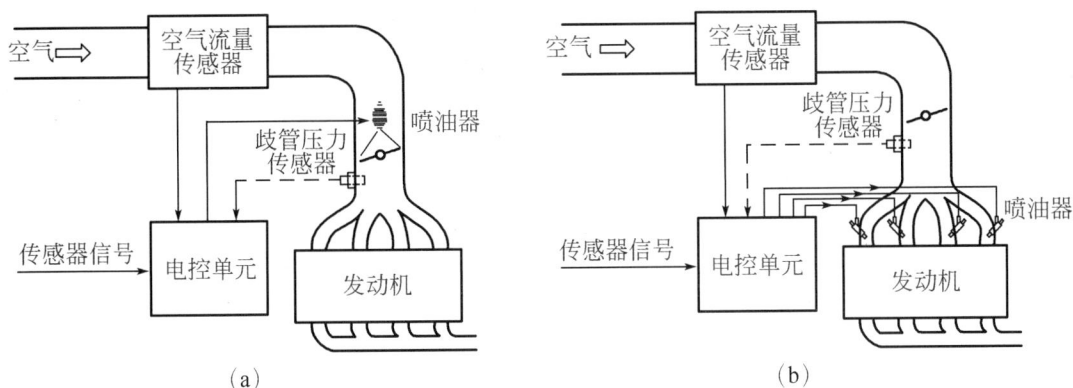

图 2-7　喷油器安装部位示意图

（a）单点燃油喷射系统；（b）多点燃油喷射系统

1）D 型燃油喷射系统。D 型燃油喷射系统的显著特点是利用歧管压力传感器检测进气歧管内的压力来间接测量进气量。D 型喷油系统是最早应用在汽车上的发动机燃油喷射系统，于 1967 年由德国博世公司根据美国本迪克斯公司的专利技术研制而成，应用在当时的大众 VW1600 型轿车和奔驰 280SE 型轿车上。

2）L 型燃油喷射系统。L 型燃油喷射系统由 D 型燃油喷射系统改进设计而成，其显著特点是用空气流量传感器取代 D 型燃油喷射系统的歧管压力传感器来直接测量进气量，从而提高了喷油量的控制精度。典型的 L 型燃油喷射系统有博世公司研制的 L-Jetronic、LH 型（LH–Jetronic）和 M 型（Motronic）燃油喷射系统。LH 型和 M 型系统是在L-Jetronic 系统的基础上改进而成的燃油喷射系统。

L-Jetronic 燃油喷射系统的显著特点是采用翼片式空气流量传感器来检测进气量。丰田大霸王（子弹头 Previa）小客车、丰田凯美瑞轿车与马自达 MPV 多用途汽车都采用过改进型 L-Jetronic 燃油喷射系统，空燃比和点火提前角都采用了闭环控制。由于翼片式空气流量传感器测量空气量的部件容易磨损，因此，这种燃油喷射系统已很少采用。

LH 型（LH–Jetronic）燃油喷射系统（见图 2-8）的显著特点是采用热丝式空气流量传感器来检测进气量。热丝式空气流量传感器没有运动部件，进气量用电子电路检测，因此，其进气阻力减小，检测精度提高，同时，LH 型燃油喷射系统还采用了大规模集成电路组成电控单元，运算速度提高、控制范围扩大、控制功能增强。装备 LH 型燃油喷射系统的车型很多，如别克世纪、丰田雷克萨斯 LS400、尼桑风度、尼桑千里马、马自达 626和 1991 年后出厂的奔驰 600SE 型轿车。

M 型（Motronic）燃油喷射系统的显著特点是将点火提前角和喷油时间的控制组合在一个电控单元中进行控制。M 型燃油喷射系统的电控单元采用数字式单片机，集成电路采用大规模集成电路，具有结构简单、体积小、控制精度高、响应速度快、控制功能强的优点。因为 M 型燃油喷射系统组合控制点火与喷油，所以在发动机起动、怠速、加减速、全负荷等工况下，不仅能够自动调节喷油量，而且还能自动控制点火提前角，实现喷油量与点火提前角的最佳匹配控制，使发动机的起动性能、加速性能、怠速稳定性、动力性、经济性以及排放性均大大提高。

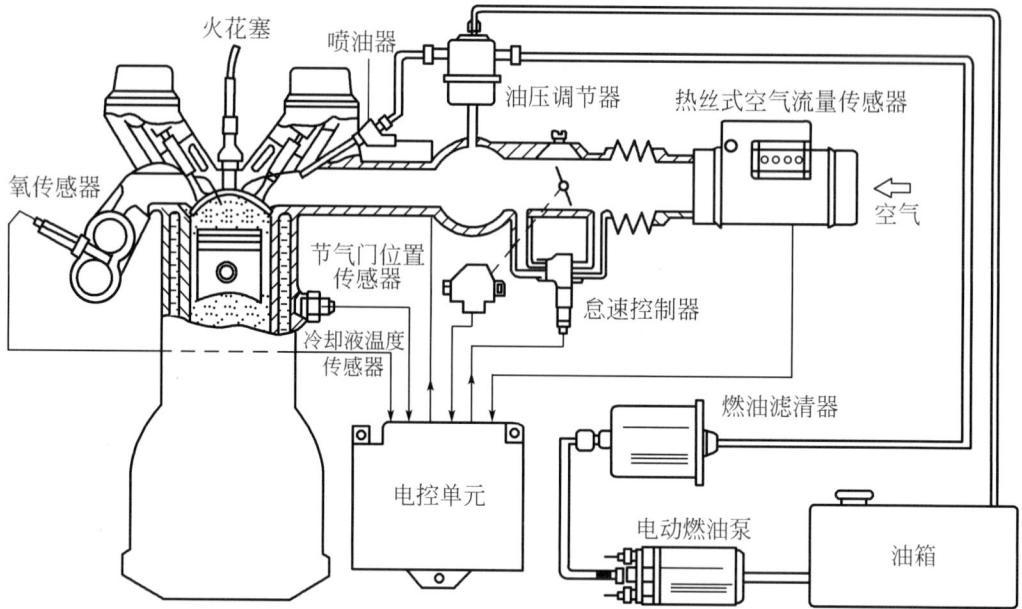

图 2-8　LH 型（LH-Jetronic）燃油喷射系统

2.2.3　按喷油器喷油方式分类

按喷油器喷油方式不同，燃油喷射系统可分为连续喷射系统和间歇喷射系统两大类。

1. 连续喷射系统

连续喷射系统是指在发动机运转期间，喷油器连续不断地喷射燃油的控制系统。连续喷射系统主要用于机械控制式、机电结合式和单点燃油喷射系统，如博世公司的 K 型和 KE 型燃油喷射系统，其喷油量的大小取决于燃油分配器中燃油计量槽开度的大小和喷油器进出油口之间燃油的压差。连续喷射系统的控制精度很低，20 世纪 90 年代末已被淘汰。

2. 间歇喷射系统

间歇喷射系统是指在发动机运转期间，喷油器间歇喷射燃油的控制系统。目前，绝大多数电子控制式燃油喷射系统都属于间歇喷射系统，其喷油量大小取决于喷油器阀门的开启时间（即由电控单元决定的喷油脉冲宽度）。间歇喷射系统根据喷油器喷射时序不同，又可分为同时喷射、分组喷射和顺序喷射，如图 2-9 所示。

1）同时喷射。同时喷射是指在发动机运转期间，由电控单元的同一个指令控制所有喷油器同时开启或同时关闭的喷油控制方式，如图 2-9（a）所示。采用此种喷射方式的有丰田海艾斯小客车用 2RZ-E 型发动机。此外，当采用分组喷射或顺序喷射的燃油喷射系统发生故障、控制系统处于应急状态运行时，电控单元将自动转换为同时喷射，其目的是供给充足的燃油维持发动机运转，以便驾驶人将汽车开回家或行驶到维修厂修理。

2）分组喷射。分组喷射是将喷油器分组，由电控单元分别发出喷油指令控制各组喷油器喷油的控制方式，如图 2-9（b）所示，同一组喷油器同时喷油。部分中、低档轿车采用了分组喷射方式，如丰田皇冠3.0、尼桑千里马等轿车。

3）顺序喷射。顺序喷射又称为次序喷射，是指在发动机运转期间，由电控单元控制喷油器按进气行程的顺序轮流喷油的控制方式，如图2-9（c）所示。喷油正时由电控单元根据凸轮轴位置传感器提供的信号判定出第1缸活塞位置，当第1缸活塞到达进气行程上止点前一定角度时，电控单元发出喷油脉冲信号控制第1缸喷油器喷射燃油；第1缸喷油器喷油之后，电控单元根据汽缸点火顺序，轮流控制其他汽缸的喷油器在活塞到达进气行程上止点前一定角度时喷射燃油，从而实现顺序喷射。20世纪90年代以后研制开发的燃油喷射系统基本上都采用顺序喷射。

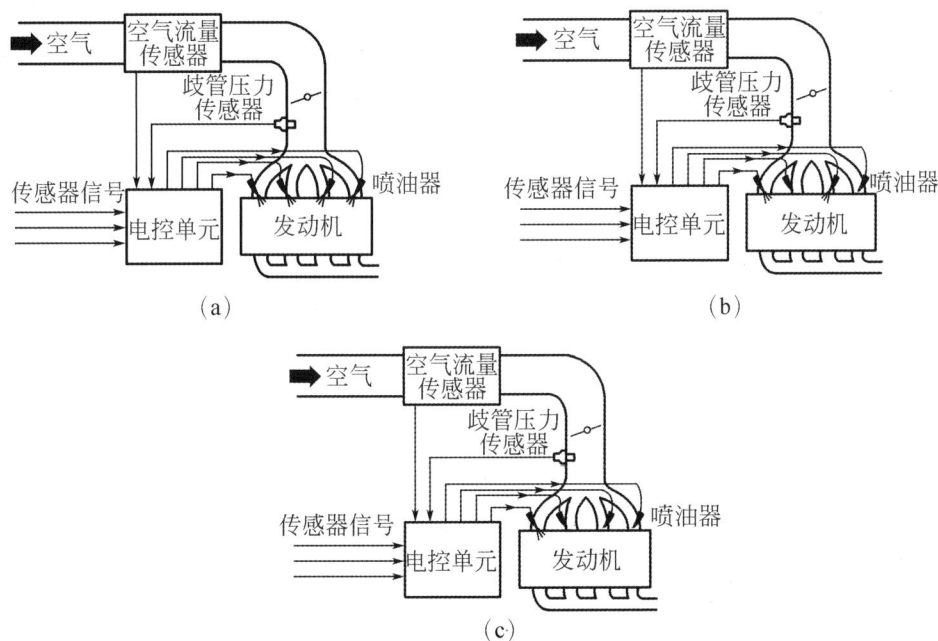

图 2-9　喷油器的喷射时序

（a）同时喷射；（b）分组喷射；（c）顺序喷射

2.3　电控喷油系统传感器的结构原理

传感器是将各种非电量（空气流量、油液温度和压力、转速与转角、位置和位移等）按一定规律转换成为电量的装置。电控喷油系统采用的传感器有空气流量传感器（进气歧管空气流量传感器）、曲轴位置传感器、凸轮轴位置传感器、节气门位置传感器、冷却液温度传感器、进气温度传感器、氧传感器和车速传感器；控制开关信号主要有点火开关信号、起动开关信号、蓄电池电压信号等。

2.3.1　空气流量传感器

空气流量传感器（Air Flow Sensor，AFS）又称为空气流量计（Air Flow Meter，AFM），

是进气歧管空气流量传感器（Manifold Air Flow Sensor，MAFS）的简称，其功用是检测发动机进气量的大小，并将空气流量信息转换成电信号输入电控单元，以供电控单元计算确定喷油时间（喷油量）和点火时间（点火提前角）。

进气量信号是电控单元计算喷油时间和点火时间的主要依据。众所周知，当汽油发动机的空燃比 $\lambda = \dfrac{A}{F} = \dfrac{进气量}{喷油量} = 14.7$ 时，汽油才能完全燃烧并生成 CO_2 和 H_2O。因此，只有检测出进气量 A 之后，电控单元才能通过控制喷油量 F（喷油时间）将空燃比 λ 控制在经济空燃比 14.7，从而提高发动机的经济性和排放性。由此可见，空气流量传感器是发动机电控喷油系统必不可少的传感器。

1. 空气流量传感器的分类

根据检测进气量方式的不同，空气流量传感器分为 D 型（压力型）空气流量传感器和 L 型（空气流量型）空气流量传感器两种类型。

D 型空气流量传感器是利用压力传感器检测进气歧管内的绝对压力，从而间接测量发动机的进气量。传感器可安装在汽车的任何部位，只需用导压管将进气歧管内的进气压力引入传感器即可。装备 D 型空气流量传感器的系统称为 D 型燃油喷射系统，电控单元利用该绝对压力和发动机转速来计算吸入汽缸的空气量，故又称为"速度-密度"型燃油喷射系统。由于空气在进气歧管内流动时会产生压力波动，发动机怠速（节气门关闭）时的进气量与汽车加速（节气门全开）时的进气量之差可达 40 倍以上，进气气流的最大流速可达 80 m/s，因此，D 型燃油喷射系统的测量精度不高，但系统成本较低，适合于低档轿车使用。

L 型空气流量传感器是一种直接测量吸入进气管进气量的传感器，安装在空气滤清器与节气门体之间的进气通道上。因为 L 型空气流量传感器是直接测量发动机的进气量，所以对于进气量的测量精度较高，装备 L 型空气流量传感器的 L 型燃油喷射系统的控制效果优于 D 型燃油喷射系统。汽车采用的 L 型空气流量传感器分为体积流量型（如翼片式、量芯式、涡流式）和质量流量型（如热丝式和热膜式）两类。质量流量型空气流量传感器内部没有运动部件，气流流动阻力很小，工作性能稳定，测量精度较高，但成本较高。

目前使用较多的有 D 型、涡流式和热丝式与热膜式空气流量传感器。

2. 涡流式空气流量传感器

涡流式空气流量传感器是根据卡尔曼涡流理论，利用超声波或光电信号检测旋涡频率来测量空气流量的一种传感器。根据检测旋涡频率的方式不同，汽车用涡流式空气流量传感器分为超声波检测式和光电检测式两种。

（1）涡流式空气流量传感器的测量原理

众所周知，当野外架空的电线被风吹动时，就会发出"嗡嗡"的响声，风速越快，声音频率越高，这是气流流过电线后形成旋涡（涡流）所致。液体、气体等流体均会发生这种现象。在流体中放置一个柱状物体（称为涡流发生器）后，在其下游流体中就会形成两列平行状涡流，且左右交替出现，如图 2-10 所示。因此，根据涡流出现的频率，就可测量出流体的流量。由于涡流与街道两旁的路灯类似，故称其为"涡街"。因为这种现象首先被卡尔曼发现，所以称为卡尔曼涡街或卡尔曼涡流（也译为卡门旋涡）。

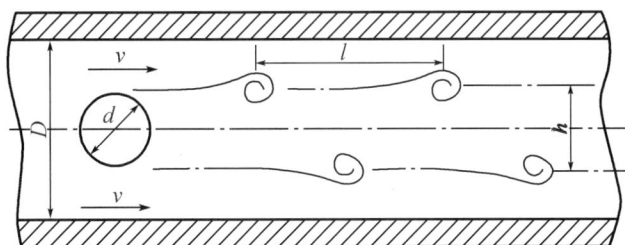

卡尔曼涡流式空气
流量传感器工作原理

图 2-10　卡尔曼涡流的产生原理

设两列平行涡流之间的距离为 h，同一列涡流中先后产生的两个涡流之间的距离为 l，当 $\dfrac{h}{l}$ 的比值为 0.281 时，产生的涡流将是稳定的，并且能周期性地产生。根据卡尔曼涡流理论，涡流发生器单侧涡流产生的频率 f 与流体流速 v 之间的关系为

$$f = S_t \frac{v}{d} \tag{2-1}$$

式中：v——涡流发生器两侧流体的流速，m/s；

　　　d——涡流发生器迎流面的最大宽度，m；

　　　S_t——斯特罗巴尔系数（圆柱形柱体 $S_t = 0.21$，三角形柱体 $S_t = 0.16$，长方形柱体

　　　　　$S_t = 0.12$，矩形柱体 $S_t = 0.17$）。

当流体管道的直径为 D 时，流体的体积流量 Q_A 为

$$Q_A = \frac{\pi}{4} D^2 \cdot v_1 = \frac{\pi}{4} D^2 \frac{d S_1}{S_t S} f = C \cdot f \tag{2-2}$$

式中：v_1——管道内流体的平均流速，m/s；

　　　S_1——涡流发生器两侧流通面积，m^2；

　　　S——管道内总流通面积，m^2；

　　　C——系数，$C = \dfrac{\pi d S_1 D^2}{4 S_t S}$，当管道与涡流发生器尺寸确定后，$C$ 为常数。

由此可见，通过测量涡流产生的频率，即可计算出流体的体积流量。

卡尔曼涡流是一种物理现象，涡流的测量精度由空气通道面积与涡流发生器的尺寸决定，与检测方法无关。涡流式空气流量传感器的输出信号是与涡流频率对应的脉冲数字信号，其响应速度是汽车常用的几种空气流量传感器中最快的一种，几乎能同步反映空气流速的变化，因此，特别适用于数字式计算机处理。除此之外，涡流式空气流量传感器还具有测量精度高、进气阻力小、无磨损（无运动部件）等优点，长期使用时，性能不会发生变化。其缺点一是制造成本较高，因此，只有少数中高档轿车采用；二是检测的流量为体积流量，需要对空气温度和大气压进行修正。

（2）光电检测涡流式空气流量传感器的结构原理

1）传感器的结构特点。光电检测涡流式空气流量传感器的结构如图 2-11 所示，其中，外形结构如图 2-11（a）所示，内部结构如图 2-11（b）所示，主要由涡流发生器、发光二极管（LED）、光敏三极管、反光镜、张紧带、集成控制电路和进气温度传感器等组成。丰田雷克萨斯 LS400 轿车和皇冠 3.0 型轿车均装备了光电检测涡流式空气流量传感器。

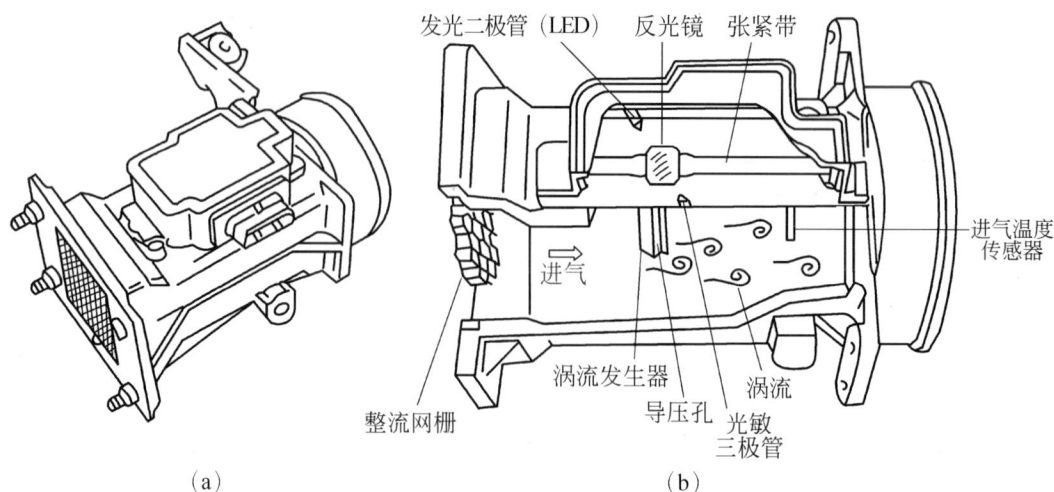

图 2-11　光电检测涡流式空气流量传感器的结构

（a）外形结构；（b）内部结构

在光电检测涡流式空气流量传感器气流入口处设有蜂窝状整流网栅，其作用是使吸入的空气在涡流发生器上游形成比较稳定的气流，从而保证涡流发生器产生与流速成正比的涡流。涡流发生器用合成树脂与厚膜集成电路（IC）封装成一体，光电检测涡流式空气流量传感器内部结构如图 2-12 所示。

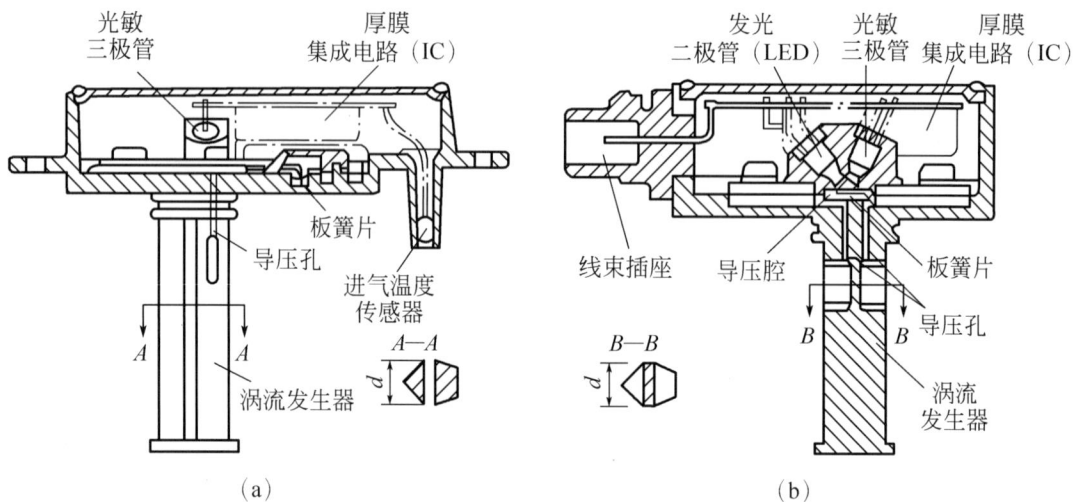

图 2-12　光电检测涡流式空气传感器内部结构

（a）进气气流方向剖视图；（b）进气气流垂直方向剖视图

涡流发生器的形状如图 2-12（a）中剖面 A—A 所示，前面为三角形，中间为稳流槽，后面为梯形。实验证明，在 $\dfrac{h}{l}$ 的比值为 0.281 的条件下，无论柱状物体为圆柱形或三角形，还是长方形或矩形，都能周期性地产生稳定的卡尔曼涡流。在涡流发生器上设有一个稳流槽和两个导压孔，如剖面 A—A 和图 2-12（b）中剖面 B—B 所示。稳流槽使涡流发生器下游产生稳定的涡流，导压孔将涡流发生器两侧的压力引导到导压腔中。反光镜采用反光能力较强的金属箔片制成，并用细薄的张紧带张紧在导压腔的外表面上，反光镜上部设有一个发光二极管（LED）和一个光敏三极管，发光二极管（LED）发出的光束由反光镜反射到光敏三极管上。板簧片设在导压腔内，并紧贴张紧带，其作用是给张紧带施加适当的预紧力，防止张紧带和反光镜振幅过大而变形损坏。涡流频率的检测任务由发光二极管（LED）、反光镜和光敏三极管完成，传感器内部的信号处理电路将频率信号转换成数字信号（方波信号）后，再输入电控单元进行运算处理。光电检测涡流式空气流量传感器检测的是进气气流的体积流量，为了避免环境温度变化给流量检测带来误差，因此，采用了进气温度传感器进行修正。

　　2）传感器的检测原理。当进气气流流过涡流发生器时，涡流发生器两侧就会交替产生涡流，两侧的压力就会交替发生变化。进气量越大，涡流数量越多，压力变化频率就越高。导压孔将变化的压力引入导压腔中，张紧带就会随着压力变化而产生振动，振动频率与单位时间内产生的涡流数量（涡流产生的频率）成正比。在张紧带振动时，其上的反光镜便将发光二极管（LED）的光束反射到光敏三极管上，因为光敏三极管受到光束照射时导通，不受光束照射时截止，所以光敏三极管导通与截止的频率与涡流产生的频率成正比。信号处理电路将频率信号转换成方波信号输入电控单元之后，电控单元便可计算出进气流量的大小。利用发动机故障诊断测试系统可检测空气流量传感器的输出信号周期值，丰田皇冠 3.0 型轿车光电检测涡流式空气流量传感器的输出信号周期值如表 2-1 所示。由表可见，发动机转速越高，汽缸的进气量越大，涡流产生的频率就越高。

表 2-1　丰田皇冠 3.0 型轿车光电检测涡流式空气流量传感器的输出信号周期值

发动机转速/（r/min）	700（怠速）	1 000	2 000	3 000	4 000	5 000	6 000
信号周期/ms	35. 445	23. 970	13. 770	7. 650	4. 59	3. 825	2. 295
信号频率/Hz	28	42	72	130	218	261	436

　　(3) 超声波检测涡流式空气流量传感器的结构原理

　　1）传感器的结构特点。超声波检测涡流式空气流量传感器的结构如图 2-13 所示，其主要由涡流发生器、超声波发生器、超声波接收器、集成控制电路、进气温度传感器和大气压力传感器等组成。

　　超声波检测涡流式空气流量传感器设有主空气道和旁通空气道，涡流发生器设在主空气道上。设置旁通空气道的目的是调节主空气道的空气流量。因此，对于排气量不同的发动机，改变旁通空气道截面积的大小，就可使用同一规格的空气流量传感器来满足流量检测的要求。涡流发生器由三角形柱体和若干块涡流稳定板组成，涡流稳定板能使其下游产生稳定的涡流。在涡流发生器的两侧设有超声波发生器和超声波接收器，超声波发生器用于产生和发射超声波信号，超声波接收器用于接收超声波信号。在主空气道的内壁上，粘贴有吸音材料，防止超声波出现不规则反射现象而影响正常检测。在空气入口设有整流网栅，其作用是使吸入的空气在涡流发生器上游形成稳定的气流，从而保证产生稳定的涡流。集成控制电路对信号进行整形处理后向电控单元输入方波信号，以便电控单元运算处理。进气温度传感器和大气压力传感器信号用于修正进气量。

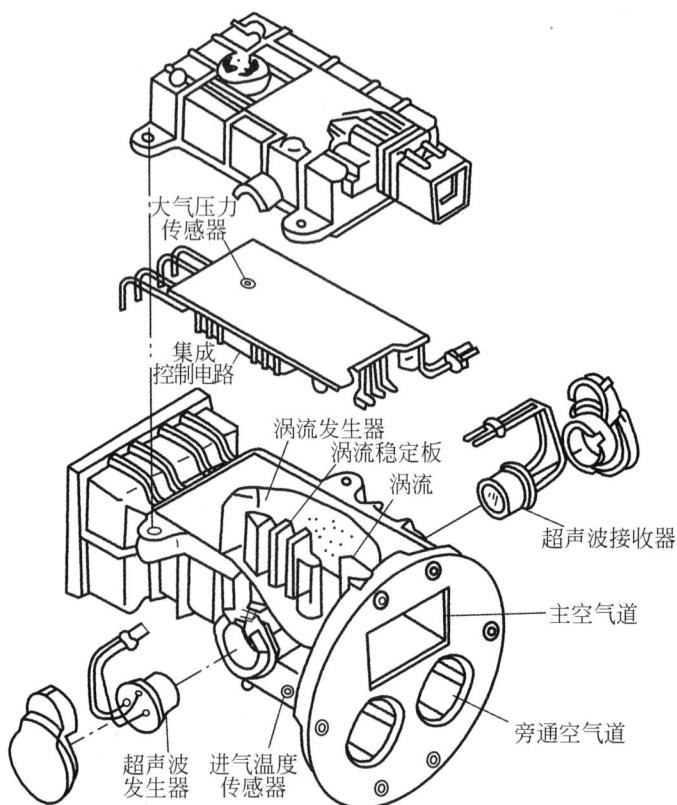

图 2-13　超声波检测涡流式空气流量传感器的结构

2）传感器的检测原理。超声波检测涡流式空气流量传感器原理电路如图 2-14 所示。超声波是指频率超过人能听到的最高频率（20 kHz）的机械波。当发动机运转时，超声波发生器不断向超声波接收器发出一定频率（40 kHz）的超声波。当超声波通过进气气流到达超声波接收器时，由于受到气流移动速度及压力变化的影响，超声波接收器接收到的超声波信号的相位（时间间隔）以及相位差（时间间隔之差）就会发生变化，集成控制电路根据相位或相位差的变化情况就可计量出涡流的频率。涡流频率信号输入电控单元后，电控单元就可计算出进气量。

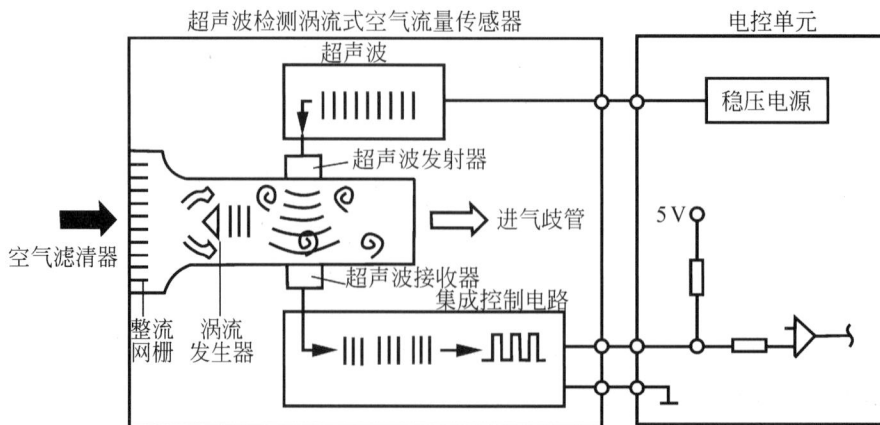

图 2-14　超声波检测涡流式空气流量传感器原理电路

在日常生活中，常常会遇到这种现象：当顺着风向喊人时，对方很容易听到；而逆风向喊人时，对方就不容易听到。这是因为前者的空气流动方向与声波前进方向相同，声波被"加速"的结果；而后者是声波受阻而"减速"的结果。在超声波检测涡流式空气流量传感器中，同样存在这种现象，如图2-15所示为超声波检测涡流式空气流量传感器输出波形示意图。

超声波发生器设定发出40 kHz的超声波是因为在没有涡流的通道上，发射的超声波信号［见图2-15（a）］与接收到的超声波信号相位和相位差完全相同，如图2-15（b）所示。当进气通道上有涡流时，在超声波接收器接收到的超声波信号中，有的受加速作用而超前（设超前时间为t_1），有的受减速作用而滞后（设滞后时间为t_2），其相位和相位差就会发生变化，如图2-15（c）、图2-15（e）所示。集成控制电路在信号相位超前时输出一个正向脉冲信号，在信号相位滞后时输出一个负向脉冲信号，如图2-15（d）、图2-15（f）所示，从而表明涡流的产生频率。

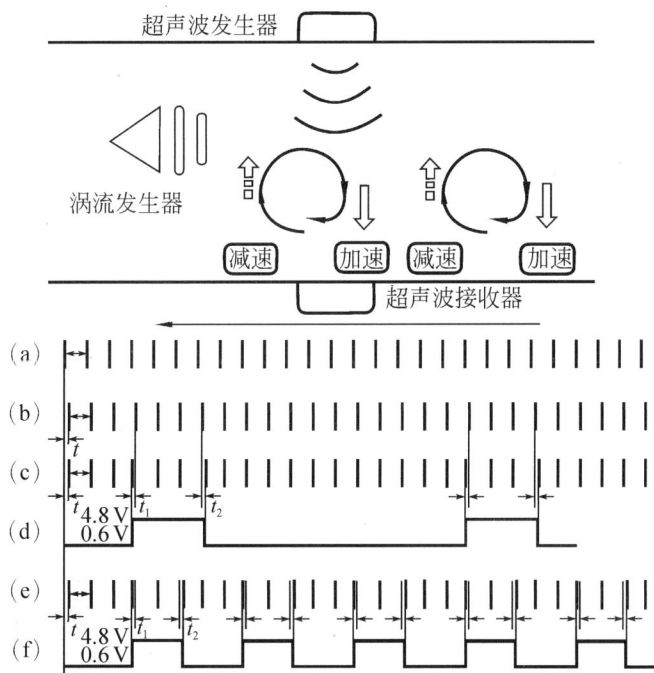

图2-15　超声波检测涡流式空气流量传感器输出波形示意图

（a）发射的超声波；（b）无涡流时接收到的超声波；（c）低速时接收的超声波；
（d）低速时传感器输出波形；（e）高速时接收的超声波；（f）高速时传感器输出波形

当发动机转速低时，进气量小，因此，产生涡流的频率较低；反之，当发动机转速高时，进气量增大，产生涡流的频率升高。三菱和猎豹吉普车的超声波检测涡流式空气流量传感器在发动机转速为700 r/min时，产生涡流的频率为25~45 Hz；当发动机转速为2 000 r/min时，产生涡流的频率为70~90 Hz。频率信号输入电控单元后，电控单元便可计算进气量。

3. 热丝式与热膜式空气流量传感器

热丝式与热膜式空气流量传感器的研制开发借鉴了日常生活中使用的电吹风机的工作原理，其是检测发动机吸入空气量的质量流量传感器。热丝式空气流量传感器的发热元件

热膜式空气流量
传感器工作原理

是铂金属丝，热膜式空气流量传感器的发热元件是铂金属薄膜，铂金属发热元件的响应速度很快，能在几毫秒内反映出空气流量的变化，因此，测量精度不受进气气流脉动的影响（气流脉动在发动机大负荷、低转速运转时最为明显）。此外，其还具有进气阻力小、无部件磨损等优点。目前大多数中高档轿车都采用了这种传感器，如通用、别克、尼桑千里马、尼桑风度、瑞典沃尔沃等轿车都采用了热丝式空气流量传感器；马自达626，奥迪A4、A6型，宝来，帕萨特等轿车都采用了热膜式空气流量传感器。

（1）热丝式与热膜式空气流量传感器的结构特点

1）热丝式空气流量传感器的结构特点。热丝式空气流量传感器的结构如图2-16所示，传感器壳体两端设置有与进气道相连接的圆形连接接头，空气入口和出口都设有防止传感器受到机械损伤的防护网。传感器入口与空气滤清器一端的进气管连接，出口与节气门体一端的进气管连接。

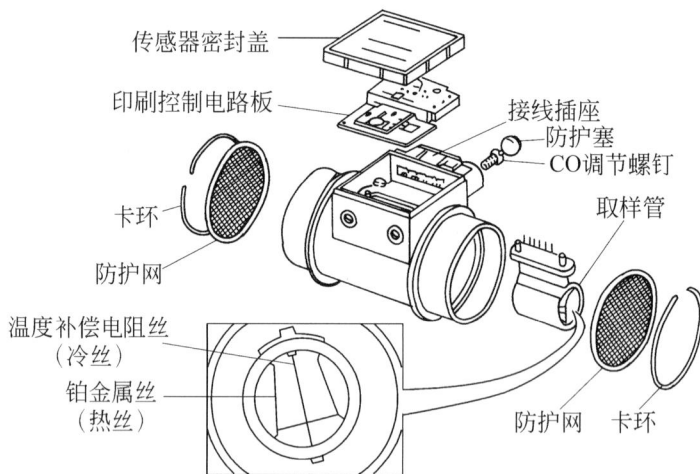

图2-16 热丝式空气流量传感器的结构

热丝式空气流量传感器内部套装有一个取样管，取样管中设有一根直径很小（约70 μm）的铂金属丝作为发热元件，其被制作成"Π"形张紧在取样管内。传感器工作时，铂金属丝的温度将被控制电路提供的电流加热到高于进气温度（120 ℃），因此，称之为热丝。由于进气温度变化会使铂金属丝的温度发生变化而影响进气量的测量精度，因此，在铂金属丝附近的气流上游设有一只温度补偿电阻丝。早期制作的热丝式空气流量传感器采用铂金属丝制作温度补偿电阻丝，该电阻丝靠近进气口一侧，称之为冷丝。由于温度补偿电阻丝在使用中容易折断而导致传感器报废，因此，目前普遍采用在氧化铝陶瓷基片上印刷制作的铂膜电阻。该温度补偿电阻丝相当于一只进气温度传感器，其电阻值随进气温度的变化而变化。当传感器工作时，控制电路提供的电流将使温度补偿电阻丝的温度始终低于铂金属丝的温度（120 ℃）。这样温度补偿电阻丝的温度起到一个参照标准的作用，使进气温度的变化不至于影响铂金属丝测量进气量的精度。

2）热膜式空气流量传感器的结构特点。热膜式空气流量传感器是热丝式空气流量传感器的改进产品，其发热元件采用平面形铂金属薄膜（厚约 200 nm）电阻器，故称为热膜电阻。热膜电阻的制作方法是首先在氧化铝陶瓷基片上采用蒸发工艺淀积铂金属薄膜，然后通过光刻工艺制作成梳状图形电阻，将电阻值调节到设计要求的阻值后，在其表面覆盖一层绝缘保护膜，最后引出电极引线而制成。宝来，奥迪 A4、A6 型，帕萨特等轿车均采用热膜式空气流量传感器。热膜式空气流量传感器的结构如图 2-17 所示。

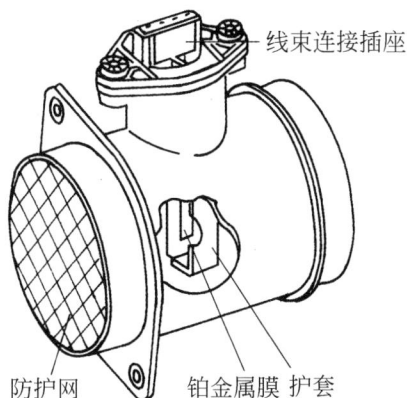

图 2-17　热膜式空气流量传感器的结构

在热膜式空气流量传感器内部的进气通道上设有一个矩形护套（相当于取样管），热膜电阻设在护套中。为了防止污物沉积到热膜电阻上影响其测量精度，在护套的空气入口一侧设有空气过滤层，用以过滤空气中的污物。为了防止进气温度变化使测量精度受到影响，在热膜电阻附近的气流上游设有铂金属膜式温度补偿电阻，热膜式空气流量传感器内部元件示意图如图 2-18 所示。

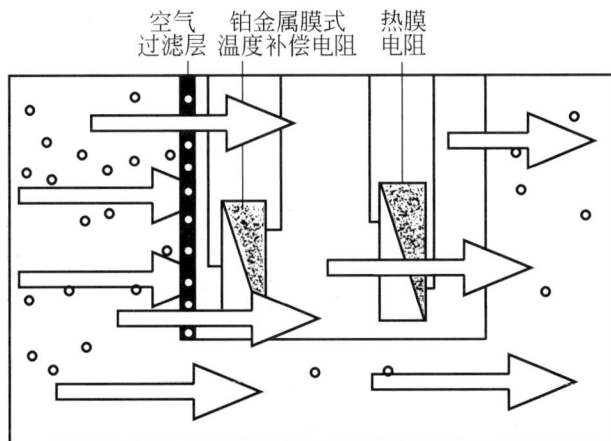

图 2-18　热膜式空气流量传感器内部元件示意图

铂金属膜式温度补偿电阻和热膜电阻与传感器内部的控制电路连接，控制电路与线束连接器插座连接，线束连接插座设在传感器壳体中部。与热丝式空气流量传感器相比，热膜式空气流量传感器的阻值较大，所以消耗电流较小，使用寿命较长，但是，由于热膜式空气流量传感器发热元件表面有一层绝缘保护膜，存在辐射热传导作用，因此，其响应特性略低于热丝式空气流量传感器。

（2）热丝式与热膜式空气流量传感器的测量原理

利用热丝或热膜电阻作为发热元件的空气流量传感器，其测量原理完全相同，并与日常生活中使用的电吹风机的工作原理相似。为了叙述方便，下面将热丝与热膜电阻统称为发热元件。

理论与实验证明：在强制气流的冷却作用下，发热元件单位时间内的散热量跟发热元件的温度和气流温度之差成正比。为此，在热丝式与热膜式空气流量传感器中，采用了恒温差控制电路来实现空气流量的检测。热丝式与热膜式空气流量传感器原理电路如图 2-19 所示，其中，电路连接如图 2-19（a）所示，电桥电路如图 2-19（b）所示。

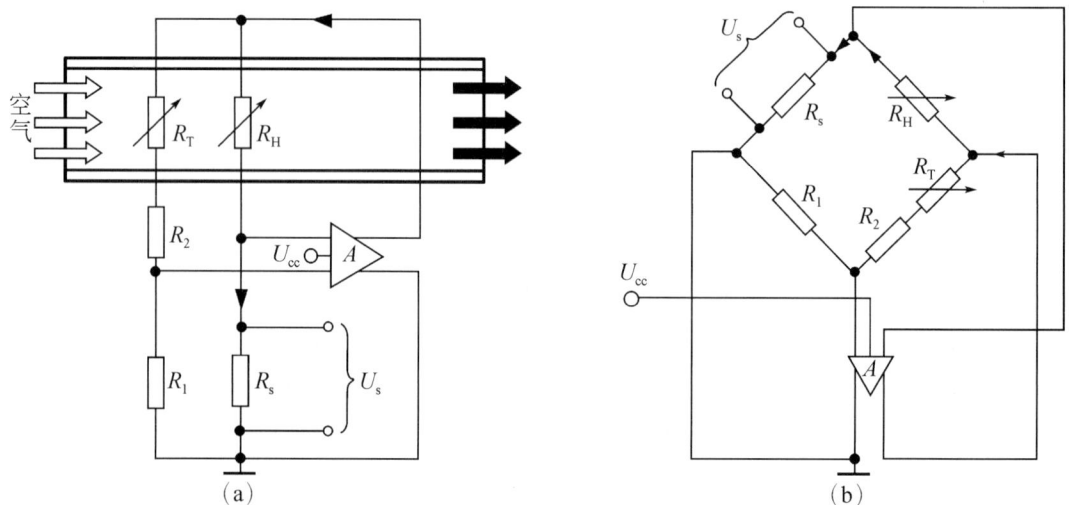

R_T—温度补偿电阻（热敏电阻式进气温度传感器）；R_H—发热元件（热丝或热膜）电阻；R_s—信号取样电阻；
R_1、R_2—精密电阻；U_{cc}—电源电压；U_s—信号电压；A—控制电路。

图 2-19　热丝式与热膜式空气流量传感器原理电路
（a）电路连接；（b）电桥电路

在恒温差控制电路中，发热元件电阻 R_H 和温度补偿电阻（热敏电阻式进气温度传感器）R_T 分别连接在惠斯登电桥电路的两个臂上。当发热元件的温度高于进气温度时，电桥电压才能达到平衡。加热电流（50~120 mA）由具有电流放大作用的控制电路 A 进行控制，其目的是使发热元件的温度 T_H 与温度补偿电阻的温度 T_T 之差保持恒定，即 $\Delta T = T_H - T_T = 120$（℃）。

当空气气流流经发热元件使其受到冷却时，发热元件温度降低，阻值减小，电桥电压失去平衡，控制电路将增大供给发热元件的电流，使其温度高于温度补偿电阻 120 ℃。电流增量的大小，取决于发热元件受到冷却的程度，即取决于流过传感器的空气量。

当电桥电流增大时，信号取样电阻 R_s 上的电压就会升高，从而将空气流量的变化转换为信号电压 U_s 的变化。信号电压与空气质量流量之间近似于 4 次方根的关系，信号电压与空气质量流量的特性曲线如图 2-20 所示。信号电压输入电控单元后，电控单元便可根据信号电压的高低计算出空气质量流量 Q_M 的大小。

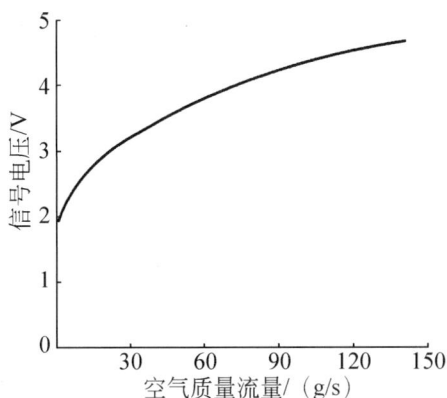

图 2-20　信号电压与空气质量流量的特性曲线

当发动机怠速或空气为热空气（如夏季行车）时，因为怠速时节气门全闭或接近全闭，所以空气流速低，空气量小；又因空气温度越高，空气密度越小，所以在体积相同的情况下，热空气的质量小，因此，发热元件受到冷却的程度小，阻值减小幅度小，保持电桥平衡需要的加热电流小，如图 2-21（a）所示，故信号取样电阻上的信号电压低。电控单元根据信号电压即可计算出空气质量流量，捷达轿车怠速时的空气质量流量的标准值为 2.0~5.0 g/s。

当发动机负荷增大或空气为冷空气时，因为节气门开度增大空气流速加快使空气流量增大；而冷空气密度大，在体积相同的情况下冷空气质量大，所以发热元件受到冷却的程度增大，阻值减小幅度大，保持电桥平衡需要的加热电流增大，如图 2-21（b）所示。因此，当发动机负荷增大时，信号电压升高。

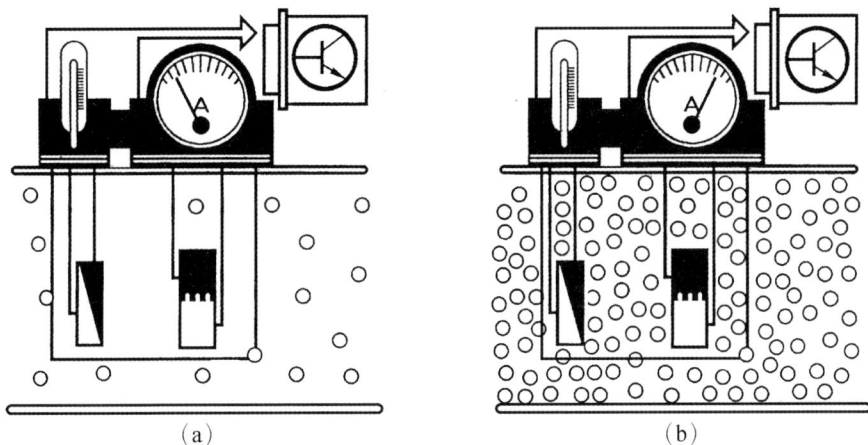

图 2-21　热膜式与热丝式空气流量传感器的测量原理

(a) 怠速或热空气时；(b) 负荷增大或冷空气时

热丝式空气流量传感器在使用一段时间后，由于热丝表面受空气尘埃污染，其热辐射能力降低会将影响传感器的测量精度。因此，在控制电路中，设计有自洁电路来实现自洁功能。每当电控单元接收到发动机熄火的信号时，电控单元将控制自洁电路接通，将热丝加热到 1 000 ℃并持续 1 s 左右，使沾染在热丝上的尘埃烧掉。另一种防止热丝污染的方法是提高热丝的保持温度，一般将保持温度设定在 200 ℃ 以上，以便烧掉沾染的污物。热膜式空气流量传感器铂金属薄膜的面积比热丝的表面积大得多，且覆盖有一层绝缘保护膜，故不受污物影响。

4. 空气流量传感器性能比较

汽车用空气流量传感器（包括间接测量空气流量的歧管压力传感器）的性能比较如表 2-2 所示。翼片式空气流量传感器具有结构简单、价格便宜的优点，而且具有一定的可靠性。因此，在 20 世纪 70 年代研制的电控喷油系统中广泛采用。但是，翼片式空气流量传感器体积大、安装不便、急加速时响应特性差、进气阻力较大、需要进行大气压力和进气温度修正。为了克服这些缺点，20 世纪 80 年代，涡流式、热丝式与热膜式空气流量传感器相继研制成功，特别是热丝式与热膜式空气流量传感器能够直接测量空气的质量流量，避免了海拔高度变化引起的测量误差，此外其还具有响应速度快、测量精度高等优点，所以备受汽油机电控喷油系统设计者的青睐。

表 2-2　汽车用空气流量传感器的性能比较

类型	翼片式	涡流式	热丝式与热膜式	歧管压力传感器
输出方式	模拟输出：信号电压 U_s 与体积流量 Q_A 成反比，即 $Q_A \propto \dfrac{1}{U_s}$	数字输出：涡流产生频率 f 与体积流量 Q_A 成正比，即 $f \propto Q_A$	模拟输出：信号电压 U_s 与空气质量流量 Q_M 的 4 次方根成正比，即 $U_s \propto \sqrt[4]{Q_M}$	模拟输出：信号电压 U_s 与进气歧管压力 p 成正比，即 $U_s \propto p$
测量精度	±3%	±3%	±3%	±3%
响应特性	差	优	优	良
通道阻力	大	小	很小	很小
怠速稳定性	好	好	好	好
有无移动部件	有	无	无	无
进气温度修正	需要	需要	不需要	需要
大气压力修正	需要	需要	不需要	需要
系统控制精度	中等	高	高	低
成本	中等	高	中等	低
综合评价	良	优	优	良

注：间接测量空气流量的歧管压力传感器将在下面的"压力传感器"内容中进行介绍。

2.3.2　压力传感器

在汽车行驶过程中，需要实时监测发动机的进气压力、大气压力、燃油压力、润滑油压力、制动油液压力以及变速传动油液压力等，压力传感器的功用就是将气体或液体的压力信号转换为电信号，并输入电控单元进行处理，从而保证电控系统实现控制功能。

1. 压力传感器的类型

压力传感器检测压力的方法大都是测定压差，检测原理都是将压力的变化转换为电阻值的变化。根据现代汽车压力传感器的结构不同，可将其分为半导体压阻效应式和电阻应变计式两种类型。前者利用半导体硅的压阻效应和微电子技术制成，后者利用弹性敏感元件和电阻应变片制成（弹性敏感元件将被测压力转换为弹性体的应变值，电阻应变片将应变值转换为电阻值的变化。应变是指物体的相对变化量）。

在汽车电控系统中，检测压力较低的进气歧管压力和大气压力时，一般采用半导体压阻效应式压力传感器；检测压力较高的制动油液、变速传动油液和柴油机喷油压力时，一般采用电阻应变计式压力传感器。

2. 压阻效应式歧管压力传感器

半导体硅受到应力作用后，其电阻率发生明显变化的现象，称为压阻效应。利用半导体硅的压阻效应和微电子技术制成的压阻效应式歧管压力传感器，具有灵敏度高、动态响应好、易于微型化和集成化等优点。因此，这类传感器在汽车电控系统得以广泛应用。

（1）歧管压力传感器的功用

进气歧管绝对压力传感器（Manifold Absolutely Pressure Sensor，MAP）简称歧管压力传感器，按流量传感器的分类方法又被称为 D 型传感器。歧管压力传感器是一种间接测量发动机进气量的传感器，其功用是通过检测节气门至进气歧管之间的进气压力来反映发动机的负荷状况，并将负荷状况（压力信号）转换为电信号输入发动机电控单元，供电控单元计算确定喷油时间（喷油量）和点火时间（点火提前角）。

（2）压阻效应式歧管压力传感器的结构

各型汽车用压阻效应式歧管压力传感器的结构大同小异，其外形如图 2-22（a）所示，结构如图 2-22（b）所示，主要由硅膜片（压力转换元件）、真空室、混合集成电路（IC）、真空管接头、线束连接插头和壳体组成。压阻效应式歧管压力传感器的安装位置比较灵活，只要能将进气歧管内的进气压力引入传感器的真空室内即可。

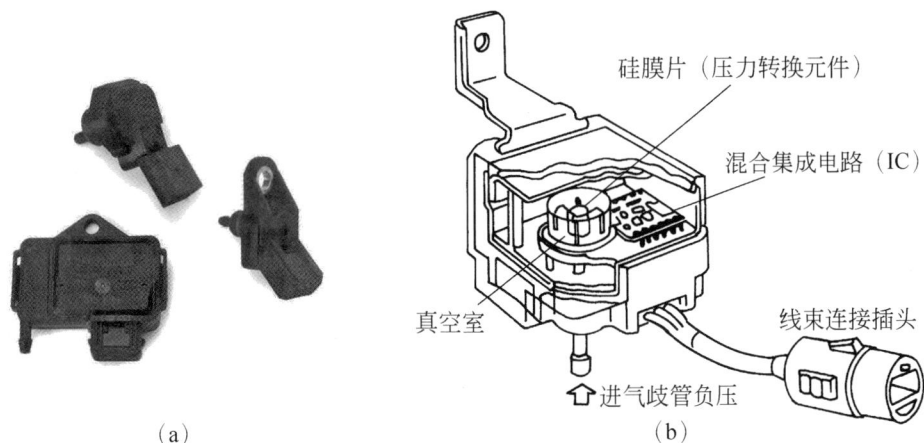

（a）　　　　　　　　　　　　　　　　　（b）

图 2-22　压阻效应式歧管压力传感器的外形与结构
（a）外形；（b）结构

压阻效应式歧管压力传感器的内部结构如图 2-23 所示，其主要由硅膜片、真空室、硅杯、半导体压敏电阻、底座、真空管和电极引线等组成，剖面图如图 2-23（a）所示。

硅膜片是压力转换元件，用单晶硅制成。硅膜片的长和宽约为 3 mm、厚度约为 160 μm，在硅膜片的中央部位采用腐蚀方法制作有一个直径为 2 mm、厚度约为 50 μm 的薄膜片。在薄膜片表面上，采用集成电路加工技术与台面扩散技术（扩散硼）制作了 4 个梳状且阻值相等的半导体压敏电阻，又称为固态压阻器件或固态电阻，如图 2-23（b）所示，并利用低阻扩散层（P 型扩散层）将 4 个电阻连接成惠斯通电桥电路，然后再与传感器内部的信号放大电路和温度补偿电路等混合集成运算放大器电路连接，如图 2-24 所示为压阻效应式歧管压力传感器简化电路及其连接。

混合集成电路由集成运算放大器电路和温度补偿电路等组成。电桥电路的输出电压为 u_s，集成运算放大器电路为减法运算电路，其输出电压为 u_0。

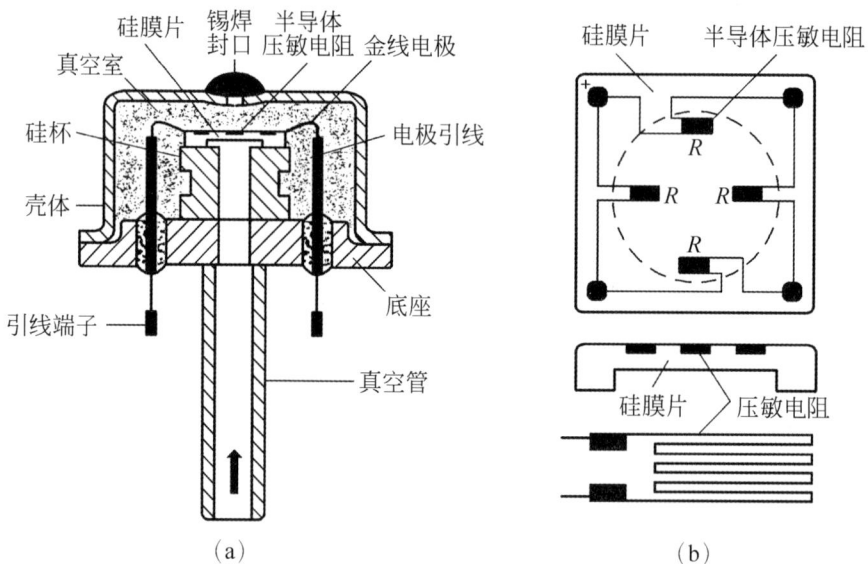

图 2-23 压阻效应式歧管压力传感器的内部结构
（a）剖面图；（b）硅膜片结构

硅杯一般用线性膨胀系数接近于单晶硅（线性膨胀系数为 $32 \times 10^{-7}/℃$）的铁镍锆合金（线性膨胀系数为 $47 \times 10^{-7}/℃$）制成，设置在硅膜片与传感器底座之间，用于吸收因底座材质与硅膜片热膨胀系数不同而加到硅膜片上的热应力，从而提高传感器的测量精度。硅杯与壳体以及底座之间形成的腔室为真空室。壳体顶部设有排气孔，利用排气孔将该腔室抽成真空后，再用锡焊密封排气孔，从而形成真空室。真空室为基准压力室，基准压力为 0。

在真空管入口设有滤清器，用于过滤空气中的尘埃或杂质，以免硅膜片受到脏污腐蚀而导致传感器失效。

（3）压阻效应式歧管压力传感器的工作原理

压阻效应式歧管压力传感器工作原理

压阻效应式歧管压力传感器的硅膜片一面通真空室，另一面通进气歧管。在歧管压力 p 作用下，硅膜片就会产生应力。在应力作用下，半导体压敏电阻的电阻率就会发生变化，引起阻值变化，惠斯通电桥上电阻

值的平衡就会被打破。当电桥输入端输入一定的电压或电流时，在电桥的输出端就可得到变化的信号电压或信号电流。根据信号电压或电流的大小，即可计算出歧管压力的高低。

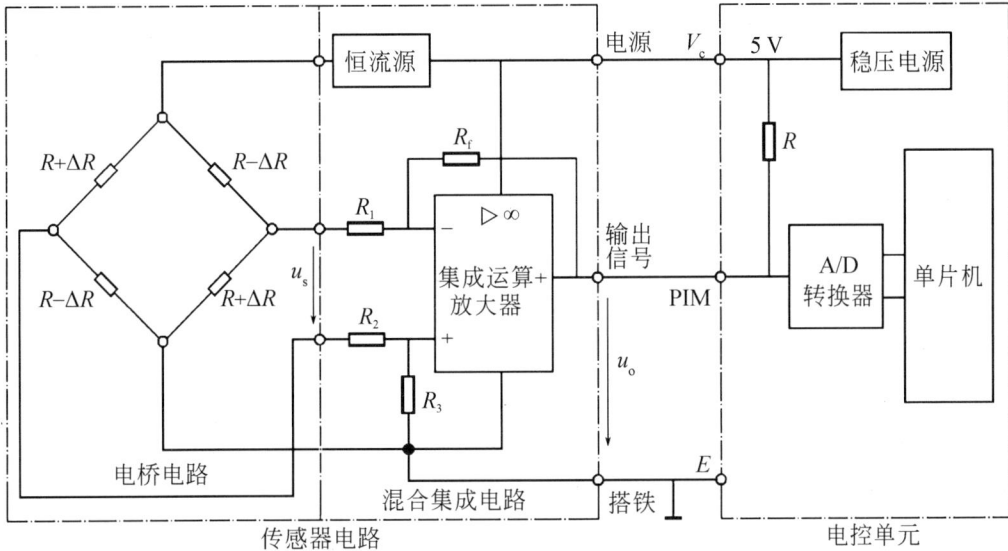

图 2-24　压阻效应式歧管压力传感器简化电路及其连接

在设计制作传感器时，如果将电桥上的半导体压敏电阻制作成 4 个阻值相等的电阻，并适当安排电阻的位置，以使径向电阻和切向电阻受到的平均应力相等，就可使电阻的正向增量与负向增量相等，从而组成图 2-24 所示的差动电桥电路。当电桥采用恒流源供电时，其输出电压 u_s 的计算公式为

$$u_s = \frac{3\pi_{44}IR}{16\,h^2}\big[(1+\mu)r^2-(1+3\mu)x^2\big]p$$

式中：u_s——电桥输出电压，V；

　　　r、x、h——薄膜片的有效半径、计算点半径（半导体压敏电阻中心至薄膜片圆心的距离）、膜片厚度，m；

　　　μ——泊松比（硅取 $\mu=0.35$）；

　　　π_{44}——剪切压阻系数，可由实验测得；

　　　I——恒流源供给的电流，A；

　　　R——每只半导体压敏电阻的阻值，Ω；

　　　p——平均分布压力，Pa。

由上式可见，当传感器结构一定并采用恒流源供电时，电桥输出电压与作用在硅膜片上的压力成正比。压力越高，输出电压越高。经集成运算放大器电路进行减法运算处理后的输出电压 u_0 的计算公式为

$$u_0 = \frac{R_f}{R_1}u_s = \frac{3\pi_{44}IR\,R_f}{16\,h^2R_1}\big[(1+\mu)\cdot r^2-(1+3\mu)x^2\big]p \qquad (2-3)$$

式中：R_f——反馈电阻值。

发动机工作时，进气歧管内部的压力随进气量的变化而变化。当节气门开度增大（进气量增大）时，空气流通截面增大，气流速度降低，进气歧管压力升高，硅膜片应力增大，压敏电阻阻值的变化量增大，电桥输出的电压升高，经混合集成电路进行比例放大后，传感器输入电控单元的信号电压升高。反之，当节气门开度由大变小（进气量减小）时，空气流通截面减小，气流速度升高，进气歧管压力降低，硅膜片应力减小，压敏电阻阻值的变化量减小，电桥输出电压降低，经混合集成电路进行比例放大后，传感器输入电控单元的信号电压降低。实测压阻效应式歧管压力传感器输出电压与歧管压力的关系如表2-3所示。

表2-3　实测压阻效应式歧管压力传感器输出电压与歧管压力的关系

歧管压力/kPa	13	27	40	54	67
传感器输出电压/V	0.3~0.5	0.7~0.9	1.1~1.3	1.5~1.7	1.9~2.1

2.3.3　曲轴与凸轮轴位置传感器

在多点燃油顺序喷射系统中，当电控单元控制喷油器喷油时，首先必须知道是哪一个汽缸的活塞即将到达排气上止点；当电控单元控制火花塞跳火时，首先也必须知道是哪一个汽缸的活塞即将到达压缩上止点，然后再根据曲轴转角信号控制喷油与点火。由此可见，曲轴位置传感器和凸轮轴位置传感器是多点燃油顺序喷射系统必不可少的传感器。

1. 曲轴与凸轮轴位置传感器的功用与分类

曲轴位置传感器（Crankshaft Position Sensor，CPS）又称为发动机转速与曲轴转角传感器，其功用是采集发动机曲轴转动角度和发动机转速信号，并将信号输入电控单元，以便确定和控制喷油时间与点火时间。

凸轮轴位置传感器（Camshaft Position Sensor，CPS）又称为汽缸判别传感器（Cylinder Identification Sensor，CIS）和相位传感器。为了区别于曲轴位置传感器（CPS），凸轮轴位置传感器一般都用CIS表示。凸轮轴位置传感器的功用是采集配气凸轮轴的位置信号，并将信号输入电控单元，以便电控单元识别汽缸活塞压缩上止点，从而进行顺序喷油控制、点火控制和爆燃控制。此外，凸轮轴位置信号还用于发动机起动时识别出第一次点火时间。因为凸轮轴位置传感器能够识别哪一缸活塞即将到达上止点，故又称为汽缸判别传感器。

发动机电控燃油喷射系统常用的曲轴与凸轮轴位置传感器分为光电式、磁感应式和霍尔式三种类型。日产公爵王轿车、三菱与猎豹吉普车采用光电式曲轴与凸轮轴位置传感器；丰田系列轿车采用磁感应式曲轴与凸轮轴位置传感器；大众公司轿车采用磁感应式曲轴位置传感器和霍尔式凸轮轴位置传感器；红旗CA7220E型轿车和切诺基吉普车采用了霍尔式曲轴与凸轮轴位置传感器，且其曲轴位置传感器为差动霍尔式传感器。因为有的汽车将曲轴与凸轮轴位置传感器制作成一体，且类型相同的传感器其结构原理完全相同，所以将这两种传感器组合在一起进行介绍。

2. 光电式曲轴与凸轮轴位置传感器

（1）光电式曲轴与凸轮轴位置传感器的结构特点

日产公司采用的光电式曲轴与凸轮轴位置传感器是由分电器改进而成，光电式曲轴与凸轮轴位置传感器结构如图 2-25 所示，主要由信号发生器、信号盘（信号转子）、配电器、传感器壳体和线束插头等组成。

信号盘是传感器的信号转子，压装在传感器轴上，结构如图 2-25（a）所示。在靠近信号盘的边缘位置有间隔弧度均匀的内、外两圈透光孔。其中，外圈有 360 个长方形透光孔（缝隙），间隔弧度为 1°（透光孔占 0.5°，遮光部分占 0.5°），用于产生曲轴转角与转速信号；内圈有 6 个透光孔（长方形孔），间隔弧度为 60°，用于产生各个汽缸的上止点信号，其中有一个长方形的宽边稍长，用于产生第一缸上止点信号。

信号发生器固定在传感器壳体上，由 Ne 信号（转速与转角信号）传感器、G 信号（上止点位置信号）传感器以及信号处理电路组成，如图 2-25（b）、图 2-25（c）所示。Ne 信号与 G 信号传感器均由一个发光二极管（LED）和一个光敏三极管组成，两个 LED 分别正对着两个光敏三极管。

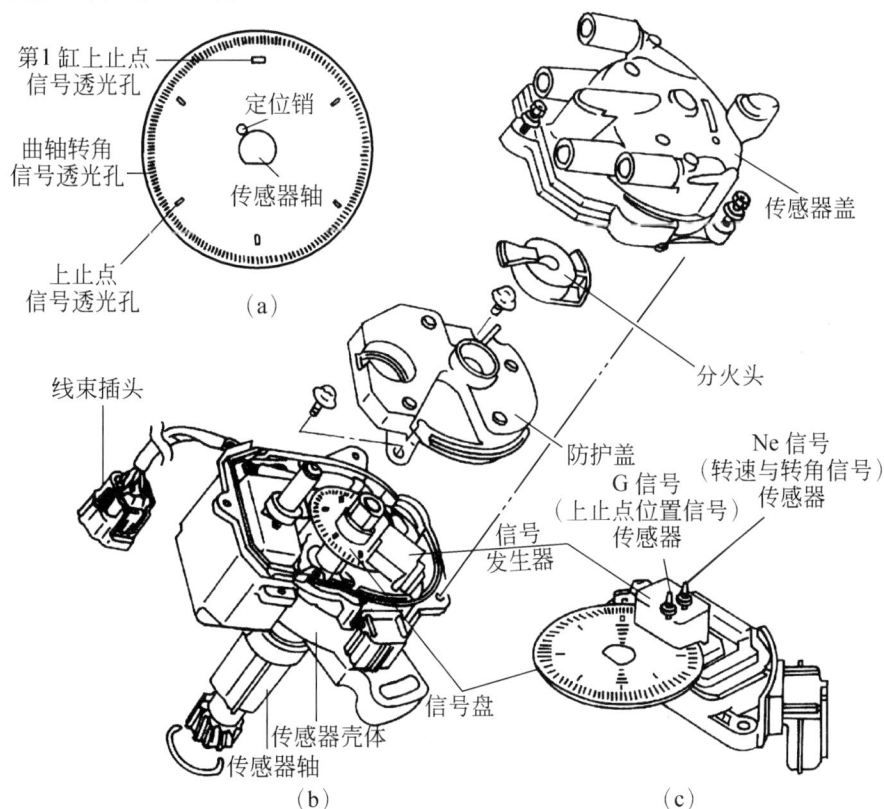

图 2-25　光电式曲轴与凸轮轴位置传感器结构

（a）信号盘结构；（b）传感器结构；（c）信号发生器结构

（2）曲轴转速、转角信号和汽缸识别信号的产生原理

光电式曲轴与凸轮轴位置传感器的工作原理如图 2-26 所示。因为传感器轴上的斜齿

轮与发动机配气凸轮轴上的斜齿轮啮合，所以当发动机带动传感器轴转动时，信号盘上的透光孔便从信号发生器的发光二极管（LED）与光敏三极管之间转过。当信号盘上的透光孔旋转到发光二极管（LED）与光敏三极管之间时，如图 2-26（a）所示，发光二极管（LED）发出的光线就会照射到光敏三极管上，此时光敏三极管导通，其集电极输出低电平（0.1~0.3 V）；当信号盘上的遮光部分旋转到发光二极管（LED）与光敏三极管之间时，如图 2-26（b）所示，发光二极管（LED）发出的光线就不能照射到光敏三极管上，此时光敏三极管截止，其集电极输出高电平（4.8~5.2 V）。信号盘连续旋转，透光孔和遮光部分就会交替地转过发光二极管（LED）和光敏三极管之间的部分从而实现透光或遮光，光敏三极管集电极就会交替地输出低电平和高电平。

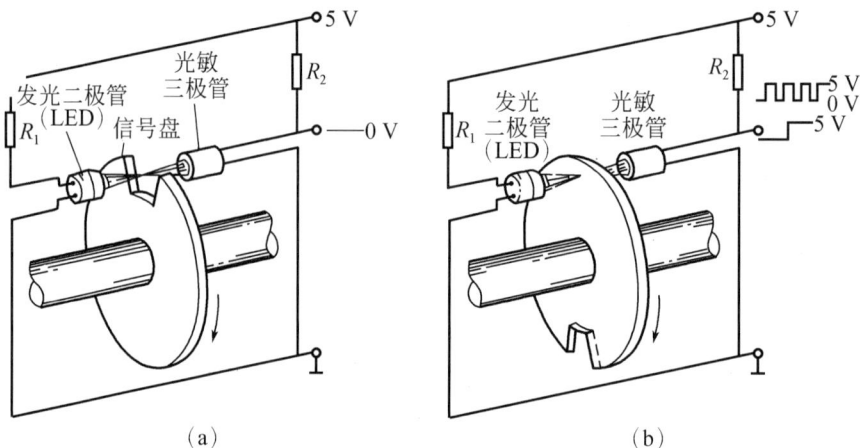

图 2-26　光电式曲轴与凸轮轴位置传感器的工作原理

（a）信号盘透光时；（b）信号盘遮光时

当传感器轴随曲轴和凸轮轴转动时，信号盘上的透光孔和遮光部分便从发光二极管（LED）与光敏三极管之间转过，发光二极管（LED）发出的光线受信号盘透光和遮光的作用会交替照射到信号发生器的光敏三极管上，传感器中就会产生与曲轴位置和凸轮轴位置对应的脉冲信号。光电式曲轴与凸轮轴位置传感器输出信号波形如图 2-27 所示。

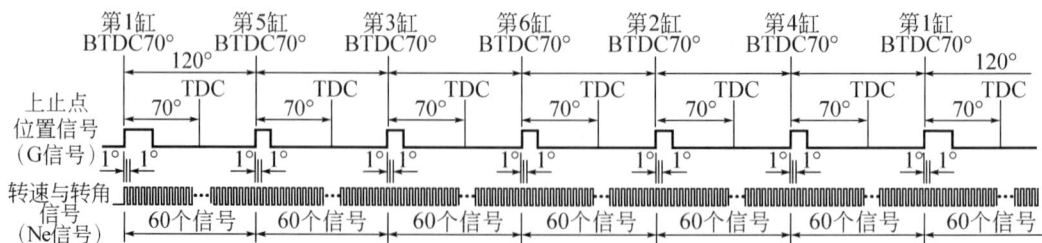

图 2-27　光电式曲轴与凸轮轴位置传感器输出信号波形

曲轴旋转两转，传感器轴带动信号盘旋转一圈，因此，G 信号传感器将产生 6 个脉冲信号，Ne 信号传感器将产生 360 个脉冲信号。因为 G 信号透光孔间隔弧度为 60°，曲轴每旋转 120°就产生一个脉冲信号，所以 G 信号又被称为 120°信号。设计安装要保证 120°信号在上止点前 70°（BTDC70°）时产生，且长方形宽边稍长的透光孔产生的信号对应于发动机第 1 缸活塞上止点前 70°，以便电控单元控制喷油提前角与点火提前角。因为 Ne 信号透光孔间隔弧度为 1°（透光孔占 0.5°，遮光部分占 0.5°），所以在每一个脉冲周期中，高、低电平各占 1° 的曲轴转角，360 个信号表示曲轴旋转 720°。由图 2-27 可知，曲轴每旋转 120°，G 信号传感器产生一个信号，Ne 信号传感器产生 60 个信号。

当电控单元接收到 G 信号传感器输入的宽脉冲信号时，便可确定第 1 缸活塞处于压缩上止点前 70° 位置；电控单元接收到下一个 G 信号时，则判定第 5 缸活塞处于压缩上止点前 70° 位置。电控单元接收到每一个 G 信号（上止点位置信号）后，再根据 Ne 信号（转速与转角信号）控制喷油提前角和点火提前角。这种传感器可将喷油提前角和点火提前角的精度控制在 1°（曲轴转角）范围内。

磁感应式曲轴位置传感器结构　　磁感应式曲轴位置传感器工作原理

3. 磁感应式曲轴位置传感器

（1）磁感应式曲轴位置传感器的基本结构与原理

磁感应式曲轴位置传感器的基本结构与工作原理如图 2-28 所示。该传感器主要由信号转子、传感线圈、永久磁铁和磁轭等组成。磁感线穿过的路径为永久磁铁 N 极→永久磁铁与信号转子间的气隙→信号转子→信号转子凸齿与磁头间的气隙→磁头→磁轭→永久磁铁 S 极。当信号转子旋转时，磁路中的气隙就会周期性地发生变化，磁路的磁阻和穿过传感线圈（信号线圈）的磁通量随之发生周期性的变化。根据电磁感应原理可知，传感线圈中就会感应产生交变电动势。

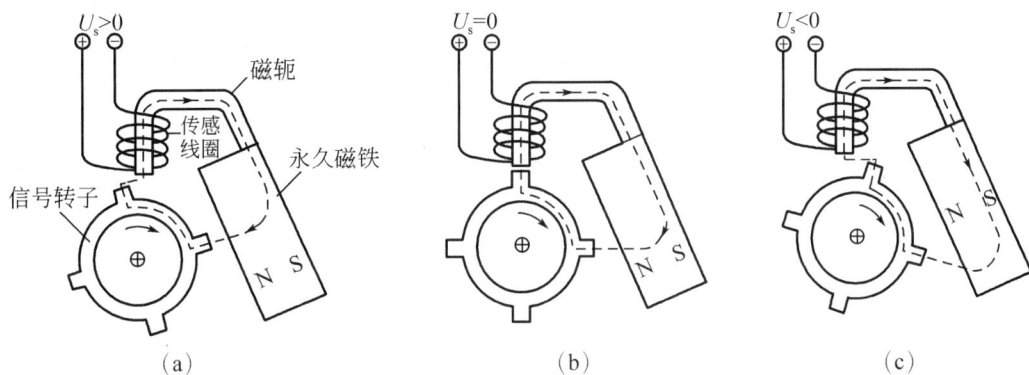

图 2-28　磁感应式曲轴位置传感器的基本结构与工作原理
（a）凸齿接近磁头，$E>0$；（b）凸齿正对磁头，$E=0$；（c）凸齿离开磁头，$E<0$

当信号转子按顺时针方向旋转时，如图 2-28（a）所示，转子凸齿与磁头间的气隙减小，磁路磁阻减小，磁通量 Φ 增多，磁通变化率增大 $\left(\dfrac{\mathrm{d}\Phi}{\mathrm{d}t}>0\right)$，感应电动势 E 为正（$E>0$），如图 2-29 中曲线 abc 所示。在转子凸齿接近磁头边缘时，磁通量 Φ 急剧增多，磁通变化率最大 $\left[\dfrac{\mathrm{d}\Phi}{\mathrm{d}t}=\left(\dfrac{\mathrm{d}\Phi}{\mathrm{d}t}\right)_{\max}\right]$，感应电动势 E 最大（$E=E_{\max}$），如图 2-29 中曲线 b 点所示。转子转过曲线 b 点对应的位置后，虽然磁通量 Φ 仍在增多，但磁通变化率减小，因此，感应电动势 E 降低。

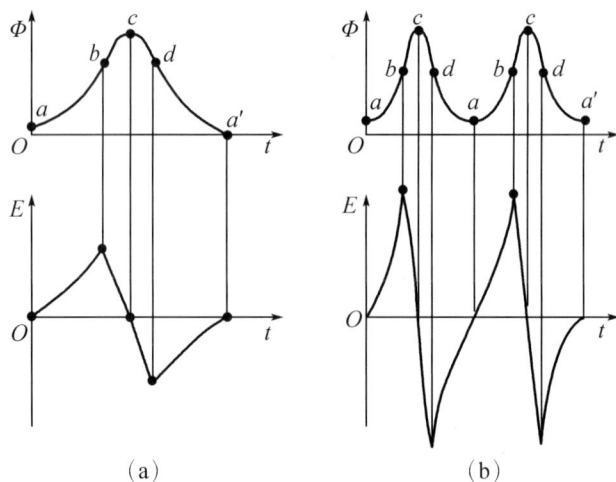

图 2-29　传感线圈中的磁通量 Φ 和感应电动势 E 波形

（a）低速时输出波形；（b）高速时输出波形

　　当信号转子旋转到凸齿的中心线与磁头的中心线对齐时，如图 2-28（b）所示，虽然转子凸齿与磁头间的气隙最小，磁路的磁阻最小，磁通量 Φ 最大。但是，由于磁通量不可能继续增加，磁通变化率为零，因此，感应电动势 E 为零（$E=0$），如图 2-29 中曲线 c 点所示。

　　当信号转子沿顺时针方向继续旋转，凸齿离开磁头时，如图 2-28（c）所示，凸齿与磁头间的气隙增大，磁路磁阻增大，磁通量 Φ 减少（$\frac{\mathrm{d}\Phi}{\mathrm{d}t}<0$），因此，感应电动势 E 为负值（$E<0$），如图 2-29 中曲线 cda' 所示。当凸齿即将离开磁头边缘时，磁通量 Φ 急剧减少，磁通变化率达到负向最大值 $\left[\frac{\mathrm{d}\Phi}{\mathrm{d}t}=-(\frac{\mathrm{d}\Phi}{\mathrm{d}t})_{\max}\right]$，感应电动势 E 也达到负向最大值（$E=-E_{\max}$），如图 2-29 中曲线上 d 点所示。

　　由此可见，信号转子每转过一个凸齿，就会在传感线圈中产生一个周期的感应电动势，即电动势出现一次最大值和一次最小值，传感线圈输出端相应地输出一个交变电压信号。

　　磁感应曲轴位置式传感器的突出优点是不需要外加电源，永久磁铁起着将机械能转换为电能的作用，其磁能不会损失。当发动机转速变化时，信号转子凸齿转动的速度将发生变化，铁心中的磁通变化率也将随之发生变化。转速越高，磁通变化率就越大，传感线圈中的感应电动势也就越高。低速转动时，磁通量和感应电动势的变化情况如图 2-29（a）所示；高速转动时，磁通量和感应电动势的变化情况如图 2-29（b）所示。由于信号转子凸齿与磁头间的气隙直接影响磁路的磁阻和传感线圈输出电压的高低，因此，在使用中，信号转子凸齿与磁头间的气隙不能随意变动。气隙如有变化，必须进行调整，该气隙一般为 0.2~0.4 mm。

　　（2）大众轿车磁感应式曲轴位置传感器

　　1）磁感应式曲轴位置传感器的结构特点。大众轿车的磁感应式曲轴位置传感器由信号发生器和信号转子组成，如图 2-30（a）所示。信号发生器用螺钉固定在曲轴箱内靠近离合器一侧的发动机缸体上，信号转子安装在曲轴上，如图 2-30（b）所示。安装时，传感器磁头与信号转子必须对正。

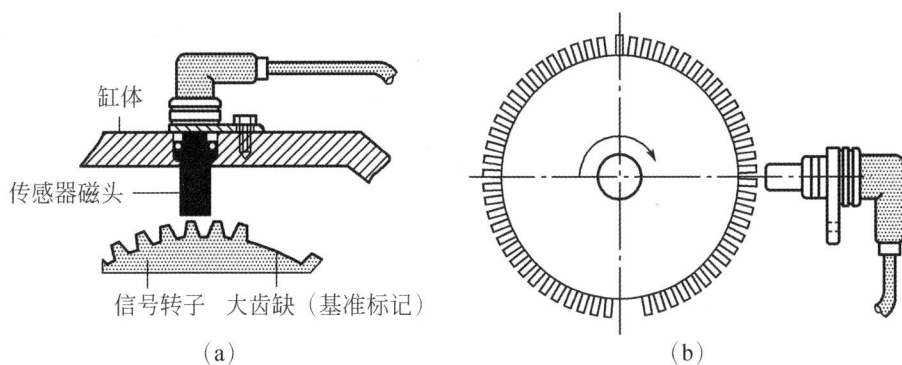

缸体

传感器磁头

信号转子　大齿缺（基准标记）

（a）　　　　　　　　　　　　　　　（b）

图 2-30　大众轿车曲轴位置传感器的结构与安装位置

（a）结构；（b）安装位置

信号发生器由传感器磁头、传感线圈（信号线圈）、永久磁铁和磁轭等组成。

信号转子为齿盘式转子，在其圆周上间隔均匀地分布着 58 个凸齿、57 个小齿缺和 1 个大齿缺。大齿缺所占的弧度相当于 2 个凸齿和 3 个小齿缺所占的弧度。因为信号转子随曲轴一同旋转，曲轴旋转一圈（360°），信号转子也旋转一圈（360°），所以信号转子圆周上的凸齿和齿缺所占的曲轴转角也为 360°。因此，每个凸齿和小齿缺所占的曲轴转角均为 3°（58×3°+57×3°=345°），大齿缺所占的曲轴转角为 15°（2×3°+3×3°＝15°）。信号转子设置大齿缺的目的是将转子转过磁头时在信号发生器中产生的信号上升沿作为计数控制的起始信号。

2）磁感应式曲轴位置传感器的工作情况。当磁感应式曲轴位置传感器的信号转子随曲轴旋转时，由传感器的工作原理可知，信号转子每转过一个凸齿，传感线圈中就会产生一个周期的感应电动势，相应地输出一个交变电压信号。因为信号转子上有一个产生基准信号的大齿缺，所以当大齿缺转过磁头时，其输出信号所占时间较长，即输出信号为一宽脉冲信号，经整形和放大处理后，磁感应式曲轴（与凸轮轴）位置传感器输出信号波形如图 2-31 所示，该信号的上升沿对应于 1 缸或 4 缸压缩上止点 81°。电控单元接收到宽脉冲信号时，便可知道第 1 缸或第 4 缸活塞即将到达上止点，至于即将到达的是第 1 缸还是第 4 缸活塞，则需根据磁感应式曲轴位置传感器输入的信号来确定。因为信号转子上设制有 58 个凸齿，所以转子每转一转（即发动机曲轴每转一圈），传感线圈就会产生 58 个交变电压信号并输入电控单元。

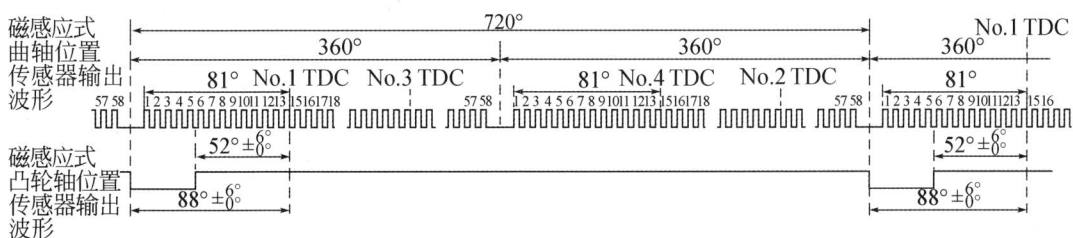

图 2-31　磁感应式曲轴（与凸轮轴）位置传感器输出信号波形

每当磁感应式曲轴位置传感器的信号转子随发动机曲轴转动一圈，传感线圈就会向电控单元输入 58 个脉冲信号。因此，电控单元每接收到 58 个信号，就可知道发动机曲轴旋转了一转。如果在一分钟内，电控单元接收到曲轴位置传感器 116 000 个信号，电控单元便可计算出曲轴转速 n 为 $\frac{116\ 000}{58}=2\ 000$（r/min）；如果电控单元每分钟接收到曲轴位置传感器 290 000 个信号，电控单元便可计算出曲轴转速 n 为 $\frac{290\ 000}{58}=5\ 000$（r/min）。依此类推，电控单元根据单位时间内接收磁感应式曲轴位置传感器脉冲信号的数量，便能计算出发动机曲轴的转速。

在发动机电控喷油系统和微机控制点火系统中，磁感应式曲轴位置传感器信号转子上大齿缺对应产生的信号为基准信号，电控单元控制喷油时间和点火时间是以大齿缺产生的信号为基准进行控制。当电控单元接收到大齿缺产生的宽脉冲信号后，再根据小齿缺产生的信号来控制喷油提前角、点火提前角以及点火线圈初级电流的接通时间（导通角）。为了保证系统的控制精度达到 1°，小齿缺产生的信号还须由电控单元内部电路将其转换为 1°信号。

发动机转速信号和进气量信号是汽车电子控制系统最重要也是最基本的信号，电控单元根据这两个信号就能计算确定基本喷油提前角（喷油时间）、点火提前角（点火时间）和点火导通角（点火线圈初级电流接通时间）三个基本控制参数。

4. 霍尔式凸轮轴位置传感器

霍尔式凸轮轴位置传感器以及其他形式的霍尔式传感器，都是根据霍尔效应制成的传感器。

霍尔式凸轮轴位
置传感器结构

霍尔式凸轮轴位
置传感器工作原理

（1）霍尔式传感器的基本原理

霍尔效应是美国约翰·霍普金斯大学物理学家爱德华·霍尔博士（Dr. Edward H·Hall）于 1879 年首先发现的。他发现把一个通有电流 I 的长方体形白金导体垂直于磁感线放入磁感应强度为 B 的磁场中时，在白金导体的两个横向侧面上就会产生一个垂直于电流方向和磁场方向的电压 U_H，如图 2-32 所示，当取消磁场时，电压立即消失。该电压后来称为霍尔电压，用字母 U_H 表示，霍尔电压 U_H 与通过白金导体的电流 I 和磁感应强度 B 成正比，即

$$U_H=\frac{R_H}{d}I\cdot B$$

式中：R_H——霍尔系数；

d——白金导体的厚度。

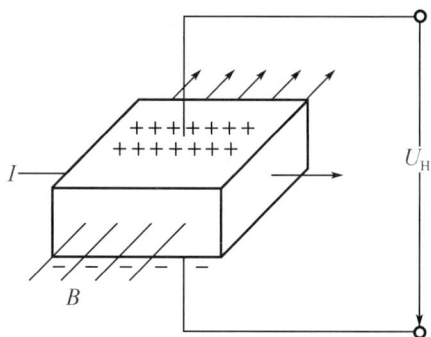

图 2-32　霍尔效应原理图

　　利用霍尔效应制成的元件称为霍尔元件，利用霍尔元件制成的传感器称为霍尔效应式传感器，简称霍尔式传感器或霍尔传感器。实验证明，半导体材料也存在霍尔效应，且霍尔系数远远大于金属材料的霍尔系数，因此，霍尔元件一般都用半导体材料制作。利用霍尔效应不仅可以通过接通和切断磁场来检测电压，而且可以检测导线中流过的电流，这是因为导线周围的磁场强弱与流过导线的电流存在正比关系。

　　汽车电控系统广泛采用霍尔式传感器的原因是其具有两个突出优点：一是输出电压信号近似于方波信号；二是输出电压高低与被测物体的转速快慢无关。霍尔式传感器与磁感应式传感器不同的是霍尔式传感器需要外加电源。

　　（2）霍尔式传感器的基本结构

　　霍尔式传感器的基本结构如图 2-33 所示，其主要由触发叶轮、霍尔集成电路、磁轭（导磁钢片）与永久磁铁等组成。

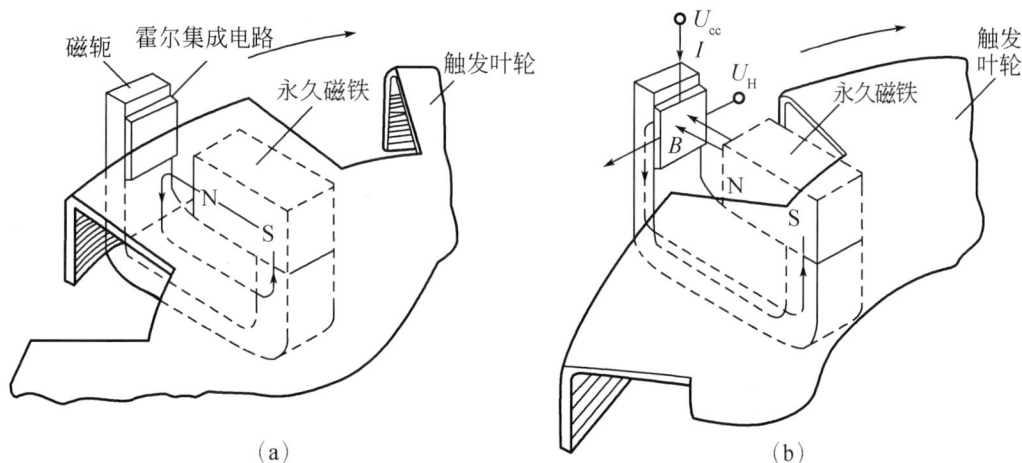

图 2-33　霍尔式传感器的基本结构

（a）叶片进入气隙，磁场被旁路；（b）叶片离开气隙，磁场饱和

　　触发叶轮安装在转子轴上，叶轮上制有叶片（在霍尔式点火系统中，叶片数与发动机汽缸数相等）。当触发叶轮随转子轴一同转动时，叶片便在霍尔集成电路与永久磁铁之间

转动。霍尔集成电路由霍尔元件、放大器电路、稳压电路、温度补偿电路、整形电路和输出电路等组成，如图 2-34 所示。

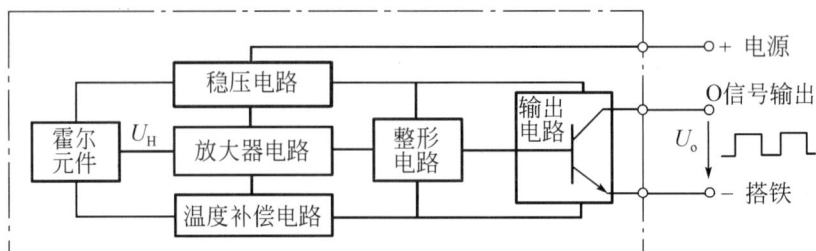

图 2-34　霍尔集成电路组成

（3）霍尔式传感器的工作原理

当霍尔式传感器轴转动时，触发叶轮的叶片便从霍尔集成电路与永久磁铁之间的气隙中转过。当叶片进入气隙时，如图 2-33（a）所示，霍尔集成电路的磁场被叶片旁路，霍尔电压 U_H 为零，霍尔集成电路输出级的三极管截止，信号发生器输出的 O 信号电压 U_o 为高电平（实测表明：当电源电压 $U_{cc}=14.4$ V 时，O 信号电压 $U_o=9.8$ V；当电源电压 $U_{cc}=5$ V 时，O 信号电压 $U_o=4.8$ V）。

当叶片离开气隙时，如图 2-33（b）所示，永久磁铁的磁通便经霍尔集成电路和磁轭构成回路，霍尔元件产生电压（$U_H=1.9\sim2.0$ V），霍尔集成电路输出级的三极管导通，传感器输出的 O 信号电压 U_o 为低电平（实测表明：当电源电压 $U_{cc}=14.4$ V 或 5 V 时，O 信号电压均为 $U_o=0.1\sim0.3$ V）。

（4）霍尔式凸轮轴位置传感器

1）霍尔式凸轮轴位置传感器的结构特点。大众公司轿车采用的霍尔式凸轮轴位置传感器安装在发动机配气凸轮轴的一端，结构如图 2-35（a）所示，连接电路如图 2-35（b）所示，主要由霍尔信号发生器和信号转子等组成。

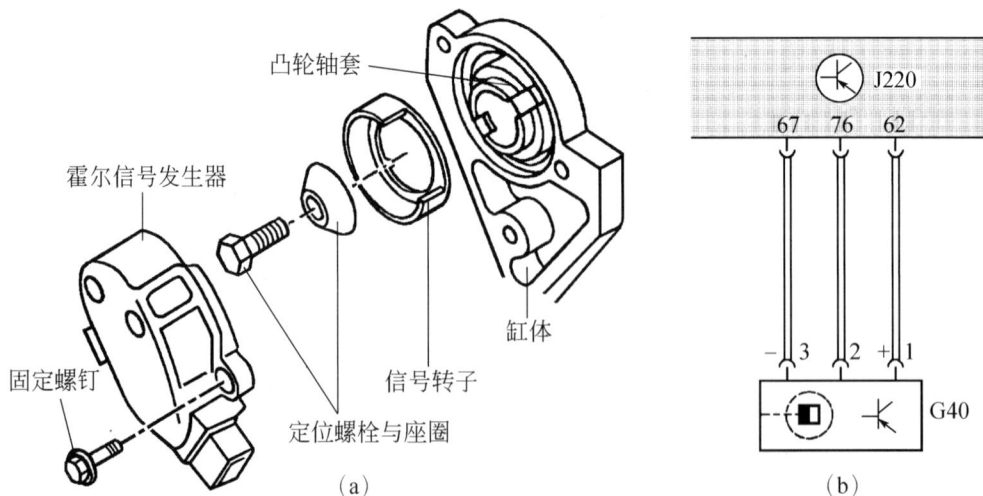

图 2-35　霍尔式凸轮轴位置传感器的结构与连接线路

（a）结构；（b）连接线路

霍尔信号发生器主要由霍尔集成电路、永久磁铁和磁轭（导磁钢片）等组成。信号转子又称为触发叶轮，安装在配气凸轮轴的一端，用定位螺栓和座圈定位固定。信号转子的隔板又称为叶片，在隔板上制有一个窗口，窗口对应产生的信号为低电平信号，隔板对应产生的信号为高电平信号。当信号转子随配气凸轮轴一同转动时，隔板和窗口便从霍尔式凸轮轴位置传感器的气隙（即霍尔集成电路与永久磁铁之间的气隙）中转过。该气隙为 2.0~4.0 mm。

霍尔式凸轮轴位置传感器接线插座上有三个引线端子，端子1为传感器电源正极端子，与电控单元62端子连接；端子2为传感器信号输出端子，与电控单元76端子连接；端子3为传感器电源负极端子，与电控单元67端子连接。

2）霍尔式凸轮轴位置传感器的工作情况。由霍尔式传感器工作原理可知，当隔板进入气隙（即在气隙内）时，霍尔元件不产生电压，传感器输出高电平（5 V）信号；当隔板离开气隙（窗口进入气隙）时，霍尔元件产生电压，传感器输出低电平信号（0.1 V）。霍尔式凸轮轴位置传感器输出的信号与霍尔式曲轴位置传感器输出的信号之间的关系如图2-31所示。发动机曲轴每转两转（720°），霍尔传感器信号转子就转一圈（360°），对应产生一个低电平信号和一个高电平信号，其中低电平信号下降沿对应于1缸压缩上止点前约88°。

发动机工作时，磁感应式曲轴位置传感器和霍尔式凸轮轴位置传感器产生的信号电压不断输入电控单元。当电控单元同时接收到磁感应式曲轴位置传感器大齿缺对应的低电平（15°）信号和霍尔式凸轮轴位置传感器窗口对应的低电平信号时，便可识别出此时为第1缸活塞处于压缩行程、第4缸活塞处于排气行程，从而进行顺序喷油控制和各缸点火时间控制，并可根据磁感应式曲轴位置传感器小齿缺对应输出的信号控制点火提前角和喷油提前角。电控单元根据霍尔式凸轮轴位置传感器信号判别出第1缸活塞位置之后，再根据磁感应式曲轴位置传感器信号，即可按照四缸发动机1—3—4—2（六缸发动机1—5—3—6—2—4）的工作顺序，对各缸喷油器进行喷油提前控制和对各缸火花塞进行点火提前控制。

5. 差动霍尔式曲轴位置传感器

切诺基吉普车与红旗 CA7220E 型轿车均采用了差动霍尔式曲轴位置传感器，其凸轮轴位置传感器均为普通霍尔式传感器。

（1）差动霍尔式曲轴位置传感器的结构原理

差动霍尔式传感器又称为双霍尔式传感器，其结构与磁感应式传感器相似，主要由带凸齿的信号转子和两个霍尔信号发生器（霍尔探头）组成，如图2-36（a）所示。

差动霍尔式曲轴位置传感器的工作原理与普通霍尔式传感器相同。当信号转子上的齿缺与凸齿转过两个霍尔探头时，齿缺或凸齿与霍尔探头之间的气隙就会发生变化，磁通量随之变化，在传感器的霍尔元件中就会产生交变电压信号，如图2-36（b）所示，其输出电压由两个霍尔信号电压叠加而成。因为输出信号为叠加信号，所以转子凸齿与信号发生器之间的气隙可以增大（一般增大到 1 mm ±0.5 mm，而外形结构与其相同的磁感应式传感器仅为 0.2~0.4 mm），从而可将信号转子设制成像磁感应式传感器转子一样的齿盘式结构，其突出优点是信号转子便于安装。在汽车上，一般将凸齿转子设置在发动机曲轴上，或将发动机飞轮作为传感器的信号转子。

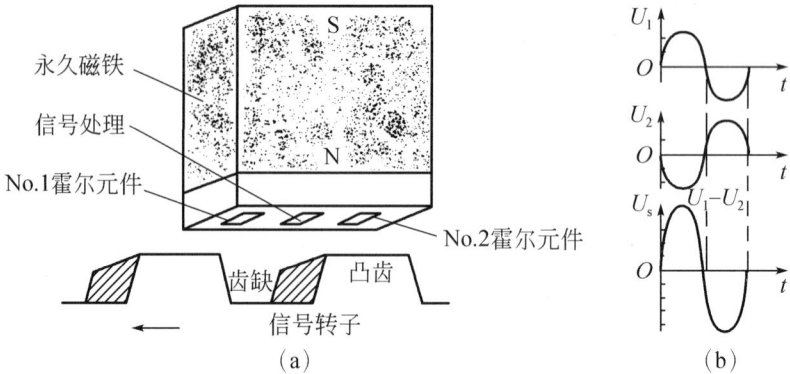

图 2-36　差动霍尔式曲轴位置传感器基本结构与输出波形

（a）基本结构；（b）输出波形

（2）差动霍尔式曲轴位置传感器的结构特点

2.5 L（四缸）和 4.0 L（六缸）燃油喷射式发动机将差动霍尔式曲轴位置传感器安装在变速器壳体上，其功用是向电控单元提供发动机转速与曲轴位置（转角）信号，作为计算喷油时间和点火时间的重要依据之一。

传感器的信号转子安装在曲轴上，并与发动机飞轮紧贴在一起。四缸发动机的飞轮上有 8 个齿缺，如图 2-37（a）所示。8 个齿缺分成两组，每 4 个齿缺为一组，两组之间相隔角度为 180°，同一组中相邻两个齿缺之间间隔角度为 20°。六缸发动机的飞轮上有 12 个齿缺，如图 2-37（b）所示。12 个齿缺分成三组，每 4 个齿缺为一组，相邻两组齿缺之间相隔角度为 120°，同一组中相邻两个齿缺之间间隔角度也为 20°。

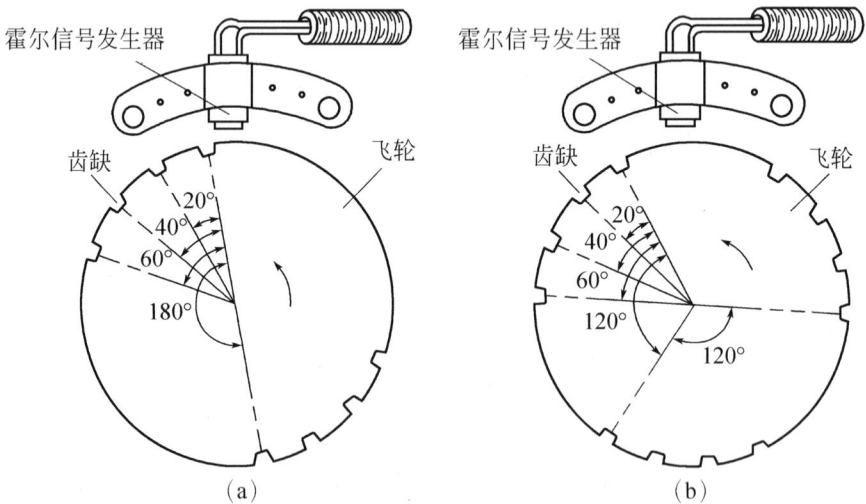

图 2-37　差动霍尔式曲轴位置传感器的结构

（a）四缸发动机；（b）六缸发动机

（3）差动霍尔式曲轴位置传感器的工作情况

当信号转子上的每一组齿缺转过霍尔信号发生器时，传感器就会产生一组共 4 个脉冲信号。其中，四缸发动机每转一圈产生两组共 8 个脉冲信号，如图 2-38 所示；六缸发动机每转一圈产生三组共 12 个脉冲信号。对于四缸发动机，电控单元每接收到 8 个信号，即可知道曲轴旋转了一转，再根据接收到的 8 个信号所占用的时间，就可计算出曲轴转速。由于第 4 个齿缺产生的脉冲下降沿对应于压缩上止点前 4°（BTDC4°），因此，第 1 个齿缺产生的脉冲信号下降沿对应于 1 缸压缩（4 缸排气）上止点前 64°（BTDC64°）。对于六缸发动机，电控单元每接收到 12 个信号，即可知道曲轴旋转了一转，再根据接收到的 12 个信号所用的时间，就可计算出曲轴转速。

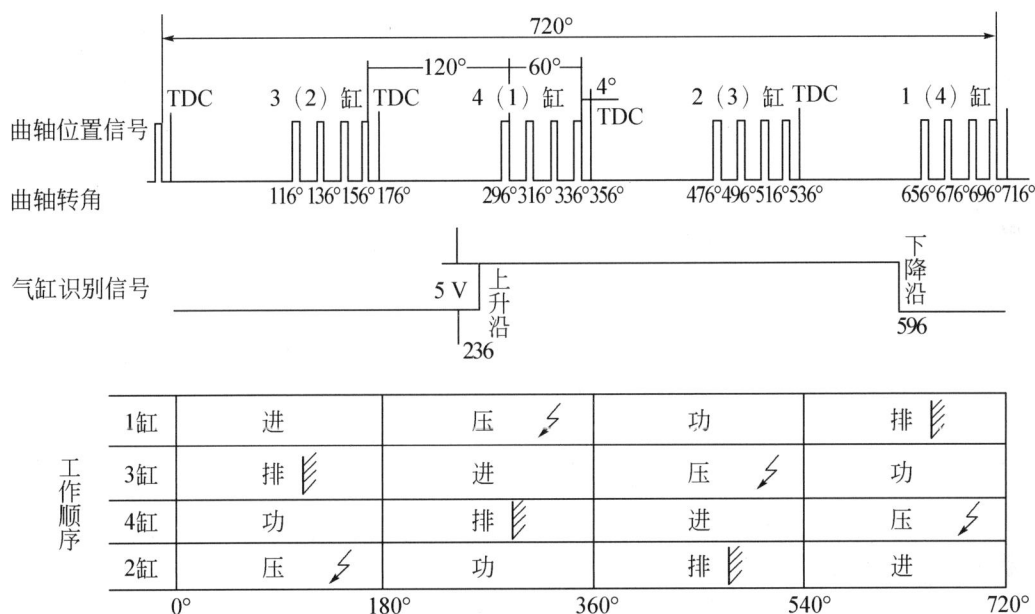

图 2-38　四缸发动机霍尔式曲轴位置传感器信号与正时关系

2.3.4　节气门位置传感器

节气门位置传感器（Throttle Position Sensor，TPS）的功用是将节气门开度（发动机负荷）大小转变为电信号输入发动机电控单元，以便电控单元判别发动机工况，如怠速工况、加速工况、减速工况、小负荷工况和大负荷工况，并根据发动机不同工况对混合气浓度的需求来控制喷油时间和点火时间。在装备电子控制自动变速器的汽车上，节气门位置传感器信号还要输入变速器电控单元，作为确定变速器换挡时机和变矩器锁止时机的主要信号之一。

各型汽车电控系统的节气门位置传感器都安装在节气门轴的一端，外形结构基本相同，如图 2-39 所示。

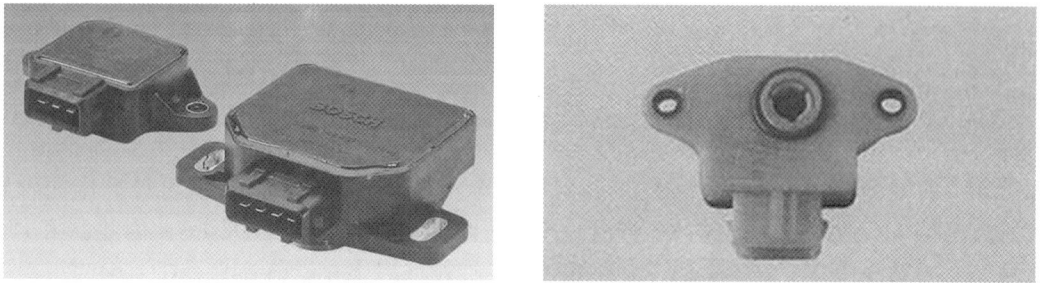

图 2-39　节气门位置传感器的外形结构

节气门位置
传感器类型

1. 节气门位置传感器的类型

按结构不同，节气门位置传感器可分为触点式、可变电阻式、触点与可变电阻组合式三种。按输出信号的类型不同，节气门位置传感器可分为线性（模拟）信号输出型和开关（数字）信号输出型两种。

2. 触点式节气门位置传感器

（1）触点式节气门位置传感器的结构组成

触点式节气门位置传感器的外形和内部结构如图 2-40（a）和图 2-40（b）所示，其主要由节气门轴、大负荷触点 [又称为功率触点（PSW）]、凸轮、怠速触点（IDL）和接线插座组成。凸轮随节气门轴转动，节气门轴随油门开度（发动机负荷）大小的变化而变化。

（2）触点式节气门位置传感器的输出特性

触点式节气门位置传感器的输出特性如图 2-40（c）所示。当节气门关闭时，怠速触点闭合，功率触点断开，怠速触点输出端子输出的信号为低电平 0，功率触点输出的信号为高电平 1。电控单元接收到节气门位置传感器输入的这两个信号时，如果车速传感器输入电控单元的信号表示车速为零，那么电控单元将判定发动机处于怠速状态，并控制喷油器增加喷油量，保证发动机怠速转速稳定而不致熄火；如果车速传感器输入电控单元的信号表示车速不为零，那么电控单元将判定发动机处于减速运行状态，并控制喷油器停止喷油，以降低排放和提高经济性。

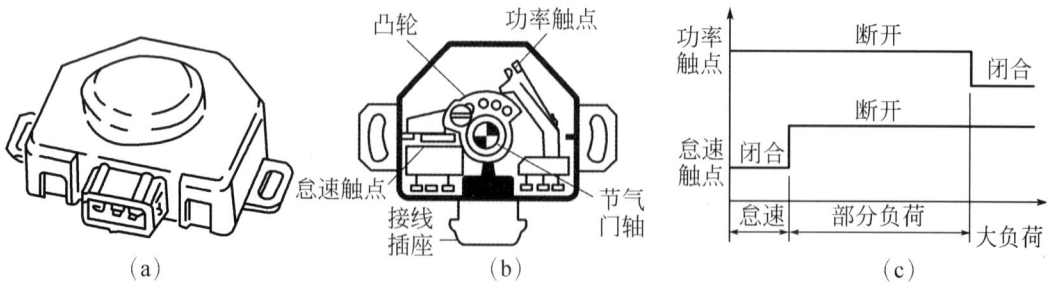

图 2-40　触点式节气门位置传感器的外形结构与输出特性
（a）外形；（b）内部结构；（c）输出特性

当节气门开度增大时，凸轮随节气门轴转动并将怠速触点顶开，如果功率触点保持断开状态，那么，怠速触点和功率触点都将输出高电平 1。电控单元接收到这两个高电平信号时，将判定发动机处于部分负荷状态，此时电控单元将根据空气流量传感器信号和曲轴位置传感器信号计算确定喷油量，保证发动机的经济性和排放性能。

当节气门接近全部开启（80%以上负荷）时，凸轮转动使功率触点闭合而输出低电平 0，怠速触点保持断开而输出为高电平 1。电控单元接收到这两个信号时，将判定发动机处于大负荷运行状态，并控制喷油器增加喷油量，保证发动机输出足够的功率，故大负荷触点称为功率触点。在此状态下，控制系统将进入开环控制模式，电控单元将不采用氧传感器信号。如果此时空调系统仍在工作，那么电控单元将使空调主继电器信号中断约 15 s，以便切断空调电磁离合器线圈电流，使空调压缩机停止工作，增大发动机的输出功率，提高汽车的动力性。

3. 组合式节气门位置传感器

（1）组合式节气门位置传感器的结构组成

丰田轿车用组合式节气门位置传感器的内部结构如图 2-41（a）所示，原理电路如图 2-41（b）所示，其主要由可变电阻滑动触点、节气门轴、怠速触点和壳体等组成。可变电阻为镀膜电阻，安装在传感器底板上，可变电阻的滑臂随节气门轴一同转动，滑臂与输出端子 VTA 连接。

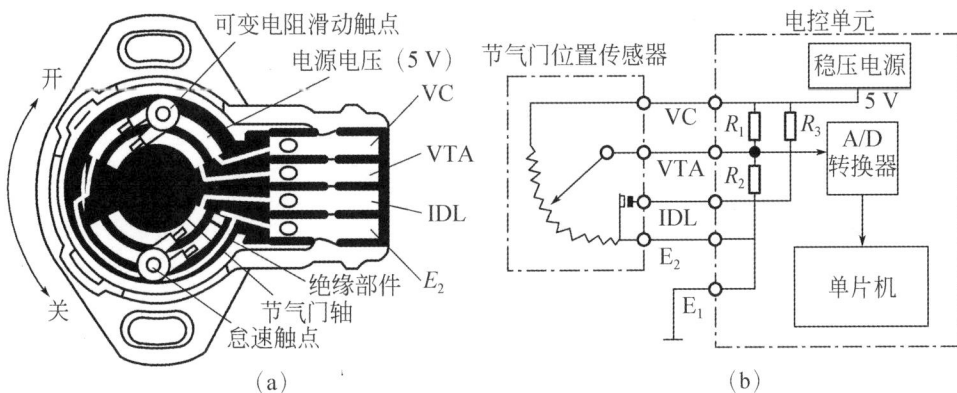

图 2-41　丰田轿车用组合式节气门位置传感器的内部结构与原理电路
（a）内部结构；（b）原理电路

（2）组合式节气门位置传感器的输出特性

组合式节气门位置传感器的输出特性如图 2-42 所示。当节气门关闭或开度小于 1.2°时，怠速触点闭合，其输出端 IDL 输出低电平（0 V），如图 2-42（a）所示；当节气门开度大于 1.2°时，怠速触点断开，其输出端 IDL 输出高电平（5 V）。

当节气门开度变化时，可变电阻的滑臂便随节气门轴转动，滑臂上的触点便在镀膜电阻上滑动，传感器的输出端子 VTA 与搭铁端子 E_2 之间的信号电压随之发生变化，如图 2-42（b）所示，节气门开度越大，输出电压越高。传感器输出的线性信号经过模/数（A/D）转换器转换成数字信号后再输入电控单元。

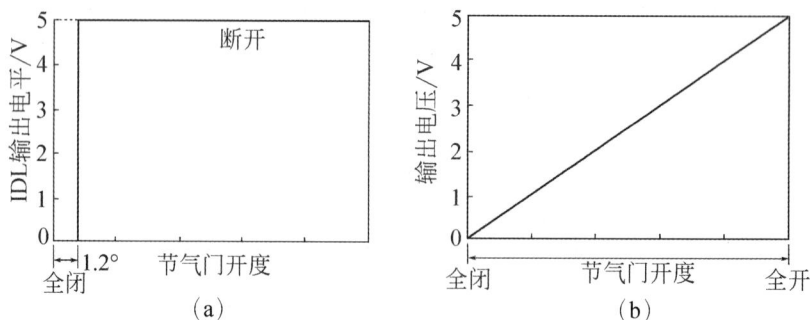

图 2-42　组合式节气门位置传感器的输出特性

（a）怠速触点输出信号；（b）滑动触点输出信号

4. 电子控制进气量调节系统

　　触点式和可变电阻式节气门位置传感器都有机械传动（移动）部件，长期使用就会出现磨损现象，影响传感器及控制系统的工作性能。为了解决这一问题，大众公司部分轿车采用了电子控制进气量调节系统，如图 2-43 所示。

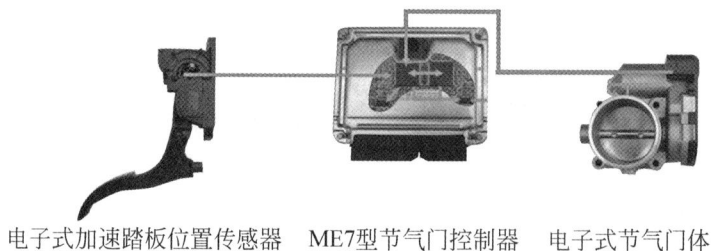

电子式加速踏板位置传感器　　ME7型节气门控制器　　电子式节气门体

图 2-43　电子控制进气量调节系统的组成

　　该系统由电子式加速踏板位置传感器、ME7 型节气门控制器和电子式节气门体组成。电子式加速踏板位置传感器安装在加速踏板的一端，电子式节气门体由节气门位置传感器、执行机构和节气门组成。

　　电子式加速踏板位置传感器将加速踏板的位置信号传送到 ME7 型节气门控制器，控制器的内部程序计算出节气门开度大小之后，再驱动电子式节气门体内的直流电动机调整节气门进气通道的开启面积来控制进气量，从而满足发动机不同工况对进气量的需求。电子控制进气量调节系统不仅具有进气量控制精度高，减少排放的优点，还可通过控制模块驱动节气门来调节发动机怠速时的进气量，因此，电子控制进气量调节系统不需设置旁通进气道和怠速调节器。

2.3.5　温度传感器

　　温度是反映汽车零部件、吸入空气和各种油液热负荷状态的重要参数。在汽车行驶过程中，必须对温度进行实时监测，以便电控单元采取相应措施，包括改变控制参数、发出报警信号等。温度传感器的功用就是将被测对象的温度信号转变为电信号输入电控单元，以便电控单元修正、控制参数或判断被测对象的热负荷状态。测量对象不同，温度传感器信号反映的热负荷状态也不相同。安装在发动机冷却液管道上的冷却液温度传感器的功用是将发动机冷却液温度变换为电信号输入发动机电控单元，以便修正喷油时间和点火时间；安装在进气管道中的进气温度传感器的功用是将进气温度信号变换为电信号输入发动机电控单元，以便修正进气量。

1. 温度传感器的分类

温度传感器种类繁多、形式各异，目前尚无统一的分类方法，常用分类方法有以下两种。

（1）按检测对象分类

检测对象有冷却液温度、进气温度、排气温度、燃油温度、空调温度，则将传感器相应的称为冷却液温度传感器、进气温度传感器、排气温度传感器（Exhaust Air Temperature Sensor，EATS）、燃油温度传感器（Fuel Temperature Sensor，FTS）、空调温度传感器（或空调温控开关）。这种分类方法简单实用，使用者根据测量对象即可方便地选择所需传感器。

（2）按结构与物理性能分类

汽车上采用的温度传感器按结构与物理性能不同，可分为热敏电阻式、热敏铁氧体式、双金属片式和石蜡式。双金属片式和石蜡式温度传感器属于结构型传感器，热敏电阻式和热敏铁氧体式温度传感器属于物性（物理性能）型传感器。其中，热敏电阻式温度传感器结构简单、成本低廉、灵敏度高、工作可靠，现代汽车普遍采用。

2. 热敏电阻式温度传感器

热敏电阻可分为正温度系数（Positive Temperature Coefficient，PTC）型热敏电阻、负温度系数（Negative Temperature Coefficient，NTC）型热敏电阻、临界温度型热敏电阻和线性热敏电阻。汽车普遍采用负温度系数型热敏电阻式温度传感器，如冷却液温度传感器、进气温度传感器、排气温度传感器和燃油温度传感器等。

（1）热敏电阻式温度传感器的结构组成

热敏电阻式温度传感器的外形和结构如图2-44所示，其主要由热敏电阻、金属引线、接线插座和铜制壳体组成。热敏电阻是温度传感器的关键部件，其外形一般制作成珍珠形、圆盘形（药片形）、垫圈形、厚膜形和梳状芯片等形状。将热敏电阻放置在金属管壳内，并在其两极引出一个或两个电极连接到接线插座上。

车用温度传感器的热敏电阻是在陶瓷半导体材料中掺入适量金属氧化物，并在1 000 ℃以上的高温条件下烧结而成。控制掺入氧化物的比例和烧结温度，即可得到不同特性的热敏电阻，从而满足使用要求。如果测量发动机冷却液温度，则热敏电阻的工作温度为−30 ℃~130 ℃；如果测量发动机的排气温度，则热敏电阻的工作温度为600 ℃~1 000 ℃。

温度传感器壳体上有螺纹，以便安装与拆卸。接线插座分为单端子式和两端子式两种，

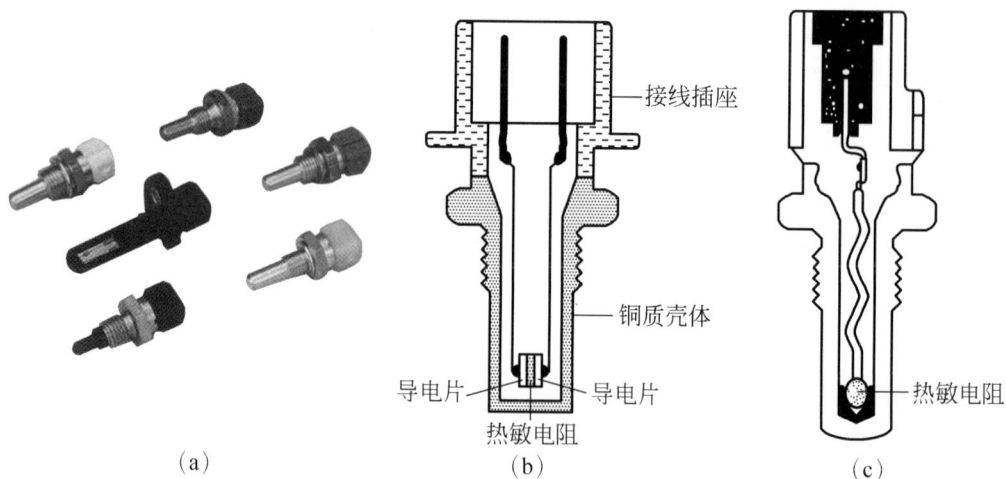

图 2-44　热敏电阻式温度传感器的外形和结构

（a）外形；（b）两端子式；（c）单端子式

两端子式用于电控燃油喷射系统，以便可靠地传递信号；单端子式用于汽车信息显示系统。

（2）车用温度传感器的特性与电路

负温度系数型热敏电阻具有温度升高阻值减小，温度降低阻值增大的特性，而且呈明显的非线性关系。对于结构一定的负温度系数型热敏电阻式温度传感器，其阻值与温度的关系如图 2-45 所示。

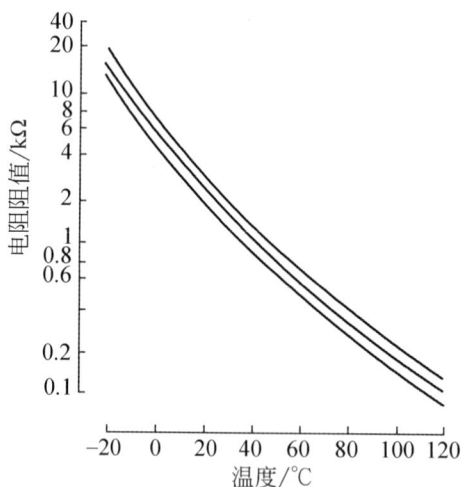

图 2-45　负温度系数型热敏电阻式温度传感器阻值与温度的关系

在汽车控制电路中，温度传感器的工作电路如图 2-46 所示，传感器的两个电极用导线与电控单元插座连接。电控单元内部串联一个分压电阻，电控单元向热敏电阻和分压电阻组成的分压电路提供一个稳定的电压（一般为 5 V），传感器输入电控单元的信号电压等于热敏电阻上的分压值。

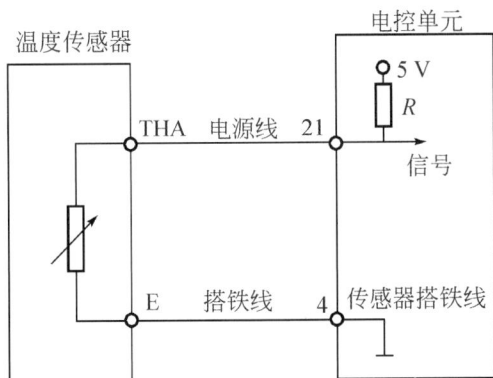

图 2-46　温度传感器的工作电路

当被测对象的温度升高时，传感器阻值减小，热敏电阻上的分压值降低；反之，当被测对象的温度降低时，传感器阻值增大，热敏电阻上的分压值升高。电控单元根据接收到的信号电压值，便可计算求得对应的温度值。

2.3.6　控制开关信号

控制开关信号是反映开关状态的信号，是电控系统实现各种控制功能必不可少的信号。电控喷油系统中常用的控制开关信号有蓄电池电压信号、点火开关信号、起动信号、空挡安全开关信号和空调开关信号等。

1. 蓄电池电压信号（U_{BAT}）

蓄电池电压信号（U_{BAT}）表示电源电压高低。在各型汽车上，蓄电池正极都直接与电控单元连接，不受任何开关控制，如图 2-47（a）所示。图 2-47 中的数字 3 和 9 是电控单元的接线端子代号。蓄电池既是整车电器设备的电源，也是各种电控单元的电源。蓄电池电压信号输入电控单元的主要目的包括以下几个方面。

1）当蓄电池电压变化时，电控单元将对喷油持续时间进行修正。电压升高时，减少喷油时间；电压降低时，增加喷油时间。

2）当蓄电池电压变化时，电控单元将对点火线圈初级电路接通时间进行修正。电压升高时，减少接通时间；电压降低时，增加接通时间。

3）保存存储器中的故障代码。在汽车上，各种电控系统的故障代码都存储在随机存储器（Random Access Memory，RAM）中，但是一旦 RAM 断电，其内部存储的信息就会丢失，所以需要蓄电池持续供电。发动机停机时，RAM 所需电流很小，为 5~20 mA。

2. 点火开关信号（IGN）

点火开关信号（IGN）是表示点火开关接通的信号。在控制线路中，点火开关信号电路如图 2-47（b）所示。当点火开关旋转到"ON"（接通）位置时，点火开关将电控单元的电源（12 V）接通，此时电控单元将控制相关部件执行以下动作。

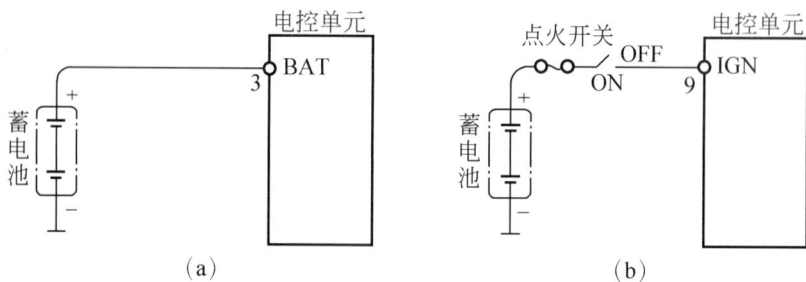

图 2-47　蓄电池电压信号与点火开关信号电路
（a）蓄电池电压信号电路；（b）点火开关信号电路

1）怠速控制步进电动机进入预先设定位置。

2）根据空气流量或歧管压力、大气压力和进气温度传感器信号，确定基本喷油时间。

3）根据冷却液温度传感器信号，计算修正喷油时间和点火时间。

4）监测节气门位置传感器信号。

5）接通电动燃油泵电路使其运转，如果不起动发动机（电控单元未接收到起动信号），那么电控单元控制电动燃油泵运转 1~2 s 后再断开电动燃油泵电路。

6）接通氧传感器加热元件电路，对传感元件进行加热。

7）在装备自动变速器的汽车上，控制升挡指示灯发亮显示挡位转换开关位置。

3. 起动信号（STA）

起动信号（STA，START）是向电控单元提供起动机电路接通工作的信号。起动信号来自起动继电器或点火起动开关（无起动继电器的电气系统）。

起动信号电路如图 2-48（a）中实线箭头方向所示。当起动开关接通时，起动信号从起动继电器触点输入电控单元，电控单元接收到起动信号后，执行以下控制动作。

1）除了监视点火开关接通时输入的信号之外，还要监测曲轴位置传感器和凸轮轴位置传感器的输入信号，并根据这些信号确定点火时间和喷油时间。首先判别即将到达上止点的是哪一缸汽缸，然后输出喷油和点火控制信号。如果在发动机转动 3 s 内未接收到曲轴位置传感器信号，那么电控单元将切断燃油喷射系统电路，同时将曲轴位置传感器故障的代码存入 RAM 中，以便维修检测时调用。

2）控制电动燃油泵继电器，接通电动燃油泵电路使电动燃油泵运转。

3）如果节气门处于全开状态，电控单元将中断燃油喷射（进入清除溢流状态）。

部分电控系统已经取消专用起动信号线，由电控单元根据发动机转速信号确定起动状态。

4. 空挡安全开关信号（NSW）

空挡安全开关信号（Neutral Safe Switch，NSW）是表示自动变速器挡位选择开关所处位置的信号，又称为空挡起动开关信号或停车（空挡）安全开关信号。空挡安全开关安装在变速器壳体上，如图 2-48（b）所示，是一个由自动变速器的选挡操纵手柄控制的多位多功能开关。空挡安全开关信号用来区别自动变速器的选挡操纵手柄是处于 P（停车）挡或 N（空）挡位置，还是处于行驶挡 2 挡、L 挡、D 挡、R 挡位置。

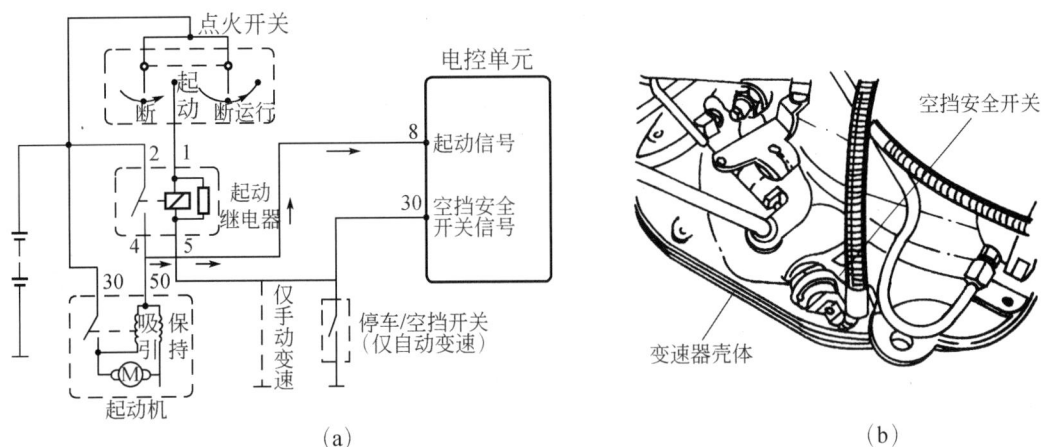

(a)　　　　　　　　　　　　　　　　　　　　(b)

图 2-48　起动信号与空挡安全开关信号电路与安装位置

(a) 起动与空挡安全开关信号电路；(b) 空挡安全开关安装位置

　　当自动变速器的选挡操纵手柄处于 P 挡或 N 挡位置时，空挡安全开关接通，如图 2-48 (a) 所示，此时起动继电器线圈电路才能接通，并向电控单元输入一个低电平（0 V）信号。仅在此时，发动机才能起动。当选挡操纵手柄处于 2 挡、L 挡、D 挡、R 位置时，空挡安全开关断开，即使点火开关拨到起动位置，起动继电器线圈电路也不能接通，电控单元的空挡安全开关信号端子将接收到一个高电平（12 V）信号，此时发动机不能起动。

　　5. 空调开关信号（A/C）

　　空调开关信号（A/C）包括空调选择与空调请求信号。空调开关信号电路如图 2-49 所示。

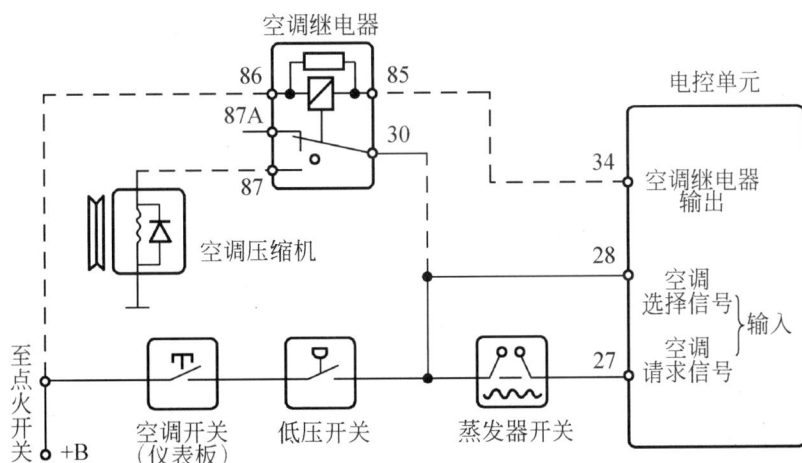

图 2-49　空调开关信号电路

（1）空调选择信号

空调选择信号是通知电控单元空调被选用而预告发动机负荷增加的信号。在发动机怠速运转的情况下将空调开关接通时，如果空调系统的低压开关闭合，则电源电压（12 V）便经空调开关、低压开关加到电控单元的空调选择端子上。电控单元接收到这个空调选择信号（高电平信号）后，就会控制怠速控制阀或步进电动机动作，提高发动机转速，防止发动机负荷增大而熄火。

（2）空调请求信号

空调请求信号表示空调接通时，蒸发器温度在允许范围内。当空调接通后，如果蒸发器开关接通，则电源电压（12 V）便经空调开关、低压开关和蒸发器开关加到电控单元的空调请求端子。电控单元接收到这个空调请求信号（高电平信号）后，就会接通空调继电器线圈电路，使电磁离合器线圈电路接通，进而使空调压缩机投入工作。

当空调系统制冷剂不足时，低压开关就会断开，输入电控单元空调请求端子的电压为0 V，此时电控单元将切断空调继电器线圈电路，使空调压缩机停止工作。

当蒸发器温度过高时，蒸发器开关断开，电控单元空调请求端子的输入电压为 0 V，此时电控单元将切断空调继电器线圈电路，使空调压缩机停止工作，防止蒸发器温度过高而损坏。

2.4　汽车电控单元的结构原理

电控单元的全称是电子控制单元，又称为电子控制器或电子控制组件，俗称"汽车电脑"，是以单片微型计算机为核心，具有强大的数学运算、逻辑判断、数据处理与数据管理等功能的电子控制装置。

电控单元是汽车电控系统的控制中心，其功用是分析处理传感器采集到的各种信息，并向受控装置（执行器或执行元件）发出控制指令。

在汽车电控系统中，各种电控单元的组成大同小异，都是由硬件、软件、壳体和线束插座四部分组成。硬件为系统正常工作提供基础条件，软件主要包括监控程序和应用程序两部分。虽然各种电控单元的电路都十分复杂，车型不同、控制系统不同，电控单元的电路各有不同，但其都是由输入回路、输出回路和单片微型计算机（单片机）三部分组成，如图 2-50（a）所示。

汽车电控单元的硬件一般都封装在铝质金属壳体内部，并通过线束插座与整车电器线路连接，外形结构如图 2-50（b）所示。电控单元安装在车内不易受到碰撞的部位，如仪表盘下面、后备箱内部或座椅下面等，具体安装位置依车而异。为了节约导线，发动机电控单元目前趋向于安装在发动机舱内。

汽车电控单元的硬件都是由不同种类的专用集成电路、电阻器、电容器、二极管、稳压管、三极管等电子元件和印刷电路板构成，电控单元内部电路结构框图如图 2-51所示。

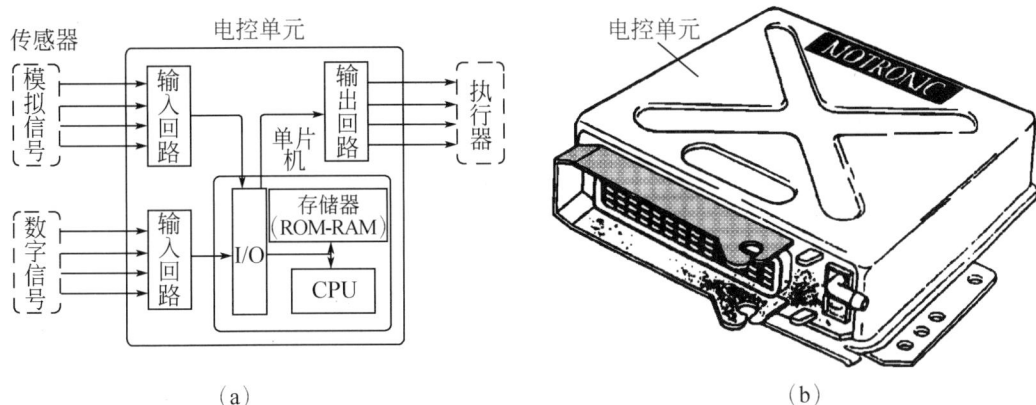

图 2-50   汽车电控系统的组成框图与外形结构

(a) 组成框图；(b) 外形结构

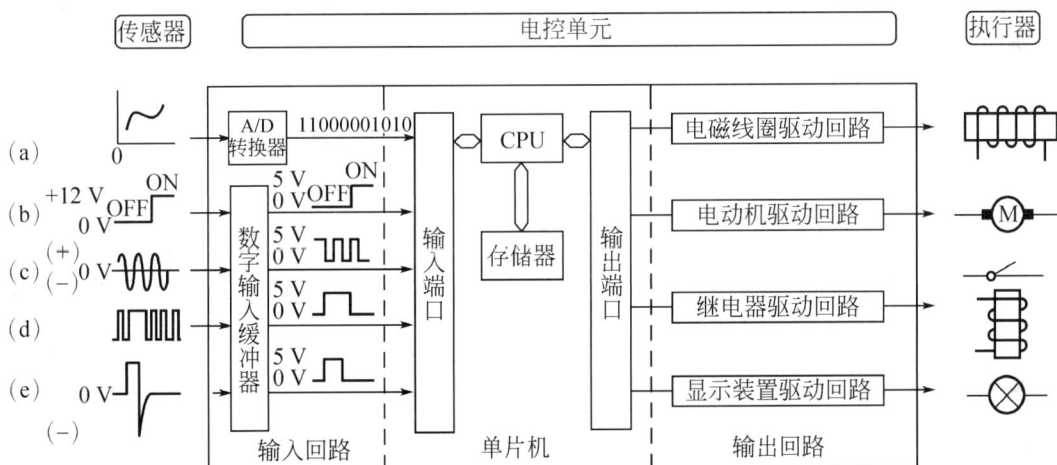

图 2-51   电控单元内部电路结构框图

2.4.1   输入回路

输入回路又称为输入接口，其功用是将传感器输入信号和各种开关信号变换成单片机能够识别与处理的数字信号。输入回路主要由 A/D 转换器和数字输入缓冲器两部分组成。

1. A/D 转换器

A/D 是模拟（Analogue）/数字（Data）的英文简写。A/D 转换器的功用是将模拟信号转换为数字信号，或将数字信号转换为模拟信号，如图 2-51 (a) 所示。

各种传感器采集的信号可分为模拟信号和数字信号两大类。信号电压（或电流）随时间变化而连续变化的信号称为模拟信号。在汽车电控系统中，空气流量传感器（翼片式、热丝式、热膜式）信号、进气歧管压力与大气压力传感器信号、进气温度和冷却液温度传感器信号、爆燃传感器信号、线性输出型节气门位置传感器信号等连续变化的信号均为模拟信号。数字计算机不能识别模拟信号，因此，需要经过 A/D 转换器将模拟信号转换成数字信号之后才能输入单片机。

信号电压（或电流）随时间变化而非连续变化的信号称为数字信号。在汽车电控系统中，空气流量传感器（超声波检测涡流式与光电检测涡流式）信号、霍尔式与磁感应式传感器（发动机转速、活塞上止点位置、车速、轮速）信号、光电式传感器（曲轴位置、凸轮轴位置、方向盘位置、减速度）信号、触点式节气门位置传感器信号、热敏铁氧体式温度传感器信号、笛簧开关式车速传感器信号、水银式减速度传感器信号、氧传感器信号以及各种控制开关（空调开关、起动开关、空挡安全开关等）信号均为脉冲信号或数字信号（高电平或低电平），因此，需要通过输入回路的数字输入缓冲器进行限幅、整形处理后，才能传输到单片机进行运算处理。

2. 数字输入缓冲器

数字输入缓冲器电路主要由整形电路、波形变换电路、限幅电路和滤波电路等组成。某些传感器的输出信号虽为数字信号，但在输入单片机前必须进行波形变换或滤波处理，单片机才能接收。数字输入缓冲器的功用是对单片机不能接收的数字信号进行预处理，以便单片机能够接收和运算处理。例如，点火开关、空挡安全开关等输出的开关信号均为电源电压（12~14 V）信号，如图 2-51（b）所示，而单片机能够接收的信号电压为 0 V 或 5 V，因此，需要数字输入缓冲器的限幅电路将高于 5 V 的电压信号转换成 5 V 的电压信号；磁感应式传感器输出的信号为正弦波信号，如图 2-51（c）所示，单片机不能直接处理，必须经过数字输入缓冲器的波形变换电路将其转换成数字信号之后才能输入单片机；触点式节气门位置传感器或继电器输出的数字信号中含有干扰信号，如图 2-51（d）所示。此外，汽车上设有各种控制开关，在电控系统工作过程中，当控制开关接通或断开、电器负载电流变化、电压变化或磁场变化时，都可能产生高频干扰信号，如图 2-51（e）所示，这些干扰信号必须经数字输入缓冲器的滤波电路将干扰信号消除之后单片机才能接收，否则单片机就不能正常工作。

2.4.2 单片机

单片机是指将中央处理器（CPU）、存储器（Memory）、定时器/计数器、输入/输出（I/O）接口电路等计算机主要部件集成在一块芯片上的微型计算机。虽然单片机只是一块芯片，但其"麻雀虽小，五脏俱全"，不仅具有微型计算机的所有组成部分，而且具有微型计算机的功能，故称之为单片微型计算机，简称单片机，其芯片外形如图 2-52（a）所示，结构框图如图 2-52（b）所示。20 世纪 80 年代以后，汽车电控系统均采用数字式单片机。

1. 中央处理器（CPU）

中央处理器（CPU）又称为微处理器，是具有译码指令和数据处理能力的电子部件，是汽车电控单元的核心，其结构框图如图 2-52（c）所示，主要由运算器、寄存器和控制器组成。

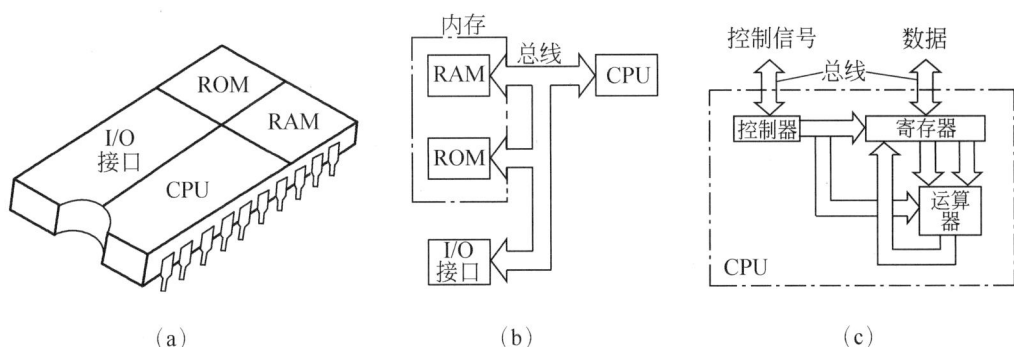

图 2-52　单片机基本结构框图

（a）单片机芯片外形；（b）单片机结构框图；（c）CPU 结构框图

1）运算器。运算器是 CPU 的运算部件，用于实现数学运算和逻辑运算。汽车上各种电控系统（如电控燃油喷射系统、防抱死制动系统、安全气囊系统、电控自动变速系统）电控单元内部的数据运算与逻辑判断都在这里进行。

2）寄存器。寄存器用于暂时存储数据或程序指令。

3）控制器。控制器是 CPU 的指挥控制部件，其功用是按照监控程序和应用程序使单片机各部分电路协调工作。

随着电控技术的发展，特别是控制器局域网络 CAN 技术的应用，汽车电控单元不仅可以采用单片机进行控制，而且可以将单片机与 CAN 控制器集成组合在一起进行控制，如图 2-53 所示即为内置两个 CAN 控制器（CAN0 控制模块和 CAN1 控制模块）的 DS80C390 型微处理器的内部结构框图。

DS80C390 型微处理器不仅适用于汽车电控网络系统，而且可用于专用医疗设备、工厂过程控制、工业设备控制系统等众多的嵌入式控制网络系统。该型微处理器是一款双路 CAN 总线的高速微处理器。由于内部集成了两个 CAN 控制器，因此，该型微处理器能够较好地满足嵌入式系统日益增长的众多需求，如简化布线，可靠的数据传输。CAN 信息的增强过滤措施（两个独立的 8 位介质屏蔽和介质仲裁区）允许 DS80C390 型微处理器实现设备之间更高效率的数据通信，且无须增加微处理器的负担。除了支持标准的 11 位标志之外，还支持扩展的 29 位 CAN 协议。因此，DS80C390 型微处理器能够高效地处理更多的 CAN 节点之间的高速数据通信。

DS80C390 型微处理器具备 4 MB 的寻址能力，较大的地址空间允许采用高级语言开发程序代码（支持更大、更复杂的数据结构，具有更多的编程方式），以便网络能够管理更多的设备。此外，该微处理器还包含一个 40 位累加器的算术协处理器，通过专门的硬件完成 16 位和 32 位运算功能，包括乘法、除法、移位、归一化和累加等。

2. 存储器（Memory）

在单片机或微型计算机中，存储器是用来存储程序指令和数据的部件。存储器是由许多具有记忆功能的存储电路构成的，每个记忆存储电路存储 1 个二进位信息（0 或 1），称为存储器的存储位（Bit），每 8 个记忆存储电路构成存储器的一个基本单元，存储 8 位二进制信息，称为存储字节（Byte）。

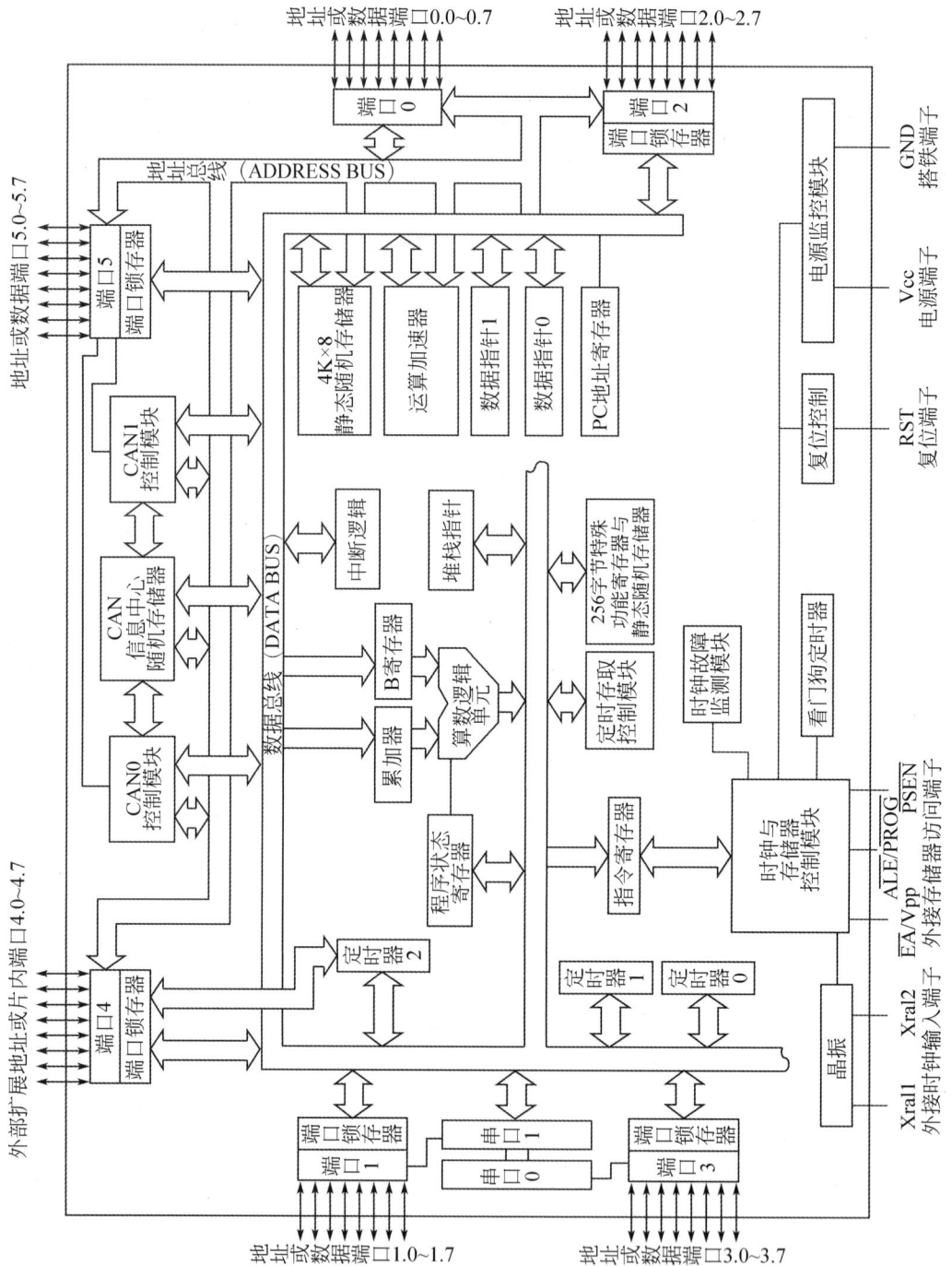

图2-53 内置两个CAN控制器（CAN0控制模块和CAN1控制模块）的
DS80C390型微处理器的内部结构框图

存储器有多种分类方法，按读写操作原理可将其分为只读存储器（Read Only Memory，ROM）和随机存储器（RAM）；按功能可将其分为程序存储器和数据存储器；按构成材料可将其分为半导体存储器和磁质存储器。随着半导体技术的发展，半导体存储器的功能和性能得到了大幅度提高，读写操作方式更简便实用，20 世纪 90 年代初期推出的快速擦写型存储器充分体现了体积小、功耗低、价格便宜、操作简便的优点。

（1）只读存储器（ROM）

ROM 是一种一旦信息写入就不可更改，而只能读出的存储器。实质上，ROM 是一次性写入、可随机读出的存储器。在汽车电控系统中，ROM 主要用于存储制造厂家编制的控制程序和原始试验数据，即使点火开关断开或将电源切断，ROM 中存储的这些信息也不会丢失。

（2）随机存储器（RAM）

RAM 与 ROM 相比有两点不同：一是 RAM 中的信息既可随时写入或读出，也可随时改写，改写时不必先擦除原有内容；二是半导体 RAM 一旦断电，其存储的信息就会丢失。因此，在汽车上，RAM 通常用来存储单片机工作时暂时需要存储的数据（如输入/输出数据、单片机运算得出的结果、故障代码、空燃比修正数据），这些数据可根据需要可随时调用或被新的数据改写。

由此可见，RAM 起到一个寄存器的作用。为了保证故障代码、空燃比修正数据等能够较长时间保存，汽车电控系统都将 RAM 的电源与专用的后备电源电路或蓄电池直接连接，不受点火开关控制。但是，当后备电源电路中断、蓄电池正极或负极端子断开时，存入 RAM 中的数据仍会丢失。因此，在检修或更换蓄电池之前，必须事先调取故障代码或采取必要的防断电措施。为了解决电控系统的供电问题，有的高档轿车（如华晨宝马 X3）装备有两只蓄电池，其中一只容量较小的蓄电池专门给汽车电控系统供电。

3. 输入/输出（I/O）接口

输入/输出（Input/Output，I/O）接口是 CPU 与传感器或执行器之间进行数据交换和下达控制指令的通道。由于传感器和执行器种类繁多，它们产生信号的速度、频率、电平、功率和工作时序等都不可能与 CPU 完全匹配，因此，必须根据 CPU 的指令，通过 I/O 接口进行协调和控制。

4. 总线（BUS）

总线是单片机内部传递信息的电路连线。在单片机内部，CPU、ROM、RAM 与 I/O 接口之间的信息交换都是通过总线来实现的。按传递信息的不同，总线可分为数据总线、地址总线和控制总线三种。

（1）数据总线

数据总线主要用于传送数据与指令。数据总线的导线数与数据的位数一一对应。例如，16 位单片机，其数据总线就有 16 根导线。

（2）地址总线

地址总线用来传递地址数码。在单片机内，各器件之间的通信主要是靠地址数码进行联系。例如，当需要存入或读出存储器中某个单元的数据时，必须先将该单元的地址数码送到地址总线上，然后才能送读取指令或写入指令完成读出或写入操作。地址总线的导线数与地址数码的位数及地址数码的传送方式（并行或串行传送）有关。

（3）控制总线

控制总线与单片机中的元器件连接，CPU 可通过控制总线随时掌握各个器件的状态，并根据需要随时向某个器件发出控制指令。

总线技术是提高单片机运算速度的关键技术。为了满足汽车上各种电控单元之间实现快速通信的要求，汽车都已采用控制器局域网络通信总线（CAN 总线）技术。

2.4.3　输出回路

输出回路是单片机与执行器之间的中继站，其功用是根据单片机发出的指令，驱动执行器完成具体的控制任务。

单片机对采样信号进行数学计算和逻辑判断后，由预定程序形成控制指令发给执行器。单片机只能输出电压为 4.5~4.8 V 的弱电信号，不能直接驱动执行器动作，因此，必须通过输出回路对控制指令进行功率放大、译码或 A/D 转换，变成可以驱动各种执行器动作的强电信号。此外，当执行器（如发动机燃油喷射系统的旁通电磁阀、电子控制自动变速系统的锁止继动阀、电子控制自动变速系统的蓄压器背压调节阀）需要线性电流驱动时，单片机将控制占空比（见图 2-54）来控制输出回路导通与截止，使流过执行器电磁线圈的平均电流逐渐增大或逐渐减小。因为占空比频率较高（一般为 1 kHz），所以流过执行器电磁线圈的平均电流不会脉动变化。

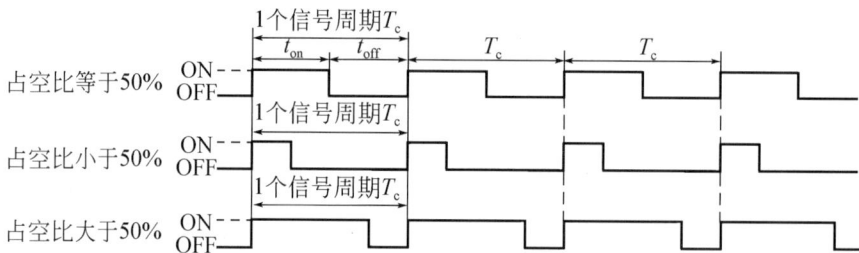

图 2-54　占空比示意图

占空比 R_c 是指在一个信号周期 T_c 内，高电平时间 t_{on} 所占的比率，如图 2-54 所示，图中 t_{off} 为低电平所占时间。占空比 R_c 的计算公式为

$$R_c = \frac{t_{on}}{T_c} = \frac{t_{on}}{t_{on} + t_{off}} \times 100\% \tag{2-4}$$

2.5　电控喷油系统执行器的结构原理

执行器又称为执行元件，是电控系统的执行机构。执行器的功用是接收电控单元发出的控制指令，完成具体的执行动作。汽油发动机电控喷油系统采用的执行器主要有电动燃油泵和电磁喷油器等。

2.5.1 电动燃油泵

在电控喷油系统中，电动燃油泵的功用是向电磁喷油器提供油压高于进气歧管压力 250~300 kPa 的燃油。因为燃油是从油箱内泵出，经压缩或动量转换将油压提高后，再经输油管送到电磁喷油器，所以油泵的最高输出油压需要 470 kPa 左右，其供油量比发动机最大耗油量大得多，多余的汽油将从回油管流回油箱。电动燃油泵设计供油量大于发动机耗油量有两个目的：一是防止发动机供油不足；二是燃油流动量增大可以散发供油系统的热量，从而防止油路产生气阻。

1. 电动燃油泵分类

按油泵结构不同，电动燃油泵可分为滚柱式、叶片式、齿轮式、涡轮式和侧槽式。目前常用的有滚柱式、叶片式和齿轮式。按油泵安装方式不同，电动燃油泵可分为外装式和内装式。外装式电动燃油泵安装在燃油箱外的输油管路中，内装式电动燃油泵安装在燃油箱内。目前，大多数汽车都采用内装式电动燃油泵。与外装式电动燃油泵相比，内装式电动燃油泵不易发生气阻和泄漏，有利于燃油输送和电动机冷却，且噪声较小。

2. 电动燃油泵的结构原理

电动燃油泵的外形如图 2-55（a）所示，内部结构如图 2-55（b）所示，其主要由永磁式直流电动机、油泵、限压阀、止回阀和泵壳等组成。电动机由永久磁铁、电枢、换向器和电刷等组成。油泵由泵转子和泵体组成。泵转子固定在电动机轴上，随电动机转动而转动。

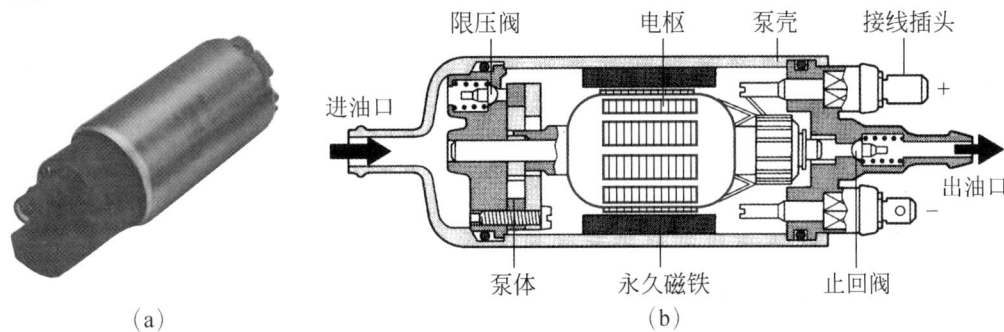

图 2-55 电动燃油泵的外形与内部结构

（a）外形；（b）内部结构

当点火开关接通时，永磁式直流电动机电路接通，电枢受电磁力的作用而开始转动，泵转子便随电动机一同转动，将燃油从油箱经输油管和进油口泵入电动燃油泵。当电动燃油泵内油压超过止回阀处弹簧弹力时，燃油便从出油口经输油管泵入燃油分配管，然后再分配给每只喷油器。

当电动燃油泵停止工作时，在止回阀的弹簧弹力作用下，止回阀将阻止汽油回流，使供油系统中保存的燃油具有一定压力，以便于发动机再次起动。

当电动燃油泵中的燃油压力超过规定值（一般为 320 kPa）时，油压克服限压阀弹簧的弹力将限压阀顶开，部分汽油返回到进油口一侧，使油压不致过高而损坏油泵。

点火开关一旦接通，电动燃油泵就会工作 1~2 s。此时，如果发动机转速高于 30 r/min，电动燃油泵才连续运转；如果发动机转速低于 30 r/min，那么即使点火开关接通，电动燃油泵也会停止运转。

3. 滚柱式电动燃油泵

滚柱式电动燃油泵由电动机和滚柱式油泵组成。滚柱式油泵简称滚柱泵，主要由泵转子、泵体和滚柱组成，结构如图 2-56（a）所示，原理如图 2-56（b）所示。电动机的电枢轴较长，泵转子偏心地压装在电枢轴上，随电动机一同转动。泵转子周围有齿缺，滚柱安放在齿缺与泵体之间的空腔内。泵体用螺钉固定在一起，安放在泵壳内，泵体侧面有进油口和出油口。泵转子与泵体的径向和轴向都有很小的间隙，以便泵转子能够灵活转动。

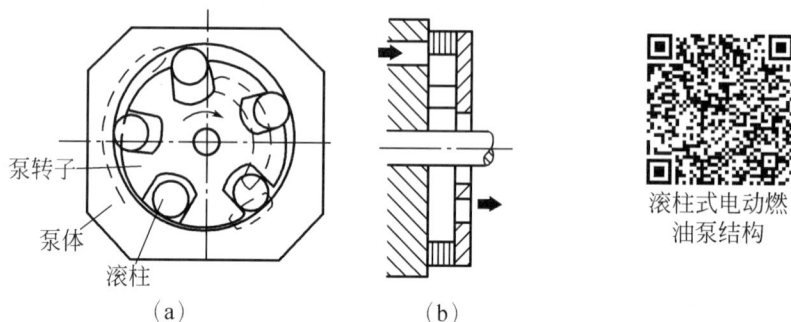

泵转子
泵体
滚柱
（a）
（b）
滚柱式电动燃油泵结构

图 2-56 滚柱泵的结构和原理
（a）结构；（b）原理

滚柱式电动燃油泵的工作原理是利用容积变化来输送燃油。当电枢旋转时，泵转子随之一同旋转，泵转子齿缺内的滚柱在离心力的作用下，就会紧压在泵体内表面上，并随泵转子旋转而产生滑转，在两个相邻滚柱以及泵转子和泵体之间便形成一个密封的腔室。因为泵转子偏心地安装在电枢轴上，所以当泵转子旋转时，密封腔室的容积就会发生变化（图 2-56 中左侧腔室的容积增大，右侧腔室的容积减小）。

在密封腔室容积增大一侧的泵体侧面设有进油口，在容积减小一侧的泵体侧面设有出油口。这样，在泵转子旋转过程中，泵体进油口处腔室的容积不断增大，形成低压油腔，将燃油吸入泵体，而泵体出油口处腔室的容积不断减小，形成高压油腔，从而将燃油压出泵体流向电动机，使电动机得到冷却。当电枢周围泵壳内的燃油增多，油压高于出油口止回阀弹簧的弹力时，燃油便从出油口经输油管输送到喷油器。

4. 齿轮式电动燃油泵

齿轮式电动燃油泵（简称齿轮泵）的结构与滚柱式电动燃油泵相似，仅齿轮泵有所不同，齿轮泵的结构和原理如图 2-57 所示，其主要由内齿轮、外齿轮和泵体组成，工作原理与滚柱泵相同，也是利用容积大小发生变化来输送燃油。当电动机旋转时，内齿轮旋转并与外齿轮啮合，使泵腔容积发生变化，容积增大一侧（图 2-57 中左侧）将燃油吸入，容积减小一侧（图 2-57 中右侧）将燃油压出。

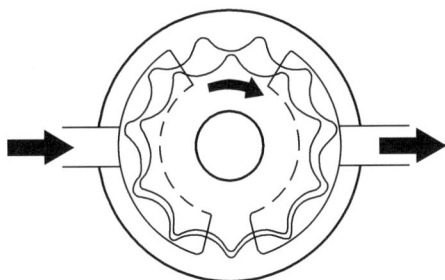

图 2-57　齿轮泵的结构和原理

叶片式电动燃
油泵工作原理

5. 叶片式电动燃油泵

滚柱泵和齿轮泵的泵油压力脉动大、运转噪声大、使用寿命短。因此，发动机电控喷油系统普遍采用叶片式电动燃油泵，简称叶片泵，其结构和原理与滚柱泵相似，叶片泵的结构如图 2-58（a）所示，叶片泵的原理如图 2-58（b）所示，主要由平板叶片转子与泵体组成。平板叶片转子是一块圆形平板，在平板的圆周上制有小槽，小槽与泵体之间的空间形成泵油腔室。

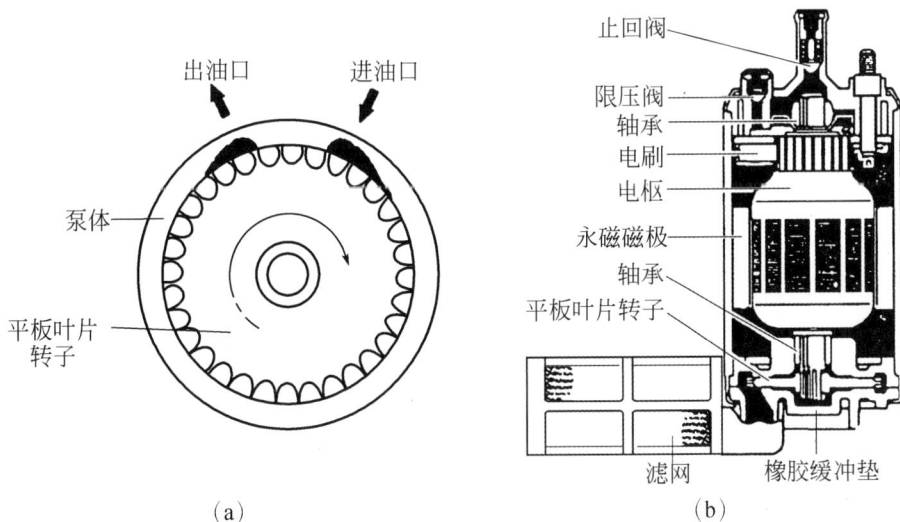

(a)
(b)

图 2-58　叶片泵的结构与原理

（a）结构；（b）原理

当电动机运转时，轴带动平板叶片转子一同旋转。由于平板叶片转子转速较高，因此，在叶片小槽与泵体进油口之间就会产生真空。当叶片小槽转到进油口处时，在真空吸力的作用下，燃油被吸入泵体内；当叶片小槽转到出油口处时，在离心力和燃油压力的共同作用下，燃油便从出油口压出并流向电动机。叶片泵出燃油越多，泵壳内的燃油压力就越高。当油压超过叶片泵止回阀弹簧的弹力时，止回阀阀门打开，燃油便从止回阀经输油管输送到燃油分配管和喷油器。

叶片泵的泵油原理类似于排风扇的排风原理，其突出优点是转子无磨损，因此，使用寿命长（大于 5 000 h，即汽车速度为 40 km/h 的行驶里程可达 200 000 km）。此外，叶片泵还具有质量轻（约300g）、泵油压力高（可达600kPa以上）、出油压力脉动小、运转噪声小等优点。

2.5.2 燃油分配管

燃油分配管又称为供油总管或油架，安装在发动机进气歧管上方，其功用是储存燃油、固定喷油器和油压调节器，并将燃油分配给每只喷油器。因为燃油液体具有可压缩性，所以燃油分配管还有抑制油压脉动的功用。燃油分配管与油压调节器和喷油器等组成燃油分配管总成，燃油分配管总成结构如图2-59所示，其中，三缸、四缸发动机用如图2-59（a）所示，V6发动机用如图2-59（b）所示。

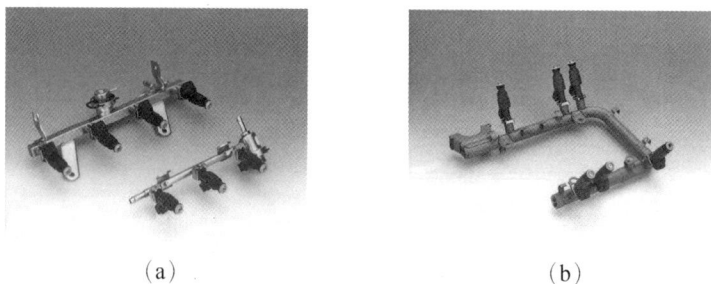

（a） （b）

图2-59 燃油分配管总成结构
（a）三缸、四缸发动机用；（b）V6发动机用

燃油分配管一般用铝合金制成圆形管状或方形管状，其上有连接油压表的接口，以便检修时测量燃油压力。燃油分配管与喷油器连接处制有小孔，以便将燃油分配到每个喷油器。虽然燃油分配管位于发动机舱上部，所处环境温度较高，汽油容易挥发。但是，由于电动燃油泵的供油量远远大于发动机的最大耗油量，剩余汽油由油压调节器上的回油管流回油箱，汽油不断流动带走了燃油分配管、喷油器和进油管中的热量及燃油蒸汽，因此，能够有效防止气阻，提高发动机的热起动性能。

2.5.3 油压调节器

油压调节器一般都安装在燃油分配管的一端，其功用有两项：一是调节供油系统的燃油压力，使喷油器进出口之间的压差保持恒定，即燃油油压 P_f 与歧管压力 P_i 之差 ΔP 保持恒定 [该压差由调压弹簧的预紧力决定，一般设定为 $\Delta P = P_s = P_f - P_i = 300$（kPa），其中，$P_i$ 为负值，P_s 为弹簧预紧力]；二是缓冲喷油器断续喷油引起的压力波动和电动燃油泵供油时产生的压力波动。

1. 油压调节器的结构

油压调节器主要由调压弹簧、阀体、阀门和铝合金壳体组成，外形如图2-60（a）所示。阀体固定在金属膜片上，金属膜片卷压封装在铝合金壳体上，并将铝合金壳体分成空气腔（上腔室）和燃油腔（下腔室）两个腔室。阀体与阀座之间设装有一个球阀，球阀焊接在阀体上，或用弹片托起，再用一根弹力较小的弹簧支撑球阀，如图 2-60（b）所示。静态时，球阀与阀座保持接触。

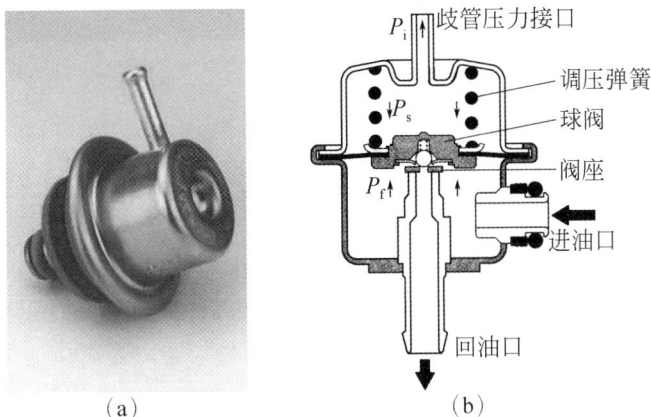

图 2-60　油压调节器的外形与内部结构
（a）外形；（b）内部结构

在铝合金壳体上，设有油管接头和真空管接头，进油口与燃油分配管连接，回油口连接回油管并与油箱相通，歧管压力接口连接软管，并与节气门至进气歧管之间的真空管路相通。

2. 油压调节原理

油压调节器实际上是一个膜片式溢流阀。当电动燃油泵运转时，燃油不断泵入燃油分配管，并从油压调节器进油口进入燃油腔。燃油压力 P_f 作用到金属膜片上，并随泵油量的增加而增大。

当燃油压力 P_f 与歧管压力 P_i 的合力大于弹簧预紧力 P_s 时，金属膜片向上拱曲，并带动球阀上移将阀门打开，部分燃油从球阀阀门经回油口和回油管流回油箱，燃油压力随之降低。

当燃油压力 P_f 与歧管压力 P_i 的合力小于弹簧预紧力 P_s 时，金属膜片复位，并带动球阀将阀门关闭，燃油压力随泵油量增加而增大。

当燃油压力 P_f 与歧管压力 P_i 的合力再次大于弹簧预紧力 P_s 时，油压调节器重复上述工作过程，从而将燃油压力 P_f 与歧管压力 P_i 的合力调节为弹簧预紧力 P_s 值（300 kPa）。

3. 油压调节器的输出特性

油压调节器的输出特性如图 2-61 所示。在油压调节器上接有一根真空管，该真空管将发动机进气歧管的真空度引入油压调节器的空气腔。由于进气歧管的压力始终低于大气压力，当进气歧管的压力随节气门开度变化而变化时，进气压力将对油压调节器的金属膜片产生一个吸力，从而使燃油压力发生改变。

当发动机怠速运转时，歧管压力 P_i 约为 -54 kPa，燃油压力 P_f 为

$$P_f = P_s + P_i = 300 + （-54） = 246 （kPa）$$

当发动机全负荷运转时，歧管压力 P_i 约为 -5 kPa，燃油压力 P_f 为

$$P_f = P_s + P_i = 300 + （-5） = 295 （kPa）$$

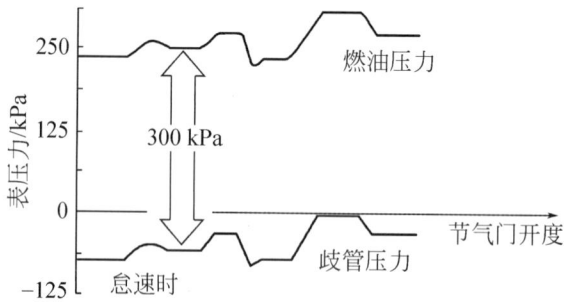

图 2-61　油压调节器的输出特性

　　由此可见，由于进气歧管负压的作用，当发动机怠速运转，燃油压力达到 246 kPa 时，油压调节器的球阀就会打开泄压；当发动机全负荷运转，燃油压力达到 295 kPa 时，球阀才打开泄压。燃油压力和歧管压力的共同作用，使燃油分配管中的燃油压力（喷油器进油口的油压）与歧管压力（喷油器阀座出口的气压）的压力差保持300 kPa 不变，其目的是保证喷油器喷油量的大小仅与球阀的开启时间有关，而与燃油压力和歧管压力无关。

2.5.4　电磁喷油器

　　电磁喷油器简称喷油器，俗称喷嘴，安装在燃油分配管上，其功用是计量燃油喷射系统的喷油量。喷油器是电控燃油喷射系统的关键部件之一，是一种加工精度非常高的精密器件。为了满足燃油喷射控制精度的要求，喷油器必须具有抗堵塞性能好、喷出燃油雾化好和动态流量范围大等优点。

　　1. 喷油器的分类

　　按总体结构不同，喷油器可分为轴针式、球阀式和片阀式三种；按喷油器电磁线圈阻值不同，喷油器可分为高阻型（13～18 Ω）和低阻型（1～3 Ω）两种。

电磁喷油器
工作原理

喷油器类型

　　20 世纪 90 年代以前生产的部分发动机电控燃油喷射系统，设置有冷起动喷油器来增加冷车起动时的喷油量，用以改善发动机的低温起动性能。20 世纪 90 年代以后生产的电动机，去掉了冷起动喷油器，并利用冷起动软件程序增大喷油量来改善低温起动性能。

　　2. 喷油器的结构特点

　　（1）球阀式喷油器

　　球阀式喷油器的外形如图 2-62（a）所示，内部结构如图 2-62（b）所示，其主要由球阀阀体、带喷孔的阀座、带线束插座的喷油器壳体、电磁线圈和复位弹簧等组成。

　　O 形密封圈起到密封作用，O 形密封圈 1 防止漏油，O 形密封圈 2 防止漏气。滤网用于过滤燃油中的杂质。喷油器的球阀阀体由球阀、导杆和弹簧座组成。球阀阀体上端安装有一根复位弹簧，当喷油器停止工作时，弹簧弹力使阀体复位，球阀关闭，钢球压靠在阀

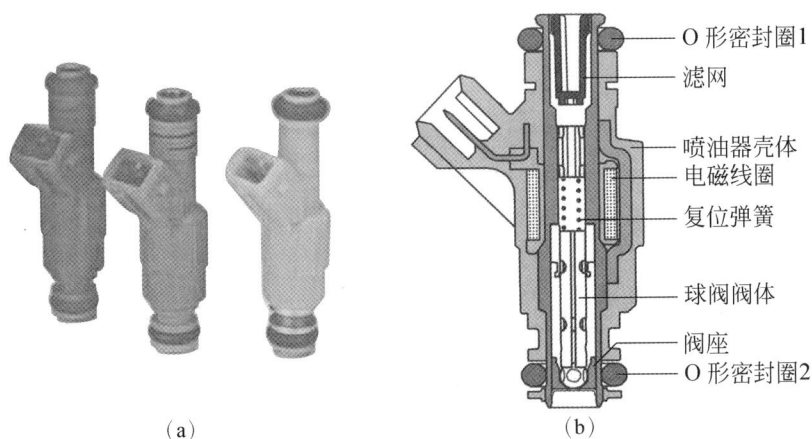

图 2-62　球阀式喷油器的外形和内部结构

（a）外形；（b）内部结构

座上起到密封作用，防止漏油。导杆为空心结构，因为球阀具有自动定心的作用，所以导杆较短、质量较小，且密封性好。

在燃油分配管上，设有喷油器专用的安装支座，支座为橡胶成型件，起到隔热作用，防止喷油器中的燃油产生气泡，有助于提高发动机的热起动性能。

（2）轴针式喷油器

轴针式喷油器的结构如图 2-63 所示，其主要由针阀阀体、针阀阀座、线束插座、电磁线圈和复位弹簧等组成。轴针式喷油器的结构与球阀式喷油器基本相同，主要区别在于阀体结构不同，如图 2-64（a）所示为球阀式喷油器阀体，如图 2-64（b）所示为轴针式喷油器阀体。

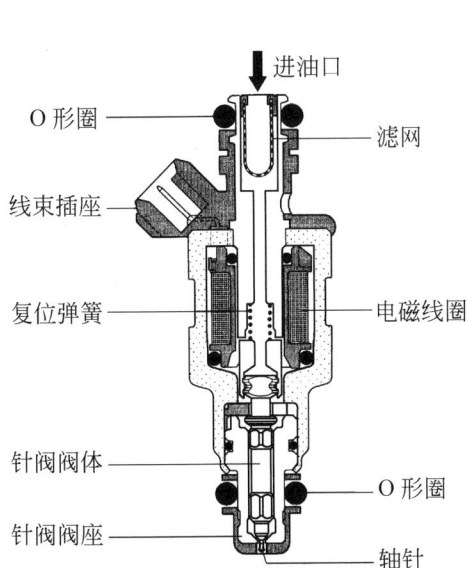

图 2-63　轴针式喷油器的结构

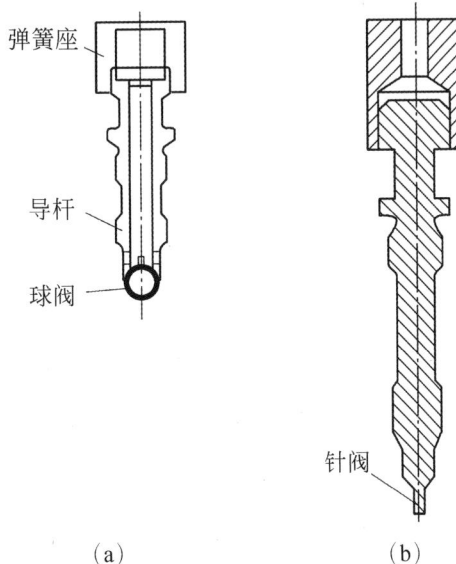

图 2-64　阀体结构比较

（a）球阀式喷油器阀体；（b）轴针式喷油器阀体

轴针式喷油器阀体采用的是针阀，针阀制作在阀体上。为了保证阀体轴向移动时不发生偏移和阀门的密封性，轴针式喷油器必须具有较长的导杆，并制成实心结构，因此，质量较大。

3. 喷油器的工作原理

当喷油器的电磁线圈电流接通时，电磁线圈中就会产生电磁吸力吸引阀体。当电磁吸力大于复位弹簧的弹力时，阀体压缩弹簧而向上移动（升程很小，一般为 0.1～0.2 mm）。阀体上移时，球阀或针阀随阀体一同上移并离开阀座使阀门打开，阀座内燃油便从喷孔喷出。因为阀座上设有螺旋油道和 2～4 个喷孔，所以当具有一定压力的燃油沿螺旋油道喷出时，形状呈小于 35°的圆锥雾状，并与空气混合形成雾化良好的可燃混合气。

当喷油器的电磁线圈电流切断时，电磁吸力消失，阀体在复位弹簧的弹力作用下复位，球阀或针阀回落到阀座上将阀门关闭而停止喷油。

燃油喷射式四缸发动机大多为 16 气门或 20 气门发动机，即每个汽缸有 4 个或 5 个气门，其中进气门 2～3 个，排气门 2 个。进气门增多的目的是增大进气量，提高发动机的动力性；排气门增多的目的是减小排气阻力，从而减少功率损失。

2.6　汽油机电控喷油系统的控制

汽油机电控喷油系统的控制包括喷油器的控制、喷油正时的控制和喷油量的控制。其中，喷油量的控制又分为发动机起动时喷油量的控制和发动机起动后喷油量的控制两种情况。电控喷油系统通过精确控制喷油量，即可降低燃油消耗量和减小有害物质排放量，从而达到提高汽车经济性和排放性能的目的。

2.6.1　燃油喷射控制原理

汽车发动机各种电控燃油喷射系统采用传感器和执行器的数量与形式各有不同，但其燃油喷射的控制原理大同小异，L 型燃油喷射系统的控制原理如图 2-65 所示。

在发动机工作过程中，当各种传感器和开关信号输入电控单元后，首先，由输入回路（输入接口电路）进行信号处理，将其变换成 CPU 能够识别和处理的数字信号；其次，CPU 根据输入信号进行数学计算和逻辑判断，运算电路以 16 位、32 位或更多位数的微处理器和内存芯片为主体，利用 ROM 中的控制软件对输入信号进行数学计算和逻辑判断，并确定出具体的控制量（如喷油开始时间、喷油持续时间）；最后，CPU 通过输出回路（输出接口电路）向执行器（喷油器）发出喷油控制指令，控制信号经输出电路进行功率放大后，再驱动喷油器喷油，与此同时，CPU 还要控制喷油开始时间、喷油持续时间等，从而实现发动机不同工况下的喷油实时控制。

在控制过程中，各种传感器的工作情况如下。

凸轮轴位置传感器向电控单元提供反映活塞上止点位置的信号，以便计算确定和控制喷油提前角（提前时间）。

车速传感器向电控单元提供反映汽车车速的信号，以便判断发动机是在怠速状态（节气门关闭、车速为零）运行还是在减速状态（节气门关闭、车速不为零）运行等。如果

电控单元

凸轮轴位置
传感器

车速传感器

曲轴位置
传感器

空气流量
传感器

节气门位置
传感器

冷却液温度
传感器

接口电路

A/D
转换器

CPU

电源电路

接口电路

ROM

RAM

接口电路

喷油器

进气温度传感器　　蓄电池　　点火开关

中国制造

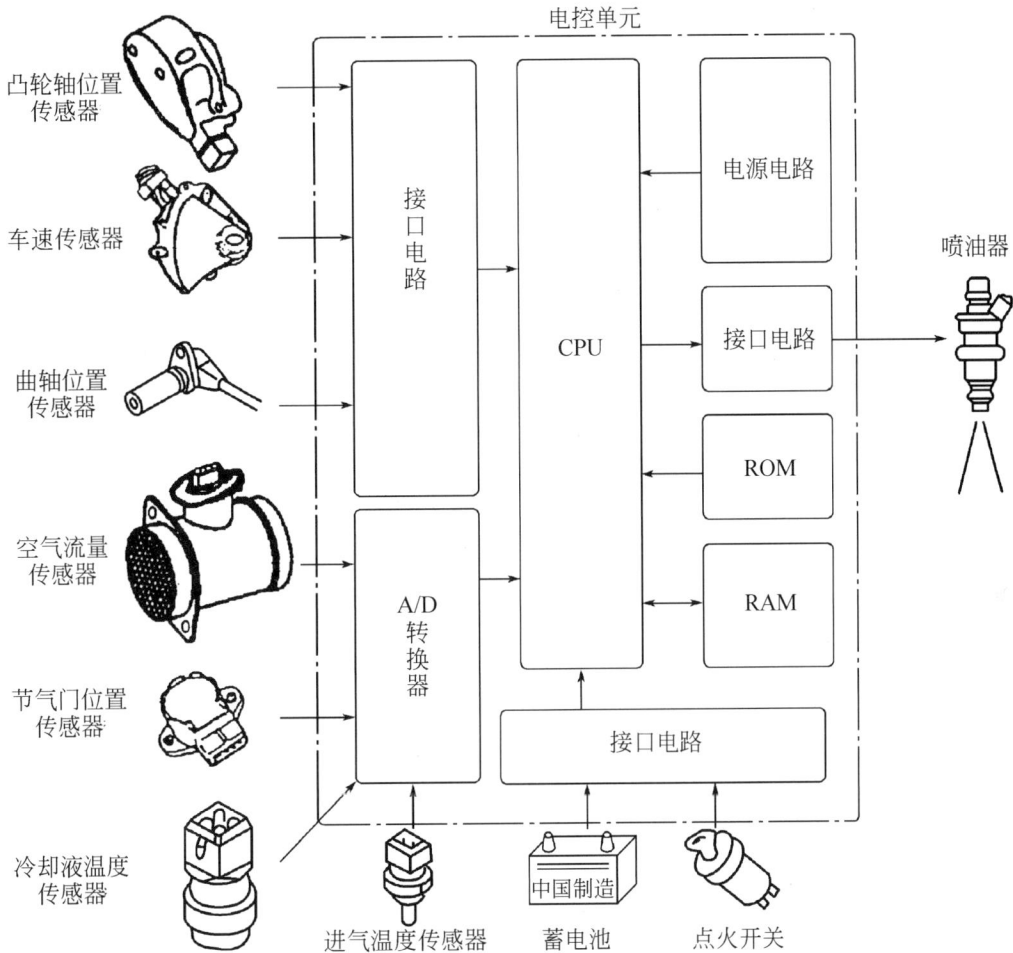

图 2-65　L 型燃油喷射系统的控制原理

在怠速状态运行，就由怠速控制系统进行怠速转速控制；如果在减速状态运行，就由断油控制系统确定是否停止供油。

曲轴位置传感器向电控单元提供反映发动机曲轴转速和转角的信号，空气流量传感器或进气歧管压力传感器向电控单元提供反映进气量多少的信号，电控单元根据这两个信号计算基本喷油量（喷油持续时间），并根据曲轴转角信号控制喷油提前角和点火提前角等。

节气门位置传感器向电控单元提供反映发动机负荷大小的信号，电控单元根据信号确定是否需要增加或减少喷油量。

冷却液温度传感器向电控单元提供发动机冷却液温度信号，以便计算确定喷油修正量、判断是否为冷机起动等。如为冷机起动，则直接运行冷起动程序，并根据温度值增大喷油量，保证发动机可靠起动。

进气温度传感器提供吸入进气歧管空气的温度信号，以便计算确定喷油修正量。因为空气质量的大小与其密度有关，空气密度与其温度有关（温度越高，密度越小），所以对于采用压力传感器和体积流量型传感器的燃油喷射系统，其进气量必须用温度信号进行修正；对于采用热丝式或热膜式空气流量传感器的燃油喷射系统而言，虽然进气量信号可以不进行修正，但是利用计算机根据进气温度传感器信号进行修正后，能使喷油量控制更加精确，可以得到更好的燃油经济性。

点火起动开关信号包括点火开关信号和起动信号，用于电控单元判定发动机在起动状态还是正常工作状态，并控制运行相应的控制程序。例如，当点火开关接通"ON"挡时，电控单元的 IGN 端子将从点火开关接收到一个高电平信号，此时电控单元将自动接通电动燃油泵电路，使油泵工作 1~2 s，以便发动机起动时油路中具有足够的燃油；当点火开关接通"START"挡时，电控单元的 STA 端子将从点火开关接收到一个高电平信号，此时电控单元将控制运行起动程序增大喷油量，以便起动发动机。

蓄电池电压信号就是汽车电源电压信号，蓄电池正极柱经导线直接与电控单元的电源端子连接，不受点火开关和其他开关控制。当电源电压变化时，电控单元将改变喷油脉冲宽度，修正喷油器喷油持续的时间。当发动机停止工作时，蓄电池将向电控单元和 RAM 等提供 5~20 mA 电流，以便 RAM 保存故障代码等信息而不致丢失。在点火开关断开时，对于配有步进电动机的控制系统，电控单元还将控制燃油喷射主继电器继续接通 2 s，使步进电动机恢复到初始位置。

2.6.2 喷油器的控制

在发动机工作过程中，各种传感器信号输入电控单元后，电控单元经过数学计算和逻辑判断，就会发出占空比信号控制喷油器喷油。各型电控燃油喷射系统喷油器的控制电路大同小异，典型的喷油器控制电路如图 2-66 所示。

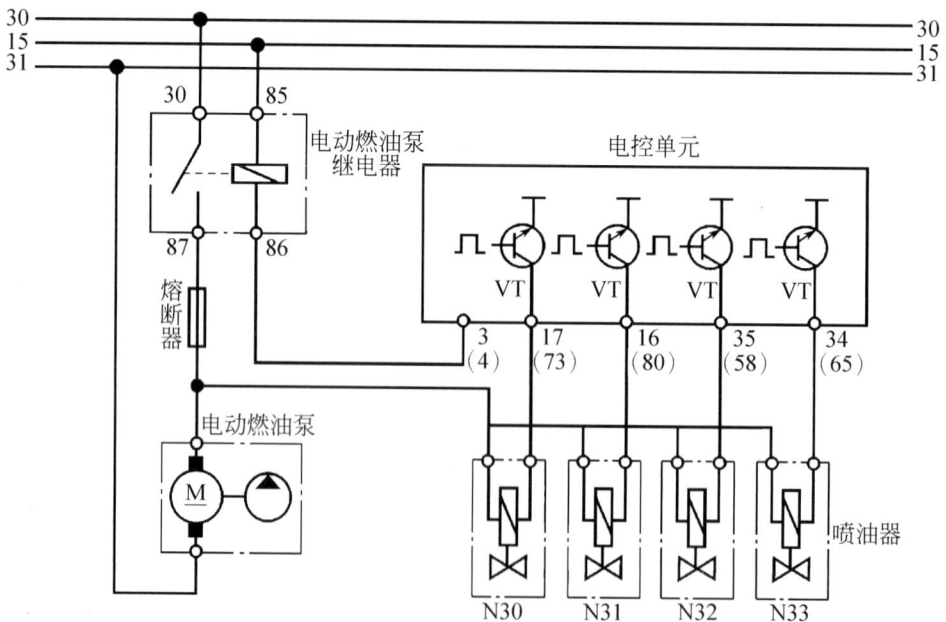

图 2-66　典型的喷油器控制电路

当电控单元向喷油器发出的控制信号高电平（4.5~4.8 V）加到驱动三极管（VT）基极时，驱动三极管（VT）导通，喷油器电磁线圈电流接通，产生电磁吸力将阀门吸开，喷油器开始喷油；当控制信号的低电平（0.1~0.3 V）加到驱动三极管（VT）基极时，驱动三极管（VT）截止，喷油器电磁线圈电流切断，阀体在复位弹簧弹力作用下将阀门关闭，喷油器停止喷油。

在进气管喷射系统中，喷油器将圆锥雾状燃油喷射在进气门（多点喷射）或节气门（单点喷射）附近，并与发动机吸入的空气混合形成可燃混合气；当进气门打开时，再将可燃混合气吸入汽缸燃烧做功。在缸内喷射系统中，喷油器将高压（10 MPa 以上）燃油直接喷射在火花塞附近与空气混合形成可燃混合气，从而实现分层燃烧。

2.6.3 喷油正时的控制

喷油正时是指喷油器何时开始喷油。发动机燃油喷射系统按燃油喷射部位分为单点燃油喷射系统和多点燃油喷射系统两种类型。单点燃油喷射系统只有一个或两个喷油器，喷油器安装在节气门体上，发动机一旦工作就连续喷油。多点燃油喷射系统每个汽缸均配有一个喷油器，其中，进气管喷射系统的喷油器安装在燃油分配管上；缸内喷射系统的喷油器安装在火花塞附近的汽缸盖上。根据燃油喷射时序不同，多点燃油喷射系统控制喷油正时的方式可分为同时喷射、分组喷射和顺序喷射三种。

1. 同时喷射的控制

多点燃油同时喷射就是各缸喷油器同时喷油，控制电路如图 2-67（a）所示，各缸喷油器并联在一起，电磁线圈电流由一个功率三极管（VT）驱动控制。

发动机工作时，电控单元根据曲轴位置传感器和凸轮轴位置传感器输入的基准信号发出喷油指令，控制功率三极管（VT）导通与截止，再由功率三极管（VT）控制喷油器电磁线圈电流接通与切断，使各缸喷油器同时喷油和停止喷油。曲轴每转一转（360°）或两转（720°），各缸喷油器同时喷油一次，控制信号波形如图 2-67（b）所示。由于各缸同时喷油，喷油正时与发动机"进气→压缩→膨胀→排气"工作循环无关，如图 2-67（c）所示。

各缸喷油器同时喷油的优点是控制电路和控制程序简单，且通用性较好；缺点是各缸喷油时刻不可能最佳。在图 2-67（c）中，除 1、4 缸喷油正时较好之外，2、3 缸喷射的燃油在进气门附近要停留较长时间，其混合气雾化质量必然降低。因此，只有早期研制的燃油喷射系统采用同时喷射方式喷油，当今汽车仅在燃油喷射系统发生故障，系统处于应急状态运行时才采用同时喷射方式喷油。

2. 分组喷射的控制

多点燃油分组喷射是指将喷油器喷油分组进行控制。一般将四缸发动机分成两组，六缸发动机分成三组，八缸发动机分成四组。以四缸发动机分组喷射控制为例，电路如图 2-68（a）所示。

发动机工作时，由电控单元控制各组喷油器轮流喷油。发动机每转一转，只有一组喷

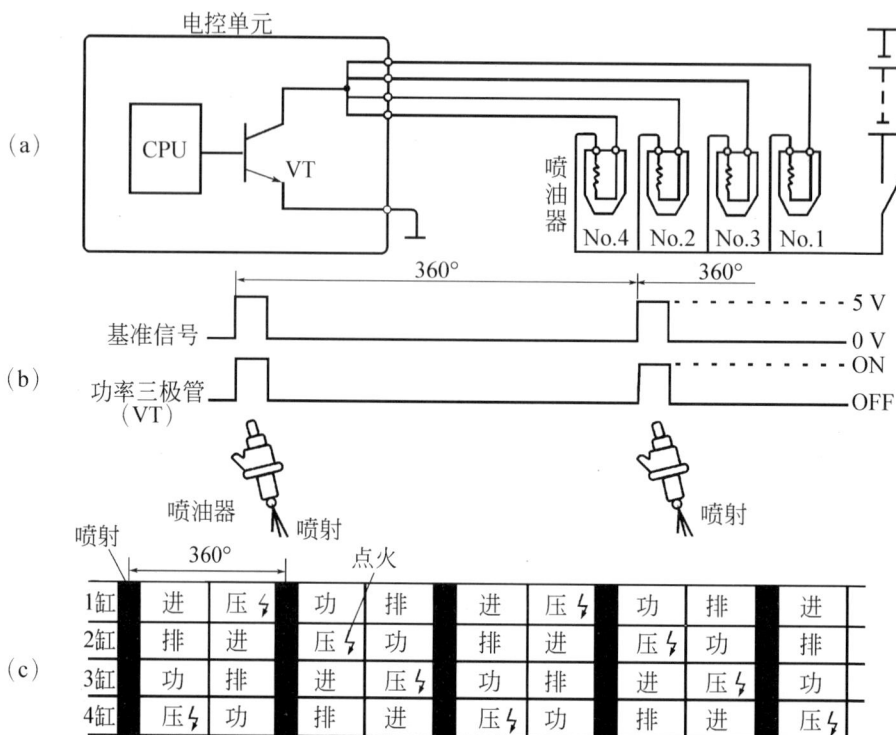

图 2-67　同时喷射控制电路与喷油正时关系

(a) 控制电路；(b) 控制信号波形；(c) 喷油正时关系

油器喷油，每组喷油器喷油时连续喷射 1~2 次，喷油正时关系如图 2-68（b）所示。分组喷射方式虽然不是最佳的喷油方式，但由正时关系可见，1、4 缸的喷油时刻较佳，在排气行程上止点前一定角度开始喷油，燃油在进气门前停留时间较短，因此，混合气雾化质量比同时喷射大大改善。

3. 顺序喷射的控制

多点燃油顺序喷射是指各缸喷油器按照一定的顺序进行喷油。因为各缸喷油器独立喷油，所以其又称为独立喷射，控制电路如图 2-69（a）所示。

在顺序喷射系统中，发动机工作一个循环（曲轴转两转 720°），各缸喷油器轮流喷油一次，就像点火系统火花塞按照一定的汽缸顺序跳火一样，各缸喷油器按照一定的顺序依次喷射燃油，喷油正时关系如图 2-69（d）所示。

实现顺序喷射的关键在于需要知道即将到达排气上止点的是哪一缸的活塞。为此，在顺序喷射系统中，电控单元需要一个汽缸判别信号（判缸信号），如图 2-69（b）所示，即需要配装一个凸轮轴位置传感器。根据凸轮轴位置传感器信号，电控单元即可判定是哪一个汽缸的活塞即将运行至排气上止点，再根据曲轴位置传感器提供的曲轴转速与转角信号，如图 2-69（c）所示，电控单元就可计算出该活塞位于排气上止点前的具体角度，并适时发出喷油控制指令，使各缸喷油器适时开始喷油。

凸轮轴位置传感器输入电控单元的汽缸判别信号一般在某一缸或每一缸的排气上止点

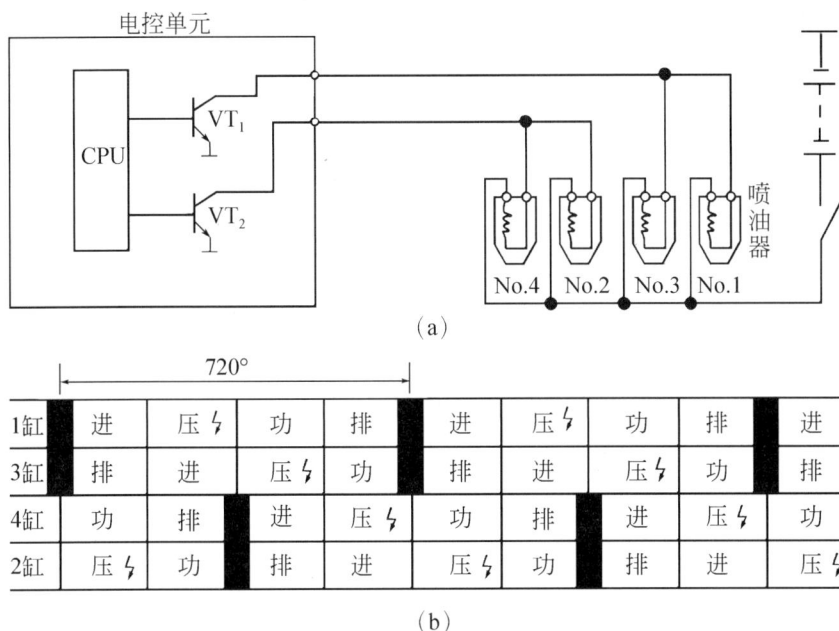

图 2-68　分组喷射控制电路与喷油正时关系

（a）控制电路；（b）喷油正时关系

前 60°~90°（BTDC60°~BTDC90°）时产生。

顺序喷射的优点是各缸喷油时间均可设计在最佳时刻，燃油雾化质量好，有利于提高燃油经济性和减小有害物质的排放量，缺点是控制电路和控制软件比较复杂。然而，对现代汽车电子技术来说，实现顺序喷射控制十分容易，目前汽车已普遍采用。

在多点顺序喷射系统中，喷油顺序与点火顺序同步，点火时刻在压缩上止点前开始，喷油时刻在排气上止点前开始。四缸电控发动机的点火顺序为 1—3—4—2，喷油顺序也为 1—3—4—2；六缸电控发动机的点火顺序为 1—5—3—6—2—4，喷油顺序也为 1—5—3—6—2—4。各缸喷油器分别由单片机进行控制，驱动回路数与汽缸数相等。当发动机转动时，电控单元便按喷油器 1—3—4—2（四缸发动机）或 1—5—3—6—2—4（六缸发动机）的顺序控制功率三极管（VT）导通与截止。当功率三极管（VT）导通时，喷油器电磁线圈电路接通，喷油器阀门开启开始喷油。

2.6.4　发动机起动时喷油量的控制

发动机工况不同，对混合气浓度的要求也不相同，特别是冷起动、怠速、急加减速等特殊工况，对混合气浓度都有特殊要求。因此，喷油量的控制大致可分为发动机起动时喷油量的控制和发动机起动后（运转过程中）喷油量的控制两种情况。

1. 喷油量的控制策略

当起动机驱动发动机运转时，发动机转速很低（汽油发动机为 30~50 r/min，柴油发动机为 150~200 r/min）且波动较大，导致反映进气量的空气流量传感器信号或进气压力

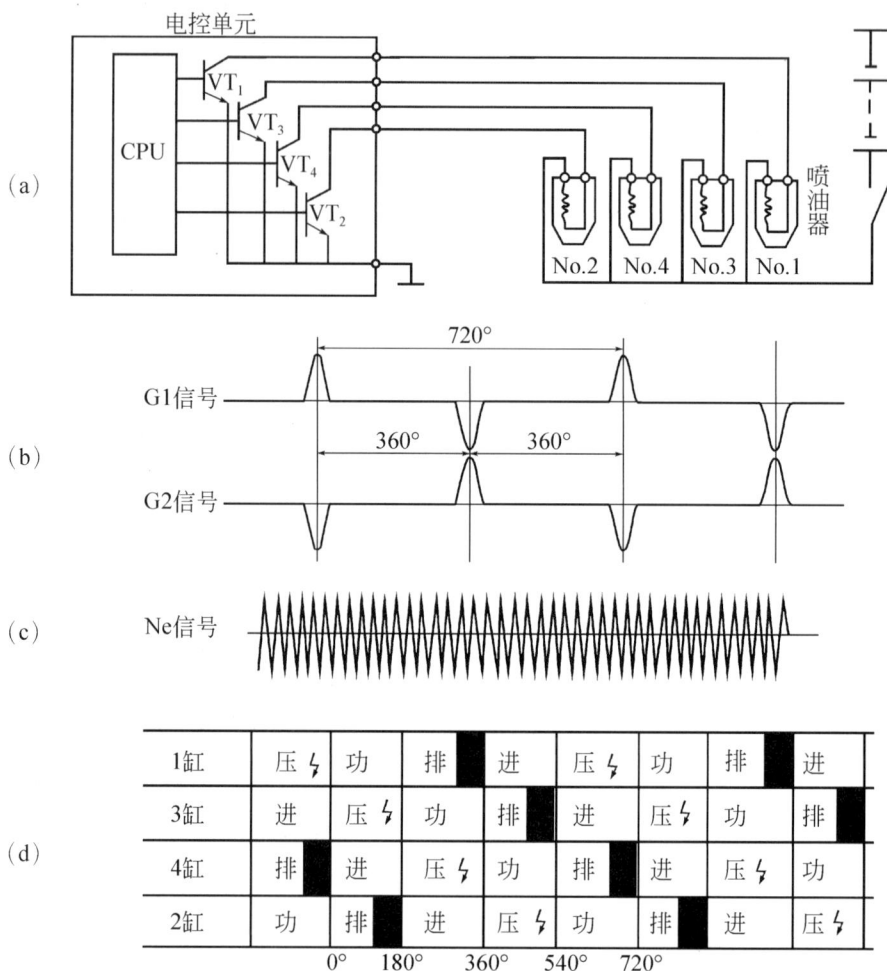

图 2-69 顺序喷射控制电路与喷油正时关系
（a）控制电路；（b）汽缸判别信号；（c）曲轴转速与转角信号；（d）喷油正时关系

传感器信号误差较大。因此，在起动发动机时，电控单元不是以空气流量传感器信号或进气压力传感器信号作为计算喷油量的依据，而是按照 ROM 中预先编制的起动程序和预先设定的空燃比来控制喷油，喷油量的控制方式采用开环控制，发动机起动时喷油量控制过程如图 2-70 所示。

2. 喷油量的控制原理

起动发动机时，首先，电控单元根据曲轴位置传感器、点火开关和节气门位置传感器提供的信号，判定发动机是否处于起动状态，以便决定是否按起动程序控制喷油；其次，电控单元再根据冷却液温度传感器信号确定基本喷油量。

当点火开关接通起 "ON" 位时，ECU 的 STA 端子便接收到一个高电平信号，此时电控单元再根据曲轴位置传感器和节气门位置传感器信号判定是否处于起动状态。如果曲轴位置传感器信号表明发动机转速低于 300 r/min，且节气门位置传感器信号表明节气门处

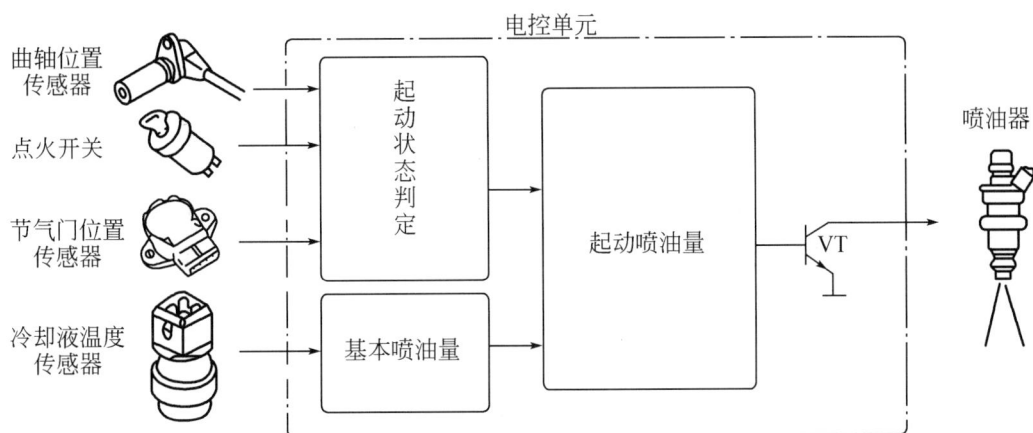

图 2-70 发动机起动时喷油量控制过程

于关闭状态，则判定发动机处于起动状态，并控制运行起动程序。

在燃油喷射系统具有"清除溢流"功能的汽车上，当发动机转速低于 300 r/min 时，如果节气门开度大于 80%，那么电控单元将判定此时为"清除溢流"控制，喷油器将停止喷油。

当冷车起动时，发动机温度很低，喷入进气管的燃油不易蒸发，吸入汽缸内的可燃混合气浓度相对减小。因此，为了保证发动机起动时具有足够浓度的可燃混合气，电控单元还要根据冷却液温度传感器信号反映的发动机温度控制喷油器的喷油量，以使冷态发动机能够顺利起动。冷却液温度与喷油时间的关系如图 2-71 所示，温度越低，喷油时间越长，喷油量则越大；反之，温度越高，喷油时间越短，喷油量则越小。

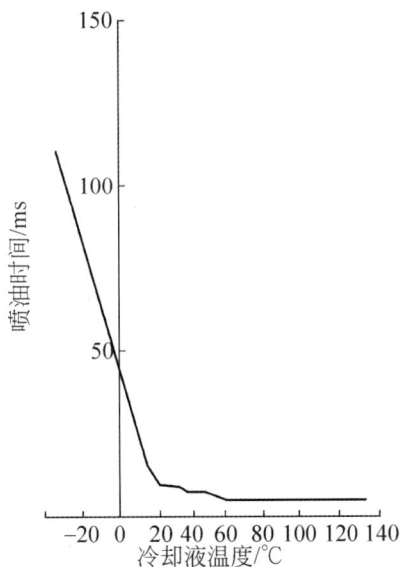

图 2-71 冷却液温度与喷油时间的关系

2.6.5 发动机起动后喷油量的控制

在发动机起动后的运转过程中，喷油器实际的喷油总量是由基本喷油量、喷油修正量和喷油增量三部分决定，发动机起动后喷油量控制原理如图2-72所示。

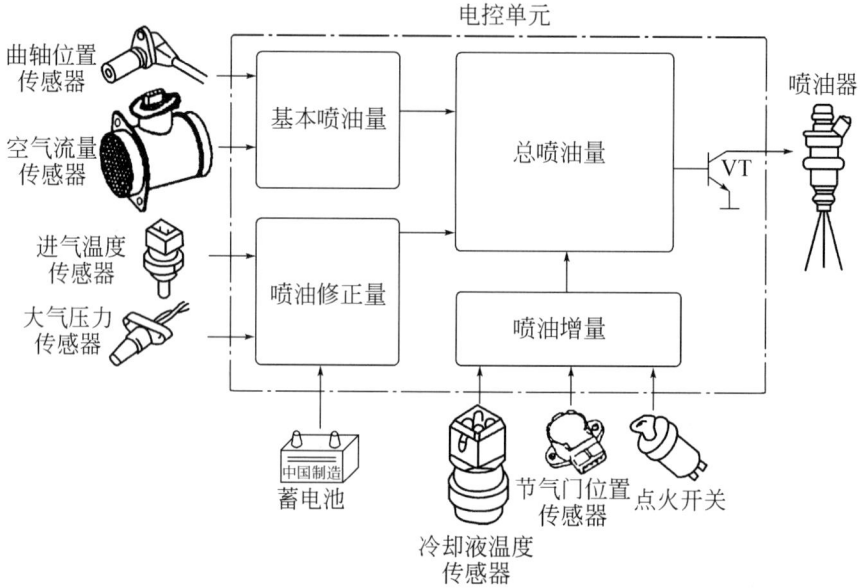

图2-72 发动机起动后喷油量控制原理

1. 喷油量的控制策略

基本喷油量由空气流量传感器信号或歧管压力传感器信号、曲轴位置传感器信号或发动机转速传感器信号以及试验设定的空燃比（目标空燃比 $\lambda = \dfrac{A}{F}$）计算确定。喷油修正量由与进气量有关的进气温度传感器信号、大气压力传感器信号、氧传感器信号和蓄电池电压信号计算确定。喷油增量由反映发动机工况的节气门位置传感器信号、冷却液温度传感器信号和点火开关信号等计算确定。

众所周知，影响发动机动力性、经济性和排放性能的参数很多，且发动机的工况随时都有可能发生变化，电控燃油喷射的数学模型十分复杂，用数学推导的方式难以建立其模型。为此，现代汽车电控燃油喷射系统的基本喷油量和喷油提前角等参数普遍采用"数据MAP"（数据曼谱图或数字地图）的形式，存储在ROM中，并利用电控单元的查询功能进行控制。汽油机的点火提前角，柴油机的喷油压力、基本喷油量和喷油提前角等参数也都普遍采用数据MAP的形式进行控制。

数据MAP，是指在控制系统设计制造完成之后，通过对控制对象（如发动机、变速器）进行若干次台架试验，测定控制对象在不同工况下各种传感器和执行器的有关数据，确定出最佳控制参数，并将这些参数以二维或三维图形的形式存储在ROM中。福

特轿车某型发动机在不同转速和不同负荷条件下，空燃比 λ 的三维数据 MAP 如图 2-73
所示。

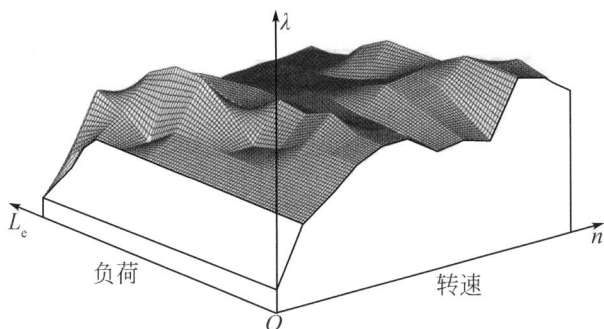

图 2-73　空燃比 λ 的三维数据 MAP

2. 喷油量的控制原理

当电控喷油系统工作时，电控单元首先根据反映发动机负荷 L_e 大小的空气流量传感器
或歧管压力传感器信号以及曲轴位置传感器提供的发动机转速 n 信号，利用其查询功能在
ROM 存储的三维数据 MAP 中查寻得到空燃比 λ，并由空燃比 λ 和空气流量传感器或歧管
压力传感器信号计算确定基本喷油量（基本喷油时间 T_B），然后根据进气温度传感器和大
气压力传感器信号以及蓄电池电压信号确定喷油修正量，根据冷却液温度传感器和节气门
位置传感器信号以及点火开关信号确定喷油增量，经过数学计算和逻辑判断确定总喷油量
和喷油时间之后，再向喷油器输出接口电路发出控制指令，通过控制喷油器阀门的开启时
刻和喷油器电磁线圈持续通电时间将喷油量控制在最佳值。

2.6.6　基本喷油量的确定

1. 喷油量 Q 与喷油时间 T 的关系

喷油器的喷油量 Q 主要取决于喷油器喷孔流量 Q_i、喷孔面积 A_i、燃油密度 ρ、燃油压
力 p_f、进气压力 p_i 和喷油时间 T（喷油器电磁线圈通电时间或阀门开启时间）。喷油量大
小的经验计算公式为

$$Q=Q_i A_i \sqrt{2g\rho(p_f-p_i)}\times T \tag{2-5}$$

式中：g——重力加速度，$\mathrm{m/s^2}$；

T——喷油时间，ms。

在汽油机电控燃油喷射系统中，油压调节器调节的油压为燃油压力与歧管压力之
差，所以，对油压调节器结构一定的控制系统来说，燃油压力与歧管压力之差为一定值
（电控燃油喷射系统一般设定为 300 kPa）；对喷油器结构一定的控制系统来说，喷孔流
量及其面积是固定不变的（磨损微小，可以不考虑）。由此可见，喷油量仅取决于喷油
器阀门开启时间（电控单元控制喷油器电磁线圈的占空比信号高电平的宽度）。占空比

越大，喷油持续时间越长，喷油量就越大；反之，喷油量越小。汽车发动机电控燃油喷射系统的喷油时间一般为 2～10 ms（实测值为 1.5～12.6 ms）。喷油时间 T 的经验计算公式为

$$T = T_B \lambda\, K_{FC} K_{AF}(1 + K_{PT} + K_{SA} + K_{CT} + K_{AC}) + K_{BAT} \tag{2-6}$$

式中：T_B——基本喷油时间；

  λ——空燃比；

  K_{FC}——断油修正系数（由断油控制系统控制，断油时，$K_{FC}=0$；不断油时，$K_{FC}=1$）；

  K_{AF}——空燃比反馈修正系数（由空燃比反馈控制系统控制，开环控制时，$K_{AF}=1$）；

  K_{PT}——进气温度与大气压力修正系数；

  K_{SA}——起动后喷油增量修正系数；

  K_{CT}——冷却液温度修正系数；

  K_{AC}——加速时喷油增量修正系数；

  K_{BAT}——蓄电池电压修正系数。

2. 基本喷油时间 T_B（基本喷油量 Q_b）的确定

基本喷油时间 T_B（或基本喷油量）是在标准大气状态（温度为 20 ℃，压力为 101 kPa）下，根据发动机每个工作循环的进气量、发动机转速 n 和试验设定的空燃比，即目标空燃比 λ 确定。

1）空燃比 λ 的确定。发动机在不同转速和负荷时的最佳空燃比（$\lambda = \dfrac{A}{F}$ 数值是在发动机设计完毕后，预先经过台架试验获得，并以三维数据 MAP 形式存储在 ROM 中。美国福特轿车某型电控发动机在各种工况下的空燃比范围如表 2-4 所示。

表 2-4　美国福特轿车某型电控发动机在各种工况下的空燃比范围

发动机工况	空燃比	发动机温度	氧传感器状态
起动	2∶1～12∶1	由冷变凉	无信号
暖机	2∶1～15∶1	逐渐变热	无信号，直到发动机温度正常
开环控制	2∶1～15∶1	冷或热	有信号但电控单元不采用
闭环控制	14.7∶1	热	有信号且电控单元采用
急加速	取决于驾驶人操作	热	有信号但电控单元不采用
减速	稀混合气	热	有信号但电控单元不采用
怠速	取决于怠速控制系统	热	有信号，怠速控制系统不工作时电控单元采用

发动机工作时，电控单元根据曲轴位置传感器输入的发动机转速与转角信号以及空气流量传感器和节气门位置传感器输入的发动机负荷信号，从三维数据 MAP 中查询出最佳的空燃比数值进行控制。为了提高发动机动力性、经济性和降低废气排放，在工况不同时，发动机空燃比也不相同。

当汽油机在部分负荷工况下工作时，其喷油量是按经济空燃比供给，即电控系统按理论空燃比（$\lambda = \dfrac{A}{F} = 14.7$）或大于理论空燃比控制喷油量，控制发动机燃烧稀薄混合气，

用以提高发动机的经济性和减小有害物质的排放量。

当发动机在高速、大负荷或全负荷工况下运行时，为了获得良好的动力性，要求发动机输出最大功率，因此，需要供给浓混合气。电控单元将根据节气门位置传感器信号，判定发动机是否处于大负荷以上工况。当节气门开度大于 70°（80% 负荷以上）时，电控单元将控制运行功率空燃比程序，增大喷油量，供给浓于理论空燃比的混合气，满足发动机输出最大功率的要求。

2）涡流式空气流量传感器系统基本喷油时间 T_B 的计算。采用涡流式空气流量传感器时，基本喷油时间 T_B 的经验计算公式为

$$T_B = \frac{\frac{Q_A}{n}}{K_0 \cdot \lambda} \cdot \frac{273+20}{T_{IAT}} \cdot \frac{P_{atm}}{101} = K \frac{f}{n} \cdot \frac{293}{T_{IAT}} \cdot \frac{P_{atm}}{101} \tag{2-7}$$

式中：$\frac{Q_A}{n}$——发动机每转一转进入汽缸的空气量，m^3/r；

n——发动机转速，r/s；

K_0——由喷油器尺寸、喷射方式及汽缸数决定的常数；

λ——目标空燃比；

T_{IAT}——空气流量传感器处的进气温度，K；

P_{atm}——大气压力，kPa；

K——常数，$K = \frac{C}{K_0 \lambda}$；

f——涡流频率，Hz。

当进气量增大时，传感器信号频率升高，所以基本喷油时间 T_B（基本喷油量 Q_b）与涡流频率成正比。进气量越大，传感器信号频率就越高，基本喷油时间就越长。

3）热丝式与热膜式空气流量传感器系统基本喷油时间 T_B 的计算。采用热丝式与热膜式空气流量传感器时，因为测得的空气流量为质量流量，进气温度与大气压力不必修正，所以基本喷油时间 T_B 的计算公式为

$$T_B = \frac{\frac{Q_m}{n}}{K_0 \cdot \lambda} \tag{2-8}$$

式中：Q_m——空气的质量流量，g/s；

n——发动机转速，r/s；

$\frac{Q_m}{n}$——发动机每转一转进入汽缸的空气量，g/r；

K_0——由喷油器尺寸、喷射方式以及汽缸数决定的常数；

λ——空燃比。

基本喷油时间 T_B（基本喷油量）与发动机每转一转的进气量 $\frac{Q_m}{n}$ 成正比。当转速 n 升高时，发动机在一个工作循环内所占的时间缩短，其进气量将减少，所以基本喷油时间 T_B

随转速升高而缩短。

由此可见，进气量传感器（空气流量传感器或歧管压力传感器）和发动机转速传感器（曲轴位置传感器）是燃油喷射系统最重要的两种传感器，特别是进气量传感器，其精度高低将直接影响喷油时间的计算精度，从而影响发动机的动力性和经济性。

进气量传感器是衡量燃油喷射系统技术水平的重要标志。在进气量传感器中，进气歧管压力传感器间接测量进气量，其测量精度最低；翼片式、量芯式和涡流式空气流量传感器是通过检测体积流量来测量进气量，其测量精度较高；热丝式和热膜式空气流量传感器是通过检测质量流量来测量进气量，其测量精度最高，对应的燃油喷射系统性能最好。

2.6.7 喷油修正量的确定

喷油修正量由与进气量有关的信号决定。因为喷油量与进气量密切相关，所以凡是影响进气量的信号都必须进行修正。影响进气的信号主要包括进气温度传感器信号、大气压力传感器信号和蓄电池电压信号等。

1. 进气温度与大气压力的修正（修正系数 K_{PT} 的确定）

当空气温度和大气压力变化时，空气密度就会发生变化，进气量就会随之发生变化。为此，需要电控单元根据进气温度和大气压力等信号，对喷油量（喷油时间）进行修正，使发动机在各种运行条件下，都能获得最佳的喷油量。

当温度升高时，空气密度减小。在体积相同的情况下，热空气的质量要小于冷空气的质量。因此，对于采用进气压力传感器和体积流量型传感器的喷油系统，在传感器信号相同的情况下，进入发动机的空气质量将随空气温度升高而减小。因为基本喷油量（基本喷油时间）是以标准大气状态［温度 293 K（20 ℃）、压力 101 kPa）］为基准进行计算的，所以当进气温度高于 20 ℃时，电控单元将确定修正系数小于 1，通过适当减小喷油量（缩短喷油时间）进行修正；反之，当进气温度低于 20 ℃时，电控单元将确定修正系数大于 1，通过适当增大喷油量（延长喷油时间）进行修正。

当汽车在高原地区行驶时，海拔高度增加，大气压力降低，空气密度减小，在发动机进气量体积相同的情况下，空气质量就会减小。为此，电控单元将根据大气压力传感器输入的信号，对喷油量（喷油时间）进行适当修正。当大气压力低于 101 kPa 时，电控单元将减小修正系数，通过减小喷油量（缩短喷油时间）进行修正，避免混合气过浓以及油耗过高；反之，当大气压力高于 101 kPa 时，电控单元将适当增大喷油量（延长喷油时间）进行修正。大气压力传感器通常采用压阻效应式传感器并安装在电控单元内部，其结构原理与歧管压力传感器相同。

进气温度和大气压力修正系数 K_{PT} 的计算公式为

$$K_{PT}=\sqrt{\frac{273+20}{T_{IAT}}}\cdot\sqrt{\frac{P_{atm}}{101}}=\sqrt{\frac{293}{273+t}}\cdot\sqrt{\frac{P_{atm}}{101}} \tag{2-9}$$

式中：K_{PT}——进气温度与大气压力修正系数；

T_{IAT}——空气流量传感器处的进气温度，K；

P_{atm}——大气压力，kPa；

t——进气温度（空气温度），℃。

在电控燃油喷射系统中，进气温度和大气压力修正系数 K_{PT} 与进气温度 t 和大气压力 P_{atm} 之间的数据 MAP 如图 2-74 所示。数据 MAP 预先存储在 ROM 中，当发动机工作时，电控单元根据进气温度传感器和大气压力传感器信号以及数据 MAP 即可确定出修正系数的大小。由于热膜式和热丝式空气流量传感器是直接检测进入空气的质量流量，进气量多少与大气压力和空气温度无关，因此，其喷油时间不需要修正。

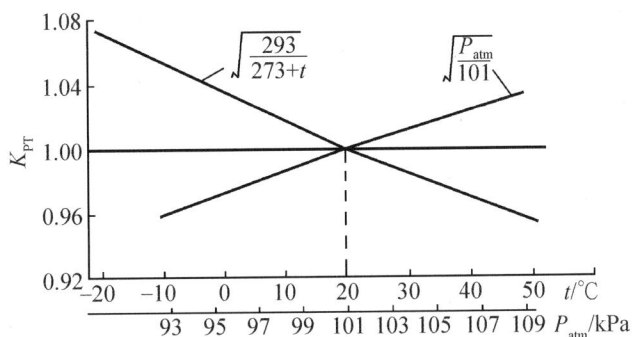

图 2-74　进气温度和大气压力修正系数 K_{PT} 与进气温度 t 和大气压力 P_{atm} 之间的数据 MAP

2. 蓄电池电压的修正（修正系数 K_{BAT} 的确定）

喷油器的电磁线圈为感性负载，其电流按指数规律变化，因此，当喷油信号到来时，喷油器阀门开启和关闭都将滞后一定时间。蓄电池电压的高低对喷油器开启滞后时间影响较大，电压越低，开启滞后时间越长，在控制信号占空比相同的情况下，实际喷油量就会减小，为此，必须对蓄电池电压进行修正。

修正喷油量时，电控单元以 14 V 电压为基准，当蓄电池输入电控单元的电压低于 14 V 时，电控单元将增大喷油信号的占空比，即增大修正系数，如图 2-75 所示，使喷油器的喷油时间增长；反之，当蓄电池电压升高时，电控单元将减小喷油信号的占空比，即减小修正系数，使喷油时间缩短。

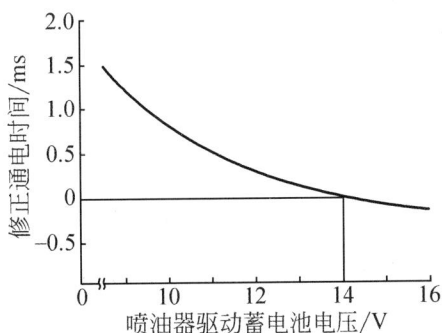

图 2-75　蓄电池电压的修正系数

2.6.8 喷油增量的确定

喷油增量就是在冷机起动后或汽车加速等特殊工况时，增大喷油量来满足使用要求。喷油增量主要由反映发动机工况的冷却液温度传感器信号、节气门位置传感器信号和点火开关信号等确定。

1. 起动后喷油增量的修正（修正系数 K_{SA} 的确定）

发动机冷机起动后喷油增量比例的大小取决于起动时发动机的温度，并随起动后时间的增长而逐渐减小至1，如图 2-76 所示。

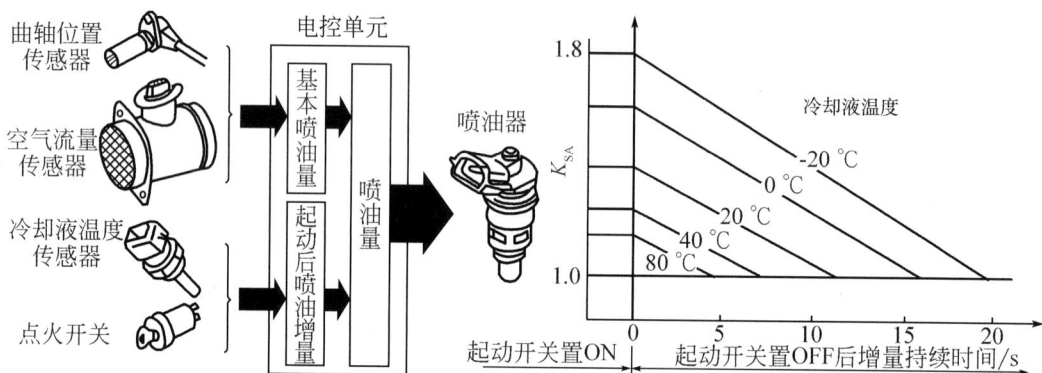

图 2-76 起动后喷油增量的修正

在发动机冷机起动后，由于低温混合气雾化不良，燃油会在进气管上沉积而导致混合气变稀，导致发动机运转不稳甚至熄火。因此，在起动后的短时间内，必须增加喷油量，使混合气加浓，保证发动机稳定运转而不致熄火。

2. 冷却液温度的修正（修正系数 K_{CT} 的确定）

冷却液温度的修正是指暖机过程中冷却液温度的修正。在冷车起动结束后的暖机过程中，发动机温度较低，燃油雾化较差，部分燃油凝结在进气管和汽缸壁上，会使混合气变稀，燃烧不稳定。因此，在暖机过程中，必须增加喷油量，其喷油增量的比例取决于冷却液温度传感器测定的发动机温度，并随发动机温度升高而逐渐减小，如图 2-77 所示。电控单元根据冷却液温度传感器信号，通过加大喷油信号宽度（占空比）进行暖机加浓。随着发动机冷却液温度的升高，喷油信号的占空比将逐渐减小，直到发动机冷却液温超过 60 ℃后才停止加浓，喷油增量比例逐渐减小至1。

3. 加速时喷油增量的修正（修正系数 K_{AC} 的确定）

当汽车加速时，为了保证发动机能够输出足够的扭矩，改善加速性能，必须增大喷油量。加速喷油增量的比例大小和混合气的加浓时间，取决于加速时发动机冷却液的温度。冷却液温度越低，喷油增量比例越大，加浓持续时间越长，如图 2-78 所示。

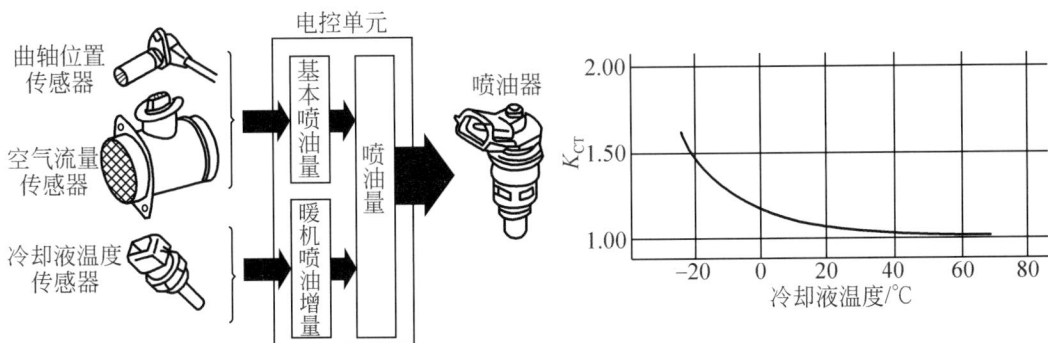

图 2-77　冷却液温度不同时喷油增量的修正

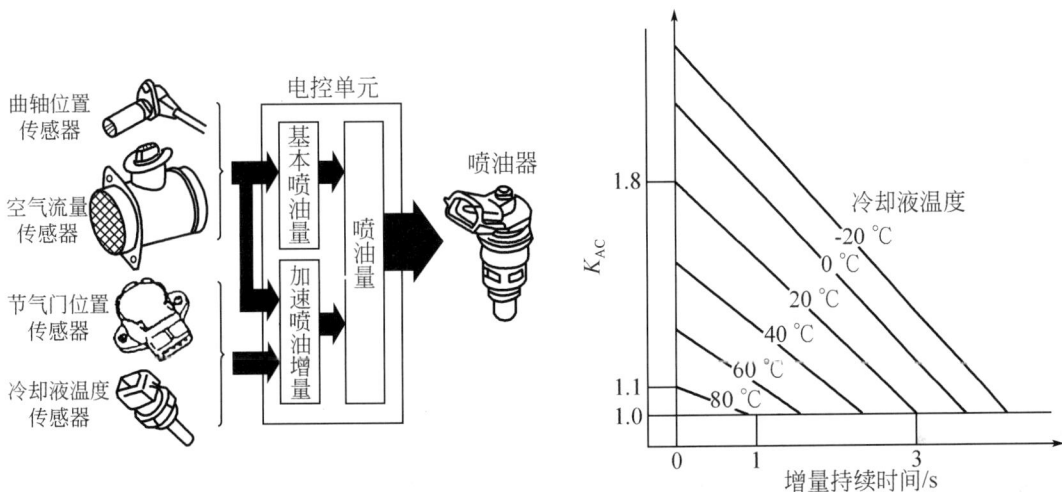

图 2-78　加速时喷油增量的修正

在发动机运转过程中,电控单元将根据节气门位置传感器信号和空气流量传感器信号的变化速率,判定发动机是否处于加速工况。汽车加速时,节气门开度迅速增大,节气门位置传感器信号的变化速率增大,与此同时,空气流量突然增大,空气流量传感器信号电压突然升高,电控单元接收到这些信号后,立即发出增大喷油量的控制指令,使混合气加浓。

2.6.9　喷油提前角与喷油持续时间的控制

喷油提前角与喷油持续时间控制需要综合运用发动机工作循环、曲轴位置与凸轮轴位置传感器的有关知识进行分析。下面以大众轿车四缸发动机喷油提前角与喷油持续时间的控制为例说明。设发动机转速为 1 000 r/min,喷油提前角为 6°(BTDC6°),喷油持续时间为 2 ms,喷油提前角与喷油持续时间的控制时序与波形如图 2-79 所示。

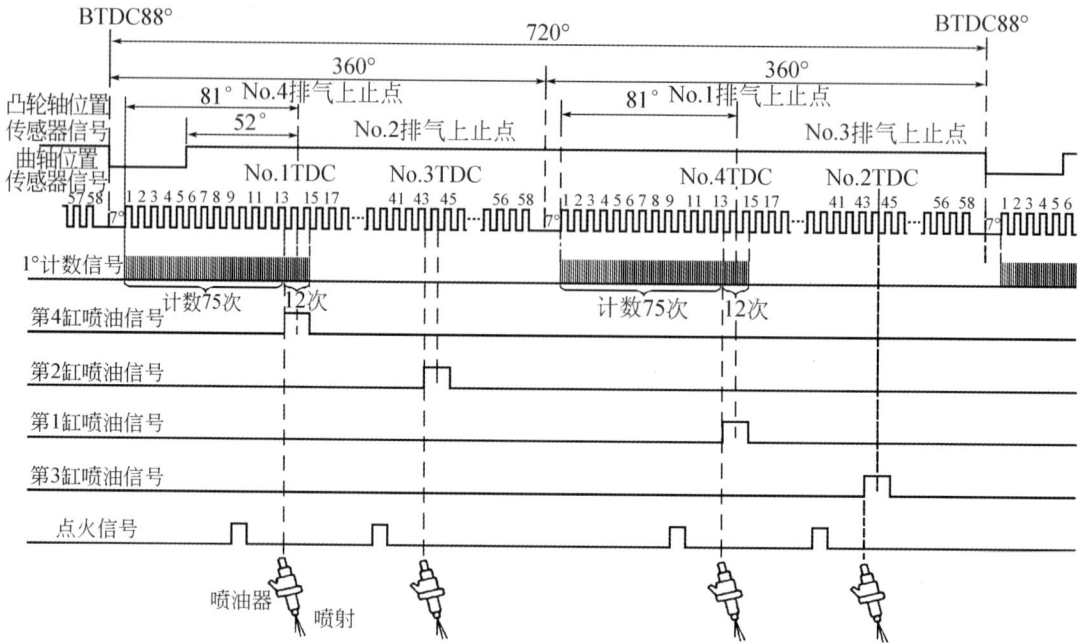

图 2-79　喷油提前角与喷油持续时间的控制时序与波形

1. 喷油提前角的控制过程

喷油提前角是指从喷油开始至活塞运行到排气上止点的时间内，发动机曲轴转过的角度。由四缸发动机工作循环可知：当第 1 缸活塞运行到压缩上止点时，第 4 缸活塞位于排气上止点位置；当第 4 缸活塞运行到压缩上止点时，第 1 缸活塞位于排气上止点位置。如图 2-31 所示磁感应式曲轴（与凸轮轴）位置传感器输出信号波形（图中磁感应式曲轴与凸轮轴位置传感器信号已经过整形电路转换为方波信号）可知：

1）发动机每旋转两转（720°），凸轮轴位置传感器产生一个汽缸判别信号，且信号下降沿在第 1 缸活塞压缩（第 4 缸排气）上止点前 88°（BTDC88°）时产生。

2）发动机每旋转一转（360°），曲轴位置传感器产生 58 个脉冲信号，每个凸齿和小齿缺均占 3°曲轴转角，大齿缺占 15°曲轴转角。

3）曲轴位置传感器大齿缺信号产生后的首个凸齿信号如果是在汽缸判别信号后产生，则该凸齿信号上升沿对应于第 1 缸压缩（第 4 缸排气）上止点前 81°（BTDC81°）；如果不是在汽缸判别信号后产生，则该凸齿信号上升沿对应于第 4 缸压缩（第 1 缸排气）上止点前 81°（BTDC81°）。

发动机运转时，曲轴和凸轮轴分别驱动曲轴位置传感器和凸轮轴位置传感器一同转动，曲轴和凸轮轴产生的信号不断输入电控单元，经过输入回路进行信号处理后，再由 CPU 进行数学计算和逻辑判断。

当电控单元接收到凸轮轴位置传感器信号的下降沿时，立即判定第 1 缸活塞位于压缩上止点前 88°，第 4 缸活塞位于排气上止点前 88°，并控制其内部的 1°计数电路准备对曲轴位置传感器信号进行计数。

当曲轴位置传感器大齿缺信号产生后的首个凸齿信号上升沿输入电控单元时，1°计数电路立即开始对曲轴位置传感器信号进行计数。当计数 75 次（电控单元接收到曲轴位置传感器第 13 个凸齿信号的下降沿，相当于曲轴转角 13 个凸齿×3°+12 个小齿缺×3°=75°）时，第 4 缸活塞正好位于排气上止点前 6°（BTDC6°=81°−75°），此时电控单元立即向第 4 缸喷油器驱动电路发出高电平控制信号，使第 4 缸喷油器的电磁线圈电路接通，喷油器阀门开启喷油，从而将喷油提前角控制在上止点前 6°（BTDC6°）。

为了控制下一缸（第 2 缸）喷油，1°计数电路从曲轴位置传感器第 13 个凸齿信号的下降沿开始计数，当计数 180 次（计数到曲轴位置传感器第 43 个凸齿信号下降沿，相当于曲轴转角 30 个凸齿×3°+30 个小齿缺×3°=180°）时，向第 2 缸喷油器驱动电路发出高电平控制信号，使第 2 缸喷油器开始喷油，从而将喷油提前角控制在排气上止点前 6°。

在发动机转速不变的情况下，其他汽缸的喷油提前角控制方法与此类似。当转速变化时，电控单元根据上述控制方法，即可将喷油提前角精确控制在相应角度。

2. 喷油持续时间的控制过程

在喷油器开始喷油后，电控单元将控制喷油信号保持高电平不变，并根据内部晶振周期控制喷油时间。当喷油信号高电平宽度达到 2 ms 时，立即将喷油信号转变为低电平，使喷油器驱动电路截止，切断喷油器电磁线圈电流而停止喷油。因为发动机转速为 1 000 r/min 时，喷油持续时间 2 ms 相当于曲轴转角 $12°\left(\dfrac{1\ 000×360°×2\ \text{ms}}{60\ 000\ \text{ms}}=12°\right)$，所以喷油结束时刻对应于曲轴位置传感器大齿缺信号后的第 15 个凸齿信号下降沿。在发动机转速不变的情况下，其他汽缸喷油持续时间的控制方法与此类似。

3. 喷油控制软件流程

汽油机电控喷油系统喷油控制流程简图如图 2-80 所示，其主要由主程序、自检程序、报警子程序、起动子程序和怠速子程序等组成。主程序的主要功用是监测判定发动机工作状态，计算或从数据 MAP 中查询确定空燃比、喷油时间、喷油提前时间（喷油提前角），并发出喷油指令，控制喷油器开始喷油、持续喷油和停止喷油。

发动机电控喷油系统控制喷油的方式为实时控制，其控制精度高、运算速度快，因此，一般都采用汇编语言编程。为了便于程序编制与调试，一般采用模块化结构，将程序分成若干个子程序进行编制与调试。

汽车电控系统控制软件的发展趋势是模块化、标准化和通用化。随着计算机软件工程技术的发展，控制软件将与普通计算机软件一样，利用操作系统进行控制。各种控制功能作为一个控制单元进行独立设计，在操作系统的控制下，由各个单片机分时执行控制任务。操作系统使用世界标准和规范，各公司根据标准样式对功能软件进行模块化设计与开发。因此，未来控制软件有望成为通用化、标准化的功能部件进行销售。

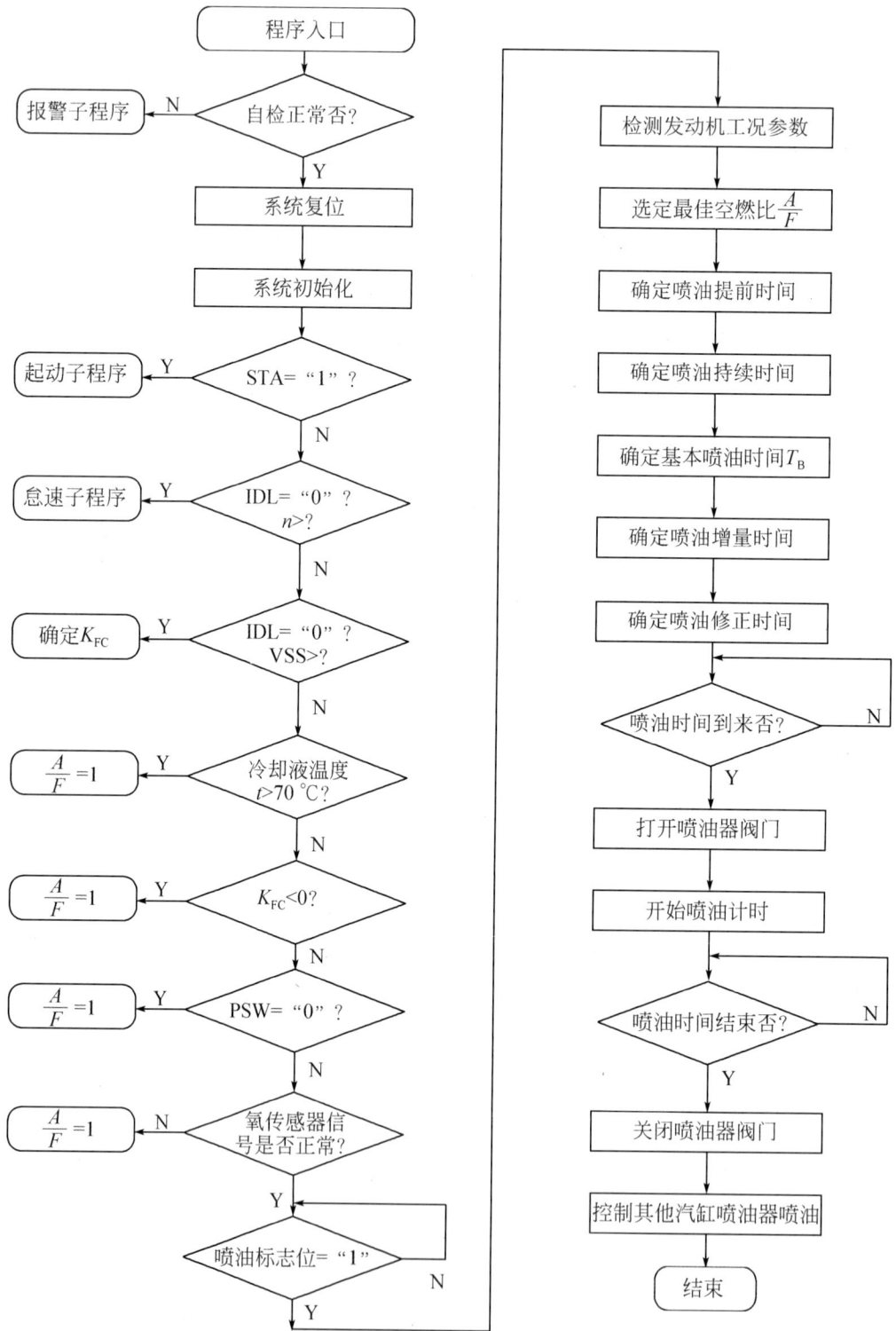

图 2-80 汽油机电控喷油系统喷油控制流程简图

本章小结

本章主要介绍了汽油机电控喷油系统的组成与分类、电控喷油系统传感器和执行器的结构原理、汽车电控单元的结构原理、汽油机电控喷油系统的控制等内容。

下列问题覆盖了本章的主要学习内容，利用以下线索可对所学内容做一次简要的回顾：

1. 汽油机电控喷油系统的组成与分类方法。
2. 涡流式、热丝式与热膜式空气流量传感器的结构组成与检测原理。
3. 压阻效应式歧管压力传感器的结构原理以及各种流量传感器的性能比较。
4. 光电式、磁感应式、霍尔式曲轴与凸轮轴位置传感器的结构组成与检测原理。
5. 节气门位置传感器与热敏电阻式温度传感器的结构组成与检测原理。
6. 汽车电控单元的组成以及各组成部分的功能。
7. 滚柱式和叶片式电动燃油泵的结构组成与工作原理。
8. 油压调节器的调压原理和电磁喷油器的结构原理。
9. 汽油机电控喷油系统燃油喷射和喷油正时的控制原理。
10. 汽油机起动时和起动后喷油量的控制原理。
11. 汽油机电控喷油系统基本喷油时间、喷油修正量和喷油增量的确定。
12. 汽油机电控喷油系统喷油提前角与喷油持续时间的控制过程。

自测题

一、单选题（在每小题的备选答案中，选出一个正确答案，并将其序号填在括号内）

1. 汽油机电控喷油系统控制的喷油时间一般为（　　　）。

A. 1~2 ms 　　　　　　 B. 2~12 ms 　　　　　　 C. 10~20 ms

2. 缸内喷射的燃油压力一般为（　　　）。

A. 10 MPa 左右 　　　 B. 100 MPa 左右 　　　 C. 200 MPa 左右

3. 在汽油机电控喷油系统中，电磁喷油器球阀或针阀的升程为（　　　）。

A. 0.1~0.2 mm 　　　 B. 1~2 mm 　　　　　　 C. 2~12 mm

4. 在汽油机电控喷油系统中，油压调节器调节的燃油压力与进气歧管的气压之差值是（　　　）。

A. 100 kPa 　　　　　　 B. 200 kPa 　　　　　　 C. 300 kPa

5. 当发动机停机时，其 RAM 消耗的电流为（　　　）。

A. 1~2 mA 　　　　　　 B. 2~5 mA 　　　　　　 C. 5~20 mA

二、判断题（在括号内正确的打√、错误的打×）

1. 当发动机转速升高时，采用热膜式空气流量传感器的喷油系统，其基本喷油时间将增长。　　　　　　　　　　　　　　　　　　　　　　　　　　　　（　　）

2. 为了保存汽车各种电控系统的故障代码，其 RAM 不能断电。　　　　（　　）

3. 在电控喷油系统中，燃油压力与歧管压力之间的压差值是由油压调节器的调压弹簧决定。 （ ）

4. 电磁喷油器喷出燃油能够形成圆锥雾状的喷雾，其喷雾角度应当小于35°。（ ）

5. 在电控喷油系统中，当进气温度升高时，基本喷油时间将缩短。 （ ）

三、简答题

1. 当点火开关旋转到"ON"（接通）位置时，发动机电控单元将控制执行哪些动作？

2. 在多点燃油喷射系统中，为什么必须装备曲轴位置传感器与凸轮轴位置传感器？

3. 发动机转速信号和进气量信号是燃油喷射控制系统最重要、最基本的控制信号，电控单元根据这两个信号能够计算确定哪些控制参数？

4. 在汽油机电控喷油系统中，电控单元怎样判定发动机是否处于起动状态？在电控单元决定按起动程序控制喷油时，根据什么信号来确定基本喷油量？

5. 举例说明汽油机电控喷油系统喷油提前角和喷油持续时间的控制过程。

第3章　发动机排放控制技术

导　言

第2章介绍的汽油机电控喷油系统是汽油机电控系统的基本控制系统，也是最重要的控制系统。除此之外，汽油机电控系统还可组合成若干个子控制系统，以保证发动机在各种工况下的正常运行，并提高发动机的动力性、经济性和排放性。

本章主要内容包括怠速控制、断油控制、空燃比反馈控制、燃油蒸发排放控制、废气再循环控制和汽油机爆燃控制等子控制系统。

本章学习内容力求使学生掌握汽油机性能控制技术的相关知识，为继续学习相关章节和使用、维修汽油机打下坚实的基础。

学习目标

1. 认知目标

1）了解汽油机各种子控制系统的功能。

2）熟悉汽油机各种子控制系统的结构组成与控制过程。

2. 技能目标

1）能够说明汽油机各种子控制系统的功能与结构组成。

2）能够说明汽油机各种子控制系统传感器和执行器的结构原理。

3）能够熟练地阐述汽油机怠速、断油和空燃比反馈等控制过程。

3. 情感目标

1）逐渐养成学习汽油机性能控制技术的习惯。

2）注重培养一丝不苟、严肃认真的工作态度和工作作风。

3）加强形象思维能力和抽象思维能力的培养，不断提高学习兴趣和效率。

3.1　怠速控制系统

在汽车有效使用期内，发动机老化、汽缸积碳、火花塞间隙变化和温度变化等都会导致发动机怠速转速发生改变。当发动机怠速运转时，空调压缩机、动力转向助力泵、发电机等负载的变化也会引起怠速转速发生波动。因此，电控发动机都配置了怠速控制系统来进行调整。

3.1.1　怠速控制系统的组成

怠速控制系统的功用是调节怠速时的进气量，使发动机怠速负荷变化时能稳定运转。设置旁通空气道的发动机怠速控制系统如图3-1所示，其主要由各种传感器、控制开关、电控单元和怠速控制阀等组成。在采用直接控制节气门来控制怠速的汽车上，没有设置旁通空气道，由电控单元控制怠速控制阀（或电机）直接改变节气门的开度来控制怠速转速。

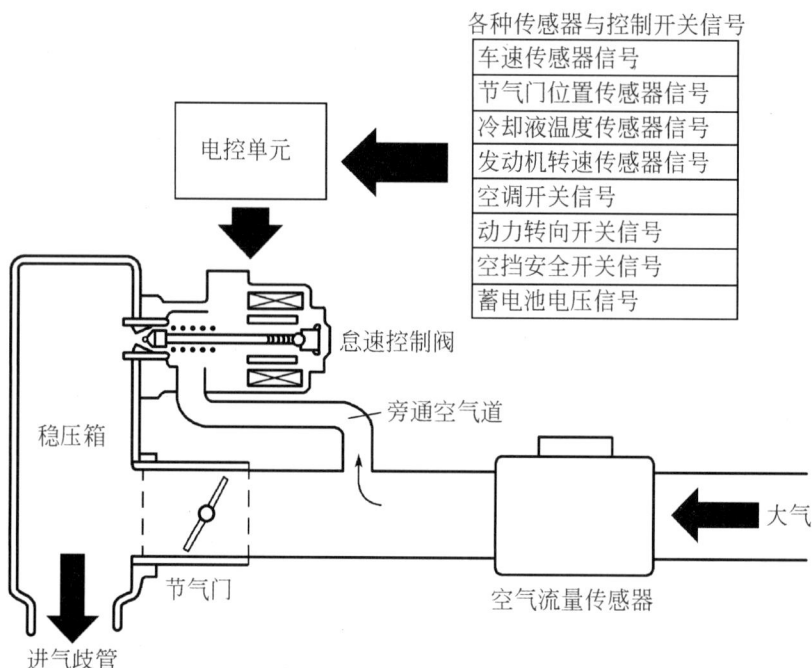

图 3-1　设置旁通空气道的发动机怠速控制系统

车速传感器提供车速信号，节气门位置传感器提供节气门开度信号，这两个信号用来判定发动机是否处于怠速状态。发动机怠速时，节气门关闭，节气门位置传感器的开度小于1.2°或怠速触点闭合。怠速触点闭合时，传感器怠速触点端子输出低电平信号。因此，当节气门开度小于1.2°或怠速触点端子输出低电平信号时，如果车速为零，就说明发动机处于怠速状态；如车速不为零，则说明发动机处于减速状态。

冷却液温度信号用于修正怠速转速。在电控单元内部，存储有不同温度对应的最佳怠速转速，如图3-2所示。在发动机冷机起动后的暖机过程中，电控单元根据发动机温度信号，通过控制怠速控制阀的开度来控制相应的快怠速转速，并随发动机温度升高逐渐降低怠速转速。当冷却液温度达到正常工作温度时，怠速转速恢复正常。

空调开关、动力转向开关、空挡安全开关信号和蓄电池电压信号等向电控单元提供发动机负荷变化的状态

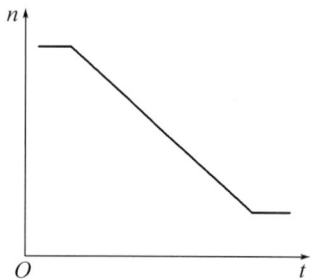

图 3-2　不同温度时的怠速转速

信息。在电控单元内部，存储有不同负荷状况下对应的最佳怠速转速。

怠速控制系统的执行器是怠速控制阀（ISCV）。各种传感器在电控喷油系统中已有介绍，故本节只介绍怠速控制阀。

3.1.2　怠速控制阀的功用与类型

怠速控制阀的功用是通过调节发动机怠速时的进气量来调节怠速转速。怠速进气量的控制方式有节气门直接控制式和节气门旁通空气道控制式两种，前者是直接操纵节气门来调节进气量，简称节气门直动式；后者是通过控制节气门旁通空气道的开度来调节进气量，简称旁通空气式。

怠速控制阀安装在发动机节气门体上或节气门体附近，各型汽车采用的怠速控制阀各有不同，常用的怠速控制阀分为步进电动机式、脉冲电磁阀式、旋转滑阀式和真空阀式四种。中高档轿车大多采用步进电动机式或脉冲电磁阀式，真空阀式仅在 20 世纪 80 年代生产的丰田、东风日产轿车上采用。

3.1.3　步进电动机式怠速控制阀的结构原理

步进电动机是一种利用电磁铁的作用原理，将电脉冲信号转换为线位移或角位移的电动机。步进电动机式怠速控制阀是一种利用步进电动机驱动旁通空气阀转动，从而改变发动机旁通进气量的控制阀。

1. 步进电动机式怠速控制阀的结构组成

步进电动机式怠速控制阀由步进电动机、螺旋机构、阀芯、阀座等组成，如图 3-3 所示。

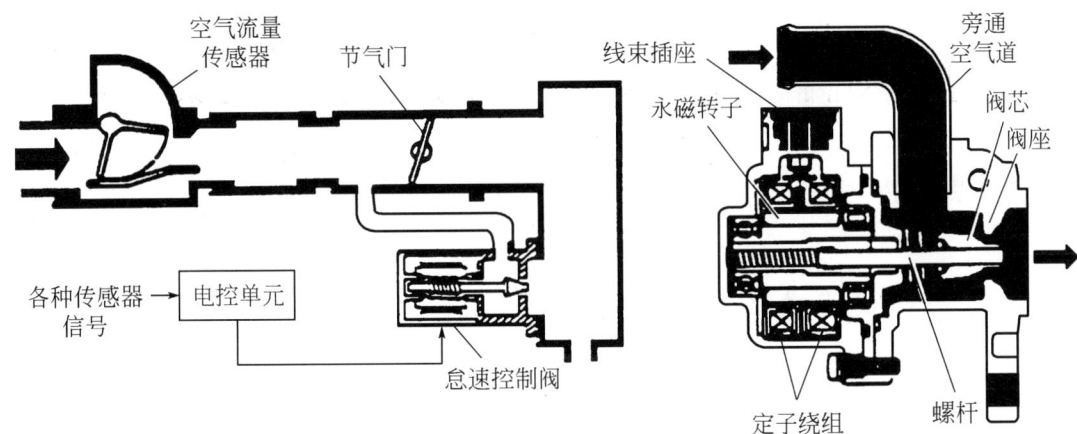

图 3-3　步进电动机式怠速控制阀的结构组成

步进电动机的结构与其他电动机一样，由永磁转子、定子绕组等组成，其功用是产生驱动力矩。螺旋机构的作用是将步进电动机的旋转运动变换为往复运动，由螺杆（又称为丝杠）和螺母组成。螺母与步进电动机的转子制成一体，螺杆的一端制有螺纹，另一端固定有阀芯，螺杆与阀体之间为滑动花键连接，只能沿轴向做直线移动，不能做旋转运动。

当步进电动机的转子转动时，螺母将带动螺杆作轴向移动。转子转动一圈，螺杆移动一个螺距。因为阀芯与螺杆固定连接，所以螺杆将带动阀芯开大或关小阀门开度。ECU通过控制步进电动机的转动方向和转动角度来控制螺杆的移动方向和移动距离，从而达到控制怠速控制阀开度，调整怠速转速的目的。

2. 步进电动机式怠速控制阀的控制原理

步进电动机的工作方式在《汽车电工电子基础》教材中已有介绍，故此处不再赘述。

步进电动机式怠速控制阀的控制脉冲如图3-4所示。当依次按 B_1—B、A—A_1、B—B_1、A_1—A 的顺序向电动机的定子绕组输入4个脉冲信号时，如图3-4（a）所示，电动机就会沿逆时针方向转动一圈；同理，当依次按 B_1—B、A_1—A、B—B_1、A—A_1 的顺序向电动机的定子绕组输入4个脉冲信号时，如图3-4（b）所示，电动机就会沿顺时针方向转动一圈。

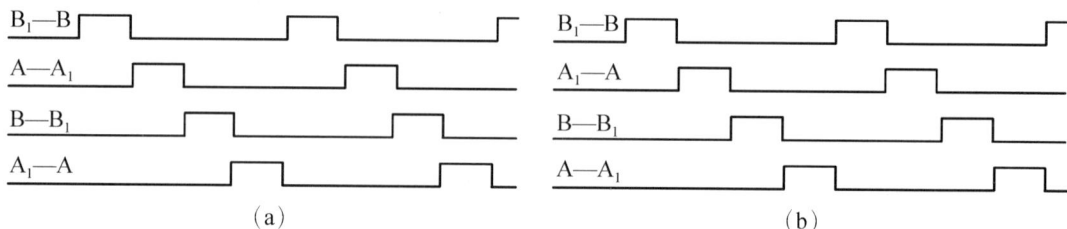

图 3-4　步进电动机式怠速控制阀的控制脉冲

（a）逆时针转动步进电动机控制脉冲；（b）顺时针转动步进电动机控制脉冲

对应于每一个脉冲信号，电动机永磁转子转过的角度（角位移）θ，称为步进电动机的步进角或步距角。以转子齿数为50个齿的电动机为例，当以四拍运行时的步进角 $\theta = \dfrac{360°}{50 \times 4} = 1.8°$（俗称整步），当以八拍运行时的步进角 $\theta = \dfrac{360°}{50 \times 8} = 0.9°$（俗称半步）。常用的步进角有 30°、15°、11.25°、7.5°、3.75°、2.5°、1.8°等。如丰田皇冠3.0型轿车2JZ-GE发动机采用的永磁式步进电动机，其转子设有8对磁极，定子设有32个爪极，转子转动一圈前进32步，步进角为11.25°，该步进电动机的工作范围为0～125步（大约转动4圈）。

步进电动机定子爪极越多，步进角越小，转角的控制精度就越高。步进电动机的转速取决于控制脉冲的频率，并与频率同步。频率越高，转速越快。

3.1.4　旋转滑阀式怠速控制阀的结构原理

旋转滑阀式怠速控制阀是一种利用电动机驱动空气阀转动，从而改变发动机旁通进气量的控制阀。

1. 旋转滑阀式怠速控制阀的结构组成

旋转滑阀式怠速控制阀主要由旋转滑阀（旁通空气阀）和直流电动机两部分组成。旋转滑阀固定在电动机轴上，随电动机轴转动使旁通空气道开启面积改变来增减旁通进气量。由于旋转滑阀的转角范围限定在90°以内，电动机转动角度必须很小才能满足精确控制旁通进气量的要求，因此，采用了控制占空比的方法来控制电动机顺转或逆转。

奥迪和别克世纪轿车用旋转滑阀式怠速控制阀的外形如图 3-5（a）所示，内部结构如图 3-5（b）所示，其显著特点是电动机磁极为永久磁铁。两块磁极用 U 形钢丝弹性固定在电动机壳体内壁上。电枢由电枢铁心、两个线圈、换向器和电动机轴组成。换向器由三块铜片围合而成，分别与三只电刷接触，电刷引线连接到控制阀的接线插座上，接线插座通过线束与电控单元连接。

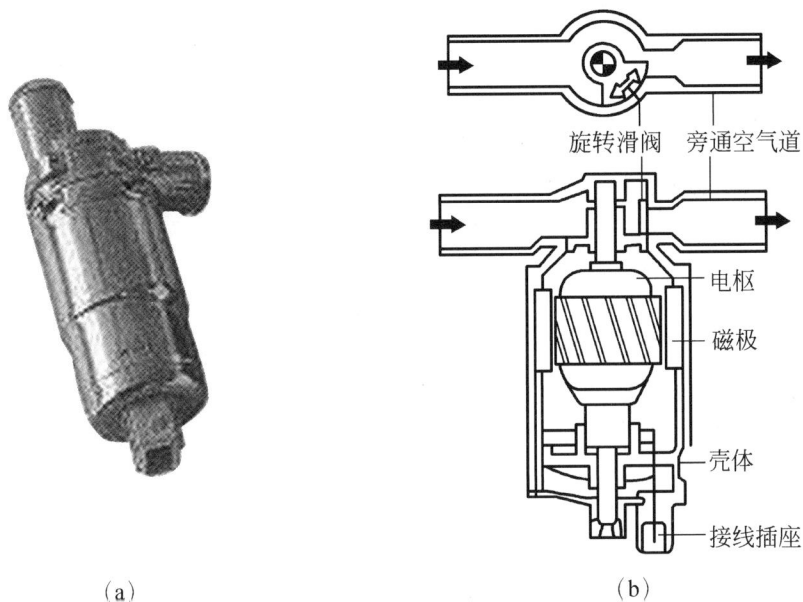

（a）　　　　　　　　　　　　　　　　　（b）

图 3-5　奥迪和别克世纪轿车用旋转滑阀式怠速控制阀的外形和内部结构

（a）外形；（b）内部结构

2. 旋转滑阀式怠速控制阀的工作原理

旋转滑阀式怠速控制阀的工作电路如图 3-6 所示。线圈 L_1 与电控单元内部的三极管 T_1 连接，脉冲控制信号经过反向器加到 T_1 的基极；线圈 L_2 与电控单元内部的三极管 T_2 连接，脉冲控制信号直接加到 T_2 的基极。

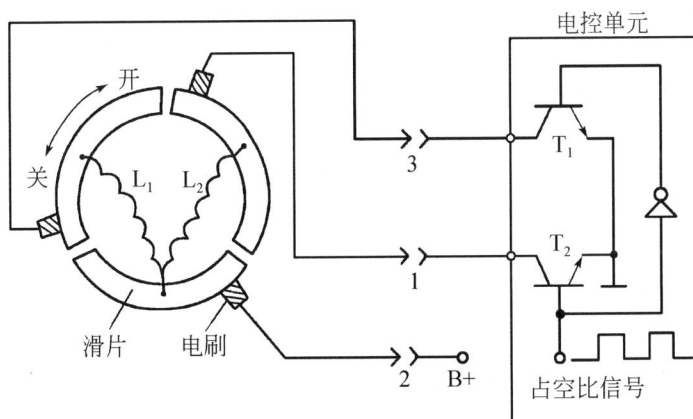

图 3-6　旋转滑阀式怠速控制阀的工作电路

当脉冲控制信号的高电平到来时，三极管 T_1 截止、T_2 导通，线圈 L_1 断电、L_2 通电，电动机将沿顺时针转动，电动机轴将带动旋转滑阀沿顺时针方向旋转，使旁通空气道开启面积增大，线圈 L_2 称为顺转线圈。反之，当脉冲控制信号的低电平到来时，三极管 T_1 导通、T_2 截止，线圈 L_1 通电、L_2 断电，电动机将沿逆时针转动，电动机轴将带动旋转滑阀沿逆时针方向旋转，使旁通空气道开启面积减小，线圈 L_1 称为逆转线圈。由此可见，电动机轴和旋转滑阀的旋转方向取决于线圈 L_1 和 L_2 接通电流的大小，即取决于电控单元发出的怠速控制信号占空比的大小。

当占空比等于 50% 时，线圈 L_1、L_2 的平均通电时间相等，产生的电磁力矩相互抵消，电动机轴与旋转滑阀将保持在某一位置不动。

当占空比小于 50% 时，线圈 L_1 的平均通电时间增长，L_2 的平均通电时间缩短，线圈 L_1 产生的电磁力矩将克服 L_2 产生的电磁力矩而带动电动机轴与旋转滑阀沿逆时针方向转动，使旁通空气道开启面积减小，旁通进气量减少，发动机的怠速转速降低。奥迪轿车在脉冲控制信号的占空比减小到 18% 左右时，旋转滑阀完全关闭。

当占空比大于 50% 时，线圈 L_1 的平均通电时间缩短，L_2 的平均通电时间增长，线圈 L_2 产生的电磁力矩将克服 L_1 产生的电磁力矩而带动电动机轴与旋转滑阀沿顺时针方向转动，使旁通空气道开启面积增大，旁通进气量增多，发动机的怠速转速升高。奥迪轿车在脉冲控制信号的占空比增大到 82% 左右时，旋转滑阀完全开启。

联合汽车电子有限公司生产的旋转滑阀式怠速控制阀的外形如图 3-7（a）所示，内部结构如图 3-7（b）所示，其结构与上述旋转滑阀式怠速控制阀大同小异，也是由旋转滑阀（旁通空气阀）和直流电动机两部分组成。

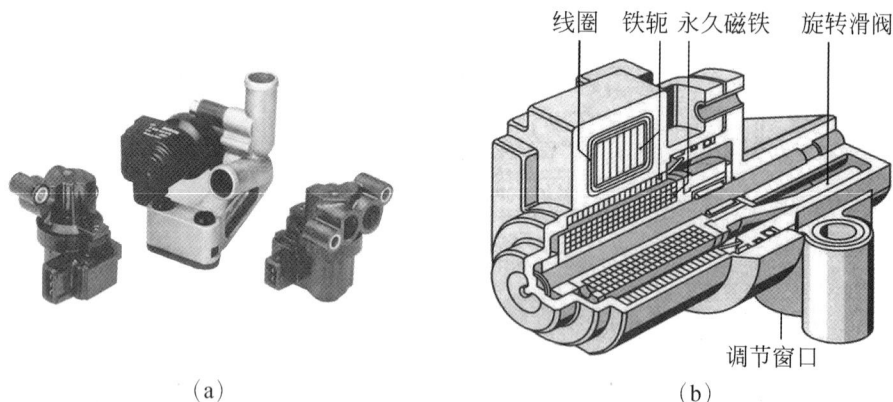

图 3-7 联合汽车电子有限公司生产的旋转滑阀式怠速控制阀的外形和内部结构
（a）外形；（b）内部结构

这种怠速控制阀的显著特点是线圈通电电流的大小由控制脉冲信号的占空比决定。转子为永久磁铁，且套装在轴上，在线圈的驱动下，永久磁铁可在轴上自由转动。永久磁铁上刚性地连接着一块旋转滑阀，当线圈驱动永久磁铁转动时，旋转滑阀将随永久磁铁一同转动，旋转滑阀的角位移就决定了旁通空气道的开度，从而调节旁通进气量的大小。这种怠速控制阀的工作电压为 6~16 V，最大空气流量大于 50 m^3/h，空气泄漏量小于 2.5 m^3/h，线圈电阻约 15 Ω，定位时间小于 30 ms，质量仅为 0.2 kg，并具有能耗低、结构紧凑、对尘垢污染不敏感等优点。

3.1.5　脉冲电磁阀式怠速控制阀的结构原理

脉冲电磁阀式怠速控制阀是一种利用电磁脉冲信号控制空气阀转动，从而改变发动机旁通进气量的控制阀。

1. 脉冲电磁阀式怠速控制阀的结构组成

脉冲电磁阀式怠速控制阀的结构与普通电磁阀基本相同，具有结构简单、成本低廉、工作可靠等优点。因此，采用脉冲电磁阀式怠速控制阀的车型越来越多，国产奥迪轿车就采用了这种怠速控制阀。

脉冲电磁阀式怠速控制阀的外形如图 3-8（a）所示，结构如图 3-8（b）所示，其主要由电磁线圈、复位弹簧、阀杆、阀芯、阀座、固定铁心、活动铁心、进气口和出气口等组成。阀芯固定在阀杆上，阀杆一端与固定铁心连接，另一端设置有复位弹簧。进气口与节气门前端的进气管相通，出气口与节气门后端的进气管相通。

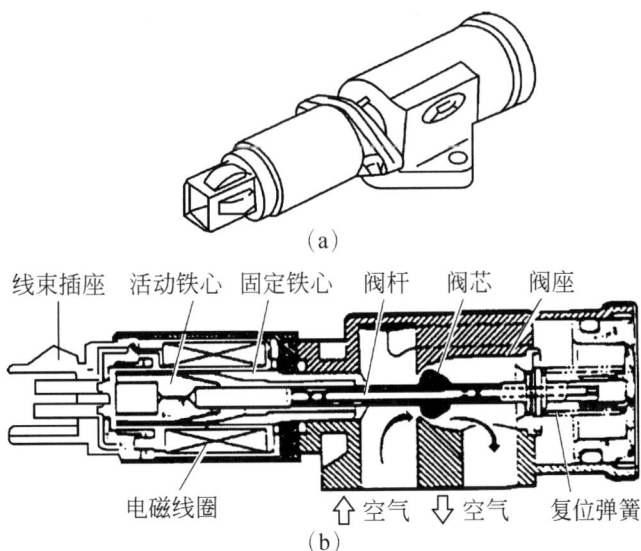

图 3-8　脉冲电磁阀式怠速控制阀的外形和结构

（a）外形；（b）结构

2. 脉冲电磁阀式怠速控制阀的控制原理

电磁线圈通电就会产生电磁吸力。当电磁线圈产生的电磁吸力超过复位弹簧的弹力时，活动铁心在电磁吸力的作用下就会向固定铁心方向移动，同时通过阀杆带动阀芯向右移动，使阀芯离开阀座将旁通空气道开启。当电磁线圈断电时，活动铁心与阀芯在复位弹簧弹力的作用下左移复位，将旁通空气道关闭。

旁通空气道开启与关闭的时间由电控单元发出的占空比信号控制。发动机工作时，电控单元根据怠速转速高低，向脉冲电磁阀发出频率相同而占空比不同的控制脉冲信号，通过改变阀芯开启与关闭时间来调节旁通进气量。占空比在 0～100% 之间的范围内变化。当怠速转速过低时，电控单元将自动增大占空比，使电磁线圈通电时间增长，断电时间缩短，阀门开启时间增长，旁通进气量增多，怠速转速升高，防止怠速转速过低而导致发动机熄火；反之，当怠速转速过高时，电控单元将减小占空比，使电磁线圈通电时间缩短，断电时间增长，阀门开启时间缩短，旁通进气量减少，怠速转速降低。

3.1.6 怠速转速的控制过程

怠速转速控制的实质是控制发动机怠速时的进气量（充气量）。怠速时的喷油量则由电控单元根据预先试验设定的怠速空燃比和实际进气量计算确定。怠速控制内容主要是发动机怠速负荷变化控制。当发动机怠速负荷增大（如接通空调压缩机或动力转向助力泵）时，电控单元控制怠速控制阀使进气量增大，从而使怠速转速提高，防止发动机运转不稳或熄火；当发动机怠速负荷减小（如断开空调压缩机或动力转向助力泵）时，电控单元控制怠速控制阀使进气量减少，从而使怠速转速降低，以免怠速转速过高。怠速转速的控制过程如图 3-9 所示。

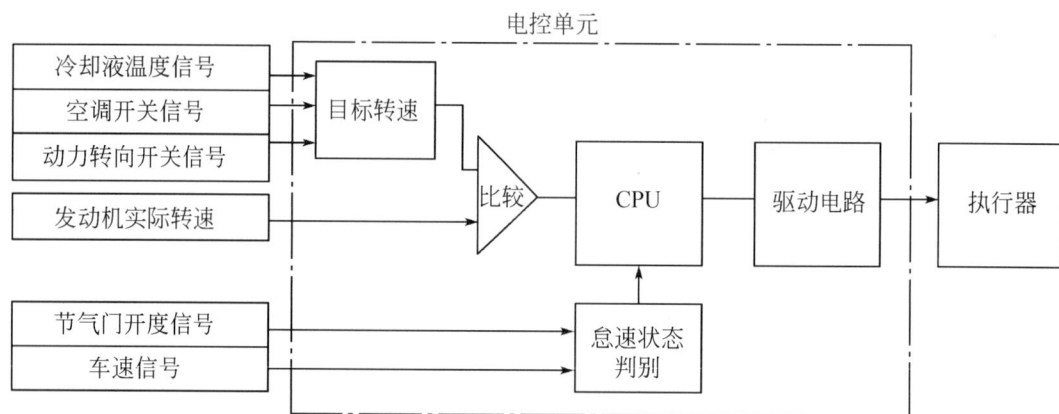

图 3-9 怠速转速的控制过程

发动机电控单元首先根据怠速触点信号和车速信号，判断发动机是否处于怠速工况。当判定为怠速工况时，再根据冷却液温度传感器、空调开关、动力转向开关等信号，从 ROM 存储的怠速转速数据中查询相应的目标转速 n_g，然后将目标转速与曲轴位置传感器检测的发动机实际转速 n 进行比较。

当发动机负荷增大，需要发动机快怠速运转，即目标转速高于实际转速（$n_g > n$）时，电控单元将控制怠速控制阀（增大脉冲电磁阀式怠速控制阀的占空比，或增加步进电动机步进的步数）增大旁通进气量来实现快怠速；反之，当发动机负荷减小，目标转速低于实际转速 $n_g > n$ 时，电控单元将控制怠速控制阀减小旁通进气量来调节怠速转速。例如，当接通空调（发动机负荷增大）时，需要发动机快怠速运转（目标转速＝快怠速转速），电控单元就使怠速控制阀的阀门开度变大，增大旁通进气量。当旁通进气量增大时，因为怠速空燃比已由试验确定为一定值（一般为 12∶1），所以电控单元将控制喷油器增大喷油量，发动机转速随之增高到快怠速转速运转。

当接通空调或动力转向泵时，其快怠速转速约为（1 000±50）r/min。快怠速时，转速升高 200 r/min 左右。同理，当断开空调或动力转向泵（发动机负荷减小）时，需要降低发动机转速，即目标转速低于实际转速（$n_g < n$）时，电控单元将使怠速控制阀的阀门关小，从而减小旁通进气量进行调节。

3.1.7　步进电动机式怠速控制阀的控制

步进电动机式怠速控制阀控制怠速的方式包括初始位置确定、起动控制和暖机控制，步进电动机式怠速控制阀的控制电路如图 3-10 所示。其中，起动控制特性如图 3-11（a）所示，暖机控制特性如图 3-11（b）所示。

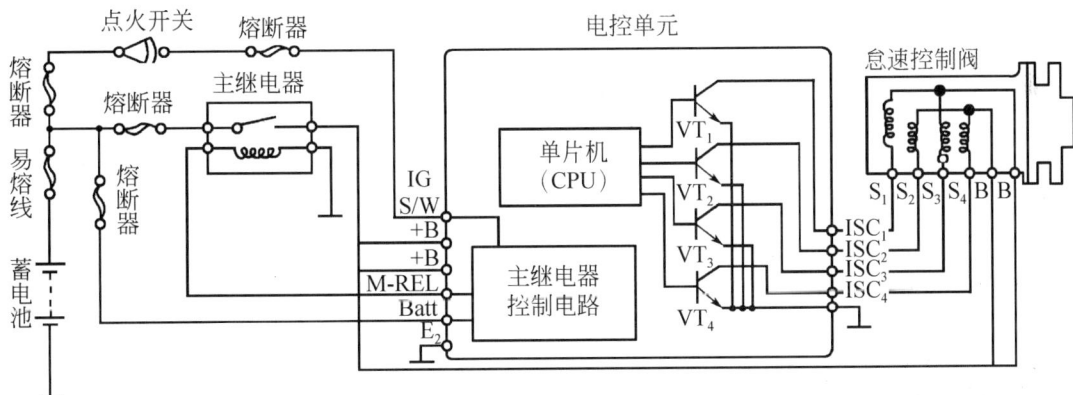

图 3-10　步进电动机式怠速控制阀的控制电路

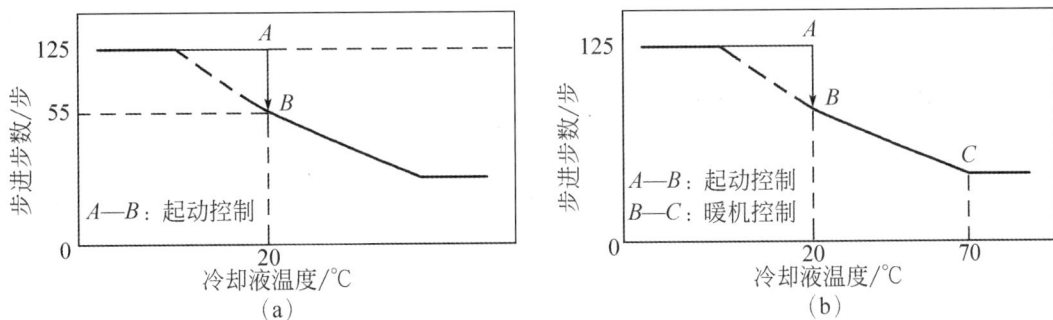

图 3-11　起动控制与暖机控制特性

（a）起动控制特性；（b）暖机控制特性

当发动机怠速负荷变化时，电控单元将按照一定顺序，控制驱动电路中的三极管 VT_1、VT_2、VT_3、VT_4 适时导通，分别接通步进电动机定子绕组电流，使电动机转子旋转，带动怠速控制阀的阀芯移动，从而调节进气量，使发动机怠速转速达到目标转速。

1. 初始位置确定

为了改善发动机的再次起动性能，在点火开关断开时，电控单元将控制怠速控制阀处于全开状态，为再次起动做好准备。当电控单元内部主继电器控制电路接收到点火开关拨到"OFF"（断开）位置的信号时，电控单元将利用备用电源输入端（Batt 端子）提供的电压控制主继电器（燃油喷射继电器）线圈继续供电 2 s，使怠速控制阀退回到初始位置，以便下次起动时具有较大的进气量。

2. 起动控制

起动发动机时，因为怠速控制阀预先设定在全开位置，所以进气量较大，发动机容易起动。发动机一旦被起动，如果怠速控制阀仍保持在全开位置，怠速转速就会升得过高。因此，在起动时或起动后，当发动机转速达到规定值（该值由冷却液温度确定）时，电控单元就会控制步进电动机步进的步数，使怠速控制阀阀门关小到由冷却液温度确定的阀芯位置，进而使怠速转速稳定。如果发动机冷却液温度在起动时为 20 ℃，当转速达到 500 r/min 时，电控单元将控制步进电动机从全开位置 A 点（125 步）步进到达 B 点（55 步）位置，如图 3-11（a）所示，使阀门关小，防止转速过高。

3. 暖机控制

在发动机起动后的暖机过程中，电控单元将根据冷却液温度传感器信号确定步进电动机步进的位置。随着转速升高和发动机温度升高，怠速控制阀阀门将逐渐关小，步进电动机步进的步数逐渐减少，如图 3-11（b）所示。当冷却液温度达到 70 ℃ 时，暖机控制结束，步进电动机及其阀芯的位置保持不变。

3.2 断油控制系统

断油控制是指在某些特殊工况下，燃油喷射系统暂时中断喷油，以满足发动机运行的特殊要求。

3.2.1 断油控制系统的组成

发动机断油控制系统的组成及控制过程如图 3-12 所示。根据断油的条件不同，断油控制分为超速断油控制、减速断油控制和清除溢流控制。

3.2.2 超速断油控制

超速断油控制是指当发动机转速超过允许的极限转速时，电控单元立即控制喷油器中断喷油，控制过程如图 3-12 所示。

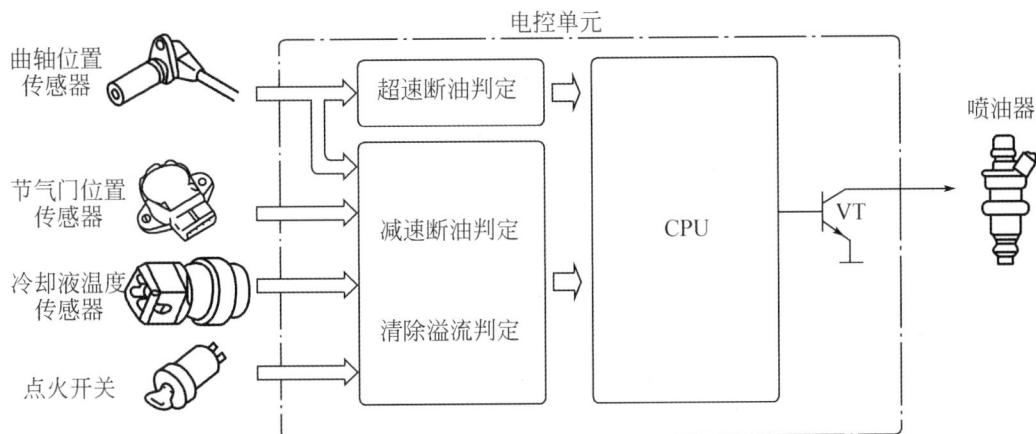

图 3-12 发动机断油控制系统的组成及控制过程

发动机工作时，转速越高，曲柄连杆机构的离心力就越大。当离心力过大时，发动机就有"飞车"而损坏的危险。因此，每台发动机都有一个极限转速值，一般为 6 000~7 000 r/min。超速断油控制的目的就是防止发动机超速运转而损坏机件。

在发动机运行过程中，电控单元随时都将曲轴位置传感器测得的发动机实际转速与 ROM 中预先储存的极限转速值进行比较。当实际转速超过极限转速 80 r/min 时，电控单元就会发出停止喷油指令，控制喷油器停止喷油，限制发动机转速进一步

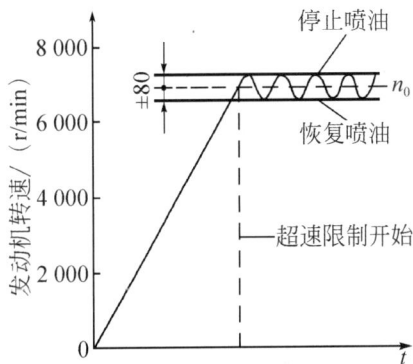

图 3-13 超速断油控制曲线

升高，超速断油控制曲线如图 3-13 所示。喷油器停止喷油后，发动机转速将迅速下降。当发动机转速下降至低于极限转速 80 r/min 时，电控单元将控制喷油器恢复喷油。由此可见，极限转速实际上是一个平均转速 n_0。

3.2.3 减速断油控制

减速断油控制是指发动机在高速运转过程中突然减速时，电控单元自动控制喷油器中断燃油喷射。

当高速行驶的汽车突然松开加速踏板减速时，发动机将在汽车惯性力的作用下高速旋转。由于节气门已经关闭，进入汽缸的空气很少，因此，如果不停止喷油，混合气将会过浓而导致燃烧不完全，有害物质的排放量将急剧增加。减速断油的目的就是节约燃油，并减小有害物质的排放量。减速断油控制时，电控单元根据节气门位置、发动机转速和冷却液温度等传感器信号，判断是否满足以下三个减速断油条件。

1）节气门位置传感器信号表示节气门关闭。

2）发动机冷却液温度达到正常工作温度（80 ℃）。

3）发动机转速高于燃油停供转速。

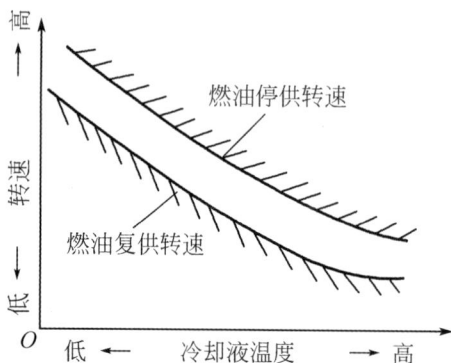

图3-14　减速断油控制曲线

当以上三个条件全都满足时，电控单元立即发出停止喷油指令，控制喷油器停止喷油。当喷油停止、发动机转速降低到燃油复供转速或节气门开启（怠速触点断开）时，电控单元再发出指令控制喷油器恢复喷油，减速断油控制曲线如图3-14所示。例如，8A-FE型发动机在2 500 r/min正常运行时，如果加速踏板松开，喷油器就会停止喷油。当发动机转速降到燃油复供转速1 400 r/min时，喷油器又会恢复喷油。

燃油停供转速和复供转速与冷却液温度和发动机负荷有关，由电控单元根据发动机温度、负荷等参数确定。冷却液温度越低，发动机负荷越大（如空调接通），燃油停供转速和复供转速就越高。

3.2.4　清除溢流控制

在起动发动机时，燃油喷射系统将向发动机供给较浓的可燃混合气，以便发动机顺利起动。如果多次起动未能成功，那么，淤积在汽缸内的浓混合气就会浸湿火花塞，使其不能跳火而导致发动机不能起动。火花塞被混合气浸湿的现象称为"溢流"或"淹缸"。

清除溢流是指当加速踏板踩到底，同时又接通起动开关起动发动机时，电控单元自动控制喷油器中断燃油喷射，以便排出汽缸内的燃油蒸气，使火花塞干燥能够跳火。清除溢流控制具有以下三个条件，只有三个条件同时满足时，断油控制系统才能进行清除溢流控制。

1）点火开关处于起动位置。

2）节气门全开。

3）发动机转速低于300 r/min。

由此可见，在起动发动机时，不必踩下加速踏板，直接接通起动开关即可起动。否则，断油控制系统可能进入清除溢流状态而使发动机无法起动。同理，当接通起动开关而发动机难以起动时，可利用控制系统的清除溢流功能，先将溢流清除，再进行起动。

3.3　空燃比反馈控制系统

汽车造福人类的同时，也带来了大气污染等问题。汽车排放的有害物质主要有碳氢化合物、CO、NO_x、光化学烟雾和碳烟等。因此，必须采取措施进行控制。

在控制系统中，凡是系统的输出端与输入端之间存在反馈回路，即输出量对控制作用有直接影响的系统，称为闭环控制系统或反馈控制系统。"闭环"的含义是应用反馈调节作用来减小系统的误差。空燃比反馈控制就是用来调节发动机空燃比的误差。

3.3.1 空燃比反馈控制系统的功用

试验证明：当汽油发动机混合气的空燃比（$\lambda = \dfrac{A}{F}$）控制在理论空燃比（14.7）附近时，三元催化转换器才能使碳氢化合物、CO、H_2 的还原作用和 NO_x、O_2 的氧化作用同时进行，并将排气中的三种有害气体（碳氢化合物、CO、NO_x）转化为 CO_2 和 H_2O 等无害物质，排气净化率曲线如图 3-15 所示。电控喷油系统是用空气流量传感器和发动机转速传感器等信号来计算确定喷油量，很难将空燃比控制在理论空燃比（14.7）附近。

空燃比反馈控制系统（AFC）的功用是利用氧传感器信号对空燃比进行反馈控制，将空燃比控制在理论空燃比（14.7）附近，再利用三元催化转换器将排气中的三种主要有害物质转化为无害物质，从而节约燃油和净化排气，满足油耗法规和排放法规的要求。

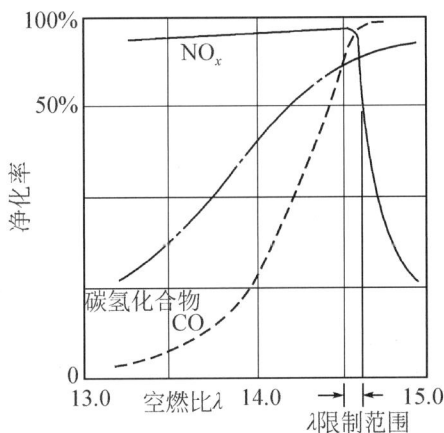

图 3-15 排气净化率曲线

3.3.2 空燃比反馈控制系统的组成

空燃比反馈控制系统是在电控喷油系统的基础上增设氧传感器而构成的，空燃比反馈控制系统的组成如图 3-16 所示。发动机工作时，电控单元根据氧传感器的信号电压来判断可燃混合气是偏浓还是偏稀，再发出控制指令对喷油量进行修正。

氧传感器是实现空燃比反馈控制的关键部件，其安装在排气门至三元催化转换器之间的排气管上。如果在同一根排气管上安装两只氧传感器（如丰田雷克萨斯 LS400 型和皇冠 3.0 型轿车），则在三元催化转换器的前端和后端各安装一只氧传感器，两次反馈能够实现更加精确的控制。

氧传感器是排气氧传感器（Exhaust Gas Oxygen Sensor，EGO）的简称，又称为氧量传感器（O_2S）或兰姆达 λ（Lambda）传感器，其功用是通过监测排气中氧离子的含量来获

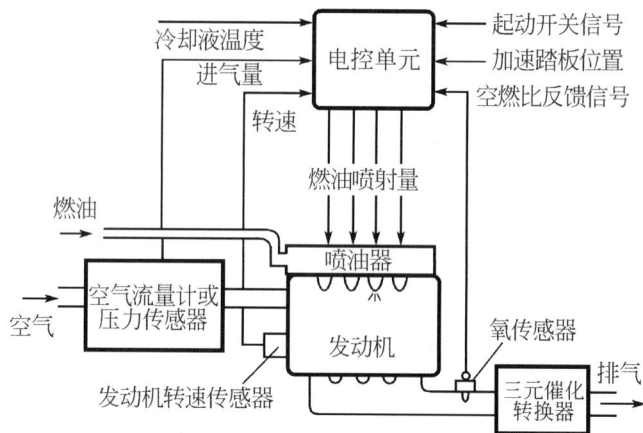

图 3-16 空燃比反馈控制系统的组成

得混合气的空燃比信号，并将空燃比信号转变为电信号输入发动机电控单元。电控单元根据氧传感器信号对喷油时间进行修正，实现空燃比反馈控制（闭环控制），即将空燃比控制在 14.7 左右，使汽油发动机得到最佳浓度的混合气，从而达到减小有害气体的排放量和节约燃油的目的。

汽车发动机采用的氧传感器分为氧化锆①（ZrO_2）式和氧化钛（TiO_2）式两种类型，氧化锆式又分为加热型与非加热型氧传感器两种，氧化钛式一般都为加热型传感器。由于氧化钛式氧传感器价格便宜，且不易受到硅离子的腐蚀，越来越多的汽车采用氧化钛式氧传感器。

3.3.3 氧化锆式氧传感器的结构原理

空气中的氧离子在某些固体电解质中容易扩散，已经发现的具有多孔性的固体电解质材料有氧化锆（ZrO_2）、氧化钍（ThO_2）、氧化铋（Bi_2O_3）、氧化铈（CeO_2）等。当这些固体电解质的表面与内部之间氧气的浓度不同（存在浓度差）时，氧气浓度高处的氧离子就会向浓度低的一侧扩散，以求达到平衡状态。当固体电解质表面设置集中用多孔电极之后，在其两个表面之间就可得到电动势，因此，将其称为"氧浓差电池"。氧化锆式氧传感器就是根据这一原理制成的氧离子浓度传感器，又称为电压型氧离子浓度传感器。

1. 氧化锆式氧传感器的结构组成

氧化锆式氧传感器的结构如图 3-17 所示，其主要由钢质护管、钢质壳体、锆管、（陶瓷）加热元件、电极引线、防水护套和线束插头等组成。

锆管是在氧化锆（ZrO_2）固体电解质粉末中添加少量的添加剂压制成形后，再烧结而成的陶瓷管，其加工工艺与火花塞绝缘体的成形工艺完全相同。氧化锆晶体的体积变化量为 4% 左右，其体积变化容易导致晶体老化而失效（阻止氧离子扩散），加入添加剂的目

---

① 氧化锆一般指的是二氧化锆，分子式为 ZrO_2。

的就是防止氧化锆晶体老化。目前常用的添加剂是氧化钇（Y_2O_3）。锆管制作成试管形状，以便氧离子能均匀地扩散与渗透。锆管内表面通大气，外表面通排气。为了防止发动机排出的废气腐蚀外层铂电极，在外层铂电极表面还涂覆有一层陶瓷保护层。

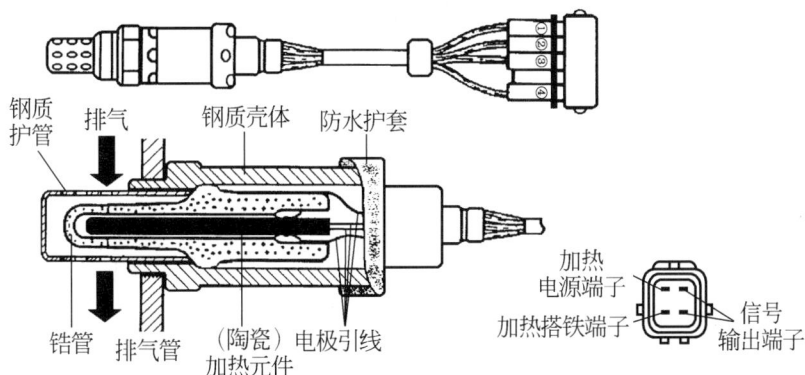

图 3-17　氧化锆式氧传感器的结构

在锆管的内、外表面都涂覆有一层金属铂（催化剂）作为电极，并用金属线与氧传感器信号输出端子连接。金属铂除了起到电极作用，将信号电压引出传感器之外，还有一个更重要的作用就是催化作用。在催化剂铂的作用下，当发动机排气中的有害气体 CO 与 O_2 接触时，就会生成无害气体 CO_2。锆管的强度很低，而且安装在排气管上承受排气压力冲击。为了防止锆管受排气压力冲击而破碎，锆管会封装在钢质护管内。钢质护管上制作有若干个小孔，以便排气流通。在钢质壳体上制作有六角螺边和螺纹，以便安装（拧紧力矩为 40~60 N·m）和拆卸传感器。

氧化锆式氧传感器有加热型与非加热型两种。非加热型氧传感器的线束插头只有一个或两个接线端子。中高档轿车大都采用加热型氧传感器，其线束插头有三个或四个接线端子。

2. 氧化锆式氧传感器的工作原理

氧化锆式氧传感器的固体电解质普遍使用氧化锆（ZrO_2），氧化锆式氧传感器的工作原理如图 3-18 所示。因为锆管内侧与氧离子浓度高的大气相通，外侧与氧离子浓度低的排气相通，且锆管外侧的氧离子随可燃混合气浓度变化而变化，所以当氧离子在锆管中扩散时，锆管内外表面之间的电动势将随可燃混合气浓度变化而变化，即锆管相当于一个氧浓差电池，传感器的信号源相当于一个可变电源。

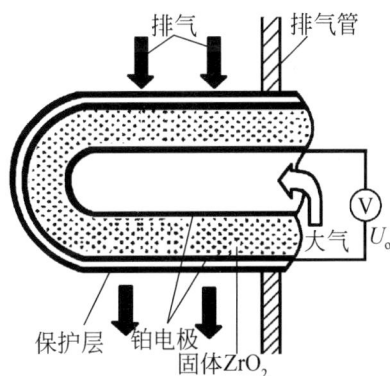

图 3-18　氧化锆式氧传感器的工作原理

氧化锆式氧传感器的输出特性如图 3-19 所示。当供给发动机的可燃混合气较浓（空燃比 $\lambda<14.7$ 或过量空气系数 $\alpha<1$）时，排气中氧离子含量较少、CO 浓度较大。在锆管外表面金属铂的催化作用下，氧离子几乎全部都与 CO 发生氧化反应生成 CO_2 气体，使外表面上氧离子浓度为 0。由于锆管内表面与大气相通，氧离子浓度很大，因此，锆管内、外表面之间的氧离子浓度差较大，两个铂电极之间的电动势较高，约为 0.9 V。

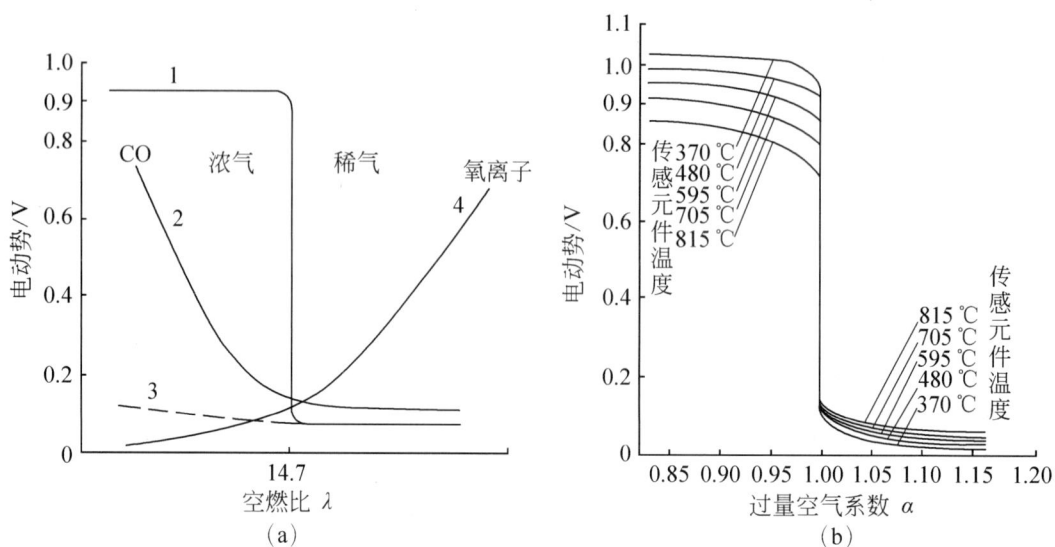

1—传感器的电动势；2—CO 浓度；3—无铂电极时的电动势；4—氧离子浓度。

图 3-19　氧化锆式氧传感器的输出特性
（a）气体浓度与电动势的关系；（b）传感元件温度与电动势的关系

当供给发动机的可燃混合气较稀（空燃比 $\lambda > 14.7$ 或过量空气系数 $\alpha > 1$）时，排气中氧离子含量较多、CO 浓度较小，即使 CO 全部都与氧离子产生氧化反应，锆管外表面上还是有多余的氧离子存在。因此，锆管内、外表面之间氧离子的浓度差较小，两个铂电极之间的电动势较低，约为 0.1 V。

当空燃比 λ 接近理论空燃比 14.7（或过量空气系数 α 接近于 1）时，排气中的氧离子和 CO 含量都很少。在金属铂的作用下，氧离子与 CO 的化学反应从缺氧状态（CO 过剩、氧离子浓度接近于 0）急剧变化为富氧状态（CO 接近于 0、氧离子过剩）。由于氧离子浓度差急剧变化，因此，铂电极之间的电动势急剧变化，氧传感器输出电压从 0.9 V 急剧变化为 0.1 V。

由图 3-19（a）可见，当可燃混合气较浓时，如果没有金属铂的催化作用使氧离子浓度急剧减小到接近于 0，那么在混合气由浓变稀时，固体电解质两侧氧离子的浓度差将连续变化，氧传感器的电动势将按曲线 3 所示连续变化，即电动势不会出现跃变现象。传感元件温度与电动势的关系如图 3-19（b）所示。

在使用过程中，金属铂在催化反应过程中自身会有消耗，故氧化锆式氧传感器是一种消耗型传感器。此外，汽油和润滑油硫化产生的硅酮等颗粒物质附着在铂电极表面会导致铂电极逐渐失效，传感器内部端子处用于防水的硅橡胶也会逐渐污染内侧电极。因此，氧化锆式氧传感器必须定期更换。目前规定，汽车每行驶 160 000 km 必须更换新的氧化锆式氧传感器。

3. 氧化锆式氧传感器的工作条件

氧化锆式氧传感器必须满足以下三个条件，才能正常输出信号电压来调节混合气浓度：一是发动机温度高于 60 ℃；二是氧传感器自身温度高于 300 ℃；三是发动机处于怠速工况或部分负荷工况。

3.3.4　氧化钛式氧传感器的结构原理

二氧化钛（TiO_2）属于 N 型半导体材料，其阻值大小取决于材料温度以及周围环境中氧离子的浓度。因此，氧化钛可用来检测排气中的氧离子浓度，氧化钛式氧传感器又称为"电阻型"氧离子浓度传感器。

1. 氧化钛式氧传感器的结构组成

氧化钛式氧传感器的外形与氧化锆式氧传感器相似，氧化钛式氧传感器的结构如图 3-20 所示。氧化钛式氧传感器主要由二氧化钛传感元件、钢质壳体、加热元件和电极引线等组成。

钢质壳体上制有螺纹，以便于传感器的安装的拆卸。与氧化锆式氧传感器不同的是，氧化钛式氧传感器不需要与大气压进行比较，因此，二氧化钛传感元件的密封与防水十分方便，利用二氧化硅或滑石粉等密封即可达到使用要求。此外，在电极引线与护套之间设置一个硅橡胶密封衬垫，可以防止水汽浸入传感器内部而腐蚀电极。

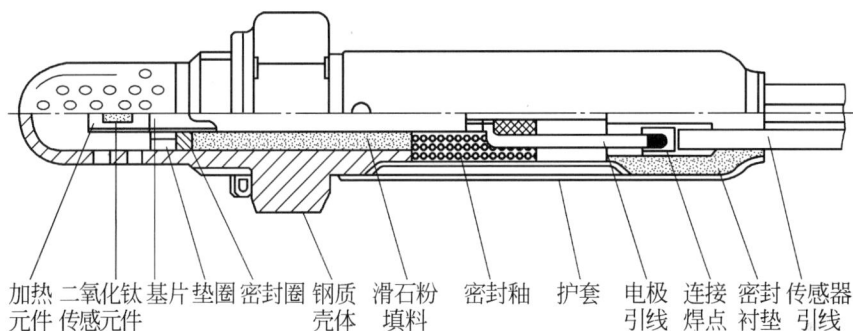

图 3-20　氧化钛式氧传感器的结构

二氧化钛传感元件有芯片式［见图 3-21（a）］和厚膜式［见图 3-21（b）］两种。芯片式二氧化钛传感元件将铂金属线埋入二氧化钛芯片中，金属铂兼作催化剂。厚膜式二氧化钛传感元件采用半导体封装工艺中的氧化铝层压板工艺制成，从而使成本降低、可靠性提高。

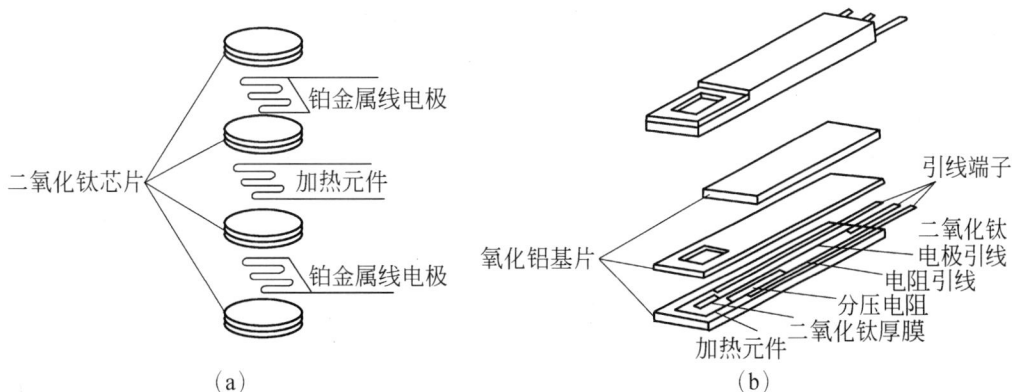

图 3-21　芯片式和厚膜式二氧化钛传感元件
（a）芯片式二氧化钛传感元件；（b）厚膜式二氧化钛传感元件

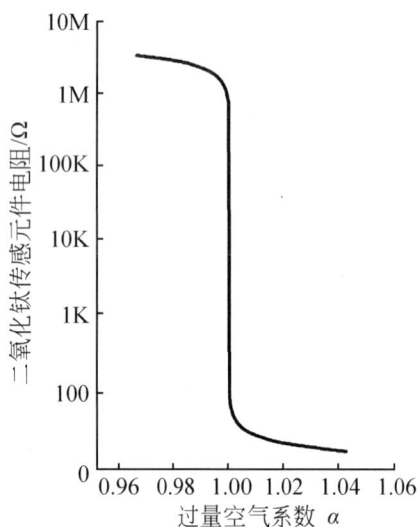

图 3-22　氧化钛式氧传感器的特性

加热元件用钨丝或陶瓷材料制成，加热的目的是使二氧化钛传感元件的温度保持恒定，从而使传感器的输出特性不受温度影响。因为二氧化钛是一种多孔性的陶瓷材料，利用热传导方式可以对二氧化钛芯片或厚膜直接加热，所以加热效率高，达到激活温度（规定温度为 600 ℃）需要的时间很短，这对减小发动机刚刚起动后碳氢化合物的排放量十分有利。

2. 氧化钛式氧传感器的工作原理

二氧化钛半导体材料的电阻具有随氧离子浓度变化而变化的特性。因此，氧化钛式氧传感器的信号源相当于一个可变电阻，氧化钛式氧传感器的特性如图 3-22 所示。

当发动机的可燃混合气浓（过量空气系数 α 小于 1）时，由于燃烧不完全，排气中会剩余少量 O_2，二氧化钛传感元件周围的氧离子很少，二氧化钛呈现高阻状态。与此同时，在金属铂的催化作用下，剩余氧离子与排气中的 CO 发生氧化反应，生成 CO_2，将排气中的氧离子进一步消耗掉，从而大大提高了传感器的灵敏度。

当发动机的可燃混合气稀（过量空气系数 α 大于 1）时，排气中氧离子含量较多，传感元件周围的氧离子浓度较大，二氧化钛呈现低阻状态。

由上可知，氧化钛式氧传感器的电阻将在混合气的过量空气系数 α 约为 1（空燃比 λ 约为 14.7）时产生突变。当给氧化钛式氧传感器施加稳定的电压时，在传感器输出端便可得到一个交替变化的信号，氧化钛式氧传感器的工作电路如图 3-23 所示。该稳定电压一般由电控单元内部的稳压电源提供。

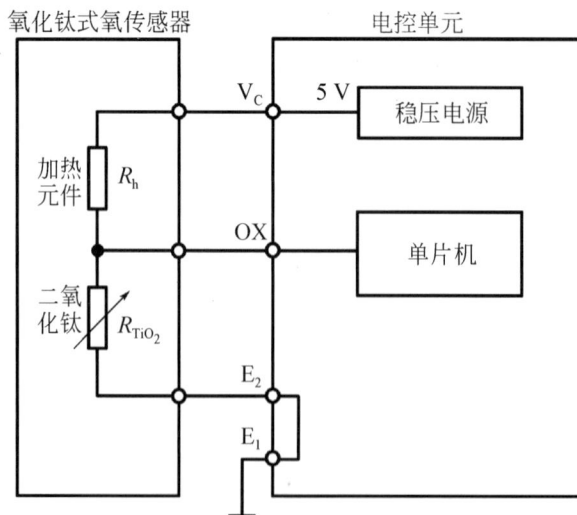

图 3-23　氧化钛式氧传感器的工作电路

3. 氧化钛式氧传感器的工作条件

氧化钛式氧传感器必须满足三个条件，才能正常输出信号电压来调节混合气浓度：一是发动机温度高于 60 ℃；二是氧传感器自身温度高于 600 ℃；三是发动机处于怠速工况或部分负荷工况。

3.3.5　空燃比反馈控制过程

发动机空燃比的反馈控制过程如图 3-24 所示。氧传感器输出电压的平均值称为限制电平。当电控单元接收到氧传感器的信号电压高于限制电平（0.5 V）时，表明混合气偏浓，空燃比偏小，电控单元首先发出控制指令使空燃比反馈修正系数 K_{AF} 骤然下降一个 P_R 值，使喷油时间 T 缩短，喷油量减少，然后逐渐减小修正系数，使混合气逐渐变稀，空燃比逐渐增大，如图 3-24（c）所示。

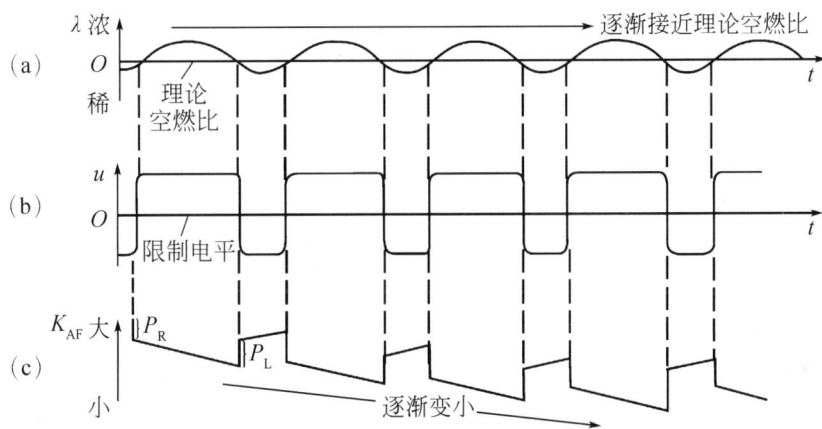

图 3-24　发动机空燃比的反馈控制过程
（a）实际空燃比；（b）氧传感器信号电压；（c）空燃比反馈修正系数 K_{AF}

当电控单元接收到氧传感器的信号电压低于限制电平（0.5 V）时，表明混合气偏稀，空燃比偏大，电控单元首先发出控制指令使空燃比反馈修正系数 K_{AF} 急剧上升一个 P_L 值，使喷油时间增长，喷油量增大，然后逐渐增大修正系数，使喷油量逐渐增加，混合气逐渐变浓，空燃比逐渐减小。

在空燃比反馈控制过程中，由于发动机工作循环需要一定的时间（从喷油器喷油开始到氧传感器检测出氧离子浓度为止，发动机要经过进气、压缩、做功和排气的行程），空燃比收敛于理论空燃比值是不可能的。实际空燃比反馈控制只能将空燃比控制在理论空燃比附近，如图 3-24（a）所示。

氧传感器输入电控单元的信号电压在低电平（0.1~0.3 V）与高电平（0.7~0.9 V）之间变化的频率为 10 次/min 以上，如图 3-24（b）所示。如果电控单元接收到的氧传感器信号电压变化过慢（低于 10 次/min）或保持不变（保持高电平或低电平不变），就会判定为氧传感器故障，并对空燃比实施开环控制。由于开环控制不能将空燃比控制在理论空燃比附近，发动机燃油消耗量和有害气体排放量都将大大增加。

3.3.6　空燃比反馈控制条件

为了保证发动机具有良好的动力性、经济性和排放性，空燃比并不是发动机处于所有工况时都进行反馈控制。发动机电控单元对空燃比实施反馈控制的条件有以下四条。

1）发动机冷却液温度达到正常工作温度（80℃）。

2）发动机处于怠速工况或部分负荷工况。

3）氧传感器温度达到正常工作温度。

4）氧传感器输入电控单元的信号电压变化频率不低于10次/min。

在下述情况下，发动机电控单元将对空燃比实施开环控制：

1）发动机起动工况。起动需要浓混合气，以便起动发动机。

2）发动机暖机工况。发动机刚起动的温度低于正常工作温度（80℃），需要迅速升温。

3）发动机大负荷工况。大负荷时需要加浓混合气，使发动机输出较大转矩。

4）加速工况。加速时需要发动机输出较大转矩，以便提高车速。

5）减速工况。减速时需要停止喷油，使发动机转速迅速降低。

6）氧传感器温度低于正常工作温度。氧化锆式氧传感器温度达到300℃、氧化钛式氧传感器温度达到600℃时才能输出信号。

7）氧传感器输入电控单元的信号电压持续10 s以上且保持不变时。信号电压持续10 s以上且保持不变说明氧传感器失效，电控单元将自动进入开环控制状态。

3.4　燃油蒸发排放控制系统

汽车燃油特别是汽油是一种挥发性很强的物质，燃油箱、曲轴箱、气门室和燃油管路内部的燃油受热后，表面就会产生蒸气，如不妥善处理，就会散发到大气之中造成环境污染。

燃油蒸发排放控制系统（FEC）又称为燃油蒸气回收系统，其功用是防止燃油蒸气排入大气而污染环境，同时还可节约能源。该系统利用活性炭罐吸附燃油箱、曲轴箱、气门室及管路中挥发的燃油蒸气，待发动机起动后，再将活性炭罐中吸附的燃油蒸气吸入燃烧室燃烧。燃油蒸发排放控制系统可使燃油蒸气的排放量降低95%。

3.4.1　燃油蒸发排放控制系统的组成

各型汽车燃油蒸发排放控制系统的组成大同小异，如图3-25所示，其主要由活性炭罐、活性炭罐电磁阀、通风管以及电控单元等组成。活性炭罐内装有活性炭，活性炭是一种吸附能力极强的物质，用于吸附并收集燃油箱、曲轴箱、气门室及管路中挥发的燃油蒸气。

大众轿车活性炭罐与活性炭罐电磁阀、通风管的连接情况如图3-26所示。活性炭罐

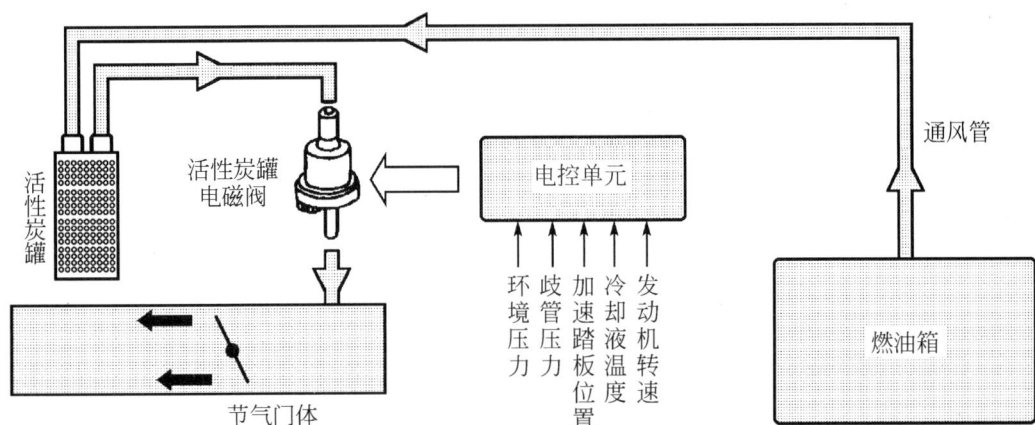

图 3-25　燃油蒸发排放控制系统的组成

电磁阀又称为再生电磁阀或油箱通风阀，简称炭罐电磁阀，其安装在活性炭罐与节气门体之间，结构原理与普通电磁阀基本相同。

炭罐电磁阀受控于电控单元，大众轿车用炭罐电磁阀的工作电压为 9～16 V，工作温度为-30 ℃～120 ℃，燃油蒸气流量为 2～3 m³/h（压力 200 kPa 时），控制频率为30 Hz，最小控制脉冲为 7 ms，电磁阀线圈电阻为 26 Ω，消耗电流为 0.5 A（电压 13.5 V 时）。

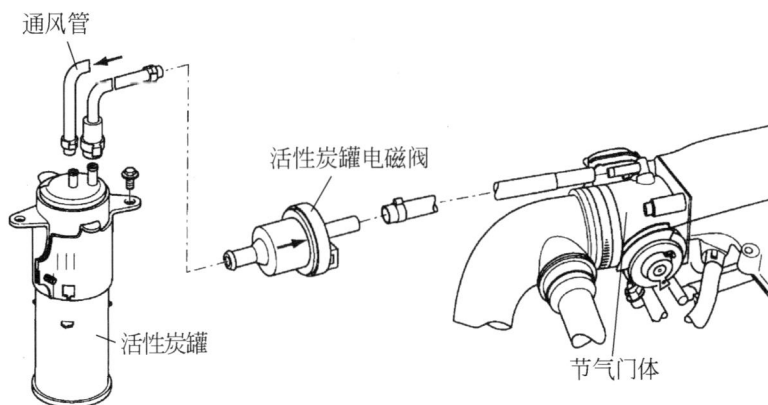

图 3-26　大众轿车活性炭罐与活性炭罐电磁阀、通风管的连接情况

3.4.2　燃油蒸发排放控制原理

燃油蒸发排放控制系统在发动机温度和转速达到一定值时才能投入工作，燃油蒸发排放控制系统工作原理如图 3-27 所示。来自油箱的通风管将燃油蒸气引入活性炭罐，使燃油蒸气被活性炭吸附，直至吸收的燃油蒸气饱和为止。

当发动机运转时，节气门开度（柴油机为加速踏板位置）发生变化，歧管压力 p_i 将低于环境压力 p_e，即产生一个压差 Δp（$\Delta p = p_e - p_i$）。与此同时，电控单元根据发动机转速和压力等信号，向炭罐电磁阀发出占空比控制信号，在输出回路的驱动下，炭罐电磁阀就

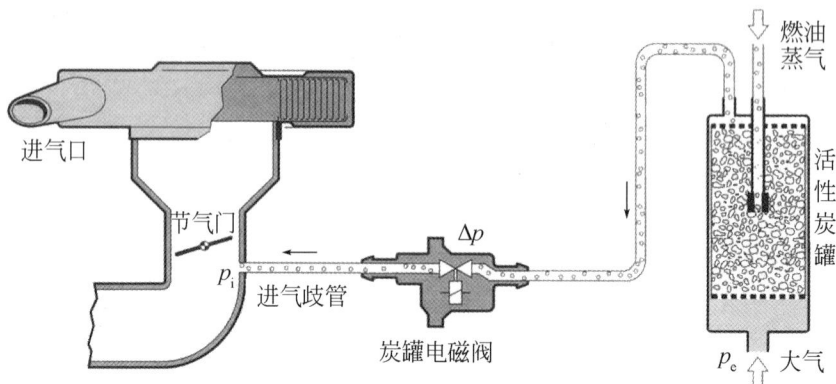

图 3-27 燃油蒸发排放控制系统工作原理

有电流流过，其平均电流产生的电磁吸力就会克服其复位弹簧弹力，使其阀门保持一定开度。炭罐电磁阀的开度由电控单元根据电磁阀两端的压差决定。电控单元改变占空比的大小，即可控制电磁阀阀门开度。占空比越大，平均电流越大，电磁阀阀门开度就越大；反之，占空比越小，电磁阀阀门开度越小。

当炭罐电磁阀阀门开启时，在压差作用下，活性炭罐内部储存的饱和燃油蒸气便经电磁阀阀门流入进气歧管，并与新鲜空气混合形成再生气流，再被吸入燃烧室燃烧，从而避免燃油蒸气排入大气污染环境。

在发动机运转过程中，电控单元控制炭罐电磁阀周期性的通电与断电，使其流过一定的平均电流来保持阀门的开启程度，此时用手触摸炭罐电磁阀会有振动的感觉。因此，可以根据这一现象来判断燃油蒸发排放控制系统与炭罐电磁阀的工作是否正常。

3.5 废气再循环控制系统

废气再循环又称为排气再循环（Exhaust Gas Recirculation，EGR），是指将发动机排气管中的部分废气引入进气管与新鲜空气混合之后，再吸入汽缸参与工作循环。

3.5.1 废气再循环的目的

在内燃机中，当燃油在高温（高于 1 370 ℃）条件下燃烧时，含氮的物质与 O_2 化合就会生成有毒并带恶臭气味的 NO_x。在其他条件相同的情况下，发动机燃烧温度越高，产生的 NO_x 也就越多。废气再循环的目的是利用废气中所含 CO_2 不能燃烧、却能吸热的特性来降低燃烧温度，从而减小 NO_x 的排放量。

3.5.2 废气再循环率

CO_2 具有吸收热量的特性。因此，废气再循环量越大，发动机最高温度就越低，抑制

NO_x 的效果也越好。但是，废气再循环量过大，会导致混合气着火性能变差，不仅会使发动机动力性降低、油耗增加，而且还会增大碳氢化合物的排放量。因此，必须对废气再循环量进行合理控制，在保证发动机正常工作的前提下，最大限度地减少 NO_x 的排放。

发动机废气参与再循环的量，通常用废气再循环率表示，其计算公式为

$$废气再循环率 = \frac{废气再循环气体量}{吸入空气量 + 废气再循环气体量} \times 100\% \tag{3-1}$$

3.5.3　废气再循环的控制方式

废气再循环的控制方式分为机械控制式和电子控制式（电控式）两种类型。机械控制式废气再循环系统的控制部件为膜片阀，利用进气歧管的真空度（负压）和排气压力来调节膜片阀阀门的开度，从而实现废气再循环。机械控制式废气再循环系统控制的废气再循环率不可改变或变化范围较小（一般为 5%～15%），已很少采用。目前，普遍采用的是利用电控单元控制废气再循环电磁阀，电磁阀再控制废气再循环阀来调节废气再循环率的电控式废气再循环系统，电控式废气再循环系统可据发动机工况，将废气再循环率控制在最佳范围，能够最大限度地减少 NO_x 的排放量。

3.5.4　电控式废气再循环系统的组成

电控式废气再循环系统的组成与原理如图 3-28 所示，其主要由各种传感器和控制开关、电控单元、废气再循环电磁阀和废气再循环阀组成。传感器和控制开关主要有：曲轴位置传感器、空气流量传感器、节气门位置传感器或加速踏板位置传感器（柴油机）、冷却液温度传感器和点火起动开关等。

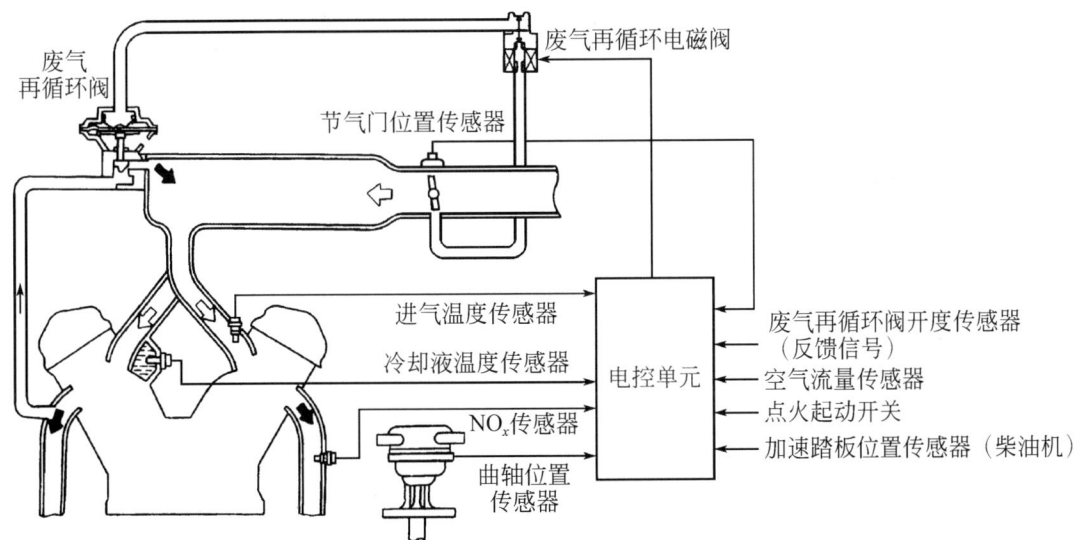

图 3-28　电控式废气再循环系统的组成与原理

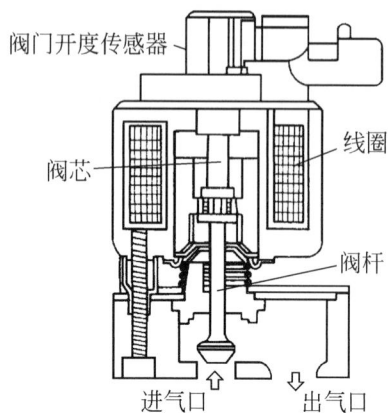

阀门开度传感器

线圈

阀芯

阀杆

进气口   出气口

图 3-29   废气再循环线性电磁阀的结构

曲轴位置传感器提供发动机转速信号，空气流量传感器、进气歧管压力传感器、节气门位置传感器或加速踏板位置传感器（柴油机）提供发动机负荷信号，冷却液温度传感器提供发动机温度信号，点火起动开关提供反映发动机工作状态的信号。

执行器有废气再循环电磁阀和废气再循环阀（真空阀）。在部分汽车上，还配装有 NO_x 传感器或废气再循环阀开度传感器，用于废气再循环的反馈控制。有的电控式废气再循环系统则取消了废气再循环阀，采用废气再循环线性电磁阀直接控制废气循环量。

废气再循环线性电磁阀的结构如图 3-29 所示，其进气口与排气管相连，出气口与进气歧管相连。在这种电磁阀上，通常都配装有阀门开度传感器提供废气循环量的反馈信号。发动机工作时，电控单元根据发动机转速和负荷等信号，通过调节占空比的大小来直接控制阀门开度，从而控制废气循环量。

当占空比增大时，电磁阀线圈的平均电流增大，阀芯产生的电磁吸力增大，克服复位弹簧弹力向上的位移量增大，并带动阀杆一同上移使阀门开度增大，废气再循环量增大；反之，当占空比减小时，废气再循环量减小。

当阀芯位移时，阀门开度传感器内部的检测元件（电位计或位移量检测部件）将阀芯位移量转换为电信号，并输入电控单元作为废气再循环量的反馈信号，从而实现废气再循环量的闭环控制。因此，废气再循环量的控制精度比真空阀高，且响应速度比真空阀快得多。目前，采用这种线性电磁阀的电控式废气再循环系统越来越多。

3.5.5   电控式废气再循环系统的控制原理

当发动机工作时，电控单元首先根据各种传感器信号判定发动机工况，确定是否进行废气再循环以及确定废气再循环量的大小，然后向废气再循环电磁阀输出占空比可变的控制脉冲信号，通过调节废气再循环阀的开度来实现最佳废气再循环率控制。

电控式废气再循环系统预先试验测定了各工况下的最佳废气再循环量值，通常以废气再循环电磁阀对应的占空比三维数据 MAP 形式储存在 ROM 中，如图 3-30 所示。

发动机运转时，电控单元根据发动机转速与负荷（空气流量、进气压力、节气门位置或加速踏板位置传感器）信号，在占空比三维数据 MAP 中查询确定最佳的废气再循环电磁阀占空比，再向废气再循环电磁阀输出相应的占空比控制信号，从而将废气再循环量控制在最佳值，使 NO_x 的排放量降低到规定标准值。电控式废气再循环系统的控制精度较高，其控制的废气再循环率可达 25%。

在配置废气再循环阀或 NO_x 传感器的系统中，电控单元还要根据各种传感器信号调整废气再循环电磁阀的占空比从而调节废气再循环阀的开度，对废气再循环量实现反馈控制，使 NO_x 的排放量降低到规定标准值。

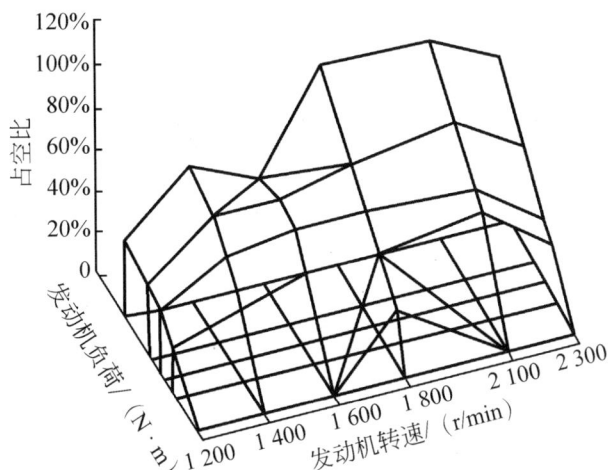

图 3-30 电控式废气再循环系统的占空比三维数据 MAP

3.5.6 电控式废气再循环系统实施废气再循环的条件

电控式废气再循环系统并非在发动机所有工况下都能进行废气再循环。在下述情况之一时，电控单元将停止向废气再循环电磁阀发送控制信号，电控式废气再循环系统将停止废气再循环，保证发动机正常工作。

1）发动机起动时。一是发动机温度较低，产生的 NO_x 气体较少；二是为了保证发动机可靠起动。

2）发动机怠速时。一是怠速时发动机温度低，产生的 NO_x 气体较少；二是保证发动机迅速升温而正常工作，防止出现怠速不稳定现象。

3）发动机转速低于 900 r/min 或高于 3 200 r/min（上、下限值取决于发动机型号）时。转速低时进行废气再循环容易导致转速不稳；转速高时要保证发动机输出足够动力。

3.6 汽油机爆燃控制系统

汽油发动机获得最大功率和最佳燃油经济性的有效方法之一是增大点火提前角。但是，点火提前角过大又会引起发动机爆燃。爆燃是指汽缸内的可燃混合气在火焰前锋尚未到达之前自行燃烧导致压力急剧上升而引起缸体振动的现象。爆燃的主要危害：一是导致发动机输出功率降低；二是导致发动机使用寿命缩短甚至损坏。发动机在大负荷状态工作时，爆燃的可能性更大。在发动机电控系统中，当点火提前角采用闭环控制时，就能有效地抑制发动机爆燃，并能提高其动力性、经济性和排放性。爆燃控制就是对点火提前角实施闭环控制。

3.6.1 爆燃控制系统的组成

理论与实践证明：剧烈的爆燃会使发动机的动力性和经济性严重恶化，而当发动机工作在爆燃的临界点或有轻微的爆燃时，发动机热效率最高，动力性和经济性最好。因此，利用点火提前角闭环控制系统能够有效地控制点火提前角，从而使发动机工作在爆燃的临界状态。

发动机爆燃控制系统（Engine Detonation Control System，EDC）是在点火控制系统的基础上，增设爆燃传感器、带通滤波器、信号放大器、整形滤波电路、基准电压形成电路、积分电路和点火提前角控制电路等组成的点火提前角闭环控制系统，如图 3-31 所示。

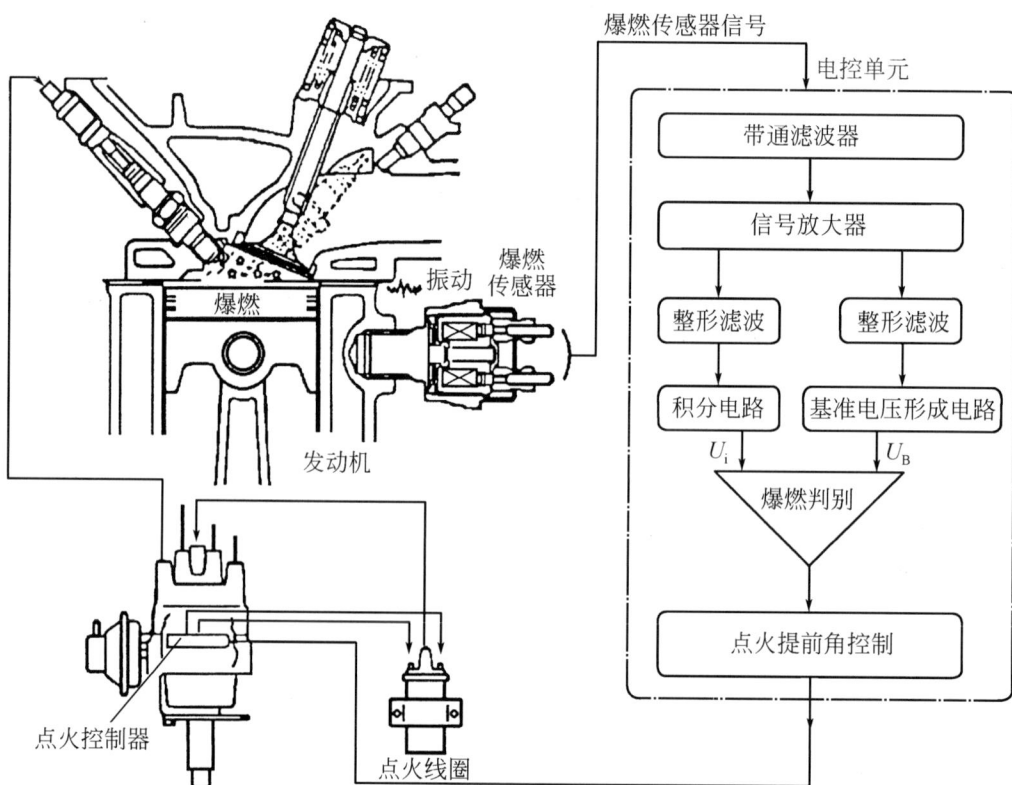

图 3-31　汽油机爆燃控制系统的组成及控制过程框图

爆燃传感器用于检测发动机是否发生爆燃，每台发动机安装 1~2 个。带通滤波器只允许发动机爆燃信号（频率为 6~9 kHz 的信号）或接近爆燃的信号输入电控单元进行处理，其他频率的信号则被衰减。信号放大器的作用是对输入电控单元的信号进行放大，以便整形滤波电路进行处理。接近爆燃的信号经过整形滤波和基准电压形成电路的处理后，形成判定发动机是否发生爆燃的基准电压 U_B。爆燃信号经过整形滤波和积分电路处理后形成积分信号电压 U_i，用于判定发动机爆燃强度。

3.6.2　爆燃的检测方法

汽油发动机爆燃的检测对象有三种：一是检测发动机缸体的振动频率；二是检测发动机燃烧室压力的变化；三是检测混合气燃烧的噪声。检测混合气燃烧噪声的方法为非接触式检测，其耐久性较好，但测量精度和灵敏度较低，实际应用很少。

直接检测燃烧室压力变化来检测发动机振动的测量精度较高，但传感器安装困难，且耐久性较差，一般用于测量仪器。实际应用的爆燃传感器均为间接检测式。

检测发动机缸体振动频率来检测爆燃的主要优点是测量精度较高、传感器安装方便（一般都安装在缸体侧面），且输出电压较高，因此，现代汽车广泛采用。如四缸发动机采用一个爆燃传感器时，一般将其安装在第 2、3 汽缸之间的侧面缸体上；采用两个爆燃传感器，则分别将其安装在 1、2 缸之间和 3、4 缸之间的侧面缸体上，其中一个检测 1、2 缸爆燃信号、另一个检测 3、4 缸爆燃信号。

3.6.3　爆燃传感器的结构原理

发动机爆燃传感器是点火提前角闭环控制系统必不可少的传感器，其功用是将汽油机爆燃信号转换为电信号输入发动机电控单元，以便电控单元修正点火提前角来消除爆燃。

车用爆燃传感器是一种振动加速度传感器。按检测方式不同，爆燃传感器可分为共振型与非共振型两种；按结构不同，爆燃传感器可分为压电式和磁致伸缩式两种。

共振型爆燃传感器的显著特点是传感器的共振频率与发动机爆燃的固有频率相匹配，因此，共振型爆燃传感器内部设有共振体，并且要使共振体的共振频率与爆燃频率协调一致。共振型爆燃传感器优点是输出电压高，不需要带通滤波器，信号处理比较方便。共振体的频率特性尖且频带窄，因此，无法响应发动机结构变化引起的爆燃频率变化。换句话说，共振型爆燃传感器只适用于特定的发动机，不能与其他发动机互换使用，装车自由度很小。美国通用和日本日产汽车采用的磁致伸缩式爆燃传感器就属于共振型爆燃传感器。

非共振型爆燃传感器的突出优点是适用于各种型号的发动机，装车自由度很大，但其输出电压较低，频率特性平坦且频带较宽，需要配用带通滤波器（只允许特定频率的信号通过，对其他频率的信号进行衰减的滤波器。带通滤波器一般由线圈和电容器组合而成），信号处理比较复杂。中国、日本和欧洲国家的汽车大都采用非共振型爆燃传感器。

1. 压电式爆燃传感器

压电式爆燃传感器是利用 1880 年发现的压电效应制成的。国内外轿车普遍采用非共振型压电式爆燃传感器。

（1）压电式爆燃传感器的结构组成

压电式爆燃传感器主要由套筒底座、压电元件、惯性配重、塑料壳体和接线插座等组成，其外形如图 3-32（a）所示，内部结构如图 3-32（b）所示。压电元件是爆燃传感器的关键部件，由压电材料制成垫圈形状，在其两个侧面上安放有金属垫圈作为电极，并用导线引到接线插座上。

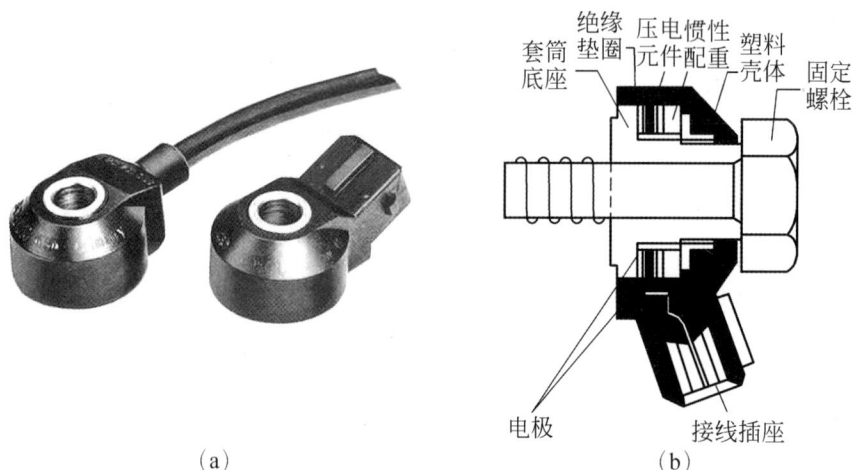

图 3-32　压电式爆燃传感器的外形和内部结构
（a）外形；（b）内部结构

　　惯性配重与压电元件以及压电元件与传感器套筒之间安放有绝缘垫圈，套筒中心制作有螺孔，传感器用螺栓安装固定在发动机缸体上，调整螺栓的拧紧力矩便可调整传感器输出的信号电压（注意：传感器的输出特性出厂时已经调好，使用中不能随意调整）。

　　惯性配重用来传递发动机振动产生的惯性力。惯性配重与塑料壳体之间安装有盘形弹簧，借弹簧张力将惯性配重、压电元件和绝缘垫圈等部件压紧在一起。传感器插座上有三根引线，其中两根为信号线，一根为屏蔽线。

　　压电式爆燃传感器也可制作成共振型爆燃传感器，其结构与非共振型基本相同，有所不同的是在壳体内设有一个共振体。

　　（2）压电式爆燃传感器的工作原理

　　压电效应是指某些晶体（如石英、陶瓷、酒石酸盐）薄片受到压力或机械振动之后产生电荷的现象。当某些晶体受到外力作用时，在晶体的某两个表面上就会产生电荷（输出电压）；当外力消失时，晶体又恢复到不带电状态。晶体受力产生的电荷量与外力大小成正比。

　　当发动机缸体产生振动时，传感器套筒底座及惯性配重随之产生振动，套筒底座和惯性配重的振动作用在压电元件上。由压电效应可知，压电元件的信号输出端就会输出与振动频率和振动强度有关的交变电压信号，如图 3-33 所示。试验证明：发动机爆燃产生的压力冲击波频率在 6~9 kHz 之间时振动强度较大，因此，信号电压较高。发动机转速越高，信号电压幅值越大。

　　爆燃是在发动机活塞运行到压缩上止点附近产生的，此时缸体振动强度最大，所以爆燃传感器输出电压较高。爆燃传感器输出信号电压与曲轴转角的对应关系如图 3-34 所示，爆燃传感器的灵敏度约为 20 mV/g（$g=9.8 \text{ m/s}^2$）。

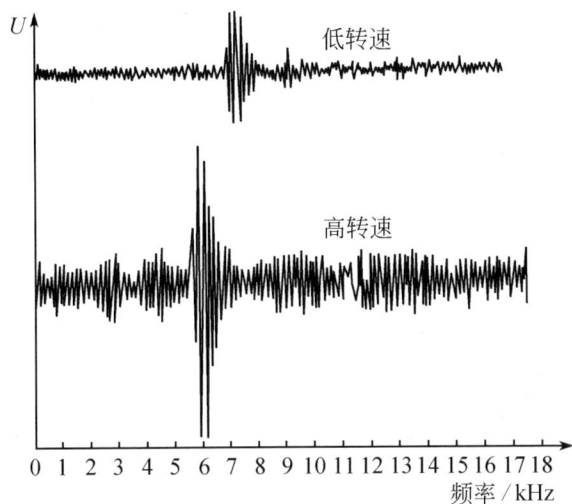

图 3-33　不同转速时爆燃传感器输出
电压波形

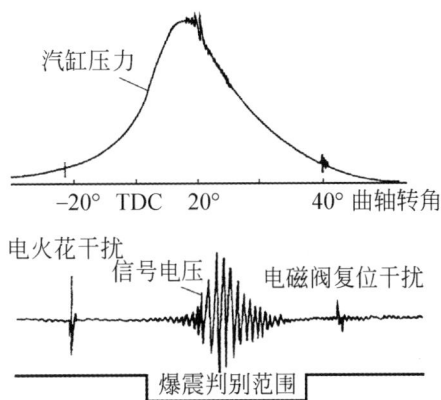

图 3-34　爆燃传感器输出信号电压与
曲轴转角的对应关系

2. 磁致伸缩式爆燃传感器

磁致伸缩式爆燃传感器为共振型爆燃传感器，磁致伸缩式爆燃传感器的结构如图 3-35 所示，其主要由磁感线圈、弹性元件、伸缩杆、永久磁铁和壳体等组成。伸缩杆用高镍合金制成，在其一端设置有永久磁铁，另一端安放在弹性元件上。磁感线圈绕制在伸缩杆的周围，磁感线圈两端引出电极与控制线路连接。

磁致伸缩式爆燃传感器的外形结构与发动机润滑油压力传感器相似，其不同之处在于爆燃传感器旋入发动机缸体的部分为实心结构，而发动机润滑油压力传感器则设计有进油孔。

当发动机缸体产生振动时，磁致伸缩式爆燃传感器的伸缩杆就会随之振动，磁感线圈中的磁通量就会发生变化。由电磁感应原理可知，磁感线圈中就会感应产生交变电动势，即传感器就有信号电压输出，输出信号电压的高低取决于发动机的振动强度和振动频率。当发动机产生爆燃（缸体振动频率为 6~9 kHz）时，传感器产生共振，振动强度最大，磁感线圈中产生的信号电压最高，如图 3-36 所示。

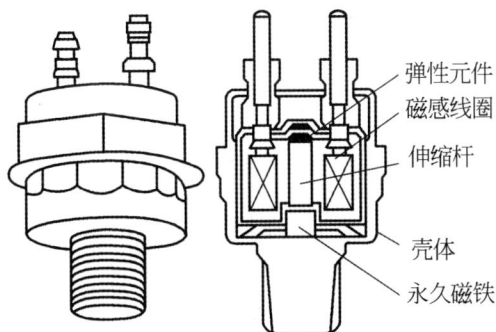

图 3-35　磁致伸缩式爆燃传感器的结构

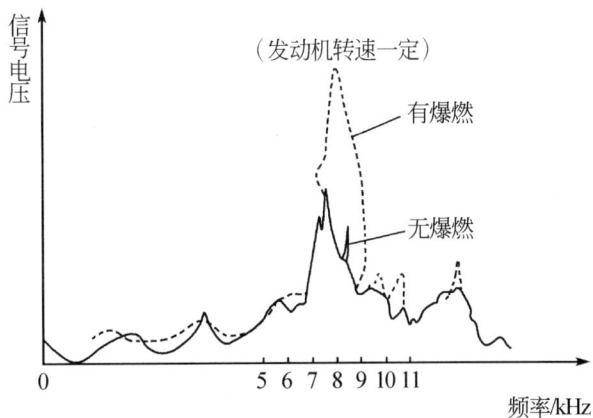

图 3-36　磁致伸缩式爆燃传感器信号波形

3. 压力检测式爆燃传感器

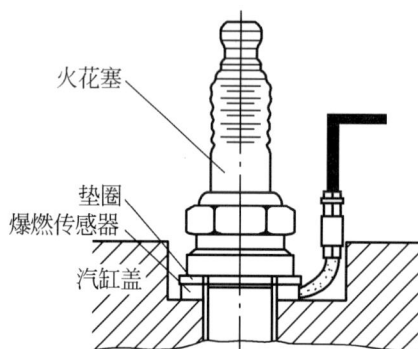

图 3-37　垫圈式爆燃传感器安装位置

直接检测燃烧压力来检测发动机爆燃是测量精度最高的测量方法，但传感器安装困难且耐久性较差。实际使用的是一种间接检测燃烧压力的方法，其传感器安装在火花塞垫圈下面，如图 3-37 所示。这种压力检测式爆燃传感器又称为垫圈式爆燃传感器，奥迪轿车采用过这种传感器。

垫圈式爆燃传感器实际上是一种非共振型压电效应式爆燃传感器，结构原理与前述压电式爆燃传感器相同。传感器安装在火花塞垫圈与发动机汽缸盖之间，汽缸内可燃混合气燃烧产生的压力作用到火花塞上，并经火花塞垫圈传递给传感器。当压力变化时，传感器信号电压随之变化，从而间接地测量燃烧压力。

3.6.4　爆燃的判别方法

发动机爆燃一般仅在大负荷、中低转速（小于 3 000 r/min）时产生。因为爆燃传感器输出信号电压的振幅随发动机转速不同而变化，所以判定发动机是否发生爆燃不能根据爆燃传感器输出信号电压的绝对值进行判别。常用方法是将发动机无爆燃时传感器输出的信号电压与产生爆燃时输出的信号电压进行比较，从而做出判定结论。

1. 基准电压的确定

判定爆燃的基准电压通常利用发动机即将产生爆燃时的传感器输出信号电压来确定。基准电压的确定方法如图 3-38 所示，首先对传感器输出的信号进行整形滤波，利用平均电路求得信号电压的平均值；然后再乘以常数倍即可形成基准电压 U_B，平均值的倍数由设计制造时的试验确定。因为发动机转速升高时，爆燃传感器输出电压的幅值增大，所以基准电压并不是一个固定值，而是随发动机转速升高而增大。

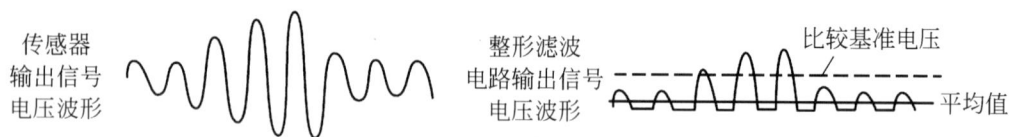

图 3-38　基准电压的确定方法

2. 爆燃强度的判别

发动机爆燃的强度取决于爆燃传感器输出信号电压的振幅和持续时间。爆燃信号电压值超过基准电压值的次数越多，爆燃强度越大；反之，超过基准电压值的次数越少，说明爆燃强度越小。爆燃强度的判定方法如图 3-39 所示。

首先利用基准电压对传感器输出信号电压进行整形滤波处理，然后对整形后的波形进

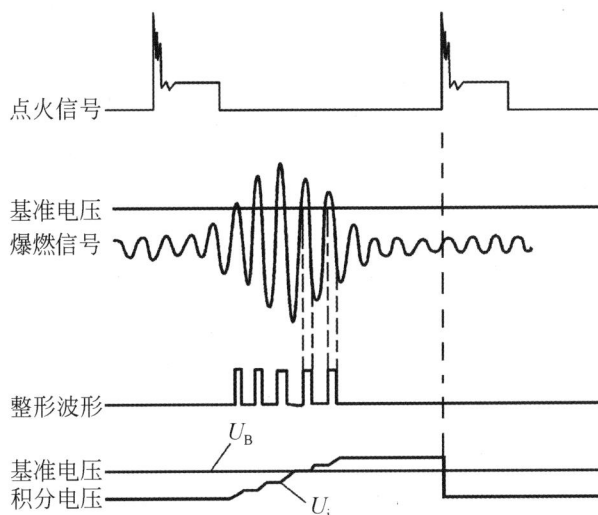

图 3-39　爆燃强度的判定方法

行积分处理，求得积分电压 U_i。爆燃强度越大，积分电压 U_i 越大；反之，爆燃强度越小，积分电压 U_i 越小。当积分电压 U_i 超过基准电压 U_B 时，电控单元将判定发动机发生爆燃。

3.6.5　爆燃的控制过程

爆燃控制系统是一个闭环控制系统。当发动机工作时，电控单元首先根据各种传感器信号，从预先试验测得并存储在 ROM 中的点火提前角三维数据 MAP 中查询得到点火提前角；然后根据凸轮轴位置传感、曲轴位置传感器以及其他传感器信号控制点火时间，控制结果由爆燃传感器反馈到电控单元输入端，再由电控单元对点火提前角进行修正。爆燃控制系统控制的点火提前角曲线如图 3-40 所示。

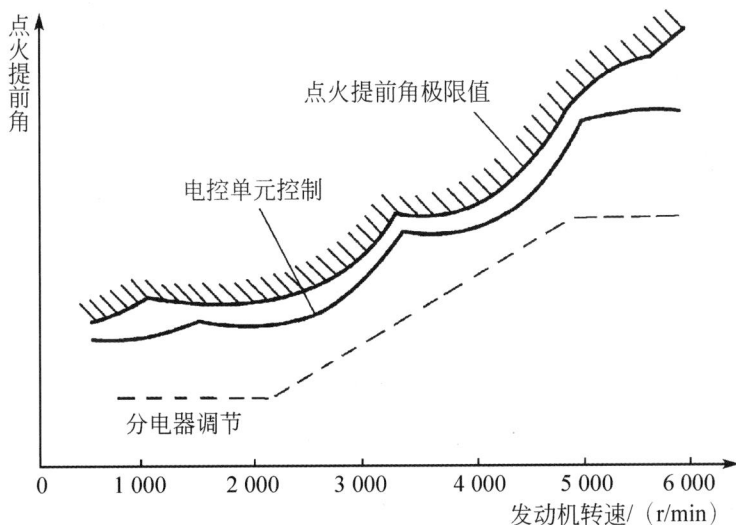

图 3-40　爆燃控制系统控制的点火提前角曲线

爆燃传感器信号输入电控单元后，电控单元便将其积分电压 U_i 与基准电压 U_B 进行比较。当积分电压 U_i 高于基准电压 U_B 时，电控单元立即发出指令，控制点火时间推迟，每次推迟 $0.5° \sim 1.0°$ 曲轴转角，修正速度为 $0.7°/s$ 左右，直到爆燃消除为止。爆燃强度越大，点火时间推迟越多；爆燃强度越小，点火时间推迟越少。当积分电压 U_i 低于基准电压 U_B 时，说明爆燃已经消除，电控单元又递增一定量的点火提前角，直到再次产生爆燃为止。

发动机工作时，缸体振动频繁、剧烈，为使监测得到的爆燃信号准确无误，爆燃的监测并非随时都在进行，而是在发出点火信号后的一定曲轴转角范围内进行，这是因为发动机爆燃只有在点火后的一段时间之内才有可能发生。

本章小结

本章主要介绍了发动机怠速控制、断油控制、空燃比反馈控制、燃油蒸发排放控制、废气再循环控制和爆燃控制等子控制系统的有关内容。

下列问题覆盖了本章的主要学习内容，利用以下线索可对所学内容做一次简要的回顾：

1. 发动机怠速控制系统的组成、怠速控制过程。
2. 步进电动机式、旋转滑阀式和脉冲电磁阀式怠速控制阀的结构原理。
3. 发动机超速断油与减速断油以及清除溢流的控制过程。
4. 发动机空燃比反馈控制系统的组成与控制原理。
5. 氧化锆式和氧化钛式氧传感器的结构原理。
6. 空燃比反馈控制过程和实施反馈控制的条件。
7. 燃油蒸发排放控制系统的组成与控制原理。
8. 废气再循环的目的与控制方式。
9. 电控式废气再循环系统的组成与控制原理。
10. 电控式废气再循环系统实施废气再循环的条件。
11. 发动机爆燃的检测方法，爆燃控制系统的组成。
12. 压电式和磁致伸缩式爆燃传感器的结构原理。
13. 发动机爆燃的判别方法与控制过程。

自测题

一、单选题（在每小题的备选答案中，选出一个正确答案，并将其序号填在括号内）

1. 当空调开关接通时，发动机将快怠速运转，此时发动机转速将升高约（　　）。
A. 100 r/min　　　　　　　B. 200 r/min　　　　　　　C. 300 r/min
2. 氧化锆式氧传感器正常输出信号电压时，其自身温度必需高于（　　）。
A. 300 ℃　　　　　　　　B. 600 ℃　　　　　　　　C. 800 ℃
3. 氧化钛式氧传感器正常输出信号电压时，其自身温度必需高于（　　）。
A. 300 ℃　　　　　　　　B. 600 ℃　　　　　　　　C. 800 ℃

4. 当汽油发动机爆燃时，所产生的压力冲击波的频率一般为（　　　）。

A. 1~3 kHz　　　　　　　　B. 3~6 kHz　　　　　　　　C. 6~9 kHz

5. 电控式废气再循环系统的控制精度较高，其控制的废气再循环率可达（　　　）。

A. 5%　　　　　　　　　　B. 15%　　　　　　　　　　C. 25%

二、判断题（在括号内正确的打√、错误的打×）

1. 发动机怠速控制的实质是控制怠速时的点火提前角。　　　　　　　　（　　）

2. 为了防止发动机超速运转而损坏机件，断油控制系统在 6 000 r/min 时就会中断喷油。

（　　）

3. 发动机空燃比反馈控制的目的是减小有害物质 CO 的排放量。　　　（　　）

4. 氧传感器输入电控单元的信号电压正常时，其变化频率应不低于 10 次/min。

（　　）

5. 发动机废气再循环的目的是减小 NO_x 的排放量。　　　　　　　　（　　）

三、简答题

1. 举例说明步进电动机式怠速控制阀控制发动机怠速转速的过程。

2. 在燃油喷射系统中，发动机电控单元对空燃比实施闭环控制的条件有哪些？

3. 空燃比反馈控制系统在哪些情况下对空燃比实施开环控制？

4. 氧传感器的功用是什么？为什么氧传感器必须定期更换？

5. 爆燃传感器有哪些类型？压电式爆燃传感器怎样检测发动机的爆燃？

第4章 柴油机电控喷油技术

导 言

汽车用柴油发动机为压燃式发动机，电控柴油机的喷油压力高达 160~200 MPa。因此，研究柴油机电控喷油技术主要是研究喷油压力电控技术和燃油喷射电控技术。

本章主要介绍柴油机电控喷油技术的发展概况与基本原理，柴油机电控喷油系统的组成与分类，高压共轨式电控柴油喷射系统的组成，高压共轨式电控柴油喷射系统的关键技术、喷油量和喷油压力以及多段喷射的控制等内容。

本章学习内容力求使学生掌握柴油机电控喷油技术的相关知识，为继续学习相关章节和使用、维修柴油机打下坚实的基础。

学习目标

1. 认知目标
1）了解柴油机电控喷油技术的发展和高压共轨式电控柴油喷射系统的组成。
2）熟悉高压共轨式电控柴油喷射系统关键部件的结构组成与工作原理。
3）掌握高压共轨式电控柴油喷射系统喷油量、喷油压力和多段喷射的控制方法。

2. 技能目标
1）能够说明高压共轨式电控柴油喷射系统的组成。
2）能够说明高压共轨式电控柴油喷射系统关键部件的结构原理。
3）能够熟练地阐述高压共轨式电控柴油喷射系统喷油量和喷油压力的控制方法。

3. 情感目标
1）逐渐养成学习柴油机电子控制技术的习惯。
2）注重培养一丝不苟、严肃认真的工作态度和工作作风。
3）加强形象思维能力和抽象思维能力的培养，不断提高学习兴趣和效率。

4.1 柴油机电控喷油技术概况

柴油发动机电子控制燃油喷射系统又称为电子控制柴油发动机系统（Electronic Control Diesel Engine System，ECD，日本电装公司），电子式柴油机控制系统（Electronic Diesel Engine Control System，EDC，德国博世公司）和计算机控制柴油喷射系统（Computed Diesel Injection System，CDI，奔驰公司）。为了区别于汽油机电控燃油喷射系统，柴油发动机电子控制燃油喷射系统通常称为柴油机电控喷油系统或电控柴油喷射系统。

4.1.1　柴油机电控喷油技术的发展

柴油机电控喷油技术从诞生以来，先后出现了位置控制式柴油喷射系统、时间控制式柴油喷射系统和高压共轨式柴油喷射系统三代产品。人类锲而不舍地研究开发柴油机电控喷油技术，根本目的是节约燃油、减少排放、降低噪声和提高柴油机的整机性能。目前，柴油机电控喷油技术的发展已取得骄人的成果。

早在 20 世纪 70 年代，德国、美国和日本等工业发达国家就已研制出柴油机电控喷油系统并应用于柴油车发动机的实时控制。最初投入使用的柴油机电控喷油系统采用了传感器、模拟电子电路和执行器组成的电子控制系统来取代控制喷油量的调速器，并能比较精确地控制柴油机的转速。

进入 20 世纪 80 年代后，柴油机电控喷油系统利用了微型计算机来代替模拟电子电路，并利用电磁阀作为执行器来控制喷油量，大大提高了模拟电子电路的设计自由度和系统的控制精度，比较圆满地解决了当时提出的节约燃油、净化排气和降低噪声等问题。典型产品有日本杰克赛尔公司的喷油定时可变型燃油喷射系统（Timing and Injection Rate Control System，TICS）和微型计算机控制喷油量与喷油定时的电控分配泵系统（Computed Ve pump Control System-Full，COVEC-F）、日本电装公司 ECD-V3 型电控分配泵系统以及德国博世公司 EDC 型和 VP 系列电控分配泵系统等。

20 世纪 90 年代，人们成功研制了高压共轨式电控柴油喷射系统，开辟了柴油机电控喷油技术的新纪元。

人们对共轨式燃油喷射系统的基本原理并不陌生。早在 20 世纪 30 年代，汽油发动机就已采用了共轨式燃油喷射技术并应于军用战斗机，20 世纪 50 年代应用于赛车的汽油发动机。到 20 世纪末，各型汽油机都圆满完成了从机械式供油系统（化油器供油系统）向电控燃油喷射系统的转换。在共轨式电控柴油喷射技术的研究方面，20 世纪 60 年代后期，瑞士的哈勃（Hiber）教授开发成功了柴油机共轨式电控系统的基本原型，随后瑞士的以加尼斯（Ganser）教授为中心的研究团队对共轨式电控柴油喷射系统进行了一系列的研究。到 20 世纪 90 年代中期，共轨式电控柴油喷射技术到达实用阶段。

20 世纪 80 年代中期，日本电装公司完成了汽油机电控燃油喷射技术的研究与应用，时任电装公司燃油装置事业部主管的藤泽英也先生开始将汽油机电控燃油喷射技术应用到柴油机上。1990 年，在日本千叶县幕张国际展览中心举办的国际汽车展览会上，电装公司展出了配装 ECD-U2 型高压共轨式电控柴油喷射系统的柴油机。直到 1995 年年末，电装公司与丰田公司联合开发成功的 ECD-U2 型高压共轨式电控柴油喷射系统才应用于载货汽车柴油发动机并开始实现批量生产，从此开创了高压共轨式电控柴油喷射技术的新时代。随后，电装公司又开发研制了 ECD-U2P 型高压共轨式电控柴油喷射系统。ECD-U2 型高压共轨式电控柴油喷射系统是为增压、中冷、中型及重型柴油机设计的电控燃油喷射系统，也是全世界最早定型的高压共轨式电控柴油喷射系统；ECD-U2P 型高压共轨式电控柴油喷射系统是为轿车柴油机设计的电控燃油喷射系统。从 2000 年开始，日本丰田、日野、五十铃、三菱和日产等公司都采用了这些高压共轨式电控柴油喷射系统。

德国博世公司也是世界著名的汽车电器与电控技术开发商，在共轨式电控柴油喷射技术的研究方面亦有杰出成就。1994 年年初，博世公司开始与戴姆勒－奔驰公司合作研制高压共轨式电控柴油喷射系统。同年，博世公司将高压共轨式电控柴油喷射系统应用于直喷式柴油机，并进行了 200 万公里室外道路进行试验验证，证实了高压共轨式电控柴油喷射系统在降低排放、减小噪声和简化发动机结构设计等方面的优越性。此后，博世公司与戴姆勒－奔驰公司、菲亚特公司以及菲亚特的子公司依莱赛斯公司成立联合开发组，共同开发高压共轨式电控柴油喷射系统。当时依莱赛斯公司已经成功研制了性能优越的供油泵和不带预喷射的电磁喷油器（准确地说，应该是电磁控制油压驱动喷油式喷油器）。1997 年年末，博世公司研制的轿车柴油机用高压共轨式电控柴油喷射系统开始批量投放市场。从 2000 年开始，博世公司投入了 800～900 名工程技术人员，专门从事共轨式电控柴油喷射技术的研究，2002—2003 年，研制成功了利用压电晶体控制液压伺服机构的第二代电控喷油器（压电晶体式喷油器），用以替代共轨式电控柴油喷射系统的高速电磁阀控制式喷油器（第一代电控喷油器），喷油压力提高到 160 MPa，每个喷射循环都可实现预喷射、主喷射和多段喷射，预喷射油量可控制在每行程 1 mm^3 以内。2009 年，博世公司将喷油压力提高到了 200 MPa。

高压共轨式电控柴油喷射技术的基本原理与汽油机燃油喷射技术相似，电动燃油泵（输油泵）将燃油箱内的柴油输送到高压油泵，高压油泵在发动机驱动下将柴油加压到 160～200 MPa 后供入公共油轨（Common Rail，CR，俗称"共轨"，相当于汽油机电控燃油喷射系统的燃油分配管或燃油总管）内，在电控单元的控制下，高压燃油经电控喷油器喷射到相应的汽缸内燃烧做功。高压共轨式电控柴油喷射系统与传统的喷油泵供油系统以及电控喷油泵系统的显著区别在于燃油高压的产生和喷油的控制是通过电控单元独立进行的，即燃油压力的产生与柴油机转速和负荷无关，是由电控单元控制压力控制阀来调节高压油泵的供油量。高压共轨式电控柴油喷射系统的显著特点是能够自由改变喷油压力、喷油量、喷油定时（何时开始喷油）和喷油特性（实现引导喷射、预喷射、主喷射、后喷射和次后喷射等多段喷射，目前已可实现 3 次、5 次或更多次喷射）。通过预喷射，可降低柴油机噪声；通过后喷射，可减小发动机 NO$_x$ 和颗粒物（Particulate Matter，PM，主要成分为碳烟微粒或浮游微粒）的排放量。因此，柴油机采用高压共轨式电控柴油喷射技术，能使柴油良好雾化，提高燃烧效率，从而达到降低油耗、减少排放、降低噪声和减小振动的目的。

人类步入 21 世纪后，装备电控柴油喷射系统的载货汽车和轿车与日俱增。柴油机采用高压共轨式电控燃油喷射技术，是柴油机技术发展的必然趋势。

4.1.2　柴油机电控喷油系统的组成

柴油机电控燃油喷射系统同汽油机电控燃油喷射系统一样，也是由传感器、电控单元和执行器三部分组成。我国东风朝柴动力有限公司引进了德国博世公司开发的高压共轨式电控柴油喷射系统，高压共轨式电控柴油喷射系统的组成如图 4-1 所示。

传感器的功用是检测发动机运行时的状态参数。柴油机电控喷油系统常用的传感器

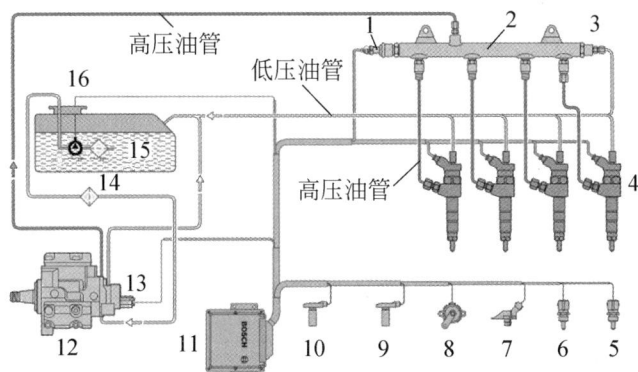

1—油压传感器；2—共轨；3—限压阀；4—电控喷油器；5—进气温度传感器；6—冷却液温度传感器；
7—大气压力传感器；8—加速踏板位置传感器；9—凸轮轴位置传感器；10—曲轴位置传感器；11—电控单元；
12—高压油泵；13—压力控制阀；14—燃油滤清器；15—燃油箱；16—电动燃油泵。

图 4-1　高压共轨式电控柴油喷射系统的组成

有：曲轴位置（发动机转速与转角）传感器、凸轮轴位置传感器、加速踏板位置（或齿杆位置）传感器、大气压力传感器、进气温度传感器、燃油温度传感器、冷却液温度传感器、共轨油压传感器、空气流量传感器（增压柴油机采用）以及车速传感器等。

电控单元是柴油机电控喷油系统的核心，是一个以单片机为核心的电子控制器。目前，CPU 普遍采用高速 32 位进行数学运算和逻辑判断。电控单元的功用是根据曲轴位置和加速踏板位置等传感器检测的柴油机运行状态参数，与电控单元中预先存储的发动机特性数据（数据 MAP）进行比较，计算确定喷油量和喷油时间等控制参数，并按计算所得目标值向执行器发出控制指令。此外，电控单元还具有通信和其他功能，如与自动变速电控单元进行数据传输和交换、适时修正喷油量和喷油提前角控制指令等。

执行器（执行机构）的功用是根据电控单元发出的控制指令执行相应的任务，主要是控制喷油量、喷油定时和喷油压力等。控制系统的控制策略不同，采用执行器的种类也不相同。位置控制式柴油喷射系统的执行器采用电磁铁机构、直流电动机、步进电动机和机械式喷油器；时间控制式柴油喷射系统的执行器采用电磁阀和机械式喷油器；高压共轨式柴油喷射系统的执行器采用电动燃油泵、压力控制阀、电磁式喷油器或压电晶体式喷油器等。无论采用何种控制策略，喷油器都是控制喷油量和喷油定时的最终执行器。

在柴油机电控喷油系统中，各种传感器的功用、组成及其结构原理与汽油发动机电控系统使用的传感器基本相同。鉴于执行器是柴油机电控喷油系统的关键技术，以及柴油机技术发展的必然趋势是采用高压共轨式电控柴油喷射技术，所以本书将重点介绍典型柴油机电控喷油系统的执行器和高压共轨式电控柴油喷射技术。

4.1.3　柴油机电控喷油系统的分类

柴油机喷油系统可分为机械式喷油系统和电子控制式喷油系统两大类。由于柴油机产品的多样性（在机械控制时代就已开发应用直列泵、分配泵、单体泵和泵喷嘴等结构形式、适用范围和自身特点完全不同的燃油系统），因此，在其基础上开发研制的柴油机电控喷油系统种类繁多、形式各异。准确分类十分困难，大致可按下述情况进行分类，以供读者参考。

按控制方式不同，柴油机电控喷油系统可分为位置控制式喷油系统、时间控制式喷油系统和共轨式喷油系统三种类型。

按控制对象不同，柴油机电控喷油系统可分为电控喷油泵系统和共轨式电控喷油系统两大类。电控单元的控制对象前者是喷油泵（控制喷油量），后者是分别且独立控制喷油器（控制喷油量）和压力控制阀（控制喷油压力）。

按喷油泵供油机构的结构形式不同，电控喷油泵系统可分为直列泵式电控喷油系统、分配泵式电控喷油系统、泵喷嘴式电控喷油系统和单体泵式电控喷油系统四种类型。

共轨式喷油系统可分为高压共轨式喷油系统和中压共轨式喷油系统两种类型。目前使用的共轨式喷油系统大都是高压共轨式喷油系统。

高压共轨式喷油系统的特点是燃油箱内的燃油由输油泵（电动燃油泵）输送到高压泵（高压油泵），燃油压力约 250 kPa；再由高压泵将低压燃油加压压缩成高压燃油并直接输送到公共油轨（共轨、公共油管、燃油分配管或油架）内，燃油压力达 150 MPa 以上。因此，在高压共轨式喷油系统中，从高压泵到喷油器之间均处于高压状态。

中压共轨式喷油系统的特点是输油泵输出的燃油为中、低压燃油，压力为 10 ~ 30 MPa，中、低压燃油由燃油泵输送到共轨后再送入喷油器。在中压共轨式喷油系统的喷油器中，设置有液压放大机构（增压器或增压机构），中、低压燃油的压力由液压放大机构增大到 120 MPa 以上，然后再喷入汽缸。因此，在中压共轨式喷油系统中，高压区域仅局限在喷油器中。

在上述的柴油机电控喷油系统中，只有高压共轨式电控喷油系统才是新型的电控喷油系统，其他系统都是在博世公司 1926 年开发成功的喷油泵系统基础上增设电控系统而构成，在技术上没有实质性的进步。

4.2　柴油机电控喷油的基本原理

20 世纪 70 年代以来，在满足柴油机排放法规和提高燃油经济性等要求的背景下，柴油机电控喷油技术先后被各汽车生产厂家用来控制喷油量和喷油定时等控制参数，开发了各式各样的电控喷油系统。由于控制对象各不相同，因此，各电控喷油系统的控制功能、控制策略与控制原理亦不尽相同。

4.2.1　柴油机电控喷油系统的控制功能

由于柴油机电控喷油系统的种类不同、应用对象（轿车或载货汽车）不同以及控制策略不同，其控制功能的多少各不相同。但是，每一种电控喷油系统都具有喷油量控制和故障自诊断等基本控制功能。柴油机电控喷油系统的控制功能如表 4-1 所示。

表 4-1　柴油机电控喷油系统的控制功能

控制功能	控制内容	备注
喷油量控制	基本喷油量控制	
	起动喷油量控制	
	怠速转速（喷油量）控制	
	加速时喷油量控制	
	各缸不均匀油量补偿控制	
	恒定车速（巡航）控制	
喷油定时控制	基本喷油定时控制	
	起动喷油定时控制	
	低温时喷油定时控制	
喷油压力控制	基本喷油压力控制	共轨式电控喷油系统可以实现
喷油特性控制	预喷油量控制	
	预行程控制	
	多段喷射（引导喷射、预喷射、主喷射、后喷射、次后喷射）控制	高压共轨式电控喷油系统才能实现
辅助控制	故障自诊断控制	
	故障应急处理控制	
	进气量控制	
	废气再循环控制	废气再循环系统才能实现
	……	

4.2.2　柴油机电控喷油系统的控制策略

几十年来，柴油机电控喷油系统经历了位置控制、时间控制和高压共轨控制三代控制技术的变化。典型柴油机电控喷油系统的控制策略和主要技术特点如表 4-2 所示。

表 4-2　典型柴油机电控喷油系统的控制策略和主要技术特点

技术类别	控制策略	典型喷油系统名称	控制项目				技术特点
			喷油量	喷油定时	喷油压力	喷油特性	
第一代	凸轮压油+位置控制	COVEC-F	●	●	○	○	喷油量由电控单元控制油量调节齿杆或滑套的位移量进行控制；喷油定时由定时控制阀通过控制液压提前器活塞高压腔与低压腔之间的压差来控制
		ECD-V1	●	●	○	○	
		TICS	●	●	○	○	

续表

技术类别	控制策略	典型喷油系统名称	控制项目				技术特点
			喷油量	喷油定时	喷油压力	喷油特性	
第二代	凸轮压油+电磁阀时间控制	ECD-V3	●	●	○	○	喷油量由电控单元控制电磁阀进行控制；喷油定时控制方法与第一代相同，但反馈控制信号不同
		VP	●	●	○	○	
第三代	燃油蓄压+喷油器时间控制	ECD-U2 ECD-U2P UNIJET CRS	●	●	●	●	喷油量和喷油定时均由电控单元通过控制各缸喷油器的电控机构来控制；喷油压力由电控单元通过控制压力控制阀来控制，燃油压力的产生与发动机转速和负荷无关

注：符号"●"表示具有该项控制功能；符号"○"表示没有该项控制功能。

4.2.3 柴油机喷油量的计算方法

喷油量是柴油机工作过程中最重要的参数之一。柴油机设计师们的最大理想就是根据柴油机的实际工况，自由控制每循环的喷油量。随着高压共轨式电控喷油技术的应用，设计师们的梦想才得以实现。

柴油机每循环的基本喷油量的计算公式为

$$Q_j = \frac{98 p_e V_h g_e}{27 \gamma_m} = \frac{50 N_e g_e}{3 n_t \gamma_m} \quad （mm^3/冲程） \tag{4-1}$$

式中：Q_j——基本（标定工况）喷油量，mm^3；

p_e——平均有效压力，kPa；

V_h——每缸排量，L；

g_e——比油耗，g/（kW·h）；

γ_m——燃油密度（轻质柴油为 0.82~0.89 g/cm^3）；

N_e——每缸标定功率，kW；

n_t——标定工况凸轮转速，r/min。

标定工况的喷油量是柴油机工作过程中最基本的喷油量。式（4-1）说明，基本喷油量 Q_j 与凸轮转速 n_t 成反比。因为发动机转速 n_e 与凸轮转速 n_t 为一定比值关系，所以基本喷油量 Q_j 与发动机转速 n_e 也成反比关系。当转速升高时，发动机在一个工作循环内所占的时间缩短，其进气量将减小，所以基本喷油量 Q_j 减小。

柴油机在各种工况下工作时，每循环喷油量的变化范围是（1.0~1.5）Q_j。其他工况下的喷油量与基本喷油量之间的关系如下：

起动喷油量为

$$Q_q = (1.3~1.5)Q_j \tag{4-2}$$

怠速喷油量为

$$Q_d = (0.2 \sim 0.25) Q_j \tag{4-3}$$

上述公式虽然都是经验公式，但用其计算的喷油量具有一定的精度，曾被广泛应用于机械式喷油系统喷油量的计算。柴油机各具特点，因此，上述公式应在此基础上，根据具体的发动机进行试验修正，即可得到较为理想实用的喷油量数据。

4.2.4　电控喷油泵系统喷油量的控制原理

在机械式喷油系统中，柴油机大都采用机械式调速器来调节喷油量，利用离心力与弹簧作用力的平衡关系决定调节齿杆的位移，从而控制喷油量的大小。在电控喷油系统中，喷油器则是在电控单元的控制下喷射燃油。控制对象不同，喷油量的控制原理也不相同。

为了满足排放法规和油耗法规的要求，每循环的基本喷油量 Q_j 均经过精确计算和反复试验，利用计算机的存储功能，将试验得到的最佳数据（发动机在不同转速和不同负荷下对应的最佳基本喷油量）以三维数据 MAP 形式存储在计算机的 ROM 中，如图 4-2 所示。再利用计算机的查询功能和控制功能，通过控制执行器动作将喷油量控制在最佳值。

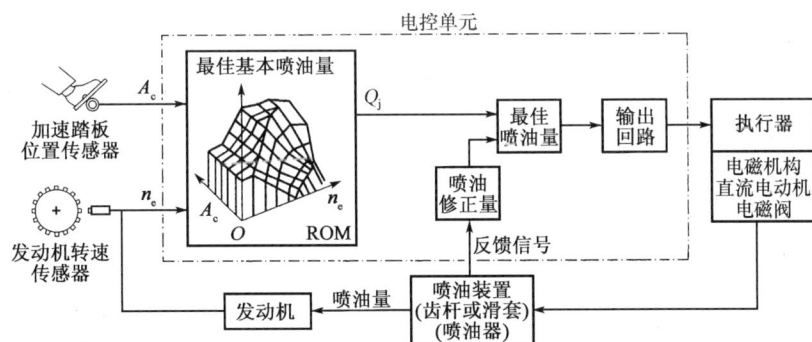

图 4-2　电控喷油泵系统基本喷油量的控制原理

当发动机工作时，电控单元根据加速踏板位置传感器信号（齿杆位置信号）A_c 和发动机转速（曲轴位置）传感器信号 n_e，利用计算机的查询功能，从三维数据 MAP 中得到相应的基本喷油量数值 Q_j；再利用计算机的数学计算与逻辑判断功能以及其他传感器提供的喷油量修正信号，即可计算确定最佳喷油量，并向执行器（电磁机构、直流电动机或电磁阀）发出控制指令；执行器在电控单元输出回路的驱动下动作，使喷油器按最佳喷油量喷射柴油，完成一次喷油过程。

在发动机工作过程中，电控系统不断循环上述过程，即可实现喷油量的实时控制。

在位置控制式电控喷油泵系统中，利用了发动机转速传感器+齿杆（或滑套）位置传感器+电控单元+电磁机构来替代机械式调速器。由电控单元根据各种传感器信号计算确定喷油量，通过控制这些执行器动作使调节齿杆（或滑套）产生位移来控制喷油量，执行器为电磁机构。齿杆或滑套的位移量信号为反馈信号，输入电控单元对喷油量实现反馈控制。

在柴油机中，因为每循环喷油量是由柴油机的工作负荷确定的，所以反应发动机负荷的加速踏板位置（齿杆位置）传感器信号 A_c 与反映发动机进气量的发动机转速（曲轴位置）传感器信号 n_e 是确定喷油量最基本也是最重要的信号。因此，加速踏板位置传感器或发动机转速传感器一旦发生故障，电控单元将控制发动机处于应急状态（跛行状态）运行，以便驾驶人将车辆行驶到家或送修理厂修理。

4.3　高压共轨式柴油喷射系统的组成与特点

高压共轨式柴油喷射技术的基本原理与汽油机燃油喷射技术相似，电动燃油泵将柴油从燃油箱输送到高压泵内，高压泵在发动机的驱动下，将柴油压缩成 160～200 MPa 的高压燃油供入共轨，在电控单元的控制下，共轨中的适量高压燃油经各缸高压油管和各缸电控喷油器直接喷射到汽缸内燃烧做功。

4.3.1　高压共轨式柴油喷射系统的组成

全球目前提供共轨式柴油喷射系统的公司主要有德国博世公司和西门子公司、美国德尔菲公司和凯特皮勒公司（该公司是军用车辆的主要提供商）以及日本电装公司。各公司研制的共轨式柴油喷射系统分为多种类型，结构原理大同小异，最具有代表性的是 20 世纪 90 年代中后期博世公司和电装公司推出的高压共轨式柴油喷射系统。其中，博世公司高压共轨式柴油喷射系统（Common Rail System，CRS）的组成如图 4-3 所示，控制部件在四缸柴油机上的安装位置如图 4-4 所示。

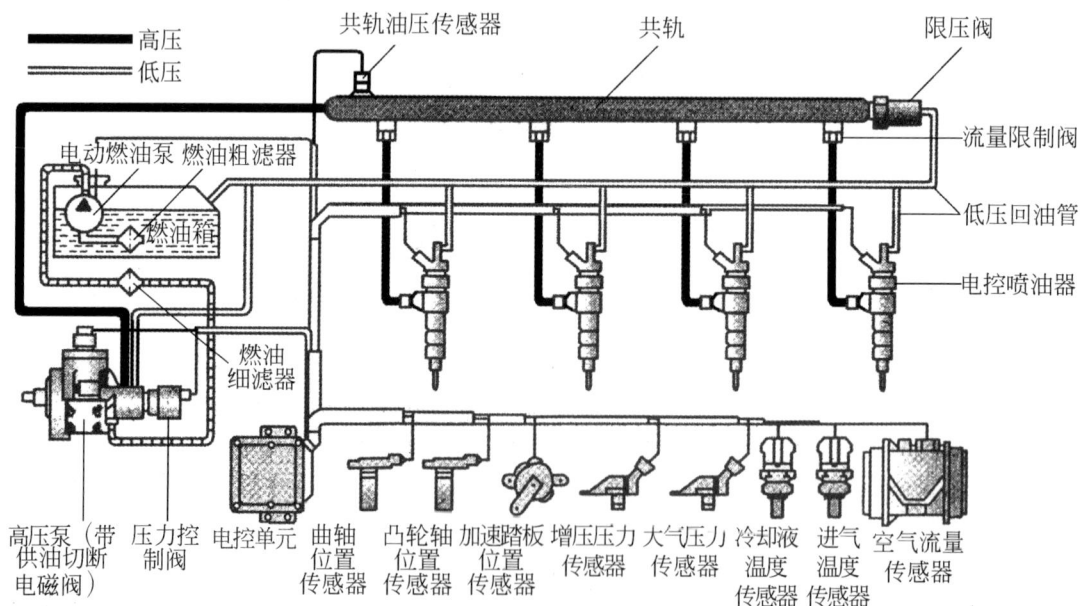

图 4-3　博世公司高压共轨式柴油喷射系统的组成

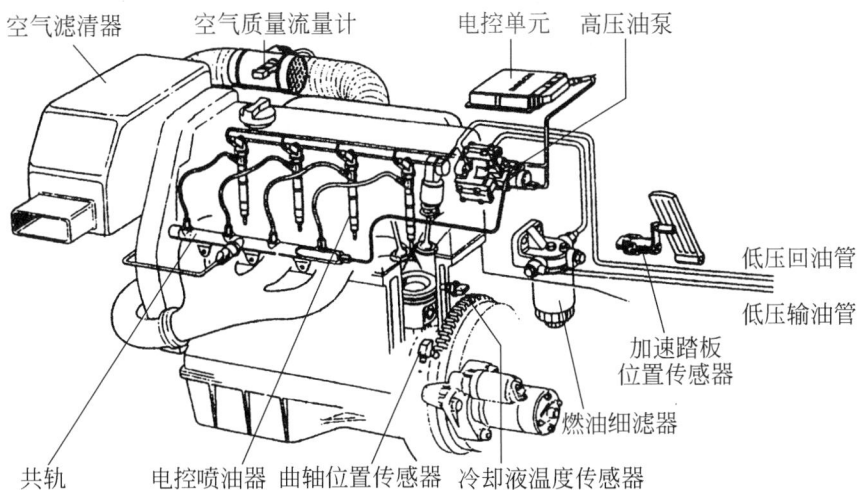

图 4-4　控制部件在四缸柴油机上的安装位置

高压共轨式柴油喷射系统采用的控制策略是喷油量和喷油定时均由电控单元通过控制各缸喷油器的电控机构进行控制；喷油压力（共轨中的燃油压力）由电控单元通过控制压力控制阀（Pressure Control Valve，PCV）进行控制。在汽油机燃油喷射系统中，电动燃油泵供入燃油分配管中的汽油压力较低（250~350 kPa），燃油压力（喷油压力）可用油压调节器进行调节。在高压共轨式柴油喷射系统中，高压泵供入共轨中的柴油压力（喷油压力）高达 160~200 MPa（即 160 000~200 000 kPa），用油压调节器难以实现精确调节，故其喷油压力采用压力控制阀控制，与发动机转速和负荷无关。因此，同汽油机燃油喷射系统一样，高压共轨式柴油喷射系统也可通过控制电控喷油器阀门的开启时间来控制喷油量。

高压共轨式柴油喷射系统的组成与汽油机燃油喷射系统相同，也是由空气供给系统、燃油供给系统和电子控制系统三大系统组成。

1. 空气供给系统

空气供给系统（供气系统）的功用及组成与汽油机燃油喷射系统基本相同，主要是向发动机提供柴油燃烧所需空气并检测出进入汽缸的空气量。空气供给系统配装的传感器主要有空气流量传感器（空气流量计）、进气温度传感器、大气压力传感器和增压压力传感器。

空气流量传感器安装在进气管上，用于检测增压器增压后的空气量；进气温度传感器一般都安装在空气流量传感器内，用于检测进入汽缸的空气温度；大气压力传感器一般都安装在电控单元内部的印刷电路板上，用于检测海拔高度不同时的大气压力；增压压力传感器安装在进气管上，用于检测增压器增压后的空气压力。进气温度、大气压力和增压压力三种传感器的信号都是用于空气量的修正计算，以便得到进入汽缸空气量的精确数值。因为柴油机的理想空燃比为 14.3，所以电控单元根据空气量的精确数值，即可在每个燃烧循环调整每个喷油器的喷油量，从而大大减少有害物质的排放量。

2. 燃油供给系统

燃油供给系统的功用是向共轨供给压力足够高和油量足够大的燃油。燃油的实际压力值和供油量取决于发动机的转速与负荷，由系统设计与试验确定。最高油压可达 200 MPa 甚至更高，供油量可达 1 600 mm³/r。燃油供给系统可分为低压通道与高压通道两个部分。低压通道部分由燃油箱、电动燃油泵（输油泵）、燃油粗滤器、燃油细滤器、低压输油管以及低压回油管等部件组成。高压通道部分由高压泵（供油泵或高压油泵）、高压油管、共轨（公共油轨）、共轨油压传感器（喷油压力传感器）、限压阀、流量限制阀（流量限制器）和电控喷油器等部件组成。其中，限压阀和流量限制阀为安全装置。

3. 电子控制系统

高压共轨式柴油喷射系统的控制策略是将喷油量和喷油压力分别进行控制，所以，其电子控制系统又分为电控喷油系统和电控油压系统两个子控制系统。

电控喷油系统主要由曲轴位置传感器、凸轮轴位置传感器、加速踏板位置传感器、空气流量传感器、进气温度传感器、大气压力传感器、增压压力传感器、冷却液温度传感器、电控单元和电控喷油器等部件组成。电控喷油器是电控喷油系统的执行器。电控喷油系统的功用是根据各种传感器信号提供的柴油机转速、负荷等工况信息，控制喷油量、喷油定时和喷油特性（喷油量与喷油时间之间的关系）等参数，实现预喷射、主喷射、后喷射和多段喷射（已可实现 5 次或更多次喷射），提高柴油机的动力性、经济性和排放性。

电控油压系统又称为喷油压力电控系统或共轨压力电控系统，主要由共轨油压传感器、电控单元和压力控制阀等部件组成。压力控制阀是电控油压系统的执行器。电控油压系统的功用是控制共轨中的燃油压力（喷油压力），实现高压喷射，使柴油良好雾化，提高燃烧效率，从而达到降低油耗、减少排放、降低噪声和减小振动的目的。

4.3.2 高压共轨式柴油喷射系统的特点

高压共轨式柴油喷射技术是 20 世纪 90 年代中后期研究成功的柴油机电控技术。该技术的显著特点是喷油压力与喷油过程由电控单元分别独立控制，能够自由调节喷油压力、喷油量、喷油定时和喷油特性。实践证明，高压共轨式柴油喷射系统具有以下优点。

1）喷油压力高。喷油压力（共轨压力）一般都维持在 160 MPa 以上，最高可达 200 MPa，比一般直列泵的喷油压力（60~95 MPa）约高出 1 倍。由于喷油压力高、燃油雾化好、燃烧过程得以改善，发动机的油耗、排放及噪声等性能得到明显改善，并可改善发动机转矩特性，提高发动机的动力性。

2）喷油压力自由调节。喷油压力的产生与发动机转速和负荷无关，电动燃油泵（输油泵）将燃油箱内的柴油输送到高压泵之后，高压泵供入共轨内的燃油压力（喷油压力），由电控单元控制压力控制阀调节高压泵供入共轨内的燃油量来调节。喷油压力在 20~200 MPa 内可以调节。

3）喷油量自由调节。喷油量和喷油定时的数据 MAP 在柴油机电控喷油系统设计制作完毕后通过台架试验确定，并预先编程存储在 ROM 中，发动机电控单元根据发动机转速和加速踏板位置等传感器信号，从数据 MAP 中查询得到最佳参数直接控制各缸喷油器的电控机构（电磁线圈或压电元件）实现精确控制。喷油量的大小由电控单元控制喷油器电磁线圈或压电元件的通电时间决定。通电时间越长，喷油量越大；通电时间越短，喷油量越小。

4）喷油特性满足排放要求。在发动机的一个工作循环内，能够实现引导喷射、预喷射、主喷射、后喷射和次后喷射以及更多次喷油控制，柴油雾化良好、混合均匀，燃烧效率提高，能够减少 NO_x 和颗粒物（碳烟或浮游微粒）排放、降低噪声和节约燃油。

5）适用于旧柴油机升级改造。实践证明，高压共轨式柴油喷射系统代表着柴油机燃油喷射技术的发展方向。与分配泵只能用于小型发动机或泵喷嘴、单体泵需要改动发动机不同，高压共轨式柴油喷射系统既能与小型、中型和重型柴油机匹配使用，也适用于现有柴油机的升级改造。共轨沿发动机纵向布置，高压泵、共轨和喷油器各自的安装位置相互独立，便于在发动机上安装和布置。对旧柴油机进行改造时，对缸体和缸盖的改动很小。

4.4　高压共轨式柴油喷射系统的关键技术

在高压共轨式柴油喷射系统中，各种传感器和空气供给系统部件的功用、结构原理与汽油机燃油喷射系统基本相同，仅因柴油喷射压力高而技术性能要求更高而已，故不一一赘述。本节主要介绍输油泵、高压泵、压力控制阀、共轨组件、限压阀、流量限制阀、共轨油压传感器和电控喷油器等关键部件的功用、结构及原理。

在高压共轨式柴油喷射系统的燃油供给系统中，燃油箱、燃油粗滤器、燃油细滤器、低压油管和高压油管等部件的结构原理及功用与机械式柴油系统基本相同，不同之处在于：一是用高压泵取代了原来的喷油泵；二是新增了电动燃油泵（输油泵）以及储存高压燃油的共轨组件；三是用电控喷油器取代了原来的机械式喷油器；四是高压油管的直径略有加大。如电装公司 ECD-U2 型高压共轨式柴油喷射系统各缸高压油管的外径由 6.35 mm 增大到了 8 mm，内径由 2 mm 增大到 4 mm。

4.4.1　输油泵

在高压共轨式柴油喷射系统中，输油泵即为电动燃油泵，其结构原理与汽油机燃油喷射系统基本相同。输油泵的功用是向高压泵提供具有一定压力（一般为 250 kPa）和数量（最大供油量为 3 L/min）的燃油。输油泵受电控单元控制，点火开关一旦接通，电控单元便控制输油泵继电器接通输油泵电路，输油泵就开始供油。如果在规定时间内（9 s 左右）仍未接通起动开关来起动发动机，电控单元将自动切断输油泵电路电源，输油泵将停止运转。

在安装方式上，输油泵分为内装式和外装式两种，即输油泵既可安装在燃油箱内部，也可安装在燃油箱外的低压油管中。因为安装在燃油箱内部易于散热，所以输油泵普遍采用内装式。

4.4.2　高压泵

高压泵又称为高压油泵或供油泵，是燃油供给系统低压通道与高压通道之间的接口部件。高压泵的功用是在柴油机的各种工况下，将低压柴油加压压缩，向共轨内供入压力足够高、油量足够大的高压燃油。

高压泵与普通喷油泵一样安装在柴油机缸体上，由发动机通过离合器、齿轮、链条或齿带驱动。但安装高压泵时，只需考虑供油功能，无须考虑喷油定时功能。

1. 高压泵的结构特点

高压泵种类繁多、形式各异，博世、西门子及电装公司典型高压泵的技术参数如表4-3所示。这些高压泵的功用与结构原理大同小异，都是利用凸轮转子驱动柱塞运动将低压燃油加压压缩成为高压燃油。

表4-3　博世、西门子及电装公司典型高压泵的技术参数

公司名称	高压泵型号	柱塞直径 /mm	柱塞数量 /个	凸轮升程 /mm	理论供油量 /（mm³/r）	实际供油量 /（mm³/r）	转速 /（r/min）
博世	CP3.1	5.5	3	6.0	427	—	—
	CP3.2	6.5	3	6.8	677	460	3 750
	CP3.3	7.5	3	8.2	1 087	850	3 750
	CP3.4	7.5	3	9.5	1 259	—	—
	CP3.5	7.5	3	12	1 590		
电装	HP3	8.5	2	8.8	1 000	827	4 000
	HP4	8.5	3	8.8	1 500	1 241	4 000
西门子	3CYL	7.0	3	7.0	800	640	3 000
	5CYL	7.0	5	7.0	1 350	1 050	3 000

博世公司高压共轨式柴油喷射系统采用的CP3系列柱塞式高压泵的外形和径向结构如图4-5所示，其主要由偏心轮、柱塞组件、进油阀、出油阀、壳体和油道等组成。CP3系列柱塞式高压泵的轴向剖面结构如图4-6所示。

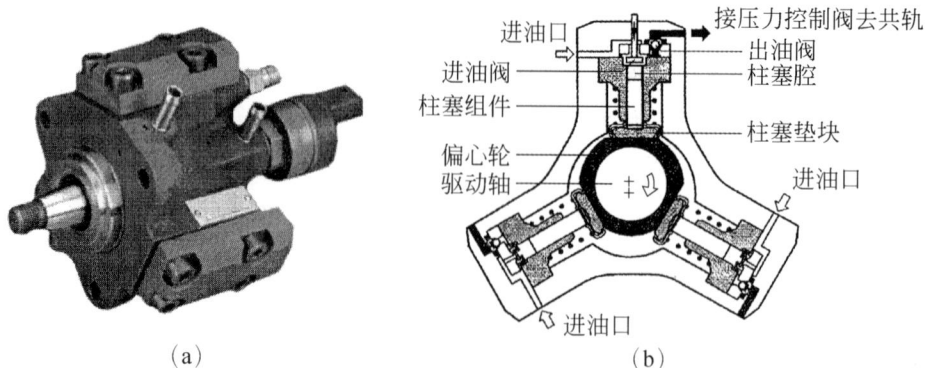

（a）　　　　　　　　　　　　　（b）

图4-5　博世高压共轨式柴油喷射系统采用的CP3系列柱塞式高压泵的外形和径向结构
（a）外形；（b）径向结构

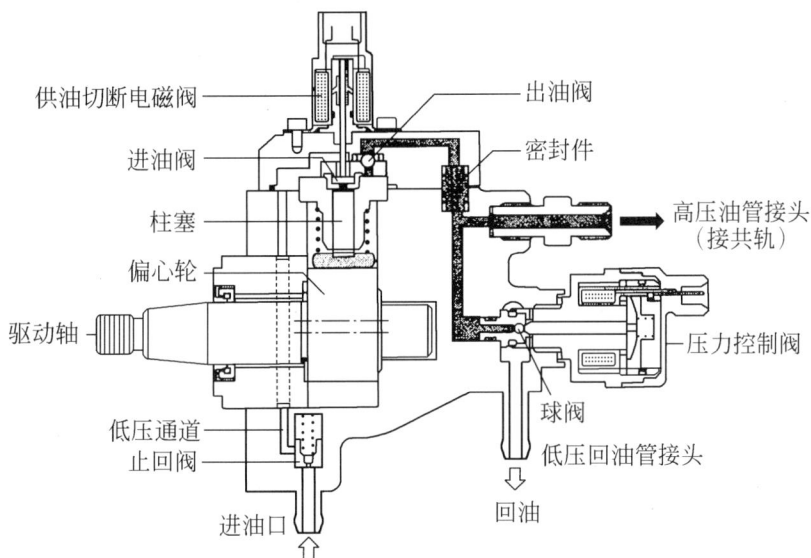

图 4-6　CP3 系列柱塞式高压泵的轴向剖面结构

高压泵的外形如图 4-5（a）所示。高压泵由偏心轮驱动，在泵内径向设有三套柱塞组件，柱塞相互间隔 120°排列，如图 4-5（b）所示。偏心轮驱动平面与柱塞垫块之间的接触形式为面接触，比传统的凸轮与滚轮之间为线接触形式的接触应力要小得多，有利于燃油升压和延长高压泵使用寿命。由于高压泵每旋转一转有三个供油行程，驱动装置受载均匀，驱动峰值转矩小（博世高压泵为 16 N·m），仅为分配泵驱动转矩的 1/9 左右。因此，高压共轨式柴油喷射系统对高压泵端驱动装置的要求远远低于机械式喷油系统。高压泵端驱动装置所需功率随共轨压力和高压泵转速的增加而成正比增加。

对一台排量为 2 L 的发动机而言，当设定转速下的共轨压力为 135 MPa 时，高压泵（机械效率约为 90%）消耗功率仅为 3.8 kW。如果考虑喷油器的喷油量和低压回油量以及压力控制阀的回油量等，高压泵的消耗功率应更高一些。高压泵转速较高（最高转速为 3 000~4 000 r/min），因此，采用了柴油润滑与散热。

2. 高压泵的工作原理

高压泵加压压缩成高压的燃油由输油泵供给。各型高压泵的工作原理大同小异，博世高压共轨式柴油喷射系统采用的 CP3 系列高压泵的工作原理如下。

输油泵运转时，将燃油箱内的燃油经低压油管、高压泵进油口、止回阀和低压通道输送到进油阀处。当柴油发动机转动时，高压泵按一定速比随柴油发动机一同旋转。高压泵转动时，偏心轮便使柱塞径向移动。当柱塞下行时，如图 4-5（b）所示，柱塞腔容积增大，压力降低使进油阀打开，低压燃油由进油阀进入柱塞腔，对高压泵进行充油。

当柱塞上行时，柱塞腔容积减小，压力增大使进油阀阀门关闭，如图 4-6 所示，燃油被压缩而压力升高。当柱塞上行行程增大使柱塞腔内压力高于共轨中的燃油压力时，出油阀阀门打开，柱塞腔内的高压燃油便在压力控制阀的控制下，经高压油管供入共轨中。

143

3. 供油切断电磁阀的功用

博世 CP3 系列柱塞式高压泵在柱塞腔上设有供油切断电磁阀，又称为断油电磁阀，如图 4-6 上部所示。该电磁阀的功用是当发动机处于怠速和部分负荷时通电切断高压供油，使供油量适应喷油量变化的需要，减少高压泵的功率消耗。

高压泵的供油量是按最大供油量设计的。在发动机处于怠速和部分负荷时，柱塞压缩的燃油量将超过喷油器所需的喷油量，多余的燃油经压力控制阀和共轨上的限压阀等流回燃油箱。由于已被压缩的燃油又流回到燃油箱并再次降压，不仅损失压缩能量，而且会使燃油升温。设置供油切断电磁阀后，当发动机处于怠速和部分负荷时，电磁阀适时通电使进油阀处于打开状态，供油行程吸入的燃油不受压缩又流回低压通道，柱塞腔内不会产生高压。

当供油切断电磁阀工作时，柱塞不再连续压油，高压泵处于间歇供油状态，从而减少了功率损失。可见，高压泵传动比的设计一方面要满足发动机全负荷工作时需要的燃油量，另一方面要使多余供油量不要太多。

高压泵的供油量与其转速成正比，高压泵的转速取决于发动机转速，高压泵与发动机之间可选取的传动比为 2∶1 或 5∶2，具体数值视曲轴最高转速而定。

4. 止回阀的功用

在高压泵的低压通道上设有一个止回阀，如图 4-6 左下方所示。该止回阀的功用是在高压泵停止转动时，关闭燃油回流通道，使低压通道内保留一定压力的燃油（止回阀量孔直径约为 2.3 mm，保持油压在 50 kPa 以上），保证发动机再次起动时能可靠起动。

4.4.3 压力控制阀

压力控制阀（Pressure Control Valve，PCV）又称为调压阀、共轨压力控制阀、喷油压力控制阀或供油泵控制阀（Pump Control Valve，PCV），其功用是根据发动机转速和负荷变化，自动调节供入共轨内的燃油压力（包括压力升高、降低或保持不变）。

1. 压力控制阀的结构特点

各型压力控制阀的结构大同小异，博世公司高压共轨式柴油喷射系统采用的压力控制阀的外形如图 4-7（a）所示，内部结构如图 4-7（b）所示，主要由电磁线圈（电阻值为 3.2 Ω）、衔铁（铁心）、球阀和复位弹簧等部件组成。为了保证衔铁润滑和电磁线圈散热，衔铁周围有燃油流过。

2. 压力控制阀的工作原理

压力控制阀调节油压的原理是通过调节高压泵供入共轨内的燃油量来调节喷油压力。供油量越大，燃油压力越高；反之，供油量越小，燃油压力越低。如果不计高压管路的油压损失（实际压降也很小），则共轨内的燃油压力以及喷油器的喷油压力就等于高压泵高压接头出口处的燃油压力。因为压力控制阀是一个电磁阀，所以可以十分方便地安装在高压泵上，也可安装在共轨上。

在压力控制阀中，球阀焊接在衔铁的一端，是控制共轨燃油压力（喷油压力）的关键部件。球阀一侧承受高压泵供给共轨的燃油压力，另一侧连接衔铁并与回油腔相通，回油

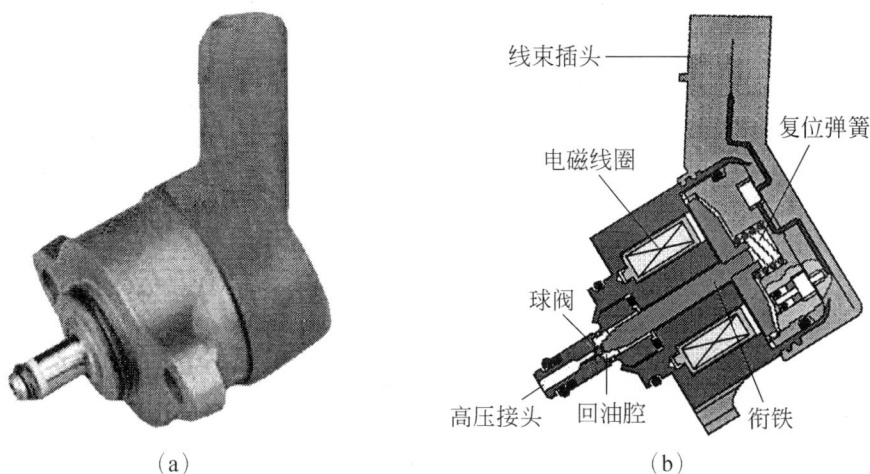

（a）

（b）

图 4-7　博世公司高压共轨式柴油喷射系统采用的压力控制阀的外形和内部结构

（a）外形；（b）内部结构

腔与低压回油管连接。球阀受共轨的燃油压力、复位弹簧的预紧力以及电磁线圈在衔铁中产生的电磁力三个力的作用。

当电磁线圈断电时，复位弹簧的预紧力（张力）使球阀紧压在阀座上。复位弹簧的设计负荷一般为 10 MPa，当燃油压力超过 10 MPa 时，球阀才能打开溢流，即共轨中的燃油压力至少要达到 10 MPa 时，压力控制阀的回油腔中才有可能有燃油溢流到低压回油管中。

当电磁线圈通电时，共轨内的燃油压力除了要克服弹簧预紧力之外，还要克服电磁线圈在衔铁中产生的电磁力才能使球阀打开溢流。当共轨油压超过电磁力与弹簧预紧力之和时，球阀才能打开泄油；反之，当共轨内的油压低于电磁力与弹簧预紧力力之和时，球阀则保持关闭，燃油压力将随高压泵的供油量增大而升高。

对结构一定的压力控制阀而言，其复位弹簧的预紧力是常量，因此，共轨内的燃油压力高低取决于电磁线圈产生的电磁力的大小。压力控制阀的电磁线圈受电控单元发出的脉冲信号控制，线圈产生电磁力的大小与流过线圈平均电流的大小成正比。电控单元通过控制占空比的大小，即可控制线圈平均电流的大小，从而控制共轨内燃油压力（喷油压力）的高低。

当占空比增大时，线圈平均电流增大，衔铁产生的电磁力增大使其一端的球阀对阀座的压力增大，共轨内燃油压力随油量增大而升高；当占空比减小时，线圈平均电流减小，衔铁产生的电磁力减小使球阀对阀座的压力减小，共轨内燃油压力降低；同理，当占空比不变时，共轨内燃油压力则保持不变。试验证明：当占空比控制信号的频率为 1 kHz 时，可以避免衔铁脉动和共轨管内的燃油压力波动。

4.4.4　共轨组件

共轨是一根公共油轨或公共油管，相当于汽油机燃油喷射系统的燃油分配管、燃油总管或油架。在共轨上连接有高压接头、共轨油压传感器、限压阀和流量限制阀等，这些部件与共轨一起组成的总成称为共轨组件，共轨组件的立体结构如图 4-8（a）所示，平面结构如

图4-8（b）所示。其中，限压阀和流量限制阀为安全装置，防止供油系统部件发生故障导致共轨燃油压力过高而导致机件损坏或高压燃油泄漏。

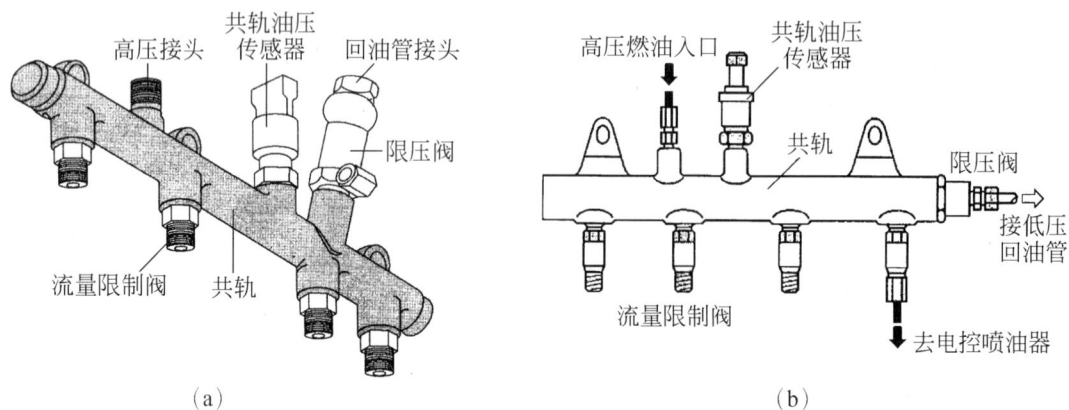

图 4-8　共轨组件的结构
（a）立体结构；（b）平面结构

共轨的功用是储存一定数量和一定压力的燃油，一方面保证柴油机起动和怠速时燃油迅速升压，满足起动和怠速工况对燃油压力的需求；另一方面利用燃油液体的可压缩性，减小电控喷油器阀门开闭以及高压泵工作时引起的油压波动。共轨腔内容积较小（约 30 mL）、燃油压力很高（达 160~200 MPa）。

4.4.5　限压阀

限压阀又称为压力限制阀或压力限制器。限压阀是一个安全阀，连接在共轨与低压回油管之间，其功用是限制共轨内燃油的最高压力。当共轨中的燃油压力超过限压阀设定的最高压力值时，限压阀阀门打开，溢流卸压，防止燃油供给系统的部件损坏。限压阀的结构原理如图4-9所示，其主要由阀体、锥形活塞、复位弹簧和限位套等组成。

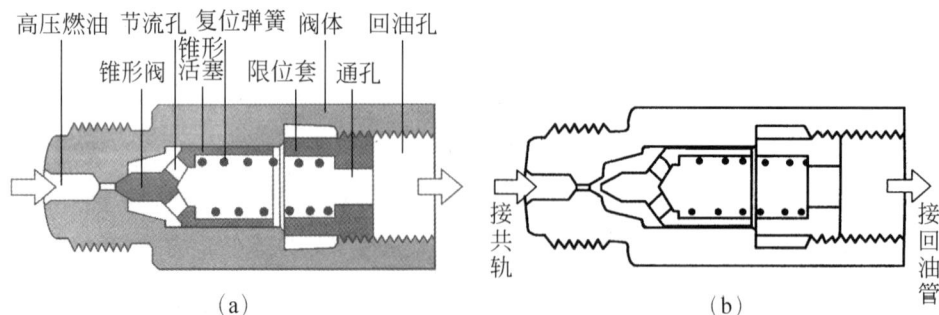

图 4-9　限压阀的结构原理
（a）正常工作状态；（b）锥形阀打开，节流卸压

限压阀阀体的一端设有外螺纹，用其将限压阀安装在共轨上，另一端设有内螺纹，用以连接限位套和通往油箱的低压回油管接头。调节限位套拧入阀体的位置，即可调节复位

弹簧的预紧力，从而调节限压阀限定的最高压力。

锥形活塞相当于阀芯，其头部设有锥形阀，锥面上设有节流孔。当锥形阀打开时，共轨中的高压燃油从该节流孔溢流卸压。

阀体通往共轨的连接端相当于阀座，阀座轴向中心设有一个节流小孔。在正常工作压力下，弹簧预紧力使锥形阀压在阀座上，节流小孔被关闭，如图 4-9（a）所示。此时，共轨压力随供油压力升高而升高。当共轨中的燃油压力超过规定的最高压力时，锥形活塞在高压燃油压力作用下压缩复位弹簧并向右移，如图 4-9（b）所示，高压燃油从共轨中经节流小孔和锥面节流孔节流卸压后流回燃油箱，使共轨中的燃油压力降低，从而小于限定最高压力，防止燃油供给系统部件或发动机损坏。燃油回流通道为共轨→阀座节流小孔→锥面节流孔→活塞内腔→限位套内腔→通孔→低压回油管接头→低压回油管→燃油箱。

4.4.6　流量限制阀

流量限制阀又称为流量限制器，安装在共轨与连接喷油器的高压油管之间，每一个喷油器的高压油管与共轨之间都安装有一个流量限制阀，其功用是在喷油器及其高压油管泄漏燃油时，使高压油路关闭、停止供油，防止燃油持续泄漏。

1. 流量限制阀的结构

流量限制阀的结构与工作特性如图 4-10 所示，其主要由阀体（壳体）、阀芯（活塞）和复位弹簧等组成。

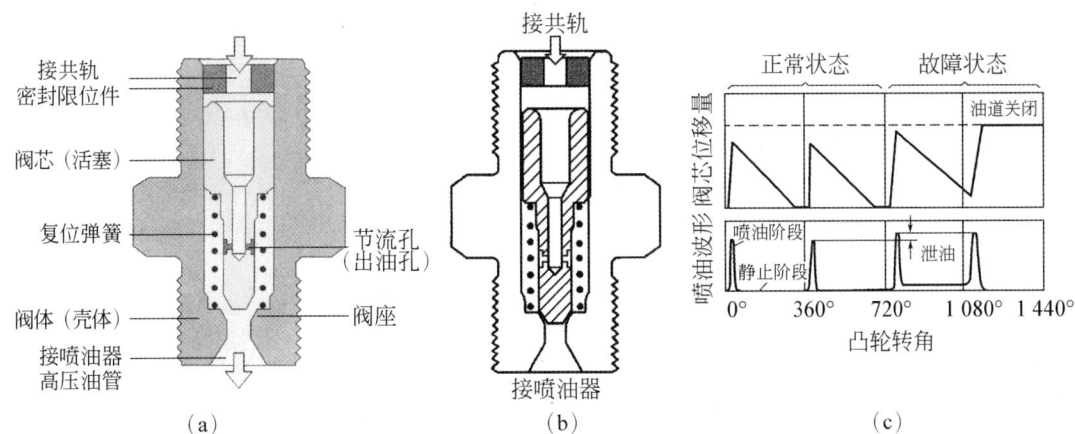

图 4-10　流量限制阀的结构与工作特性
（a）正常工作状态；（b）保护状态；（c）工作特性

阀体为金属壳体，两端有外螺纹，一端拧在共轨上，另一端与各缸喷油器的高压油管连接。阀体内腔为中空结构，与共轨内腔和喷油器高压油管一起构成高压通道。连接喷油器高压油管一端的内腔孔径较小的阀体作为阀座。

阀芯是一个截面直径不同的活塞，密封安放在阀体腔内。阀芯轴向设有直径不同的内孔，孔径较大一端（图 4-10 中阀芯上部）为进油孔，与共轨内腔相通；孔径较小一端

（图 4-10 中阀芯中部）的径向设有节流孔。在静态下，复位弹簧将阀芯压向共轨一端的密封限位件一端。

2. 正常喷油时流量限制阀的工作原理

在正常工作状态下，阀芯处于静止位置，上端靠在共轨一端的密封限位件上，高压燃油经节流孔流出。燃油通道为共轨→流量限制阀进油口→阀芯内腔→节流孔→流量限制阀阀座→各缸高压油管→各缸喷油器。

当喷油器喷射一次燃油后，流量限制阀出口油压略有下降，阀芯向喷油器方向（向下）略有位移，如图 4-10（a）所示，阀芯下移压出燃油的容积就等于喷油器喷出燃油的容积。此时，阀芯并未移到阀座上，燃油通道仍然畅通。

当喷油结束时，复位弹簧的预紧力将阀芯向上压回到静止位置，并一直保持到下一次喷油。

3. 高压燃油泄漏时流量限制阀的保护原理

复位弹簧和节流孔尺寸的设计原则是在最大喷油量（包括安全储备量）时，阀芯既不下移到阀座上关闭出油通道，也能将阀芯向上压回复位到共轨一端的密封限位体上。当从共轨流向某只喷油器的燃油量超过最大流量时，安装在该喷油器的高压油管与共轨之间的流量限制阀阀芯将下移到阀座上关闭出油通道，使该喷油器停止喷油，防止高压燃油泄漏而发生火灾。

当某个喷油器泄漏油量过大或其高压油管发生漏油故障、导致流过流量限制阀的燃油流量远远超过最大流量时，由于阀芯下移量过大，阀芯将从静止位置移动到出油端的阀座上关闭油道停止供油，如图 4-10（b）所示，并一直保持到发动机停机为止。

当某个喷油器泄漏油量不大或其高压油管发生漏油故障、导致流过流量限制阀的燃油流量超过最大流量不多时，泄漏燃油使流量增大，阀芯下移量增大。由于节流孔只允许流过最大喷油量，因此，阀芯不能向上复位到静止位置。经过几次喷油后，阀芯便下移到阀座上关闭出油通道停止供油，直到发动机停机为止。流量限制阀的工作特性如图 4-10（c）所示。

4.4.7 共轨油压传感器

共轨油压传感器安装在共轨上，又称为高压传感器和喷油压力传感器，其功用是检测共轨内的燃油压力。因为喷油器内部的油压与共轨内的油压相等，所以共轨油压传感器检测的燃油压力即为喷油器的喷油压力。

1. 共轨油压传感器的结构特点

共轨油压传感器普遍采用电阻应变计式压力传感器。博世公司共轨油压传感器的结构组成与工作特性如图 4-11 所示，其主要由弹性传感元件、信号处理电路、接线端子和螺纹安装接头等组成。

弹性传感元件由金属膜片和电阻应变片组成。金属膜片焊接在螺纹安装接头上，并与高压燃油通道相通，直接承受共轨内高压燃油的压力。电阻应变片的应变电阻制作在金属膜片上，连接成惠斯通电桥电路，并与信号处理电路连接。共轨油压传感器的立体结构和平面结构如图 4-11（a）和图 4-11（b）所示。

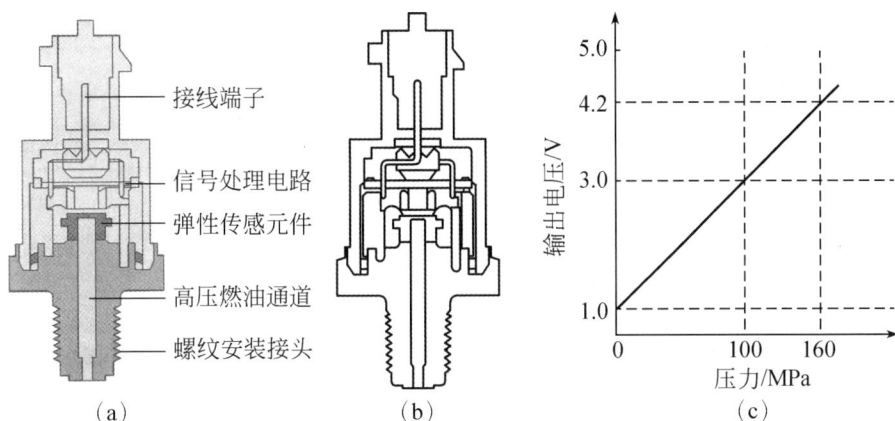

图 4-11　博世公司共轨油压传感器的结构组成与工作特性
（a）立体结构；（b）平面结构；（c）工作特性

2. 共轨油压传感器的工作原理

当共轨内油压经传感器的高压燃油通道作用到弹性传感元件时，弹性传感元件的金属膜片和电阻应变片一同产生变形（油压 150 MPa 时，变形量约 1 mm），电阻应变片上的应变电阻阻值随之发生变化，惠斯通电桥电路的电压也就改变（电源电压为 5 V 时，电压在 0~70 mV 之间变化，具体数值由压力决定），经信号处理电路放大处理后，即可得到传感器的输出电压（0.5~4.5 V），实测共轨油压传感器的工作特性如图 4-11（c）所示。当油压为 0 时，输出电压为 1.0 V；当油压为 100 MPa 时，传感器输出电压为 3.0 V；当油压为 160 MPa 时，输出电压为 4.2 V。

精确测量共轨内的燃油压力是高压共轨式柴油喷射系统正常工作的必要条件。因此，要求共轨油压传感器的允许测量偏差很小，在柴油机工作范围内，测量精度约为最大值的 2%。当发动机电控单元监测到共轨油压传感器失效时，电控单元将控制压力控制阀以固定的预设值控制油压，并控制发动机处于应急状态运行。

4.4.8　电控喷油器

电控喷油器又称为电动喷油器，其功用是将燃油以雾状形式喷射到汽缸内燃烧，并计量燃油的喷射量。在高压共轨式柴油喷射系统中，设计和工艺难度最大的部件就是电控喷油器。世界主要汽车公司电控喷油器的基本技术参数如表 4-4 所示。虽然电控喷油器种类繁多、型式各异，但其结构原理基本相同，仅外形有所不同。

表 4-4　世界主要汽车公司电控喷油器的基本技术参数

生产公司名称		德国博世		日本电装		英国卢卡斯	西门子	东芝三菱
电控机构形式		电磁线圈	压电晶体	电磁线圈	电磁线圈	电磁线圈	压电晶体	电磁线圈
喷油压力	最高喷油压力/MPa	180	160	160	200	160	150	180
	最低喷油压力/MPa	20	20	20	20	20	20	25

生产公司名称		德国博世		日本电装		英国卢卡斯	西门子	东芝三菱
引导喷射	喷油量/（mm³/行程）	1.0	1.0	1.5~2.5	1.5~2.5	0.6	0.6	4~6
	时间间隔/ms	0.3	0.2	0.4	0.4	0.3	0.1	0.4
允许喷油次数/次		5	5	3	5	—	—	—
电控机构外形尺寸	最大外径/mm	33	17	26.5	28.5	17	28	26
	高度/mm	45	45	45	68	45	35	70
喷油机构外径/mm		17、18、19三种规格		17、18、19三种规格	18、19两种规格	17	17	14、17两种规格

电控喷油器是由电控机构、液压伺服机构和孔式喷油器（俗称喷油嘴）三部分组成。其基本原理是利用电控机构控制针阀偶件的背压来间接控制针阀的开启。

电控机构分为电磁控制机构和压电晶体控制机构两种。因此，电控喷油器可分为电磁控制式喷油器和压电晶体控制式喷油器两种。液压伺服机构和孔式喷油器与柴油机用普通喷油器基本相同。

1. 电磁控制式喷油器

电磁控制式喷油器简称电磁喷油器，其属于电控柴油喷射系统使用的第一代喷油器。

（1）电磁控制式喷油器的结构特点

电磁控制式喷油器主要由电磁控制机构、液压伺服机构和孔式喷油器组成。其外形与内部结构如图4-12（a）和图4-12（b）所示。值得注意的是，在电控柴油喷射系统中，其电磁喷油器的结构原理与汽油机燃油喷射系统电磁喷油器的结构原理大不相同，这是因为电控柴油喷射系统的燃油压力高、控制难度大，即电磁执行机构难以直接产生迅速打开针阀所需的电磁力，必须增设具有液力放大作用的液压伺服机构。

电磁控制机构实际上是一个高速电磁阀，该电磁阀安装在喷油器的顶部，主要由电磁线圈、铁心、复位弹簧和球阀等部件组成。球阀焊接在铁心下端，当电磁线圈无电流流过时，在复位弹簧预紧力作用下，铁心向下移动到极限位置，使球阀处于关闭状态。

液压伺服机构由控制柱塞、柱塞控制腔、进油节流孔、回油节流孔、针阀锥面以及复位弹簧组成。

孔式喷油器俗称喷油嘴或喷嘴，由针阀和阀体组成。

喷油器的高压接头为燃油入口，经高压油管与共轨连接。共轨内的高压燃油经进油节流孔送入柱塞控制腔内，并经高压油道送入喷油器针阀锥面及阀座盛油槽内。柱塞控制腔经回油节流孔和球阀与回油口连接。回油口为低压燃油回流口，与低压油管和燃油箱连接。

（2）电磁控制式喷油器的工作原理

电磁控制式喷油器的工作原理是利用电磁阀控制针阀偶件的背压来间接控制针阀的开

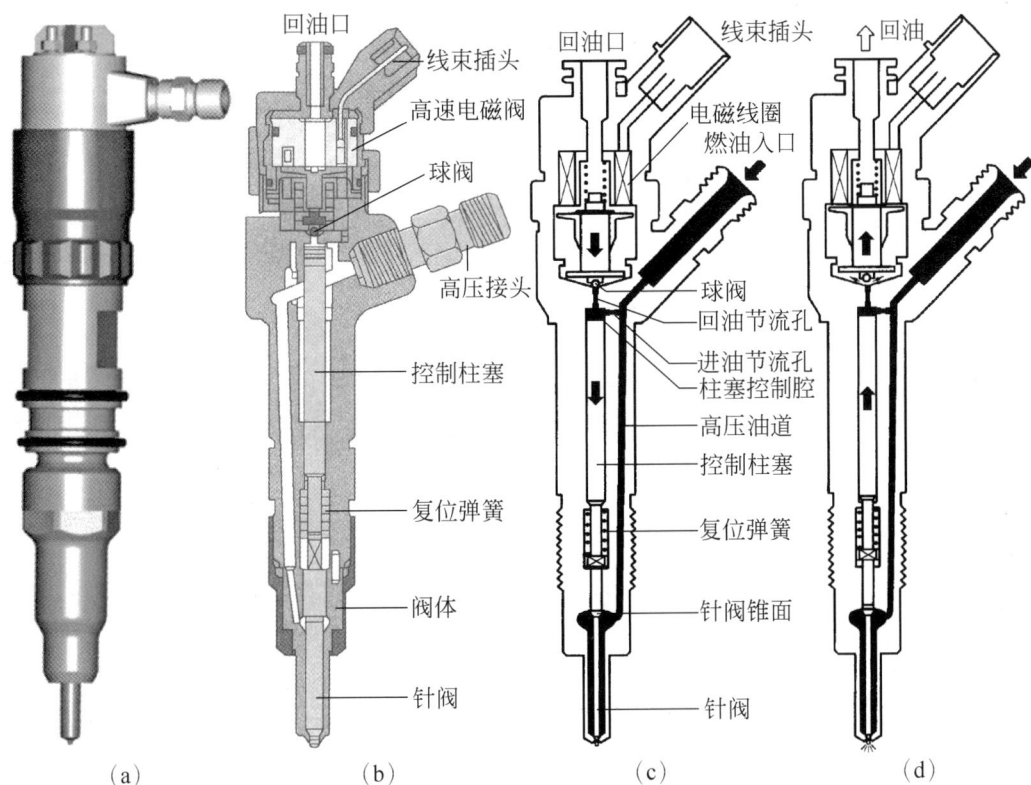

图 4-12　电磁控制式喷油器的外形与结构原理

（a）外形；（b）内部结构；（c）线圈断电针阀关闭；（d）线圈通电针阀打开喷油

启，即高速电磁阀使球阀打开接通回油通道，燃油回流使柱塞控制腔压力降低，针阀锥面燃油压力使针阀上升将阀门打开喷油。

1）当电磁阀断电时，喷油器不喷油。当电磁线圈断电时，球阀在复位弹簧预紧力作用下紧压在阀座上，球阀阀门关闭使低压回油通道关闭，如图 4-12（c）所示。此时，共轨内的高压燃油经各缸的流量限制阀、高压油管、喷油器高压接头、进油节流孔、柱塞控制腔作用于控制柱塞顶部，使柱塞控制腔内建立起共轨高压，相同的共轨高压也作用于针阀锥面及针阀阀座盛油槽中。柱塞顶部压力和针阀复位弹簧预紧力之和克服针阀阀座盛油槽中高压燃油作用在针阀锥面（承压面）的向上分力，使控制柱塞和针阀下移到极限位置，针阀紧压在阀座上将阀门关闭，喷油器不喷油。

针阀关闭速度取决于进油节流孔的流量。进油节流孔流量越大，针阀关闭时间越短，关闭速度就越快；反之，流量越小，关闭速度就越慢。

2）当电磁阀通电时，喷油器喷射燃油。当电磁电磁线圈通电时，铁心在极短时间（120 μs）内产生电磁力并克服其复位弹簧预紧力迅速上移，使球阀阀门立即打开将回油通道接通，部分高压燃油经回油通道流回燃油箱。回油通道为共轨→流量限制阀→高压油管→喷油器高压接头→进油节流孔→柱塞控制腔→回油节流孔→球阀阀门→回油口→低压回油管→燃油箱。

当球阀开启使高压燃油流回燃油箱时，柱塞控制腔压力随之下降。当作用在控制柱塞顶部的压力与针阀复位弹簧预紧力之和小于针阀阀座盛油槽内高压燃油作用在针阀锥面（承压面）的向上分力时，控制柱塞与针阀迅速上移，针阀阀门立即打开，高压燃油便从喷油孔喷入燃烧室，如图4-12（d）所示。

针阀开启速度取决于回油节流孔与进油节流孔之间的流量差。流量差越大，回油量越大，柱塞控制腔压力降低越快，针阀开启速度就越快；反之，流量差越小，针阀开启速度就越慢。当控制柱塞向上移动到上限位置，即处于进油节流孔与回油节流孔之间时，针阀全开，喷油压力接近于共轨压力，燃油得到良好雾化并喷入燃烧室燃烧，有利于减少有害气体的排放、提高柴油机的经济性和动力性。

综上所述，电磁阀通电时间等于喷油持续时间，电磁阀断电时间等于停止喷油时间。当燃油压力一定时，通电时间越长，喷油量越大；通电时间越短，喷油量越小。控制电磁阀电磁线圈通电时间的长短，即可控制喷油器的喷油量大小。

上述分析可见，由于电磁阀不能产生足够的电磁力来克服高压燃油作用力使针阀向上移动将阀门开启，因此，电磁控制式喷油器巧妙地采用了液压伺服机构（控制柱塞、针阀锥面、复位弹簧、进油节流孔和回油节流孔等），利用电磁控制机构（高速电磁阀）控制针阀偶件的背压来间接控制针阀的开启，即利用进油节流孔和回油节流孔使共轨燃油节流降压，通过电磁阀控制少量燃油回流，从而实现高压燃油喷射。尽管如此，电磁阀电磁线圈的控制电流也高达30 A左右。如博世公司CRIN2型电磁控制式喷油器的控制参数：针阀开启电流为30 A，保持电流为12 A；针阀开启时间为（110±10）μs，针阀关闭时间为（30±5）μs；电磁阀电磁线圈静态电阻值为0.23 Ω。

2. 压电晶体控制式喷油器

压电是指由机械压力引起电介质晶体放电，或应用电压而使电介质晶体产生压力。压电晶体（Piezoelectric Crystal，PZT）控制式喷油器又称为压电控制式喷油器或压电跃变（Piezoelectric Transition，PZT）式喷油器，属于电控柴油喷射系统使用的第二代喷油器。

在压电晶体控制式喷油器的研究方面，德国西门子公司和博世公司一直处于领先地位。这两家公司分别于1996年和2003年开始批量生产压电晶体控制式喷油器。实际上电磁控制式喷油器是在柴油机用普通喷油器的基础上增设电磁控制机构（高速电磁阀）而制成，压电晶体控制式喷油器则是用压电晶体替代高速电磁阀而制成。三种喷油器的本质区别在于控制方式不同：普通喷油器由液压伺服机构控制，电磁控制式喷油器由高速电磁阀控制，压电晶体控制式喷油器则由压电晶体控制。

（1）压电晶体控制式喷油器结构特点

压电晶体控制式喷油器由压电控制机构、液压伺服机构和孔式喷油器组成。液压伺服机构和孔式喷油器的结构原理与电磁控制式喷油器相同，此处不再赘述。

压电控制机构主要由压电晶体、大活塞、小活塞、球阀、止回阀和线束插头等组成，控制机构外形如图4-13（a）所示。

压电晶体采用多层陶瓷（每层厚度20~200 μm）烧结成压电晶体堆芯，如图4-13（b）所示，层与层之间设有电极，生产技术与多层电容器相似。因为压电晶体具有受电压作用而伸长的特性，所以将其集成化制作成压电晶体堆芯作为喷油器的执行元件。压电晶体堆芯是一种十分理想的结构。汽车高压共轨式柴油喷射系统对压电晶体的基本要求是环境温度在 -40 ℃ ~ +150 ℃、工作电压为 100 ~ 200 V、压电晶体作用升程为其厚度的 1/1 000、开关迅速（全升程动作时间约 30 μs）、耐久性好（大于 10 亿个循环）和强度高等。

小活塞下端设有一根顶杆，用于顶开球阀，以便燃油回流。回油口为低压燃油回流口，用低压油管与燃油箱连接。

共轨内的高压燃油进入喷油器后分成两路：一路经进油节流孔送入柱塞控制腔、回油节流孔和球阀腔室；另一路经高压油道送入喷油器针阀锥面及阀座盛油槽。

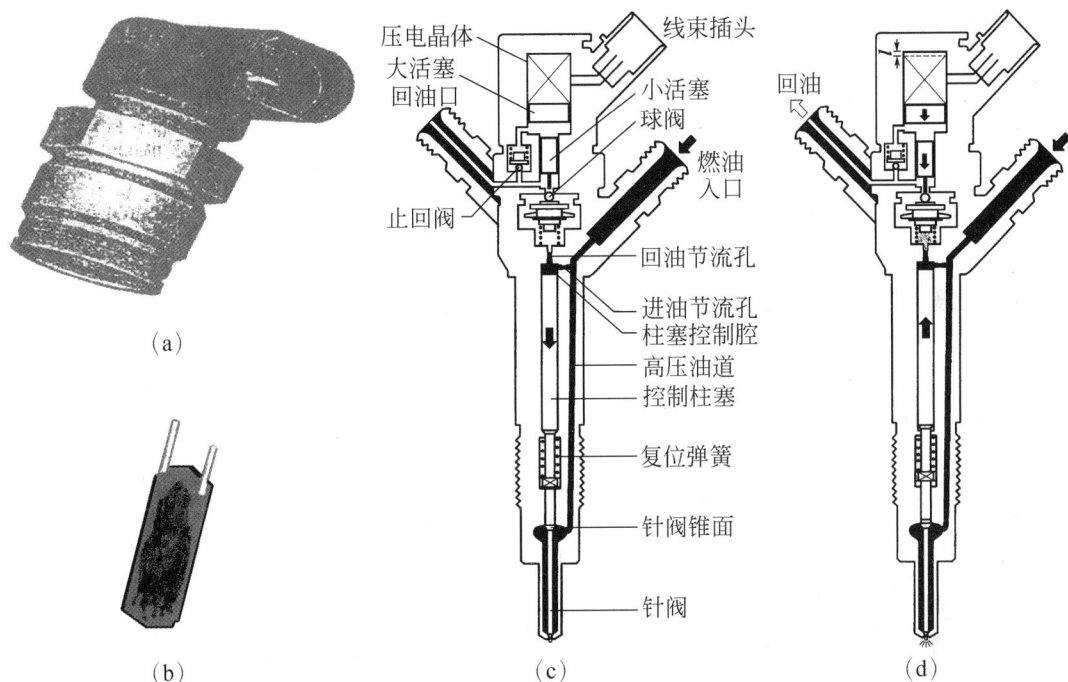

图 4-13　压电晶体式喷油器的外形与结构原理

（a）控制机构外形；（b）压电晶体堆芯；（c）压电晶体堆芯断电，针阀关闭；

（d）压电晶体堆芯通电，针阀打开喷油

（2）压电晶体控制式喷油器工作原理

压电晶体控制式喷油器工作的基本原理是利用压电晶体控制针阀偶件的背压来间接控制针阀的开启。压电晶体受电压作用而伸长，并推动大活塞向下移动使球阀打开接通回油通道，燃油回流使柱塞控制腔压力降低，针阀锥面燃油压力使针阀上升将其阀门打开喷油。可见，其工作原理与电磁控制式喷油器大同小异，仅仅是球阀打开的控制方式不同。

1）当压电晶体断电时，喷油器不喷油。当压电晶体断电时，球阀在复位弹簧预紧力作用下紧压在阀座上，球阀阀门关闭使低压回油通道关闭，如图 4-13（c）所示。此时，共轨内的高压燃油经各缸高压油管、喷油器高压接头、进油节流孔、柱塞控制腔作用于柱塞顶部，使柱塞控制腔内建立起共轨高压，相同的共轨高压也作用于针阀阀座盛油槽中。柱塞顶部压力和针阀复位弹簧预紧力之和克服针阀阀座盛油槽内高压燃油作用在针阀锥面的向上分力，使柱塞和针阀向下移动到极限位置，针阀紧压在阀座上将阀门关闭，喷油器不喷油。

2）当压电晶体通电时，喷油器喷射燃油。当压电晶体通电时，压电晶体堆芯伸长，如图 4-13（d）中 *l* 所示，推动大活塞压缩油腔中的燃油，再推动小活塞向下移动，小活塞顶杆将球阀推离阀座并接通回油通道，部分高压燃油流回燃油箱。回油通道为共轨→高压油管→喷油器高压接头→进油节流孔→柱塞控制腔→回油节流孔→球阀→小活塞油腔→回油口→低压回油管→燃油箱。在球阀打开、燃油流回油箱时，柱塞控制腔压力随之下降。当作用在控制柱塞顶部的压力与针阀复位弹簧预紧力之和小于针阀阀座盛油槽内高压燃油作用在针阀锥面的向上分力时，控制柱塞与针阀迅速上移，针阀阀门立即开启，高压燃油从喷油孔喷入燃烧室，如图 4-13（d）所示。

止回阀的作用是在压电晶体通电，其堆芯伸长使大活塞压缩燃油时，阻止流回燃油箱的燃油流向大活塞的油腔；当压电晶体断电，其堆芯缩短时，止回阀阀门开启，补充大活塞压缩燃油时油腔中泄漏的燃油，为再次压缩燃油做好准备。

综上所述，压电晶体通电时间等于喷油持续时间，断电时间等于停止喷油时间。当燃油压力一定时，通电时间越长，喷油量越大；通电时间越短，喷油量越小。控制压电晶体通电时间的长短，即可控制喷油器的喷油量大小。

压电晶体控制式喷油器的显著优点是响应速度快（开关动作时间约 30 μs），喷油时间间隔小（喷油间隔角度越大，喷油控制越容易实现），每行程喷油量小。喷射时间间隔与引导喷射喷油量：西门子公司压电晶体控制式喷油器分别为 100 μs 和 0.6 mm³/行程；博世压电晶体控制式喷油器分别为 200 μs 和 1.0 mm³/行程。因此，压电晶体控制式喷油器能够实现多段喷射（引导喷射、预喷射、主喷射、后喷射和次后喷射），从而减少有害物质的排放和降低燃烧噪声（引导喷射可通过预混合燃烧来减少颗粒物排放；预喷射可缩短主喷射的着火延迟时间，从而降低 NO_x 排放和燃烧噪声；后喷射可促进扩散燃烧来降低颗粒排放；次后喷射可使排气温度升高，增加催化剂的活性）。此外，压电晶体控制式喷油器还有重复性好、消耗能量小和耐久性好等优点。因为喷油时间间隔小，所以脉冲控制信号周期短、各缸喷油始点和喷油量变动很小，重复控制精度高，发动机运转平稳。

4.5 高压共轨式电控柴油喷射系统的控制

高压共轨式电控柴油喷射系统的控制包括喷油量控制、喷油压力控制、多段喷射（引导喷射、预喷射、主喷射、后喷射和次后喷射）控制和起动喷油量控制。

4.5.1 喷油量控制

在高压共轨式电控柴油喷射系统中，喷油量主要由喷油压力（共轨压力）和喷油器电控机构（电磁线圈或压电晶体）的通电时间决定。因为喷油压力和喷油器都是由电控单元独立进行控制，所以在喷油压力一定的情况下，喷油量取决于喷油器电磁线圈或压电晶体的通电时间。因此，高压共轨式电控柴油喷射系统又称为"时间-压力调节系统"。

1. 喷油量的控制原理

在高压共轨式电控柴油喷射系统中，输油泵将燃油箱内的燃油输送到高压泵，发动机驱动高压泵将燃油加压后供入共轨内，喷油器在电控单元的独立控制下，将高压燃油直接喷射到相应的汽缸内燃烧做功。喷油量的大小由电控单元控制喷油器的电磁线圈或压电晶体持续通电时间的长短决定，即喷油器喷油量的控制实际上就是喷油时间的控制，高压共轨式电控柴油喷射系统喷油量的控制原理如图 4-14 所示。

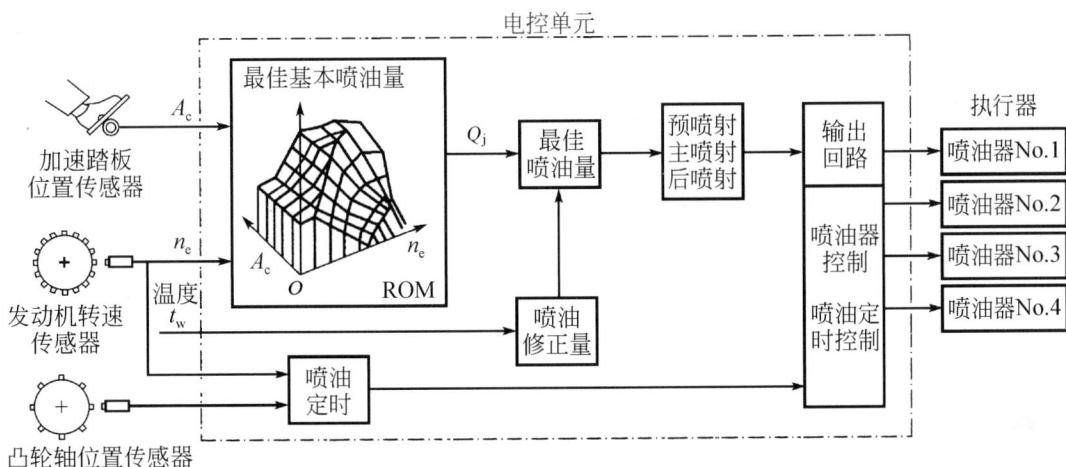

图 4-14　高压共轨式电控柴油喷射系统喷油量的控制原理

当柴油机工作时，电控单元根据加速踏板位置传感器信号 A_c 和发动机转速传感器信号 n_e，从三维数据 MAP 中查询得到相应的基本喷油量数值 Q_j；再根据冷却液温度信号 t_w、进气温度传感器信号和蓄电池电压等信号，计算确定喷油修正量、最佳喷油量以及预喷射、主喷射和后喷射的喷油量，并根据凸轮轴位置传感器提供的上止点位置信号计算确定喷油定时，并向执行器（电控喷油器）发出控制指令；喷油器在电控单元输出回路的驱动下按最佳喷油量和喷油时刻喷射燃油，从而完成一次喷油过程。

2. 喷油时间的控制过程

在高压共轨式电控柴油喷射系统中，喷油器电磁线圈或压电晶体通电时间的控制与汽油机燃油喷射系统喷油时间的控制完全相同，也是由电控单元发出喷油脉冲控制信号（占空比信号）的高电平宽度或低电平宽度决定。（视喷油器驱动电路而定，因为喷油器一般都采用 NPN 型三极管驱动，所以大都由高电平宽度决定）。因此，改变占空比信号高电平的脉宽（喷油脉冲宽度或喷油时间），即可控制喷油量的大小。

当发动机转速一定时，喷油时间（喷油脉宽）对应于曲轴转过的一定转角。因此，喷油时间（喷油量）的控制事实上转变为喷油角度的控制。当四缸发动机转速 $n = 4\,000$ r/min，喷油提前角 $\theta = 18°$，喷油时间 $t = 1$ ms［对应的喷油角度 $\alpha = (4\,000×360°)×1$ ms $÷60\,000$ ms $= 24°$］时，高压共轨式电控柴油喷射系统喷油时间的控制过程如图 4-15 所示。

凸轮轴位置传感器提供汽缸判别信号，曲轴位置传感器提供曲轴转角信号，1°计数信号由电控单元内部晶振产生，用于对曲轴转角信号进行计数运算，以便控制喷油提前角 θ 和喷油角度 α。凸轮轴位置传感器信号转子每转一转（相当于曲轴旋转 720°）提供一个低电平信号，该低电平信号的下降沿对应于第 1 缸活塞压缩上止点前 88°（即 BTDC88°）；

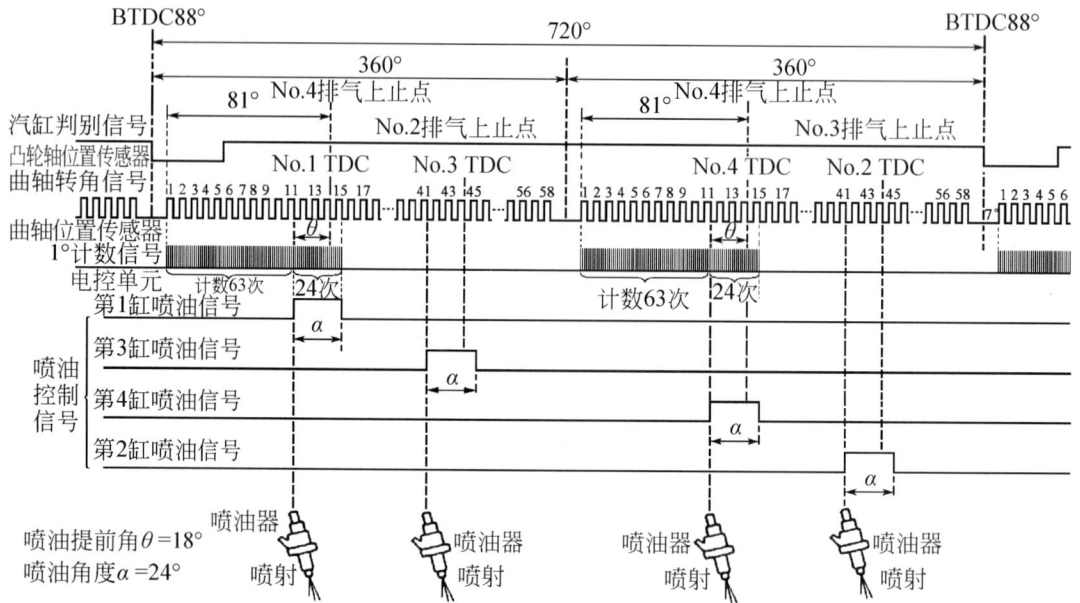

图4-15　高压共轨式电控柴油喷射系统喷油时间的控制过程

曲轴位置传感器信号转子每转一转提供58个高电平信号（每个信号占曲轴转角均为3°），57个低电平信号（每个信号占曲轴转角也为3°）和一个脉宽较宽的低电平信号（占曲轴转角15°）。该宽低电平信号后的第一个高电平信号对应于第1缸或第4缸活塞上止点前81°。这些条件均为已知条件，由系统设计和安装保证。具体的喷油时间控制过程如下。

在发动机工作过程中，当电控单元根据曲轴位置传感器、加速踏板位置传感器和其他传感器信号确定最佳喷油量的同时，还要从三维数据 MAP 中查询确定最佳喷油提前角 θ（本例 $\theta = 18°$），根据油压控制系统控制的喷油压力和喷油器流量参数计算喷油持续时间 t（本例 $t = 1$ ms），再根据曲轴位置传感器提供的转速信号计算喷油角度 α（本例 $\alpha = 24°$）。

当电控单元接收到凸轮轴位置传感器输入的低电平信号下降沿时，说明第1缸活塞即将到达压缩上止点（此时第1缸活塞处于压缩上止点前88°），电控单元开始监测曲轴位置传感器提供的信号，当曲轴位置传感器输入脉宽较宽的低电平信号后的上升沿时，电控单元内部的 1°计数信号开始对曲轴位置传感器信号进行计数。因为最佳喷油提前角 $\theta = 18°$，所以计数到63（81°−18°=63）次结束，从第64次开始接通喷油器控制电路使喷油器开始喷油，并对曲轴转角（喷油角度）进行计数。因为喷油角度 $\alpha = 24°$，所以当1°计数信号计数到第24次时，电控单元将切断喷油器控制电路使喷油器停止喷油，从而实现喷油持续 1 ms 时间。

从电控单元对第1缸喷油角度进行计数开始，到计数180次后，从第181次（曲轴位置传感器第41个脉冲信号下降沿）开始接通下一缸（第3缸）喷油器控制电路并对喷油角度进行计数控制。从而实现喷油角度24°（喷油时间 1 ms），喷油提前角18°的实时控制。

由此可见，高压共轨式电控柴油喷射系统喷油时间的控制方法与汽油机燃油喷射系喷油时间的控制方法相同，也是根据曲轴位置传感器和凸轮轴位置传感器等信号之间的对应关系进行控制，但是，高压共轨式电控柴油喷射系统还有引导喷射、预喷射、后喷射和次后喷射等，因此，其喷油时间的控制过程比汽油喷油要复杂得多。

4.5.2　喷油压力控制

众所周知，从地下开采出来的石油称为原油，车用汽油和柴油都是炼油厂使用炼油塔将原油加热蒸馏得来。车用轻质柴油的沸点较高（为 300 ℃~365 ℃，而车用汽油的沸点较低，仅为75 ℃~200 ℃），柴油机很难得到均匀的混合气。在燃油浓度高的区域（一般是大负荷工况），局部高温缺氧，燃油被裂解成碳，因此，柴油机会产生碳烟（俗称"冒黑烟"）。

1. 喷油压力控制的目的

控制柴油机喷油压力的目的是使柴油良好雾化，提高燃烧效率、降低油耗和减少排放。在实施排放法规之前，追求高喷油压力的目的是提高燃油的雾化质量。实施排放法规以后，追求高喷油压力的目的在于减小碳烟和颗粒物的排放量。碳烟和颗粒物的排放值与喷油压力之间的关系如图 4-16（a）和图 4-16（b）所示。由图可见，当喷油压力升高时，碳烟和颗粒物的排放值均可降低。

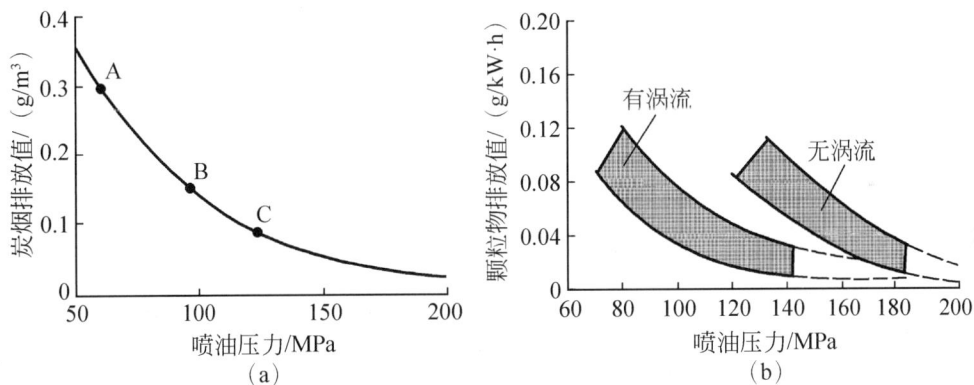

图 4-16　碳烟和颗粒物排放值与喷油压力之间的关系
（a）碳烟排放值与喷油压力的关系；（b）颗粒物排放值与喷油压力的关系

柴油机燃烧的关键技术就是使燃油均匀地雾化，在汽缸内形成均匀的喷雾，也就是做到喷入汽缸中的燃油一边不停地雾化，一边燃烧。这就要求燃油喷射装置始终具有足够高的喷油压力。随着柴油机排放要求的不断提高，改善缸内混合气的燃烧条件，以及提高混合气的燃烧质量的方式，除了改进空气运动方式和燃烧室几何形状之外，提高喷油压力是改善柴油机排放的有效措施之一。

2. 喷油压力的控制过程

试验结果表明：当燃烧系统的结构一定时，最佳的喷油压力随柴油机工况不同而发生变化。因此，喷油压力应随柴油机的工况变化而进行实时调节。

在机械式喷油系统和电控喷油泵系统中，喷油压力随发动机转速变化而升高或降低。

特别是在低转速、大负荷工况时，难以产生较高的喷油压力，这正是柴油机起动时，导致柴油燃烧不完全而大量冒黑烟的根本原因。此外，提高喷油压力还会导致 NO_x 的排放量增加。高压共轨式电控柴油喷射系统则完全不同，其燃油高压的产生和喷油量的控制是由电控单元分别且独立进行的。因此，可根据发动机所处的转速与负荷等不同工况，在一定油压（20~200 MPa）范围内，改变喷油压力和喷油量，实现多段喷射（引导喷射、预喷射、主喷射、后喷射和次后喷射），从而提高燃烧效率，改善柴油机的动力性、经济性与排放性。

在高压共轨式电控柴油喷射系统中，设置有发动机转速传感器、加速踏板位置传感器、共轨油压传感器、电控单元和压力控制阀等组成的独立控制喷油压力的电子控制系统，其功用是控制共轨中的燃油压力（喷油压力），高压共轨式电控柴油喷射系统喷油压力的控制过程如图 4-17 所示。

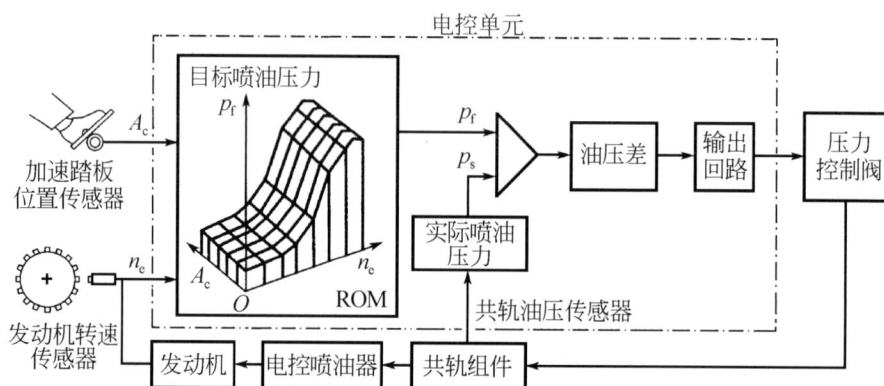

图 4-17　高压共轨式电控柴油喷射系统喷油压力的控制过程

当柴油机工作时，电控单元根据加速踏板位置传感器信号 A_c 和发动机转速传感器信号 n_e，从三维数据 MAP 中查询得到相应工况的喷油压力值 p_f，再根据共轨油压传感器信号计算出共轨内燃油的实际压力值 p_s；再将目标喷油压力值 p_f 与实际喷油压力值 p_s 进行比较运算并求出油压差值，然后向压力控制阀发出控制信号，将实际喷油压力值 p_s 控制在目标喷油压力值 p_f。

当实际喷油压力值 p_s 小于目标喷油压力值 p_f 时，电控单元向压力控制阀发出占空比增大的控制信号，使压力控制阀电磁线圈的平均电流增大，共轨内的燃油压力随供油量增大而升高。当实际喷油压力值 p_s 升高到目标喷油压力值 p_f 时，电控单元向压力控制阀发出占空比保持不变的控制信号，从而使共轨内的燃油压力保持在目标喷油压力值 p_f 不变。

当实际喷油压力值 p_s 大于目标喷油压力值 p_f 时，电控单元向压力控制阀发出占空比减小的控制信号，使压力控制阀电磁线圈的平均电流减小，电磁力减小，压力控制阀电磁线圈的电磁力与复位弹簧预紧力之和小于实际燃油压力，压力控制阀球阀阀门打开泄油，共轨内的燃油压力（喷油压力）降低。当实际喷油压力值 p_s 降低到目标喷油压力值 p_f 时，电控单元再向压力控制阀发出占空比保持不变的控制信号，使共轨内的燃油压力保持目标喷油压力值 p_f 不变。

综上所述，当柴油机负荷和转速变化时，电控单元通过调节控制信号的占空比，改变压力控制阀阀门开度的大小来改变高压泵供油量的大小，从而实现喷油压力控制。

4.5.3 多段喷射控制

在高压共轨式电控柴油喷射系统中，高压泵提供的高压燃油存储在共轨内，共轨油压（喷油压力）与发动机转速和负荷无关，由电控单元调节压力控制阀阀门的开度进行控制；喷油量的大小由电控单元调节喷油器电控机构（电磁线圈或压电晶体）的通电与断电时间进行控制。因此，高压共轨式电控柴油喷射系统不仅能够独立地、自由地控制喷油压力和喷油量，而且具有良好的喷油特性。

喷油特性是指喷油量与喷油时间之间的关系。高压共轨式电控柴油喷射系统能够实现引导喷射、预喷射、主喷射、后喷射和次后喷射等多段喷射，多段喷射的喷油特性曲线如图 4-18 所示。

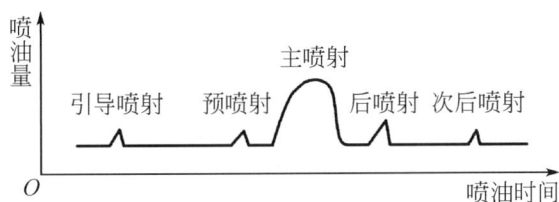

图 4-18 多段喷射的喷油特性曲线

多段喷射又称为多段喷油，是指将一个工作循环中的喷油过程分成若干阶段进行喷射。多段喷射理论是 1994 年美国威斯康辛大学瑞兹（Reiz）教授研究提出的，目的是控制燃烧速率，减小有害物质（颗粒物和 NO_x）的排放量和降低燃烧噪声。

在多段喷射过程中，依次进行的引导喷射、预喷射、主喷射、后喷射和次后喷射，各个阶段是相互联系且又各自独立的，各段喷射的作用与目的各不相同。当发动机转速为 100 r/min、喷油压力为 160 MPa 时，喷油器在各阶段的驱动电流、针阀升程和喷油量的试验结果如图 4-19 所示。

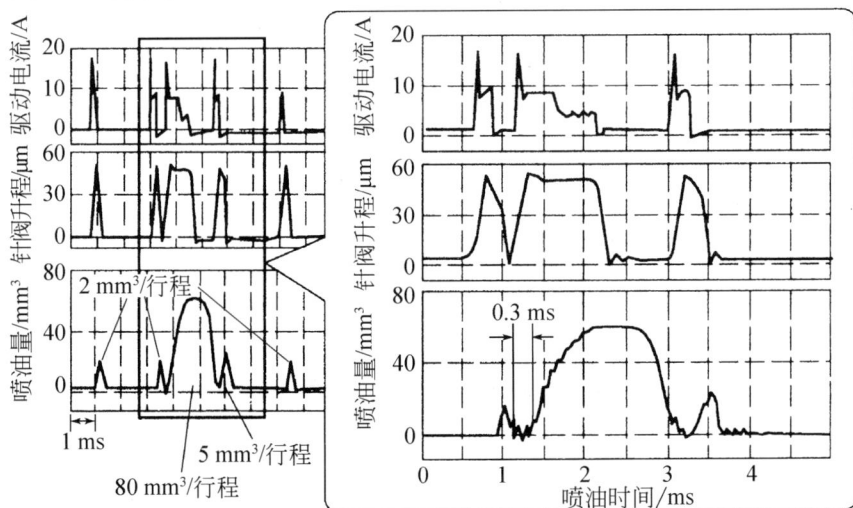

图 4-19 喷油器在各阶段的驱动电流、针阀升程和喷油量的试验结果

1）引导喷射。引导喷射是在主喷射（主喷射是喷油量较大的一次喷射，主要保证发动机的动力性）开始之前，进行一次提前角度较大、喷油量较小的喷射。通过引导喷射使柴油预混合燃烧，能够明显减小颗粒物的排放量和降低燃烧噪声。引导喷射越提前，颗粒物排放量和噪声越低。

2）预喷射。预喷射是在紧靠主喷射之前进行的一次喷油量较小的喷射。通过预喷射来缩短主喷射的着火延迟期，当预喷射与主喷射之间的时间间隔约 1 ms 时，能够明显减小 NO_x 的排放量和降低燃烧噪声，但颗粒物的排放量会有所增加。因此，应当尽可能缩短预喷射与主喷射之间的时间间隔（≤0.4 ms），以便减小颗粒物的排放量。

3）后喷射。后喷射是在紧靠主喷射之后进行的一次喷油量稍大一点的喷射。后喷射的作用是加快扩散燃烧，减小颗粒物的排放量。在发动机中速、中等负荷时，当后喷射紧靠主喷射（时间间隔≤0.7 ms）时，能够减小颗粒物的排放量，但是 NO_x 的排放量会稍有增加。

4）次后喷射。次后喷射是在后喷射之后进行一次喷油量较小的喷射。次后喷射可使排气温度升高，通过供给还原剂，可增加催化剂的活性，有利于排气净化。次后喷射不能过迟，以免燃油附着在汽缸壁上。后喷射与次后喷射之间的时间间隔一般控制在 2 ms 左右。

4.5.4　起动喷油量控制

无论电控汽油机汽车还是电控柴油机汽车，它们起动时的喷油量都是由电控单元依据发动机冷却液温度等传感器信号进行调节，起动困难的现象十分罕见。电控柴油机汽车起动喷油量的控制过程如图 4-20 所示。

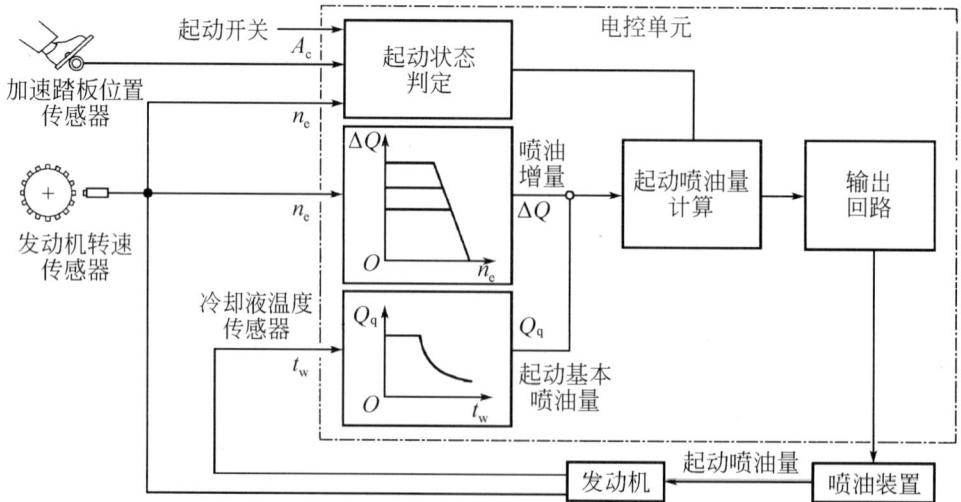

图 4-20　电控柴油机汽车起动喷油量的控制过程

柴油发动机的起动过程由初始发火、完全发火、转速上升到起动完成等几个阶段组成。从开始起动到完全发火之间的时间越短，则起动性能越好。从发动机开始起动到速度开始上升经历的时间越短，则起动响应特性越好，即反应速度越快。

在低温起动时，发动机机件摩擦产生的阻力转矩大，起动性能和响应特性都会变差。因此，起动时必须增大喷油量，使发动机产生的驱动转矩大于发动机自身的阻力转矩。这就是起动喷油量控制的任务。机械式喷油系统虽然能够实现起动喷油量控制功能，但是，当温度和海拔高度等外界条件发生较大变化时，起动喷油量控制就难以实现了，会出现发动机起动困难的现象。

在柴油机电控喷油系统中，起动喷油量的控制过程与汽油机基本相同。电控单元首先根据起动开关信号、发动机转速传感器和加速踏板位置传感器等信号判断发动机是否处于起动状态。当判定为起动状态时，电控单元首先根据冷却液温度传感器信号在三维数据 MAP 中查询得到起动基本喷油量 Q_q，然后根据发动机转速传感器信号在三维数据 MAP 中查询确定喷油增量（补偿油量）ΔQ，基本喷油量与喷油增量二者之和即为起动喷油量，最后向喷油器发出控制指令。执行器在电控单元输出回路的驱动下，按起动喷油量进行喷油。因为起动喷油量相对较大（起动喷油量为基本喷油量的 1.3~1.5 倍），且以发动机温度为基准，并辅之以喷油增量进行控制，所以电控柴油机都能顺利起动。

本章小结

本章主要介绍柴油机电控喷油技术的发展概况与基本原理，柴油机电控喷油系统的组成与分类，高压共轨式电控柴油喷射系统的组成，高压共轨式电控柴油喷射系统的关键技术、喷油量和喷油压力以及多段喷射的控制等内容。

下列问题覆盖了本章的主要学习内容，利用以下线索可对所学内容做一次简要的回顾：

1. 柴油机电控喷油系统的组成与分类。

2. 柴油机电控喷油系统的控制功能与控制策略。

3. 高压共轨式电控柴油喷射系统的组成与特点。

4. 高压共轨式电控柴油喷射系统输油泵、高压泵、压力控制阀、共轨组件、限压阀、流量限制阀、共轨油压传感器和电控喷油器等关键部件的结构原理。

5. 高压共轨式电控柴油喷射系统喷油量和喷油压力控制方法与控制过程。

6. 高压共轨式电控柴油喷射系统实施引导喷射、预喷射、主喷射、后喷射和次后喷射等多段喷射的意义。

7. 电控柴油机汽车起动时喷油量的控制过程。

自测题

一、单选题（在每小题的备选答案中，选出一个正确答案，并将其序号填在括号内）

1. 汽车柴油机技术发展的必然趋势是采用（　　）电控柴油喷射技术。

A. 位置控制式　　　　　　B. 时间控制式　　　　　　C. 高压共轨式

2. 在高压共轨式电控柴油喷射系统中，压力控制阀调节喷油压力范围为（　　）。

A. 10~20 MPa　　　　　　B. 20~100 MPa　　　　　　C. 20~200 MPa

3. 柴油机工作时，每循环喷油量的变化范围为基本喷油量的（　　）。

A. 0.2~0.25　　　　　　　　　B. 1.0~1.5 倍　　　　　　　　　C. 1.3~1.5 倍

二、判断题（在括号内正确的打√、错误的打×）

1. 在高压共轨式电控柴油喷射系统中，电控单元控制喷油量的方法是控制喷油持续时间。　　　　　　　　　　　　　　　　　　　　　　　　　　　　（　　）

2. 在高压共轨式柴油喷射系统中，电控单元控制喷油定时的方法是控制喷油开始时间。　　　　　　　　　　　　　　　　　　　　　　　　　　　　　　（　　）

3. 柴油机"冒黑烟"的根本原因是局部高温缺氧，燃油被裂解生成碳烟。　（　　）

三、简答题

1. 在高压共轨式电控柴油喷射系统中，压力控制阀怎样调节喷油压力？

2. 电控柴油机与电控汽油机相比较，二者的喷油器在结构组成和工作原理等方面有何区别？

3. 为什么将高压共轨式电控柴油喷射系统称为"时间-压力调节系统"？

4. 为什么高压共轨式电控柴油喷射系统要采用多段喷射？各段喷射的目的是什么？

第5章　汽车行驶安全电控技术

导　言

汽车安全系统可分为行驶安全控制系统和财产安全（中控门锁、汽车防盗等）控制系统两大类。其中，行驶安全控制系统又可分为主动安全控制系统与被动安全控制系统两大类。主动安全控制系统的功用是避免车辆发生交通事故，被动安全控制系统的功用是减轻交通事故导致驾驶人或乘员遭受的伤害程度。

本章主要介绍汽车防抱死制动控制、制动力分配控制、制动辅助控制、驱动轮防滑转调节、车身稳定性控制等主动安全技术以及安全气囊控制和安全带收紧等被动安全技术等内容。

本章学习内容力求使学生掌握汽车行驶安全电控技术的相关知识，为继续学习相关章节和使用、维修汽车行驶安全系统打下坚实的基础。

学习目标

1. 认知目标
1) 了解汽车行驶安全控制系统的功用与结构组成。
2) 熟悉汽车防抱死制动系统和安全气囊系统的基本原理。
3) 掌握汽车行驶安全控制系统的控制过程。

2. 技能目标
1) 能够说明汽车行驶安全系统的结构组成。
2) 能够说明汽车防抱死制动系统和安全气囊系统的基本原理。
3) 能够熟练地阐述汽车防抱死制动和安全气囊引爆的控制过程。

3. 情感目标
1) 逐渐养成学习汽车行驶安全电控技术的习惯。
2) 注重培养一丝不苟、严肃认真的工作态度和工作作风。
3) 加强形象思维能力和抽象思维能力培养，不断提高学习兴趣和效率。

5.1　防抱死制动系统

汽车防抱死制动系统的英文名称是 Anti-lock Braking System（防锁死制动系统）或 Anti-skid Braking System（防滑移制动系统），缩写均为 ABS。

5.1.1 防抱死制动系统的功用

在汽车制动过程中，当车轮制动器制动力（轮胎周缘为了克服制动器摩擦力矩所需施加的力）小于或等于轮胎-道路附着力（地面阻止车轮滑动所能提供的切向反作用力的极限值，通常简称为附着力，附着力取决于地面对轮胎的法向反作用力与轮胎-道路附着系数）时，车轮将滚动运动，如图5-1（a）所示。当制动器制动力大于附着力时，车轮就会抱死滑移，如图5-1（b）所示。

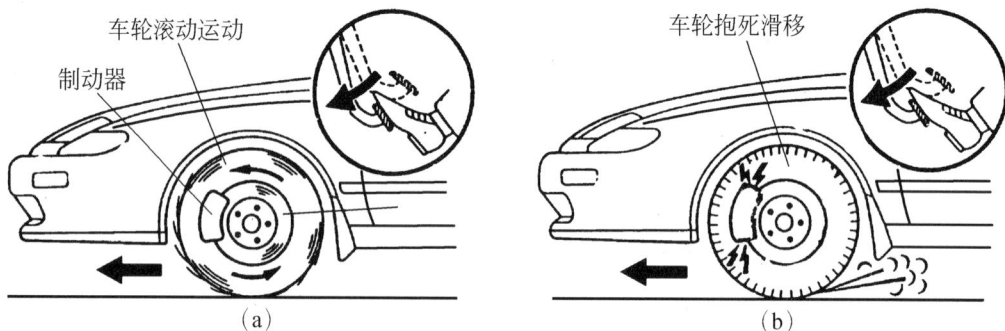

图5-1 制动车轮运动状态
（a）车轮滚动运动；（b）车轮抱死滑移

当车轮抱死时，汽车就会失去转向控制能力和行驶稳定性，其危害程度极大。如果前轮抱死，虽然汽车能沿直线向前行驶，但是失去转向控制能力。由于维持前轮转弯运动能力的横向附着力丧失，汽车仍将按原行驶方向滑行，可能冲入其他车道与迎面车辆相撞或冲出路面与障碍物相撞而发生恶性交通事故。如果后轮抱死，汽车的制动稳定性就会变差，抵抗横向外力的能力很弱，后轮稍有外力（如侧向风力或地面障碍物阻力）作用就会发生侧滑（甩尾），甚至出现调头（突然出现180°转弯）等危险现象。

电控防抱死制动系统的功用是在汽车制动过程中，自动调节车轮的制动力，防止车轮抱死滑移，从而获得最佳制动效能（缩短制动距离、增强转向控制能力、提高行驶稳定性），从而减少交通事故。需要特别指出的是，电控防抱死制动系统是汽车最基本的主动安全系统。电控制动力分配系统、电控制动辅助系统和车身稳定性控制系统等都是在其基础上拓展安全功能的主动安全系统。

5.1.2 防抱死制动的基本原理

当汽车匀速行驶时，实际车速 v（车轮中心的纵向速度）与车轮速度 v_w（车轮滚动的圆周速度）相等，车轮在路面上的运动为纯滚动运动。然而，在汽车实际运行过程中，当驾驶人踩下制动踏板后，在制动器摩擦力矩的作用下，车轮的角速度减小，实际车速与车轮速度之间就会产生一个速度差，轮胎与地面之间就会产生相对滑移。

1. 车轮滑移率 S

轮胎滑移的程度用车轮滑移率 S 来表示。车轮滑移率是指实际车速 v 与车轮速度 v_w 之差同实际车速 v 的比率，其表达式为

$$S = \left(\frac{v - v_w}{v} \right) \times 100\% = \left(1 - \frac{v_w}{v} \right) \times 100\% = \left(1 - \frac{r\omega}{v} \right) \times 100\% \qquad (5-1)$$

式中：S——车轮滑移率；

　　　v——实际车速（车轮中心纵向速度），m/s；

　　　v_w——车轮速度（车轮滚动圆周速度，$v_w = r\omega$），m/s；

　　　r——车轮半径，m；

　　　ω——车轮转动角速度（$\omega = 2\pi n$），rad/s。

当 $v = v_w$ 时，$S = 0$，车轮自由滚动；当 $v_w = 0$ 时，$S = 100\%$，车轮完全抱死滑移；当 $v > v_w$ 时，$0 < S < 100\%$，车轮既滚动又滑移。车轮滑移率越大，车轮滑移程度越大。

2. 车轮滑移率 S 的影响因素

在汽车制动过程中，车轮抱死滑移的根本原因是制动器制动力大于轮胎附着力。因此，影响车轮滑移率的因素包括：汽车载客人数或载物量，前、后轴的载荷分布情况，轮胎种类及轮胎与道路的附着状况，路面种类和路面状况，制动力大小及其增长速率。

3. 车轮滑移率 S 与附着系数 φ 的关系

在汽车制动过程中，除车轮旋转平面的纵向附着力外，还有垂直于车轮旋转平面的横向附着力。纵向附着力决定汽车纵向运动，影响汽车的制动距离；横向附着力则决定汽车的横向运动，影响汽车的转向控制能力和行驶稳定性。

汽车纵向附着系数和横向附着系数对车轮滑移率有很大影响。试验证明，在地面附着条件差（如在冰雪路面上制动）的情况下，道路附着力很小，得到的最大地面制动力减小。因此，在制动踏板力（或制动轮缸压力）很小时，地面制动力就会达到最大附着力，车轮就会抱死滑移。在不同路面上附着系数与车轮滑移率之间的关系如图 5-2（a）所示（图中虚线与实线标注的上下顺序一一对应）。

1）附着系数取决于路面性质。一般来说，干燥路面附着系数大，潮湿路面附着系数小，冰雪路面附着系数更小。

2）在各种路面上，附着系数都随车轮滑移率的变化而变化。

3）在各种路面上，当车轮滑移率为 20% 左右时，纵向附着系数最大，制动效果最好。

纵向附着系数最大时的车轮滑移率称为理想滑移率或最佳滑移率。当车轮滑移率超过理想滑移率时，纵向附着系数减小，产生的地面制动力随之下降，制动距离将增长。车轮滑移率大于理想滑移率后的区域称为非稳定制动区域或非稳定区，如图 5-2（b）所示。

横向附着系数是研究汽车行驶稳定性的重要指标之一。横向附着系数越大，汽车制动时的行驶稳定性和保持转向控制的能力越强。当车轮滑移率为零时，横向附着系数最大；随着车轮滑移率的增加，横向附着系数逐渐减小。

综上所述，为了获得最佳的制动效能，应将车轮滑移率控制在 10%～30% 内，采用防抱死制动系统即可达到这一目的。防抱死制动系统制动效果如图 5-3 所示。在装备防抱死

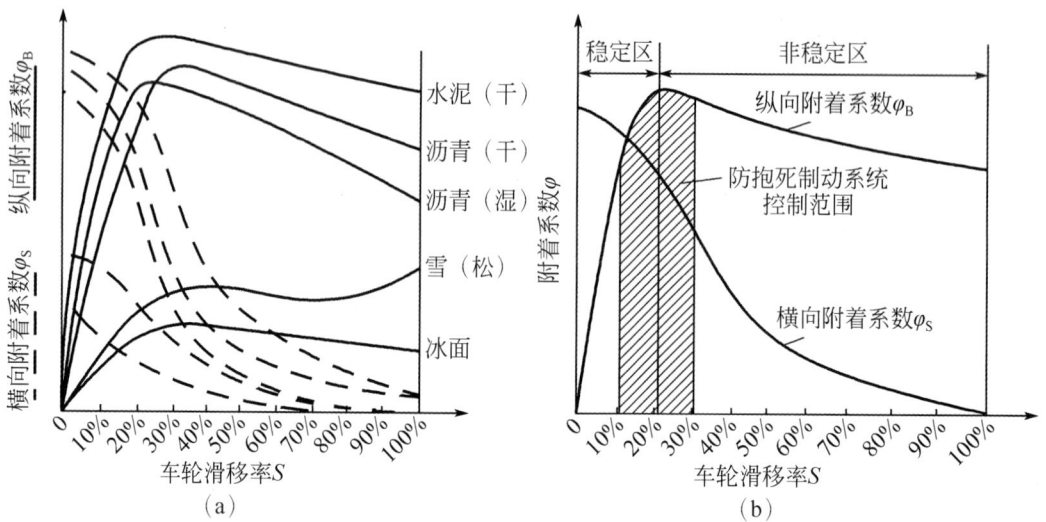

图 5-2　附着系数与车轮滑移率的关系

（a）不同路面时；（b）干燥硬实路面时

制动系统的情况下，因为前轮不会抱死，所以汽车具有转向控制能力，能够躲避前方的障碍物。在无防抱死制动系统的情况下，由于汽车失去转向控制能力，维持前轮转弯运动能力的横向附着力丧失，因此，汽车仍按原行驶方向滑行而将前方障碍物撞倒。

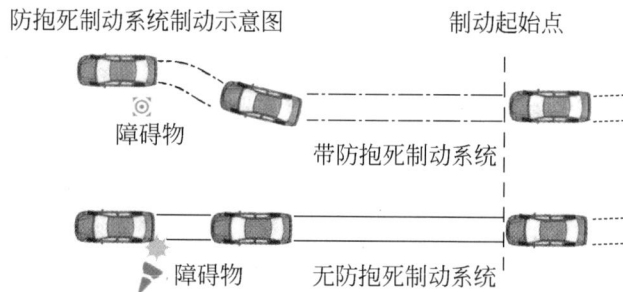

图 5-3　防抱死制动系统制动效果

5.1.3　防抱死制动系统的组成

尽管各型汽车防抱死制动系统的结构形式各不相同，但都是在常规制动系统（液压制动系统或气压制动系统）的基础上，增设一套电子控制系统而构成。由此可见，防抱死制动系统是由压力调节系统和防抱死制动电控系统两个子系统组成，如图 5-4 所示。

1. 压力调节系统

压力调节系统由常规制动系统和制动压力调节器组成。常规制动系统主要由制动主缸、制动助力器、制动轮缸、制动管路和制动器（盘式或鼓式制动器）等组成。因为汽车制动动力源分为液压和气压两种，所以压力调节系统相应地有液压调节系统和气压调节系统。小轿车普遍采用液压调节系统，载货汽车普遍采用气压调节系统。在液压调节系统中，制动压力调节器又称为液压调节器，主要由电磁阀、储液器、止回阀和回液泵电动机等组成。

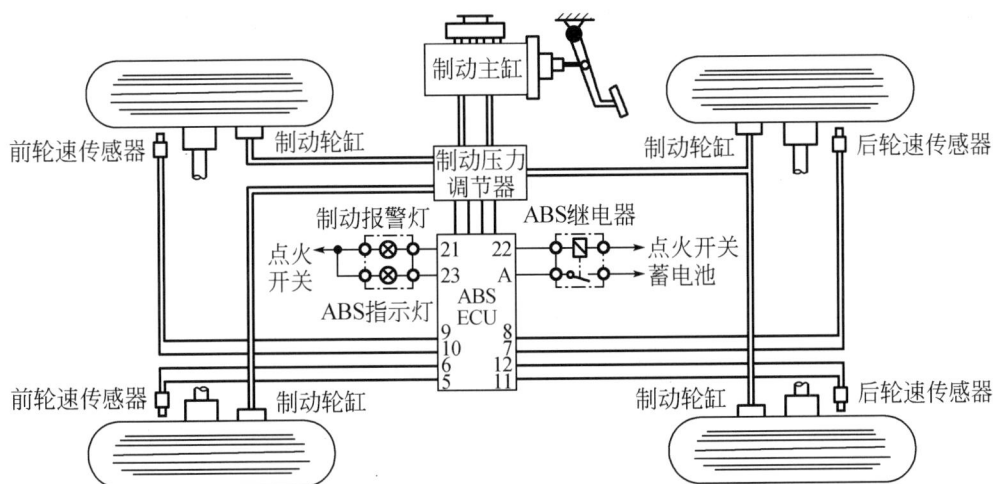

图 5-4 防抱死制动系统组成

2. 防抱死制动电控系统

防抱死制动电控系统由轮速传感器、制动灯开关、ABS ECU（防抱死制动电控单元）、ABS 指示灯和制动压力调节器等构成，防抱死制动电控系统控制部件的安装位置如图 5-5 所示。其中，制动压力调节器既是电子控制系统的执行元件，也是压力调节系统的始控元件。

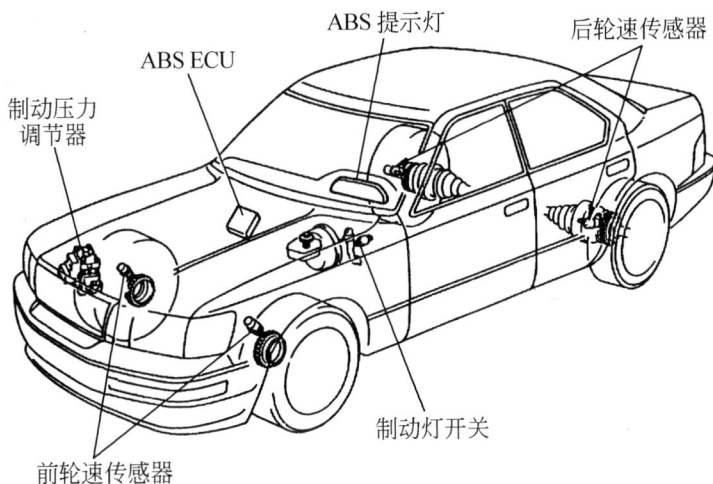

图 5-5 防抱死制动电控系统控制部件的安装位置

防抱死制动系统采用的传感器有车轮速度传感器和减速度传感器两种。车轮速度传感器又称为车轮转速传感器，简称轮速传感器。轮速传感器是防抱死制动系统必需的传感器，其功用是检测车轮的运动状态，将车轮转速变换为电信号输入 ABS ECU，以便 ABS ECU 计算车轮速度。一个防抱死制动系统设有 2~4 只轮速传感器，轿车一般采用 4 只，载货汽车一般采用 2 只。减速度传感器仅在控制精度较高的防抱死制动系统中采用，其功用是检测汽车车身的减速度，以供 ABS ECU 判别路面状况并采取相应地控制策略。减速度传感器又分为纵向和横向两种减速度传感器。

ABS ECU（防抱死制动电控单元，又称为防抱死制动电子控制器）主要功用是接收轮速传感器、减速度传感器和控制开关信号，计算汽车的轮速、车速、加减速度和车轮滑移率，并输出控制指令控制制动压力调节器等执行元件工作。

ABS ECU 具有失效保护和故障自诊断功能，一旦发现故障，ABS ECU 就会终止电子控制系统的工作，恢复到常规制动状态。与此同时，还将控制 ABS 故障指示灯（或 Anti-Lock 故障指示灯）发亮指示，警告驾驶人防抱死制动系统发生故障。

制动压力调节器的功用是根据 ABS ECU 的控制指令，驱动电磁阀和回液泵电动机等液压控制部件工作，使制动压力"升高""保持""降低"，从而实现防抱死制动。

3. 防抱死制动与常规制动的关系

防抱死制动系统是在常规制动系统的基础上增设一套电控系统而构成，其控制过程也是在常规制动过程的基础上进行。在制动过程中，当车轮尚未抱死时，防抱死制动过程与常规制动完全相同。只有当车轮趋于抱死时，防抱死制动系统才对制动压力进行调节。因此，当防抱死制动系统发生故障时，如果常规制动装置正常，那么常规制动系统照样具有制动功能。但是，如果常规制动系统发生故障，那么防抱死制动系统将随之失效。

4. 防抱死制动系统的优点

防抱死制动系统根据车轮滑移率的变化来自动调节制动压力。在制动过程中，当车轮趋于抱死即车轮滑移率进入非稳定区时，防抱死制动系统能迅速调节制动压力，使车轮滑移率恢复到靠近理想滑移率的稳定区域内。通过自动调节制动力，车轮滑移率能够保持在理想滑移率附近的狭小范围内，每个车轮尽可能获得较大的地面制动力，防止紧急制动时车轮抱死滑移，从而获得最佳制动效能。防抱死制动系统具有以下优点：

1）缩短制动距离。防抱死制动系统能保证汽车在雨后、冰雪及泥泞路面上获得较高的制动效能，防止汽车侧滑甩尾（松散的沙土和积雪很深的路面除外）。

2）保持汽车制动时的行驶稳定性。

3）保持汽车制动时的转向控制能力。

4）减少汽车制动时轮胎的磨损。在制动过程中，防抱死制动系统能减轻轮胎与地面剧烈摩擦而产生的沉重拖痕，从而延长轮胎的使用寿命。

5）减小驾驶人的疲劳强度，特别是汽车制动时的紧张情绪。

5.1.4　防抱死制动系统的分类

防抱死制动系统分为机械式和电子控制式两大类。纯机械式防抱死制动系统早已淘汰，目前主要采用机电一体化控制的电子控制式防抱死制动系统。电子控制式防抱死制动系统的种类很多，分类方法大致如下。

1. 按结构形式分类

按防抱死制动系统制动压力调节器与制动主缸的结构形式不同，电子控制式防抱死制动系统可分为分离式和整体式两种。

分离式防抱死制动系统的制动压力调节器为独立总成，通过制动管路与制动主缸和制动轮缸相连，其突出优点是零部件安装灵活，适合于防抱死制动系统作为选装部件时采用。

整体式防抱死制动系统的制动压力调节器与制动主缸以及制动助力器组合为一个整体，其优点是结构紧凑、节省安装空间，一般都作为汽车的标准装备配装汽车。整体式防抱死制动系统结构复杂、成本较高，高级轿车采用较多。

2. 按车轮控制方式分类

按车轮控制方式不同，电子控制式防抱死制动系统可分为轮控式与轴控式两种。轴控式防抱死制动系统又分为低选控制（Select Low，SL）和高选控制（Select High，SH）两种。

在制动系统中，制动压力能够独立进行调节的制动管路称为控制通道。每个车轮各占用一个控制通道的称为轮控式（又称为独立控制式或单轮控制式）防抱死制动系统；两个车轮占用同一个控制通道的称为同时控制。当同时控制的两个车轮在同一轴上时，则称为轴控式防抱死制动系统。

在采用轴控式防抱死制动系统的汽车上，当左、右车轮行驶在附着系数不同的路面上时，由于左、右车轮与路面之间的附着力不同，因此，左、右车轮在制动时抱死的时机就会不同，附着系数小的车轮先抱死，附着系数大的车轮后抱死。如果以保证附着系数较小的车轮不发生抱死为原则来调节制动压力，这两个车轮就是按低选原则进行控制，简称低选控制；如果以保证附着系数较大的车轮不发生抱死为原则来调节制动压力，这两个车轮就是按高选原则进行控制，简称高选控制。

目前，部分小轿车（如奥迪轿车）采用了三通道防抱死制动系统，即对两前轮采用独立控制，对两后轮采用低选控制。这是因为对两后轮采用低选控制可以保证汽车在各种条件下，左、右两个后轮的制动力相等。即使两侧车轮的附着力相差较大，两个车轮的制动力也能限制在附着力较小的水平，使两个后轮的制动力始终保持平衡，从而保证汽车在各种条件下制动时，都具有良好的行驶稳定性。虽然两后轮按低选原则控制存在后轮附着系数较大一侧的附着力不能充分利用、汽车的总制动力有所减小的问题，但是，在紧急制动时，由于汽车轴荷前移，在总制动力中，后轮的制动力所占比例较小，尤其是小轿车，前轮的附着力比后轮的附着力大得多，后轮制动力通常只占总制动力的30%左右。因此，后轮附着力未能充分利用对汽车的总制动力影响不大。

对两前轮进行独立控制，主要是考虑小轿车（特别是前轮驱动轿车）前轮的制动力占总制动力比例较大（可达70%左右），可以充分利用两前轮的附着力，一方面使汽车获得尽可能大的总制动力，有利于缩短制动距离；另一方面可使两前轮在制动过程中始终保持较大的横向附着力，使汽车保持良好的转向控制能力。尽管两前轮独立控制可能导致两前轮制动力不平衡，但是两前轮制动力不平衡对汽车的行驶稳定性影响相对较小，并可通过驾驶人操纵转向盘进行修正。

3. 按控制通道和传感器数量分类

按控制通道和传感器数量不同，电子控制式防抱死制动系统可分为如表 5-1 所示的七种类型，即四通道四传感器（形式 1、2）、三通道四传感器（形式 3）、三通道三传感器（形式 4）、两通道三传感器（形式 5）、两通道两传感器（形式 6、7）、单通道一传感器（形式 8）、六通道六传感器（适用于带挂车的汽车，表中未标出）。

4. 按控制车轮数量分类

按控制车轮的数量不同，电子控制式防抱死制动系统可分为两轮和四轮两种。两轮防抱死制动系统只控制两个后轮，结构简单、价格低廉，适用于轻型载货汽车和客货两用汽车。四轮防抱死制动系统又分为四通道和三通道两种类型。四通道防抱死制动系统的分布形式如表 5-1 中形式 1、2 所示，三通道防抱死制动系统的分布形式如表 5-1 中形式 3、4 所示。

表 5-1　电子控制式防抱死制动系统的七种类型

控制通道	四通道		三通道		两通道			单通道
传感器	四传感器	四传感器	四传感器	三传感器	三传感器	两传感器	两传感器	一传感器
图示								
通道类型	前-后	交叉	前-后	前-后	前-后	前-后	交叉	后部
分布形式	形式 1	形式 2	形式 3	形式 4	形式 5	形式 6	形式 7	形式 8

注：◀表示传感器；▭▷表示通道。

除此之外，按制动压力调节器的动力源不同，电子控制式防抱死制动系统可分为液压式和气压式；按制动压力调节器的调压方式不同，电子控制式防抱死制动系统可分为流通式和变容式。

5.1.5　防抱死制动电子控制系统的结构原理

防抱死制动电子控制系统由车轮速度传感器、减速度传感器、各种控制开关、ABS ECU（防抱死制动电控单元）、ABS 指示灯、压力调节系统组成。大众 MK20-I 型防抱死制动电控系统的控制电路如图 5-6 所示。制动压力调节器为液压式，由 8 个电磁阀构成的 ABS/EBD 液压控制单元和回液泵电动机组成。制动压力调节器既是电控系统的执行元件，也是液压力调节系统的始控元件。

1. 车轮速度传感器

车轮速度传感器简称轮速传感器，其功用是检测车轮转速，并将其转换为电信号输入 ABS ECU，用以计算车轮速度。

轮速传感器有磁感应式和差动霍尔式两种。磁感应式轮速传感器由传感元件和信号转子组成。传感元件为静止部件，由永久磁铁、信号线圈（感应线圈）和线束插头等组成，

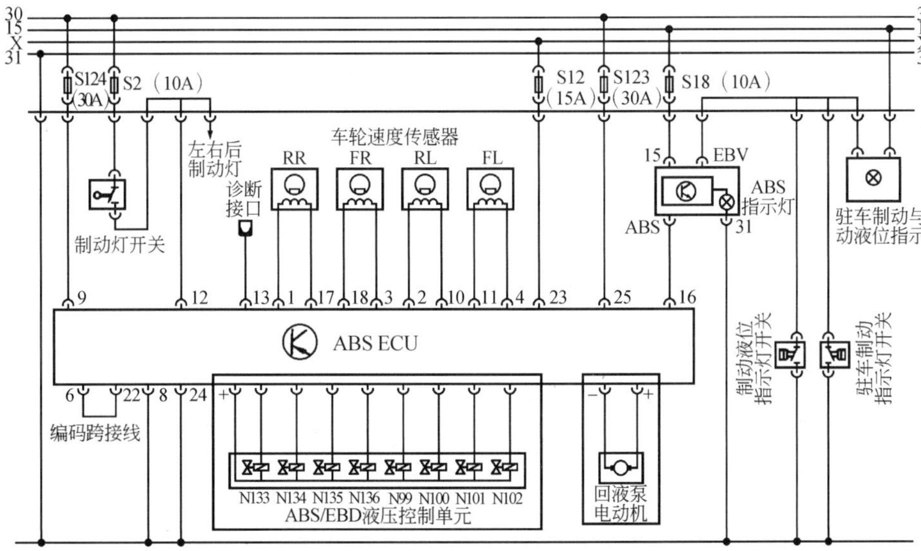

图 5-6　大众 MK20-I 型防抱死制动电控系统控制电路

安装在车轮附近的静止部件（如转向节、半轴套管、悬架构件）上，不随车轮转动。信号转子由铁磁材料制成带齿的圆环，又称为齿圈转子，安装在与车轮一同转动的部件（如轮毂、半轴）上。MK20-I 型防抱死制动系统 4 个轮速传感器的信号转子的圆周上有 43 个凸齿，其安装位置如图 5-7 所示，前轮轮速传感器的传感元件安装在转向节上，信号转子安装在传动轴上，随前轮传动轴转动而转动，如图 5-7（a）所示。后轮轮速传感器的传感元件安装在固定支架上，信号转子安装在与车轮一同转动的后轮毂上，如图 5-7（b）所示。

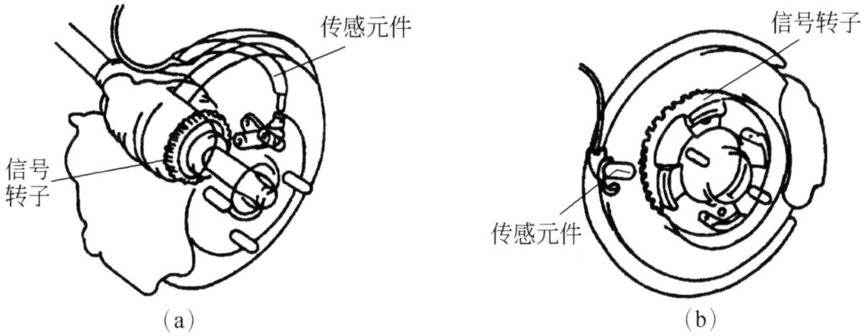

（a）　　　　　　　　　　　　　　　（b）

图 5-7　MK20-I 型 ABS 轮速传感器安装位置
（a）前轮轮速传感器；（b）后轮轮速传感器

传感元件与信号转子之间留有一定的间隙，一般为 0.4～2.0 mm。如 MK20-I 型防抱死制动系统前轮轮速传感器间隙为 1.10～1.97 mm，后轮轮速传感器间隙为 0.42～0.80 mm。轮速传感器安装必须牢靠，否则就会影响传感器正常输出信号或在汽车行驶振动时受到损伤。为了避免灰尘和飞溅的水、泥等影响传感器工作，安装前应在轮速传感器上涂覆防锈液。

2. 减速度传感器

减速度传感器又称为加速度传感器，其功用是检测汽车的减速度大小，并将其转换为电信号输入 ABS ECU，以便判别路面状况并采取相应的控制措施。汽车在高附着系数路面上制动时，减速度很大；在低附着系数路面上制动时，减速度很小，ABS ECU 根据减速度传感器信号即可判断路面状况。例如，当判定汽车是在附着系数很小的冰雪路面上行驶时，就会按照低附着系数路面的控制方式进行控制，以便提高制动效能。

（1）减速度传感器分类

减速度传感器按结构不同，可分为光电式、水银式、差动变压器式和半导体式；按用途不同可分为纵向减速度传感器和横向减速度传感器两种。横向减速度传感器在高级轿车和赛车上采用较多。减速度传感器的安装位置依车而异，有的安装在行李舱内（如丰田赛利卡和凯美瑞轿车），有的安装在发动机舱内。

（2）光电式减速度传感器

光电式减速度传感器由两个发光二极管（LED）、两个光电三极管、一块透光板和信号处理电路等组成，光电式减速度传感器的结构如图 5-8 所示。

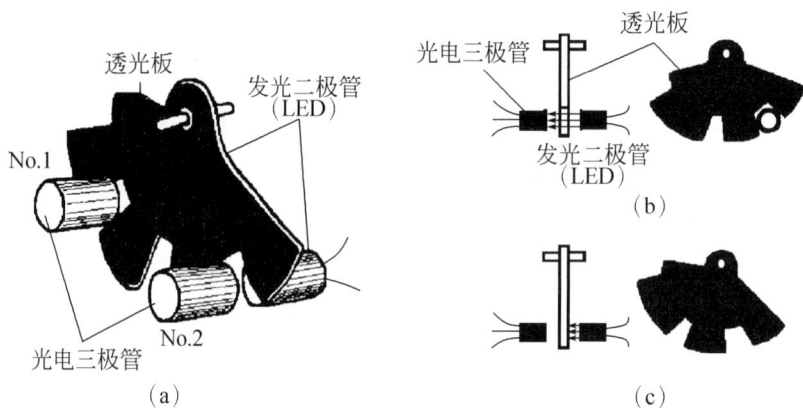

图 5-8　光电式减速度传感器的结构
（a）元件位置；（b）透光时；（c）遮光时

光电管是把光能变成电能的器件，内部装有能够产生光电效应的电极，受到光线照射就会向外发射电子，广泛用于无线电传真、自动控制和电影领域。光电效应是指某些物质因受到光的照射而发出电子的现象。光电管有发光二极管和光电三极管两种。

光电式减速度传感器的元件位置如图 5-8（a）所示。其中，透光板的作用是透光或遮光。当透光板上的开口位于发光二极管与光电三极管之间时，发光二极管发出的光线能够照射到光电三极管上，使光电三极管导通，如图 5-8（b）所示。当透光板上的齿扇位于发光二极管与光电三极管之间时，发光二极管发出的光线被透光板上的齿扇挡住而不能照射到光电三极管上，光电三极管处于截止状态，如图 5-8（c）所示。

当汽车匀速行驶时，透光板静止不动，光电式减速度传感器无信号输出，如图 5-9（a）所示；当汽车减速行驶时，透光板沿汽车纵向摆动，如图 5-9（b）所示。

减速度大小不同，透光板摆动角度就不同，两只光电三极管"导通"与"截止"状

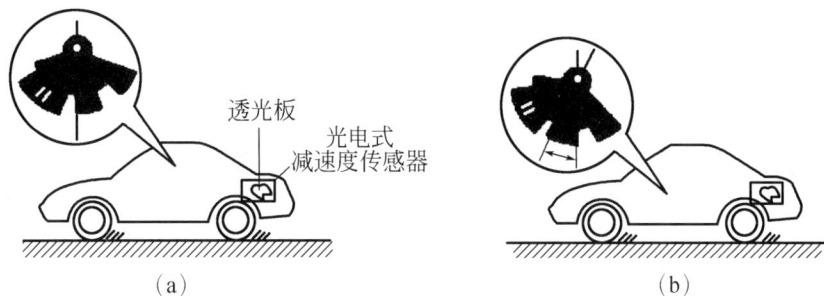

图 5-9 光电式减速度传感器工作情况

（a）匀速行驶；（b）减速行驶

态也就不同。减速度越大，透光板摆动角度越大。根据两只光电三极管的输出信号，就可将汽车减速度速率区分为四个等级，如表 5-2 所示。ABS ECU 接收到传感器信号后，就可判定出路面状况，从而采取相应的控制措施。

表 5-2 减速度速率的等级

减速度率等级	低减速率 1	低减速率 2	中等减速率	高减速率
No. 1 光电三极管	导通	截止	截止	导通
No. 2 光电三极管	导通	导通	截止	截止

3. 控制开关

1）制动灯开关。制动灯开关安装在制动踏板旁边。当驾驶人踩下制动踏板时，制动灯开关接通，制动信号输入 ABS ECU，同时汽车尾部的制动灯电路接通。

2）制动液位指示灯开关。当制动液液面位置降低到一定时，制动液位指示灯开关接通，同时制动液位指示灯和 ABS 指示灯电路接通，指示灯发亮提醒驾驶人及时添加制动液。

3）驻车制动指示灯开关。当驾驶人拉紧驻车制动手柄时，驻车制动指示灯开关接通，同时驻车制动指示灯和 ABS 指示灯电路接通，指示灯发亮；当驻车制动手柄放松时，指示灯熄灭，防抱死制动系统可以投入工作。

4. ABS ECU

ABS ECU 的主要功用是接收轮速传感器、减速度传感器信号和各种控制开关信号，根据设定的控制逻辑，通过数学计算和逻辑判断发出控制指令，控制制动压力调节器调节制动轮缸的制动压力。

各种车型 ABS ECU 内部电路及控制程序各不相同，但其基本组成大致相同，如图 5-10 所示，其主要由主控 CPU、辅控 CPU、稳压模块电路、电磁阀电源模块电路、电磁阀驱动模块电路、电动机驱动模块电路、信号处理模块电路和安全保护电路等组成。

ABS ECU 的显著特点是采用了两个 CPU，其中一个为主控 CPU，另一个为辅控 CPU，主要目的是保证防抱死制动系统的安全性。两个 CPU 接收同样的输入信号，在运算处理过程中，通过通信对两个 CPU 的处理结果进行比较。如果两个 CPU 处理结果不一致，CPU 立即发出控制指令使防抱死制动系统退出工作，防止系统发生逻辑错误。

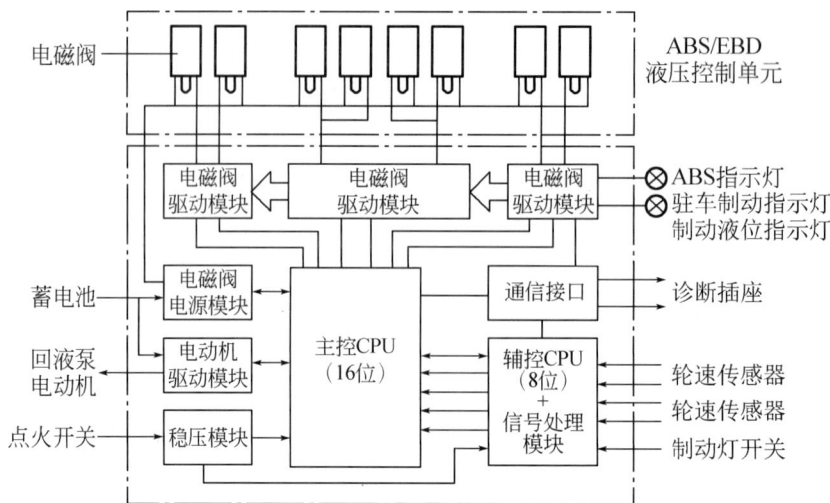

图 5-10　ABS ECU 电路组成框图

1）信号处理模块电路。信号处理模块电路由低通滤波电路和整形放大电路等组成，其功用是对轮速传感器输入的交变电压信号进行处理，并传送给主控 CPU 和辅控 CPU。与此同时，信号处理模块电路还要接收点火开关、制动灯开关、制动液位指示灯开关等外部信号。

2）计算电路。计算电路是 ABS ECU 的核心，主要由微处理器构成，其功用是根据轮速传感器和控制开关信号，按照预先编制的程序进行数学计算和逻辑判断，形成相应的控制指令。计算电路按照设定的程序，根据轮速传感器输入的轮速信号，首先计算出车轮瞬时速度，然后得出加（减）速度、初始速度、参考车速和车轮滑移率，最后根据加、减速度和车轮滑移率形成相应的控制指令，再向电磁阀电路输出制动压力"升高""保持""降低"的控制信号。计算电路不仅能够监测自己内部的工作过程，而且还能监测系统控制部件的工作状况，如轮速传感器、回液泵电动机、电磁阀工作电路等，当监测到电路工作不正常时，立即向安全保护电路输出指令，使防抱死制动系统停止工作。

3）驱动模块电路。驱动模块电路的主要功用是将 CPU 输出的数字信号（如制动压力"升高""保持""降低"信号）进行功率放大并驱动执行元件（电磁阀、电动机）工作，实现制动压力"升高""保持""降低"的调节功能。

4）安全保护电路。安全保护电路由电源监控、故障记忆和 ABS 指示灯电路等组成，其主要功用是接收蓄电池（或发电机）的电压信号，监控蓄电池电压是否在稳定范围内，同时将 12 V 或 14 V 蓄电池电压变换为 ABS ECU 工作需要的 5 V 电压。

由于 CPU 具有监测功能，该电路能根据 CPU 输出的指令，对有关继电器电路、ABS 指示灯电路进行控制。当发现影响防抱死制动系统工作的故障（如蓄电池电压、轮速传感器信号、计算电路、电磁阀电路出现异常）时，CPU 就会发出指令使 ABS 停止工作，恢复常规制动功能，起到失效保护作用。同时接通仪表板上的 ABS 指示灯电路使 ABS 指示灯发亮，提醒驾驶人及时检修。ABS ECU 具有故障记忆功能，当 ABS ECU 监测到防抱死制动系统出现故障时，除控制执行上述动作外，还要将故障信息编成代码存储在存储器中，以备自诊断时读取故障代码，供维修诊断参考。

5. 压力调节系统

压力调节系统由液压调节器和常规制动装置的制动主缸、制动轮缸、制动助力器、制动管路等组成，如图 5-11 所示为 MK20-I 型防抱死制动压力调节系统原理图。液压调节器是防抱死制动系统的执行器，由电磁阀、储液器和电动回液泵（电动机和回液泵）组成，安装在制动主缸与车轮制动轮缸之间，其功用是根据 ABS ECU 的控制指令，自动调节制动轮缸的制动压力。

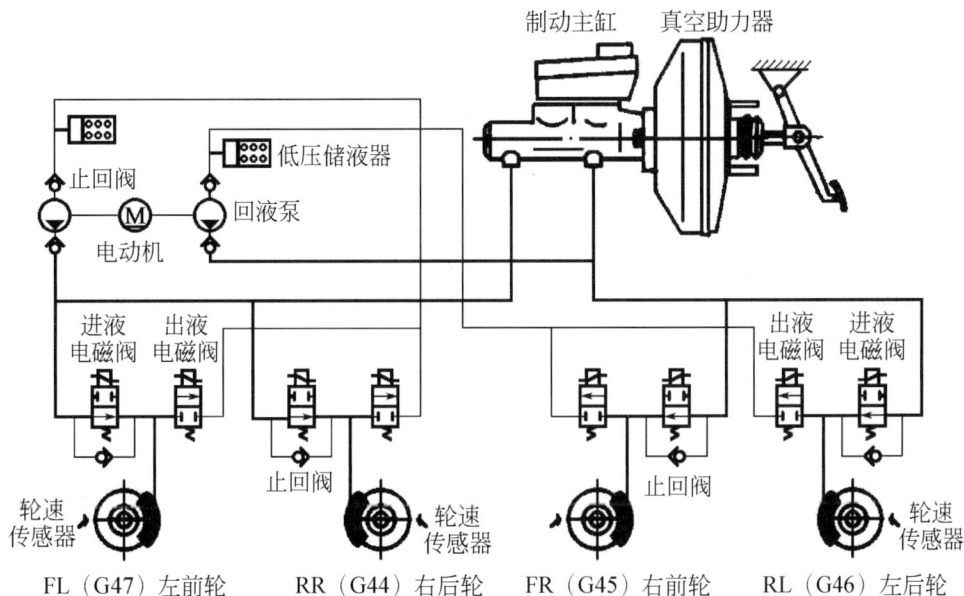

图 5-11　MK20-I 型防抱死制动压力调节系统原理图

电磁阀是液压调节器的核心部件，通过电磁阀动作便可控制制动压力"升高""保持""降低"。防抱死制动系统常用的电磁阀有两位两通电磁阀和三位三通电磁阀两种。

（1）两位两通电磁阀

1）两位两通电磁阀的结构特点。MK20-I 型防抱死制动系统的液压调节器采用了 8 个两位两通电磁阀。在通向每一个制动轮缸的管路中，都设有一个进液电磁阀和一个出液电磁阀，4 个进液电磁阀为常开电磁阀，4 个出液电磁阀为常闭电磁阀，常开电磁阀与常闭电磁阀的结构相同，两位两通电磁阀的基本结构如图 5-12 所示，主要由电磁铁机构、球阀、复位弹簧、顶杆、限压阀和阀体等组成。在电磁线圈未通电时，常开电磁阀的球阀与阀座处于分离状态，如图5-12（a）所示；常闭电磁阀的球阀与阀座处于接触状态，如图5-12（b）所示。

在常开电磁阀中，设有一根顶杆，顶杆和限位杆与活动铁心固定在一起，复位弹簧一端压在活动铁心上，另一端压在与阀体相连的弹簧座上。限压阀的功用是限制电磁阀的最高压力。当制动液压力过高时，限压阀打开泄压，以免压力过高损坏电磁阀。在两位两通常闭电磁阀中，一般不设置限压阀。

2）两位两通电磁阀的工作情况。两位两通常开与常闭电磁阀的工作原理相同，下面

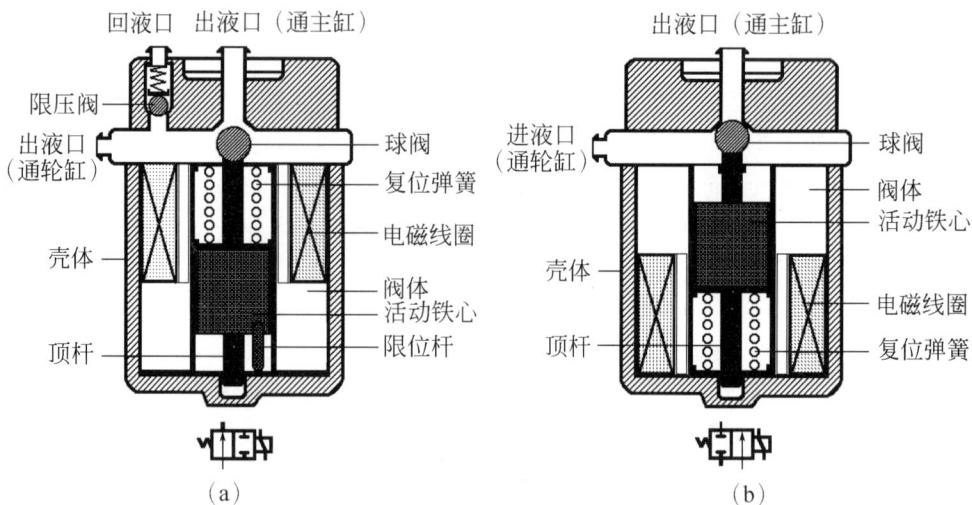

图 5-12　两位两通电磁阀的基本结构

（a）常开电磁阀；（b）常闭电磁阀

以两位两通常开电磁阀为例说明其工作过程。

当电磁线圈未通电时，在复位弹簧预紧力作用下，活动铁心带动顶杆和限位杆下移复位，直到限位杆与缓冲垫圈相抵为止。顶杆下移时，球阀随之下移，使电磁阀阀门处于开启状态，制动液从进液口经球阀阀门、出液口流出。

当电磁线圈有电流流过时，活动铁心产生电磁吸力，压缩复位弹簧并带动顶杆一起上移，顶杆将球阀压在阀座上，电磁阀阀门处于关闭状态，进液口与出液口之间的制动液通道关闭。

由上可见，该电磁阀是根据电磁线圈通电和断电，使球阀处于开启和关闭两个位置或两种状态，同时又有进液口与出液口两条通路，因此称为两位两通（二位二通）电磁阀。如果球阀在电磁线圈未通电时处于开启状态，则称为两位两通常开电磁阀；如果球阀在电磁线圈未通电时处于关闭状态，则称为常闭电磁阀。

（2）三位三通电磁阀

1）三位三通电磁阀的结构特点。奥迪和丰田系列轿车防抱死制动系统采用了三位三通电磁阀，结构如图 5-13（a）所示。电磁阀的进液口通过制动管路与制动主缸相连，出液口通过制动管路与制动轮缸相连，回液口通过回液管与储液器相连，回液球阀焊接在压板上，进液球阀焊接在压板上。进液口和出液口的过滤器用于过滤制动液中的杂质，保证球阀密封良好。球阀与阀座的加工精度极高，在 20 MPa 压力下仍能保证密封良好。阀芯采用非磁性支承环导向，以便减小摩擦。止回阀的功用是在制动踏板放松时，使制动轮缸中的制动液保持一定的压力。

2）三位三通电磁阀的工作情况。三位三通电磁阀的工作状态由 ABS ECU 通过控制电磁线圈中流过电流的大小进行控制。当电磁线圈未接通电流（$I=0$ A）时，在主、副弹簧预紧力的作用下，阀芯下移至极限位置，使进液球阀打开（进液口打开），回液球阀紧压在阀座上，回液阀处于关闭状态（回液口关闭）。因此，来自制动主缸的制动液经进液口、

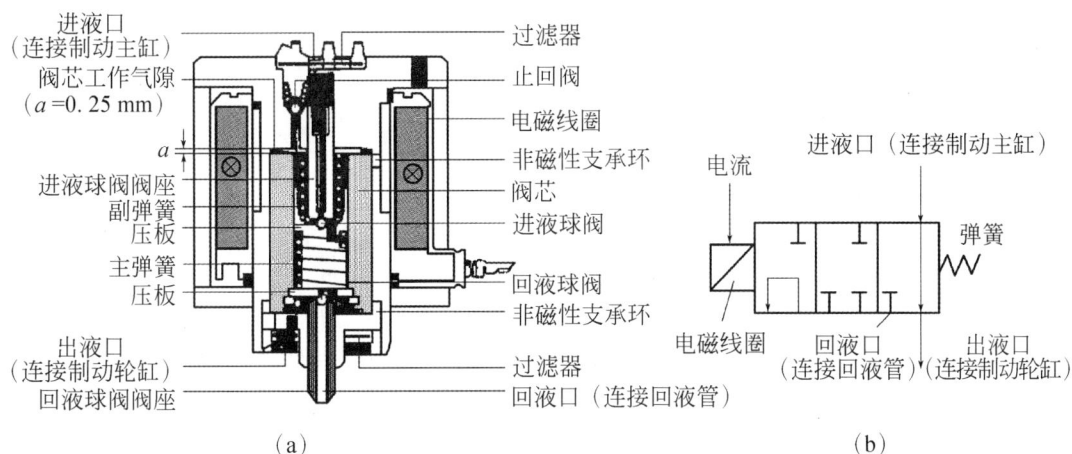

图 5-13　三位三通电磁阀
（a）结构；（b）表示符号

进液球阀、电磁阀腔室、出液口流入制动轮缸，如图 5-14（a）所示，从而使制动轮缸内的制动液压力随制动踏板力升高而升高。

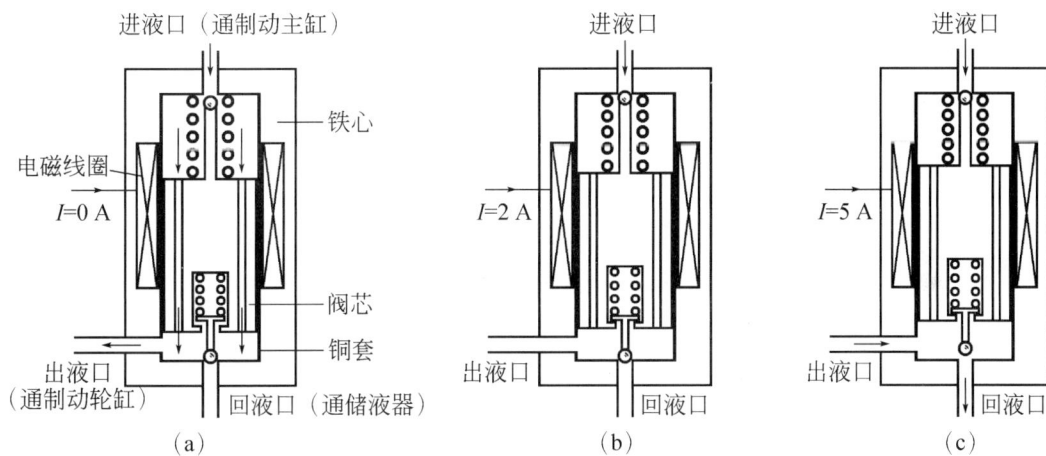

图 5-14　三位三通电磁阀工作原理
（a）升压位置；（b）保压位置；（c）降压位置

　　当电磁线圈通过的电流较小（$I=2$ A）而产生的电磁吸力较小时，阀芯向上的位移量较小（约 0.1 mm）。阀芯上移时，压缩刚度较大的主弹簧推动压板压缩刚度较小的副弹簧，使进液球阀关闭（进液口关闭），但压板位移量很小，不足以使回液球阀打开。由于进液口和回液口都被关闭，制动液既不增加也不减少，制动轮缸中制动液的压力"保持"不变，如图 5-14（b）所示。

　　当电磁线圈通过的电流较大（$I=5$ A）而产生的电磁吸力较大时，阀芯向上的位移量较大（0.25 mm）。阀芯带动压板上移使回液阀开启（回液口打开），进液阀保持关闭状态。此时制动轮缸的制动液经回液口、回液管流入储液器，使制动轮缸压力降低，如图 5-14（c）所示。

上述可见，电磁阀在电磁线圈电流大小不同（较大电流、较小电流、零电流）时，其动作具有上、中、下三个工作位置。此外，因为该电磁阀具有进液口、出液口和回液口三个通路，所以称为三位三通电磁阀，简写为3/3电磁阀，在工程图上的表示符号如图5-13（b）所示。

（3）储液器与电动回液泵

储液器分为低压储液器和高压储液器两种，分别与不同型式的液压调节器配用。低压储液器主要用于储存防抱死制动系统减压过程中从制动轮缸流回的制动液，同时衰减回流制动液的压力波动。高压储液器通常称为蓄压器，用于储存制动时所需的高压制动液。高压储液器大多为黑色气囊，它是制动系统的能源，故又称为蓄能器。

1）储液器与电动回液泵的结构特点。电动回液泵由永磁式直流电动机与柱塞泵组成，简称电动泵或回液泵。电动回液泵根据ABS ECU的控制指令，通过其轴上的凸轮驱动柱塞泵的柱塞在泵套内上下运动，如图5-15所示。低压储液器内设有一个活塞和弹簧。

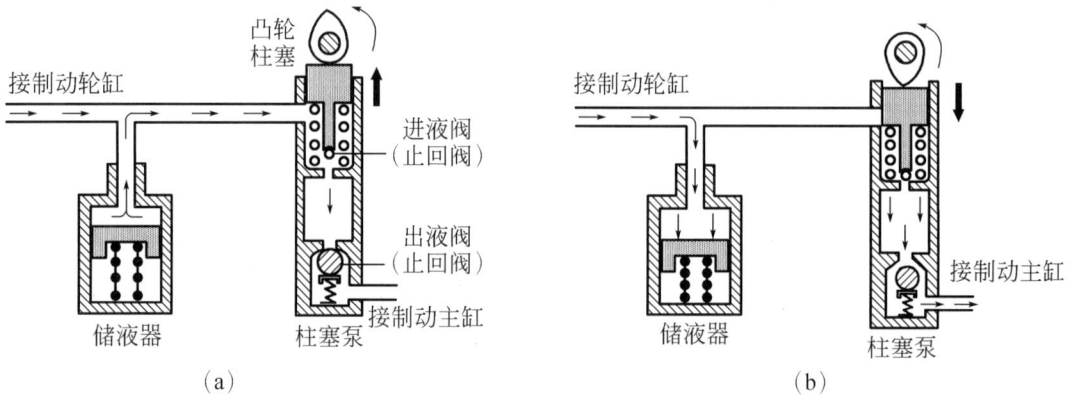

图5-15 低压储液器与电动回液泵
（a）柱塞上行时储液；（b）柱塞下行时回液

2）储液器与电动回液泵的工作原理。在防抱死制动系统工作过程中，当需要制动压力降低时，液压调节器的回液阀打开，具有一定压力的制动液就会从制动轮缸经液压调节器的回液阀流入储液器和柱塞泵。与此同时，ABS ECU控制电动机转动，电动机轴上的凸轮再驱动柱塞泵的柱塞上下运动。

当凸轮驱动柱塞上升时，柱塞泵的进液阀打开，泵腔内制动液压力降低，出液阀在弹簧预紧力作用下关闭，制动轮缸和储液器内的制动液流入柱塞泵泵腔，如图5-15（a）所示。

当柱塞下行时，泵腔内制动液压力升高，克服出液阀弹簧预紧力将出液阀打开，制动液压入制动主缸，如图5-15（b）所示。制动轮缸的制动液则流入储液器，并推动活塞向下移动，使储液器储液容积增大，暂时储存制动液，减小回流制动液的压力波动。因为电动机与柱塞泵的主要功用是将制动液泵回制动主缸，所以称为电动回液泵。

5.1.6 防抱死制动控制原理

防抱死制动的控制原理是根据车轮减速度和车轮滑移率是否达到某一设定值，来判定车轮工作在附着系数-车轮滑移率曲线［见图 5-2（b）］的稳定区还是非稳定区，并通过调节制动轮缸的制动液压力，充分利用轮胎-道路附着力，将车轮滑移率控制在 10%～30% 的稳定区内，从而获得最佳制动效能。

轮胎-道路接触面之间的附着系数和车轮滑移率是影响制动效果的重要参数。现有防抱死制动系统实用技术还不能直接测量轮胎-道路附着系数和车轮滑移率，这是因为测量轮胎-道路附着系数需要使用五轮仪，测量汽车实际速度需要使用价格昂贵的多普勒雷达或加速度传感器。因此，防抱死制动普遍采用自适应控制方式来实现近似理想的控制过程。控制方法是预先设定车轮加、减速度以及车轮滑移率阈值，通过检测车轮的角速度来计算车轮速度和加、减速度，再利用车轮速度和存储在存储器中的制动开始时的汽车速度计算车轮的参考滑移率。防抱死制动系统工作时，将这些控制参数与预先设定的阈值（又称为门限值）进行比较，根据比较结果控制制动压力调节器的电磁阀动作来改变制动压力大小，同时存储前一控制周期（在制动过程中，从制动降压、保压到升压为一个控制周期）的各个控制参数，并将这些参数值作为确定下一个控制周期的控制条件。

在汽车行驶过程中，轮速传感器不断向 ABS ECU 输入车轮速度信号。ABS ECU 根据轮速信号计算车轮圆周速度，再对车轮圆周速度进行微分计算即可得到车轮的加、减速度。

当踩下制动踏板时，制动灯开关接通，并向 ABS ECU 输入一个高电平（电源电压）信号，防抱死制动系统开始投入工作。因为在制动条件相同的情况下，轮胎-道路附着系数不同，制动效果也不相同，所以防抱死制动系统一般都将制动控制过程分为高附着系数、低附着系数和附着系数由高到低三种情况分别进行控制。防抱死制动系统工作时，ABS ECU 首先根据减速度信号判定路面状况，减速度大于一定值为高附着系数路面，减速度小于一定值为低附着系数路面，然后根据判定结果调用相应的控制程序，通过控制电磁阀阀门打开与关闭，电磁阀处于"降压""保压""升压"状态来改变车轮制动轮缸的压力，从而实现防抱死制动。下面以图 5-16 所示高附着系数路面的制动控制原理为例说明。

在制动初始阶段，车轮制动轮缸的制动液压力随制动踏板力升高而升高，车轮滚动的圆周速度 v_w 降低、减速度增加，如图 5-16 中第 1 阶段曲线所示。

当减速度增加到设定阈值 $-a$ 时，ABS ECU 发出指令使相应的电磁阀转换到"保压"状态，控制过程进入第 2 阶段，此时制动轮缸压力保持不变。因为减速度刚刚超过设定阈值时，车轮还工作在附着系数-车轮滑移率曲线的稳定区，所以车轮滑移率较小，且小于设定阈值 S_1。车轮滑移率利用参考车速 v_{ref} 计算求得，称为参考滑移率。参考车速由 ABS ECU 根据存储器中存储的制动开始时的车轮速度确定，并按设定的斜率（该斜率略大于纵向附着系数最大值所对应的汽车减速度值）下降。在制动过程中，任一时刻的参考滑移率可由参考车速计算得出。

在"保压"过程中，参考滑移率会增大，当参考滑移率大于滑移率阈值时，ABS ECU 发出指令使相应的电磁阀转换到"降压"状态，控制过程进入第 3 阶段。制动压力降低后，在汽车惯性力作用下车轮减速度开始回升。

当减速度回升到高于减速度阈值 $-a$ 时，ABS ECU 发出指令使相应的电磁阀转换到

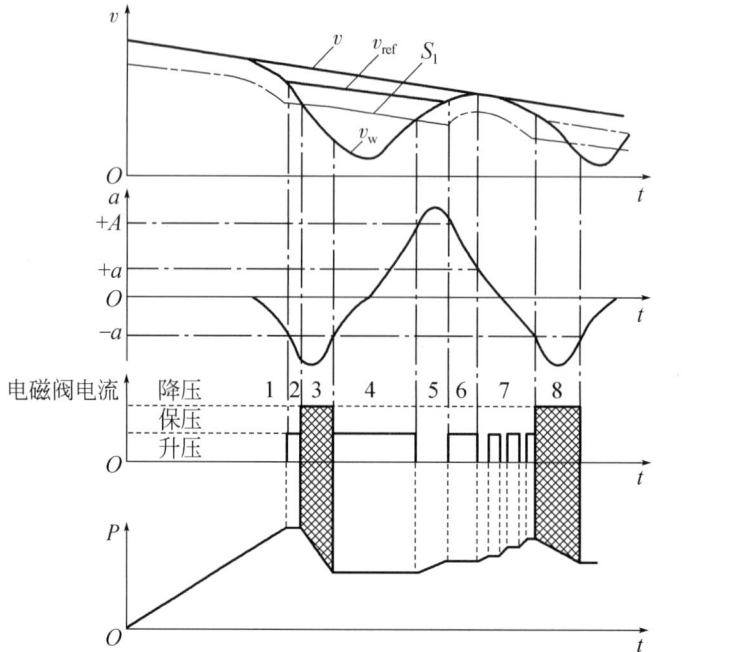

v—车速；S_1—车轮滑移率阈值；v_{ref}—参考车速；v_w—车轮圆周速度；

a—车轮加、减速度；$+A$、$+a$—车轮加速度阈值；$-a$—车轮减速度阈值；P—制动轮缸压力。

图 5-16　高附着系数路面的制动控制原理

"保压"状态，控制过程进入第 4 阶段。在制动部件以及制动液的惯性作用下，车轮开始加速，减速度由负值迅速增加到正值，直到超过加速度阈值 $+a$。

在"保压"过程中，加速度继续升高。当加速度超过更大的加速度阈值 $+A$ 时，ABS ECU 发出指令使相应的电磁阀转换到"升压"状态，控制过程进入第 5 阶段。

制动压力升高后，车轮加速度降低。当加速度降低到低于加速度阈值 $+A$ 时，ABS ECU 发出指令使相应的电磁阀转换到"保压"状态，控制过程进入第 6 阶段。因为此时车轮加速度高于设定阈值 $+a$，说明车轮工作在附着系数-车轮滑移率曲线的稳定区，且制动力不足，所以当加速度降低到加速度阈值 $+a$ 时，ABS ECU 将发出指令使相应的电磁阀在"升压"和"保压"状态之间交替转换，控制过程进入第 7 阶段，使车轮速度降低，加速度减小。

当加速度降低到减速度阈值 $-a$ 时，控制过程进入第 8 阶段，防抱死制动系统进入第二个控制周期，控制过程与上述相同。在车轮加速度从设定阈值 $+A$ 减小到 $-a$ 期间，即在第 6、7 控制阶段，因为制动压力已经降低，所以 ABS ECU 不再考虑车轮滑移率的变化情况。

在制动过程中，ABS ECU 控制制动压力调节器以 2~10 次/s 的频率调节制动轮缸压力，将各车轮的滑移率控制在理想滑移率附近，不仅能够缩短制动距离，而且还能最大限度地保证制动时汽车的稳定性和安全性。

5.1.7　两位两通电磁阀式防抱死制动系统的控制过程

各型汽车装备两位两通电磁阀式制动压力调节器时，其防抱死制动系统的控制过程基本相同。下面以大众 MK20-Ⅰ型防抱死制动系统为例说明。

当驾驶人在汽车行驶之前每次接通点火开关时，防抱死制动系统就会自动进入自检状态，并持续到汽车行驶过程中，因为某些已经存在的故障只有在行驶时才能被识别出来。在自检过程中，仪表板上的 ABS 指示灯发亮约 2 s 后自动熄灭，同时能够听到继电器触点断开与闭合的响声以及回液泵电动机启动时的响声，在制动踏板上也能感觉到轻微的振动。

当防抱死制动系统在汽车行驶过程中发生故障时将自动关闭，同时控制仪表板上的 ABS 指示灯发亮，此时常规制动系统将继续保持正常工作状态。

当控制系统的电源电压低于允许的最低电压值（10.5 V）时，防抱死制动系统将自动关闭，此时 ABS 指示灯将发亮指示。一旦电源电压恢复正常值时，控制系统将再次起动防抱死制动系统，ABS 指示灯自动熄灭。当驾驶人踩下制动踏板时，防抱死制动系统将投入工作，制动压力调节器各执行元件的工作状态如表 5-3 所示。

表 5-3　制动压力调节器各执行元件的工作状态

执行元件名称	常规制动时	"保压"时	"降压"时	"升压"时
进液阀	打开	关闭	关闭	间歇开闭
出液阀	关闭	关闭	间歇开闭	关闭
回液泵电动机	不转动	运转	运转	运转

1. 常规制动（防抱死制动系统不工作）时制动系统工作情况

在汽车进行常规制动（防抱死制动系统未投入工作）时，防抱死制动系统的工作状态如图 5-17 所示。电控系统未投入工作，进液阀、出液阀和回液泵电动机均不通电，两位两通电磁阀在复位弹簧预紧力作用下，进液阀阀门打开，出液阀阀门关闭。进液阀阀门打开将制动主缸与制动轮缸之间的油液管路构成通路；出液阀阀门关闭将制动轮缸与储液器之间的油液管路关闭。

当踩下制动踏板时，制动主缸中制动液压力升高，制动液从制动主缸直接流入制动轮缸，制动液通道为制动主缸→两位两通进液阀进液口→电磁阀阀门→进液阀出液口→制动轮缸。制动轮缸制动液的压力随制动主缸制动液的压力升高而升高。

当放松制动踏板时，制动轮缸中具有一定压力的制动液通过两条通道流回制动主缸。一条通道是制动轮缸→两位两通进液阀出液口→电磁阀阀门→进液口→制动主缸；另一条通道是制动轮缸→两位两通进液阀出液口→电磁阀腔室→No.1 止回阀→制动主缸。

在常规制动时，虽然防抱死制动系统没有投入工作，其执行元件（制动压力调节器）处于初始状态（进液阀打开、出液阀关闭、回液泵不转动），但是防抱死制动系统随时都在监测轮速传感器信号，判定是否进入防抱死制动状态。

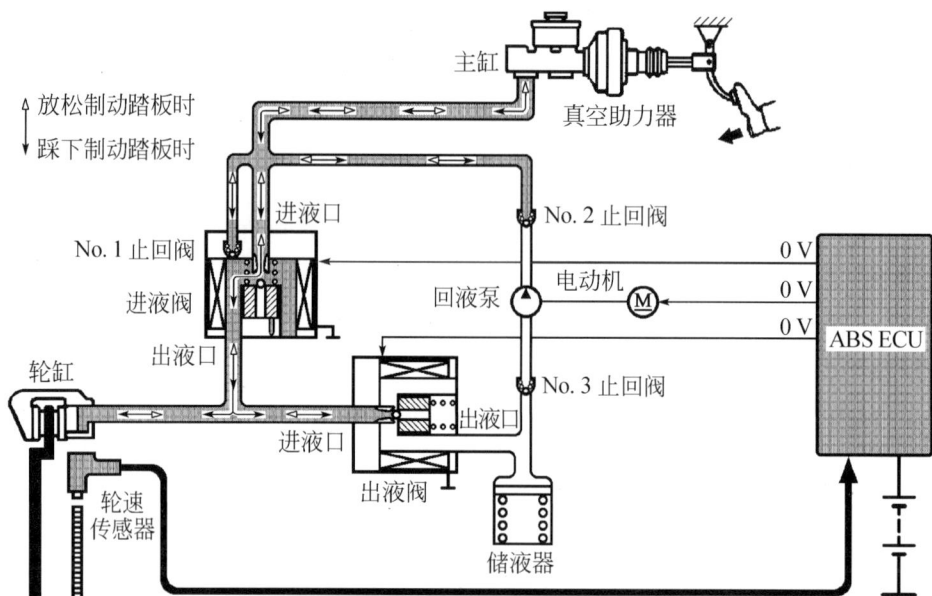

图5-17　常规制动时防抱死制动系统工作状态

2. 制动压力保持（"保压"）时制动系统工作情况

当四个车轮中的任意一个车轮趋于抱死时，制动压力调节器的电磁阀就会根据 ABS ECU 的控制指令，通过调节该车轮制动轮缸的制动液压力"保持"（"保压"）、"降低"（"降压"）、"升高"（"升压"），从而达到防抱死制动之目的。

当驾驶人踩下制动踏板的行程较大，使制动轮缸的制动力大于车轮与地面之间的附着力时，车轮就会抱死滑移，此时车轮减速度很大，并由轮速传感器将车轮即将抱死的信号输入 ABS ECU。当 ABS ECU 根据轮速传感器输入信号计算得到的车轮减速度达到设定阈值时，就会控制制动压力调节器进入"保压"状态，如图5-18所示。

在控制"保压"的过程中，ABS ECU 向进液阀和回液泵电动机的驱动模块电路发出高电平控制指令、向出液阀的驱动模块电路发出低电平控制指令。进液阀（常开电磁阀）驱动模块电路接收到高电平控制指令时，便接通进液阀电磁线圈电流，进液阀阀芯产生电磁吸力并克服复位弹簧预紧力而移动将其阀门关闭，从而使制动主缸与制动轮缸之间的液压油路关闭。控制出液阀的低电平指令使其阀门保持常闭状态。由于进液阀和出液阀均处于关闭状态，制动液在管路中不能流动，制动压力处于"保持"状态。回液泵电动机驱动模块电路接收到 ABS ECU 发出的高电平控制指令时，将使电动机接通12 V 电源，电动机运转的目的是将储液器中剩余的制动液泵回制动主缸。"保压"时各执行元件的工作状态如表5-3所示。

3. 制动压力降低（"降压"）时制动系统工作情况

在制动主缸与制动轮缸之间的液压油路关闭后，车轮滑移率将逐渐增大，并会超出防抱死制动系统的控制范围（MK20-I 型防抱死制动系统设定为15%~30%），因此，需要降低制动轮缸内制动液的压力，即需要"降压"使车轮滑移率减小。"降压"主要是通过将

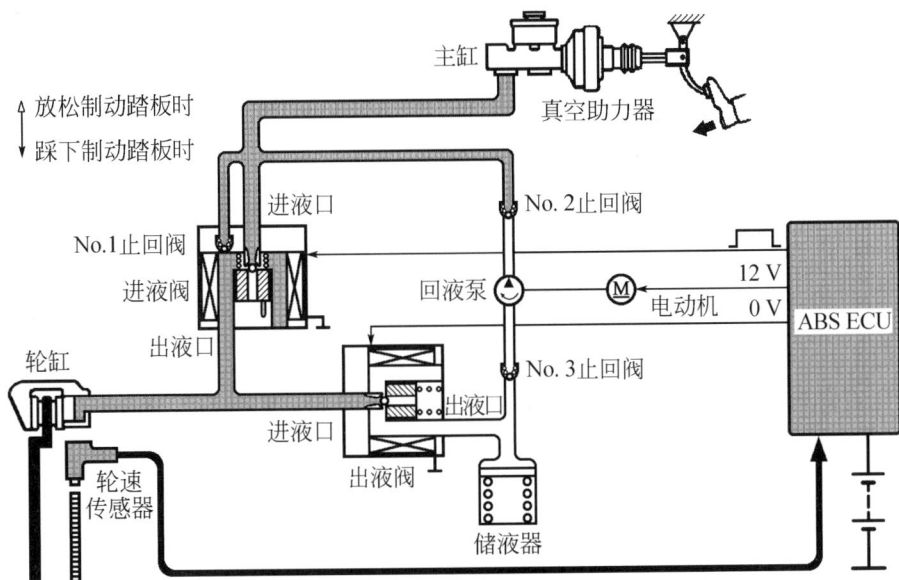

图 5-18 "保压"时防抱死制动系统工作状态

制动轮缸内的部分制动液泄流到低压储液器并利用电动回液泵将制动液泵回制动主缸来实现。

在防抱死制动系统进入"保压"控制状态后，当 ABS ECU 根据轮速传感器输入信号计算得到的车轮滑移率达到设定阈值时，就会控制制动压力调节器进入"降压"状态，如图 5-19 所示。

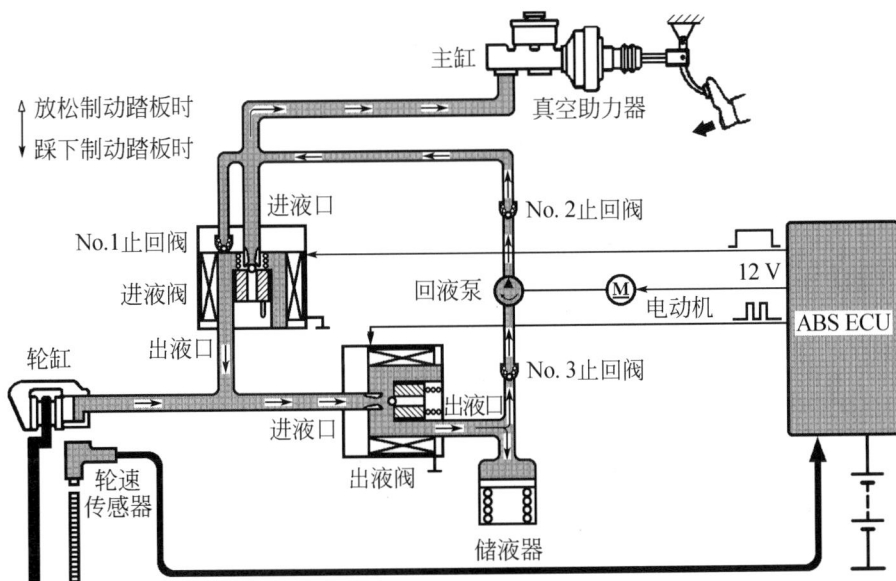

图 5-19 "降压"时防抱死制动系统工作状态

在控制"降压"的过程中，ABS ECU 继续向进液阀（常开电磁阀）的驱动模块电路发出高电平控制指令，使进液阀阀门保持关闭。同时向出液阀（常闭电磁阀）驱动模块电路发出一系列脉冲控制信号使其阀门间歇打开与关闭，当脉冲信号为高电平时，出液阀阀门打开使制动轮缸降压；当脉冲信号为低电平时，出液阀阀门关闭使制动轮缸"保压"，从而使制动轮缸的制动液压力逐渐降低，车轮抱死滑移成分减少，滚动成分增加。控制特性曲线如图 5-20 中"降压"线段所示。

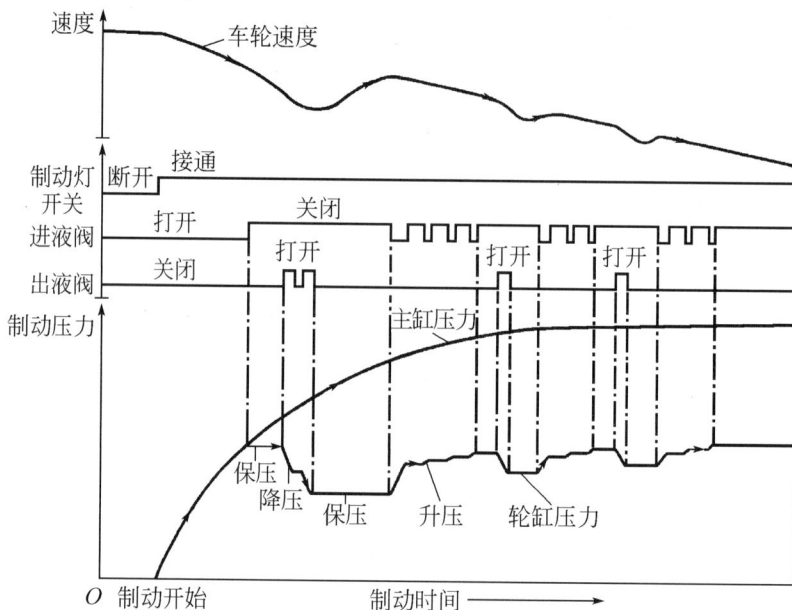

图 5-20　两位两通电磁阀式防抱死制动控制特性曲线

当出液阀阀门打开时，制动轮缸内的制动液便经出液阀泄流到储液器。与此同时，ABS ECU 还将向回液泵驱动模块电路发出高电平控制指令，使电动机接通 12 V 电源运转。制动液流入储液器时，推动活塞并压缩弹簧向下移动，使储液器储液容积增大，暂时储存制动液，还可以减小回流制动液的压力波动。

当储液器中的制动液达到一定量（储液器容量约为 3.6 mL）时，电动回液泵运转便将储液器中的制动液泵回制动主缸，回液通道为制动轮缸→出液阀进液口→出液阀阀门→出液阀出液口→储液器→No. 3 止回阀→电动回液泵→No. 2 止回阀→制动主缸。随着制动轮缸中的制动液流回制动主缸，制动管路中制动液的压力随之降低，从而达到防止车轮抱死滑移的目的。"降压"时各执行元件的工作状态如表 5-3 所示。

4. 制动压力升高（"升压"）时制动系统工作情况

"降压"控制使制动轮缸内制动液压力降低后，车轮制动力越来越小，车轮加速度越来越大，为了得到最佳制动效果，需要防抱死制动系统进入"升高压力（升压）"状态，如图 5-21 所示。

在"降压"控制后，当 ABS ECU 根据轮速传感器信号计算得到的车轮加速度达到设定阈值时，将向出液阀发出低电平控制指令使保持常闭状态，将制动轮缸与储液器之间的

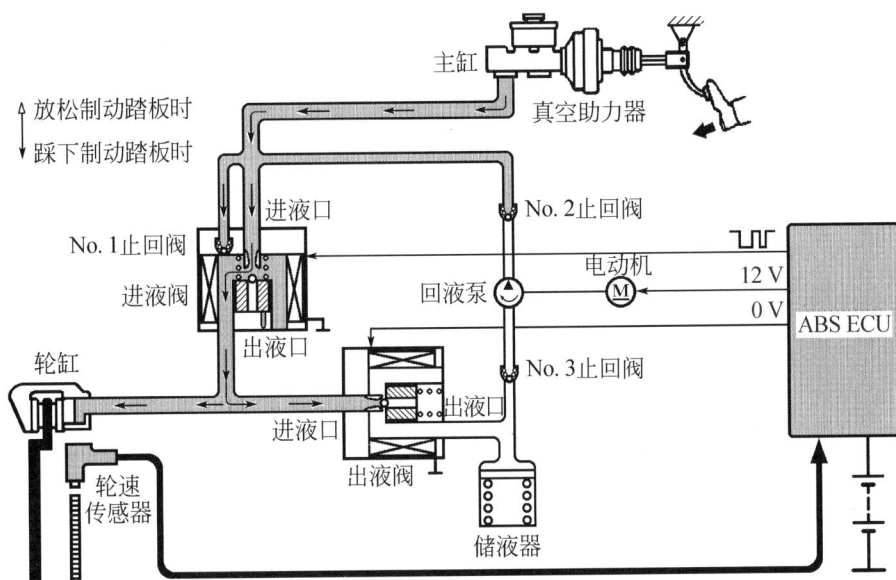

图 5-21　"升压"时防抱死制动系统工作状态

油液管路关闭。与此同时，ABS ECU 向进液阀（常开电磁阀）驱动模块电路发出一系列脉冲控制信号使其阀门间歇打开与关闭，如图 5-20 中"升压"线段所示。当脉冲信号为低电平时，进液阀阀门打开，将制动主缸与制动轮缸之间的管路构成通路，使制动轮缸的压力随制动主缸制动液压力升高而升高；当脉冲信号为高电平时，进液阀阀门关闭使制动轮缸保压。由此可见，制动轮缸内制动液压力将逐渐升高，以增强制动效果。

进液阀阀门打开时制动液从制动主缸流入制动轮缸，制动液通道为制动主缸→进液阀进液口→进液阀阀门→进液阀出液口→制动轮缸。此时回液泵电动机运转将储液器中剩余的制动液泵回进液管路。"升压"时各执行元件的工作状态如表 5-3 所示。

当驾驶人踩下制动踏板后，防抱死制动系统不断重复上述"保压""降压""升压"过程，从而将车轮滑移率控制在设定阈值范围内，防止车轮抱死滑移，两位两通电磁阀式防抱死制动控制特性曲线如图 5-20 所示。

当制动液从制动主缸流入制动轮缸（"升压"）时，制动踏板将下沉；当制动液从制动轮缸泵回制动主缸（"降压"）时，制动踏板将回升，制动踏板振动作用在脚掌上会有抖动的感觉，这种感觉在装备 MK20-I 型防抱死制动系统的大众轿车上为 2~7 次/s。驾驶人可据这种现象来判断防抱死制动系统工作是否正常。

5.1.8　三位三通电磁阀式防抱死制动系统的控制过程

各型汽车用三位三通电磁阀式防抱死制动系统的工作情况大同小异，下面以奥迪系列轿车装备的防抱死制动系统为例说明。

在装备三位三通电磁阀式防抱死制动系统的汽车上，每次接通点火开关时防抱死制动系统就会自动进入自检状态。在自检过程中，仪表板上的 ABS 指示灯发亮约 2 s 后自动熄灭，同时能够听到继电器触点断开与闭合的响声以及回液泵电动机启动时的响声，在制动踏板上也能感觉到轻微的振动。

在汽车行驶过程中，当防抱死制动系统发生故障时将自动关闭，同时控制仪表板上的ABS指示灯发亮指示，此时常规制动系统将继续保持正常工作状态。若常规制动系统也失效，则汽车制动将失灵。

当控制系统的电源电压低于允许的最低电压值（10.5 V）时，防抱死制动系统也将自动关闭，此时ABS指示灯将发亮指示。一旦电源电压恢复正常值时，防抱死制动系统将再次起动，指示灯自动熄灭。

当驾驶人踩下制动踏板时，防抱死制动系统将投入工作，制动压力调节器中各执行元件的工作状态如表5-4所示。

表5-4　制动压力调节器中各执行元件的工作状态

执行元件名称	常规制动时	"保压"时	"降压"时	"升压"时
进液阀	打开	关闭	关闭	打开
出液阀	关闭	关闭	打开	关闭
回液泵电动机	不转动	运转	运转	运转

1. 常规制动（防抱死制动系统不工作）时制动系统工作情况

汽车正常行驶或常规制动时，三位三通电磁阀式防抱死制动系统工作状态如图5-22所示。此时防抱死制动系统未投入工作，电磁阀和回液泵电动机均不通电，三位三通电磁阀在复位弹簧预紧力的作用下，进液阀打开，回液阀关闭。进液阀打开将制动主缸与制动轮缸之间的制动液管路接通；回液阀关闭将制动轮缸与储液器之间的制动液管路关闭，各执行元件的工作状态如表5-4所示。

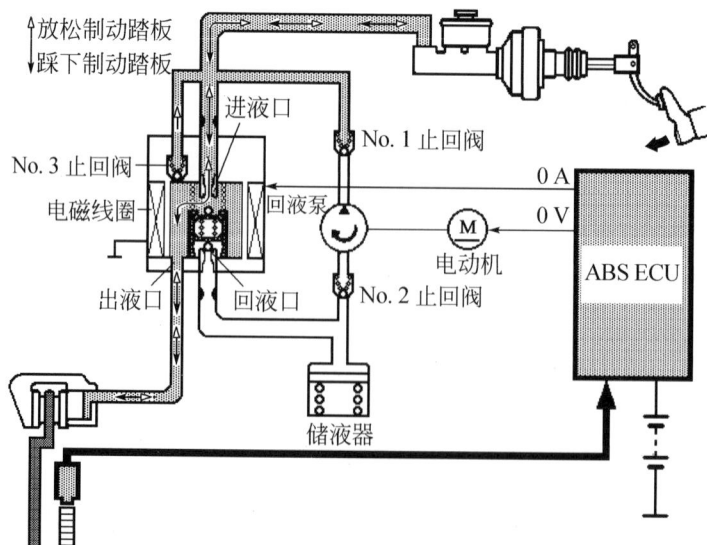

图5-22　常规制动时三位三通电磁阀式防抱死制动系统工作状态

当踩下制动踏板时，制动主缸中制动液压力升高，制动液从制动主缸流入制动轮缸，制动液通道为制动主缸→三位三通常开电磁阀进液口→进液阀阀门→出液口→制动轮缸。制动轮缸中制动液的压力随制动主缸制动液压力的升高而升高。

当放松制动踏板时，制动轮缸中具有一定压力的制动液通过两条通道流回制动主缸。一条通道是制动轮缸→三位三通电磁阀出液口→进液阀阀门→进液口→制动主缸；另一条通道是制动轮缸→三位三通电磁阀出液口→电磁阀腔室→No. 3 止回阀→制动主缸。

回液泵管路中 No. 2 止回阀的功用是防止储液器和回液管路中的制动液流入回液泵。

2. 制动压力保持（"保压"）时制动系统工作情况

在汽车制动过程中，当四个车轮中的任意一个趋于抱死时，制动压力调节器就会根据 ABS ECU 的控制指令，通过调节该车轮制动轮缸的制动液压力"保压""降压""升压"，从而达到防抱死制动的目的。

当制动轮缸管路中的制动液压力升高，轮速传感器信号表明车轮减速度或车轮滑移率达到设定阈值需要保持制动压力时，ABS ECU 便控制电磁阀线圈接通较小电流（约 2 A），电磁阀阀芯克服复位弹簧预紧力移动较小间隙（0.1 mm），使进液阀和回液阀均处于关闭状态，制动液在管路中不能流动，如图 5-23 所示，压力处于"保持"状态。"保压"时各执行元件的工作状态如表 5-4 所示，此时回液泵电动机运转将储液器中剩余的制动液泵回制动主缸。

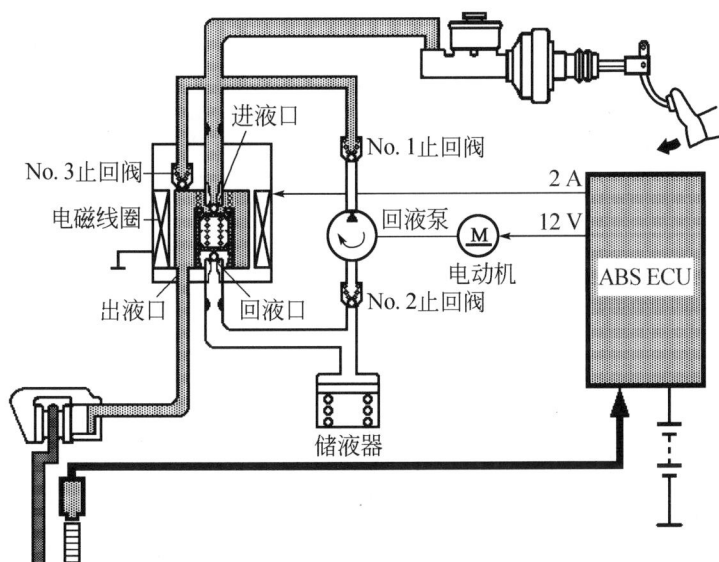

图 5-23　"保压"时三位三通电磁阀式防抱死制动系统工作状态

3. 制动压力降低（"降压"）时制动系统工作情况

当 ABS ECU 根据轮速传感器信号计算并判定某个车轮制动趋于抱死需要降低制动轮缸压力时，ABS ECU 便控制电磁阀线圈接通较大电流（约 5 A），产生较强电磁吸力使三位三通电磁阀的阀芯移动较大间隙（0.25 mm），使进液阀阀门关闭，回液阀阀门打开，如图5-24所示，制动轮缸中的制动液便从出液口、电磁阀腔室、回液口流入储液器。与此同时，ABS ECU还将接通回液泵电动机电源，使电动机和回液泵运转将储液器和回液管路中的制动液泵回制动主缸，各执行元件的工作状态如表5-4所示。

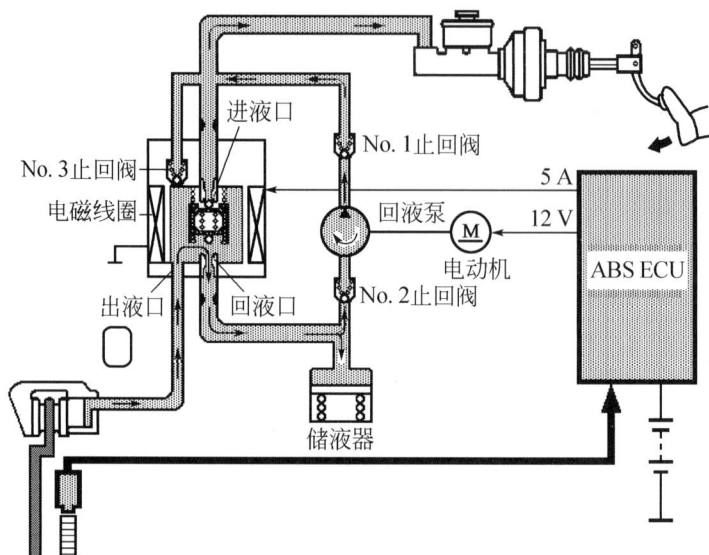

图5-24 "降压"时三位三通电磁阀式防抱死制动系统工作状态

回液通道为制动轮缸→出液口→电磁阀腔室→回液阀→储液器→No. 2止回阀→回液泵→No. 1止回阀→制动主缸。随着制动轮缸中的制动液流回制动主缸，制动轮缸中制动液的压力随之降低，从而达到防止车轮抱死的目的。

4. 制动压力升高（"升压"）时制动系统工作情况

当ABS ECU根据轮速传感器信号计算并判定需要升高车轮制动轮缸制动液压力时，ABS ECU将切断三位三通电磁阀线圈电流，电磁阀在复位弹簧预紧力作用下复位，进液阀阀门打开，回液阀阀门关闭，如图5-25所示。进液阀打开使制动主缸与制动轮缸之间的管路构成通路；回液阀关闭使制动轮缸与储液器之间的油液管路关闭。制动液从制动主缸流入制动轮缸，制动液通道为制动主缸→进液口→进液阀阀门→电磁阀腔室→出液口→制动轮缸。制动轮缸的压力随制动主缸制动液压力升高而升高，各执行元件的工作状态如表5-4所示。回液泵电动机运转将储液器中剩余的制动液泵回制动主缸。

当驾驶人踩下制动踏板时，制动压力"升高"和"降低"的作用力作用在脚掌上会有抖动的感觉，这种感觉在装备三位三通电磁阀式防抱死制动系统的奥迪系列轿车上为4~10次/s。驾驶人据此现象即可判断防抱死制动系统工作是否正常。

188

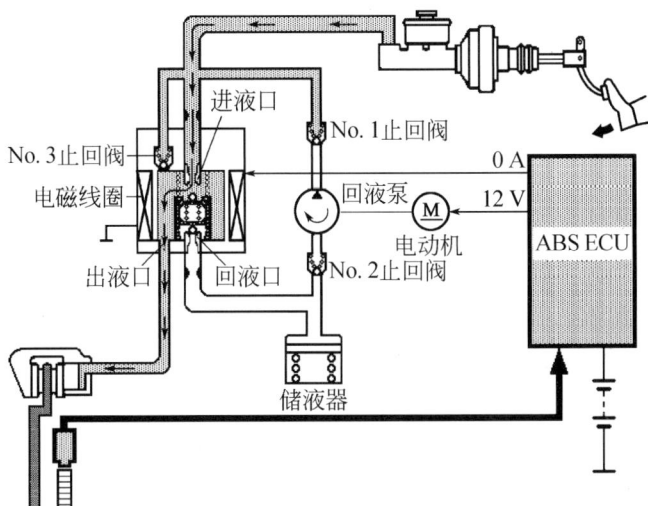

图 5-25　"升压"时三位三通电磁阀式防抱死制动系统工作状态

5.2　制动力分配系统

　　汽车获得良好制动效能的前提条件是具有足够的制动器制动力,同时地面又能提供较大的附着力。制动距离、转向控制能力和行驶稳定性不仅与车轮制动力的大小有关,而且还与制动力的分配比例有关。

5.2.1　制动力分配系统的功用

　　当汽车紧急制动时,整车轴荷前移,后轮制动力占总制动力的比例较小,特别是小轿车,其后轮制动力通常只占总制动力的 30% 左右。因此,后轮附着力未能充分利用。此外,当轴荷前移时,地面对前轮的法向反作用力增大,在道路附着系数不变的情况下,前轮附着力将增大。因此,也需要增大制动力来充分利用前轮的附着力。

　　电子控制制动力分配系统(Electronic Control Brakeforce Distribution System,EBD)的功用是根据制动减速度和车轮载荷的变化,自动调节车轮制动器制动力的分配比例,从而缩短制动距离和提高行驶稳定性。

5.2.2　制动力分配系统的组成

　　电子控制制动力分配系统由减速度传感器(制动减速度也可由轮速传感器提供的轮速变化率求得)、EBD ECU 和制动压力调节器组成。因为电子控制制动力分配系统都是在防抱死制动系统的基础上拓展开发的主动安全控制系统,其减速度传感器(或轮速传感器)、EBD ECU 和制动压力调节器均可与防抱死制动系统共用,在汽车已经装备防抱死制动系统的基础上，无须增加任何硬件，只需增设与编制制动力分配软件程序，就能实现制动力分配控制功能，所以又称为电子控制制动力分配程序（Electronic Control Brakeforce Distribution Programs，EBD），相应的电控单元为 ABS/EBD ECU（防抱死与制动力分配电控单元），其执行器也是防抱死制动系统制动压力调节器的电磁阀。

5.2.3　制动力分配的控制

在现有汽车前、后轮制动器制动力固定比值的制动系统中，实际制动力分配曲线与理想的制动力分配曲线相差很大，如图 5-26 所示。前、后轮制动器制动力不可能按照轻载或承载时的理想分配曲线进行分配，因此，制动效能较低，前轮可能因抱死而丧失转向控制能力，后轮也可能抱死而发生"甩尾"现象。

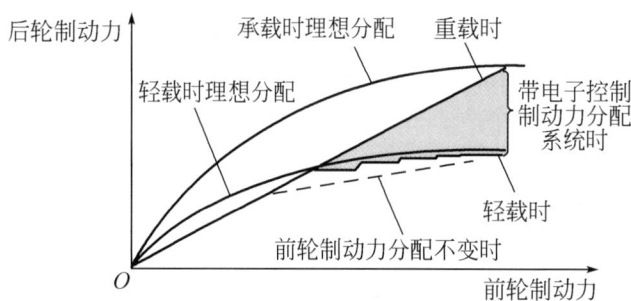

图 5-26　制动力数据 MAP

实际制动力分配曲线兼顾制动稳定性和最短制动距离，并优先考虑制动稳定性的原则进行控制。前、后车轮制动力的可调范围如图 5-26 中阴影范围所示，各型汽车不同制动减速度时的制动力数据预先经过试验测得，并以制动力数据 MAP 形式存储在 ROM 之中。当汽车制动时，ABS/EBD ECU 首先根据制动减速度信号，从 ROM 存储的制动力数据 MAP 中查询得到前、后车轮制动力的分配数值，然后向防抱死制动系统的制动压力调节器（电磁阀）发出"升压"或"保压"控制指令，从而实现前、后车轮制动力的最佳分配。

汽车的电子控制制动力分配系统和防抱死制动系统等主动安全技术是一个控制功能相互融合、工作时机相互协调的有机整体。当电子控制制动力分配系统分配给车轮的制动力大于轮胎附着力时，车轮就会抱死滑移，此时防抱死制动系统就会投入工作，通过调节（减小）车轮的制动力将滑移率控制在 10%~30% 之间，从而提高制动效能。

当汽车在弯道制动时，整车轴荷向外侧移动，内侧车轮的轴荷减小，外侧车轮的轴荷增大。因此，内侧车轮附着力未能充分利用，外侧车轮也需要增大制动力来充分利用其附着力。为此，增设一个转向盘转角传感器（也可与车身稳定性控制系统共用），用其检测出转向盘的转向方向

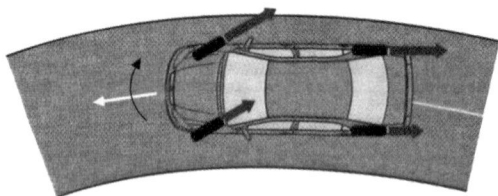

图 5-27　弯道制动时制动力分配

与转动角速度，ABS/EBD ECU 即可实现弯道制动时内、外侧车轮制动力的最佳分配，如图 5-27 所示。图 5-27 中箭头长短表示制动力的大小，为了保证汽车在弯道行驶时的制动稳定性，ABS/EBD ECU 分配给外侧车轮的制动力明显大于内侧车轮的制动力，从而保证汽车沿弯道稳定行驶。

5.3 制动辅助系统

研究表明：当汽车紧急制动时，驾驶人操作制动踏板使车轮制动器产生制动力，制动力的充足程度分布情况如图 5-28 所示。由图 5-28 可见，在紧急制动时，由于驾驶技术水平和精神紧张程度，约有 42% 的驾驶人不能使车轮制动器产生足够的制动力，能使车轮制动器产生充足制动力的驾驶人比例为 53%，高度紧张而未踩制动踏板的比例为 5%。

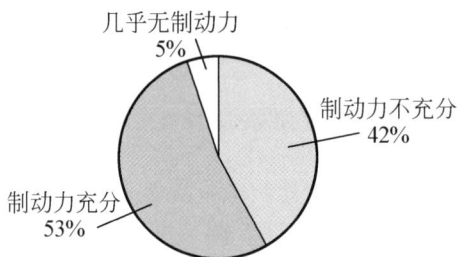

图 5-28 制动力的充足程度分布情况

5.3.1 制动辅助系统的功能

电子控制制动辅助系统（Electronic Control Brake Assist System，EBA，或缩写为 BAS 或 BA），其功用是根据制动踏板行程传感器信号和制动压力传感器信号，判断驾驶人作用于制动踏板的速度和力量，自动增大汽车紧急制动时的制动力，从而缩短制动距离。

5.3.2 制动辅助系统的组成

电子控制制动辅助系统是在防抱死制动系统的基础上，增设一个制动踏板行程传感器和制动压力传感器，并在 ABS ECU 中增加制动力调节软件程序（ABS/EBA ECU）而构成。

制动踏板行程传感器用于检测驾驶人操作制动踏板的速度，制动压力传感器用于检测制动主缸制动液压力的高低，ABS/EBA ECU 根据制动踏板的速度信号和制动液压力信号来计算和判断本次制动属于常规制动还是紧急制动，并向防抱死制动系统制动压力调节器中的电磁阀发出不同占空比的控制脉冲信号，以便控制制动力的大小。

5.3.3 制动辅助的控制

装备电子控制制动辅助系统后，ABS/EBA ECU 能够根据制动踏行程板传感器信号的变化率和制动压力传感器信号，计算确定驾驶人踩下制动踏板的速度和力量，从而判断出本次制动属于哪一类制动（常规制动或紧急制动）。当 ABS/EBA ECU 判断为紧急制动时，即使驾驶人踩下制动踏板的力量不大，ABS/EBA ECU 也能自动控制制动压力调节器使车轮制动器产生较大的制动力，如图 5-29 所示，从而缩短制动距离。

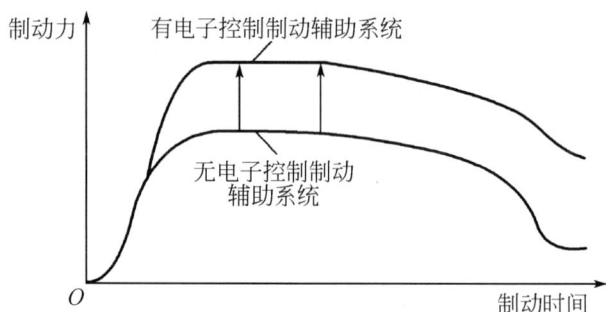

图 5-29　有无电子控制制动辅助系统时制动力比较

汽车电子控制制动辅助系统和防抱死制动系统等主动安全技术是一个控制功能相互融合、工作时机相互协调的有机整体。当 EBA 调节的制动力大于轮胎附着力时，车轮就会抱死滑移，此时防抱死制动系统就会投入工作，通过调节（减小）车轮的制动力将滑移率控制在 10%~30% 之间，从而缩短制动距离，提高制动效能。

5.3.4　制动辅助控制的效果

丰田公司以 50 km/h 的制动初速度在干燥路面上进行了紧急制动试验，其结果如图 5-30 所示。

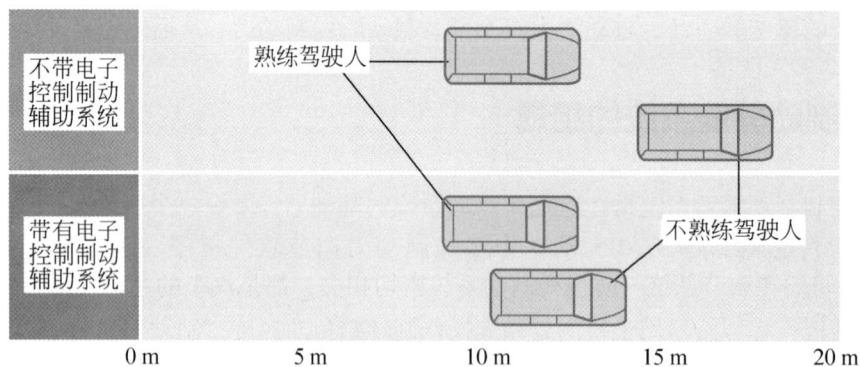

图 5-30　干燥路面上紧急制动试验的结果

试验结果表明：对驾驶技术熟练的驾驶人而言，有无电子控制制动辅助系统时的制动距离均为 12.5 m 左右，电子控制制动辅助系统的作用并不明显。但是，对驾驶技术不熟练的驾驶人而言，无电子控制制动辅助系统时的制动距离约为 18 m，有电子控制制动辅助系统时的制动距离仅为 14 m，由 ABS/EBA ECU 控制车轮制动器的制动力增大使制动距离缩短了 4 m。因此，汽车行驶安全性大大提高。在 20 世纪 90 年代，电子控制制动辅助系统主要装备在中高档轿车上。进入 21 世纪以来，家用低档轿车日益增多。由于私家车驾驶人的驾驶技术水平普遍较低，为了保证交通安全，装备电子控制制动辅助系统的低档轿车也越来越多。

5.4　驱动轮防滑转调节系统

　　汽车在起步、加速或冰雪路面上行驶时，容易出现打滑现象，这是因为汽车发动机传递给车轮的最大驱动力是由轮胎与路面之间的附着系数和地面作用在驱动轮上的法向反力的乘积（附着力）决定的。当传递给车轮的驱动力超过附着力时，车轮就会打滑空转（滑转）。

　　当汽车在低附着系数路面（如泥泞路面、冰雪路面）上行驶时，地面对车轮施加的反作用转矩很小，因此，在起步、加速时驱动轮很容易发生滑转现象。此外，当汽车在越野条件下行驶时，如果某个（或某些）驱动轮处在附着系数极低的路面（如冰雪路面或泥泞路面）上，那么地面对车轮施加的反作用转矩将很小，虽然另一个（或一些）车轮处在附着系数较高的路面上，但是根据差速器转矩等量分配特性，能够提供的驱动转矩只能与处在低附着系数路面上车轮提供的驱动转矩相等。因此，在驱动力不足的情况下，汽车将无法前进，发动机输出的功率大部分消耗在车轮的滑转上，不仅浪费燃油、加速轮胎磨损，而且降低车辆的通过性和机动能力。防止驱动轮滑转虽然采用许多办法，如安装防滑链，使用防滑的雪地轮胎和带防滑钉的防滑轮胎等，但是实践证明，最有效的办法还是采用电控调节系统。

5.4.1　驱动轮防滑转调节系统的功用

　　汽车驱动轮加速滑移调节系统（Anti-Slip Regulation System 或 Acceleration Slip Regulation System，ASR）通常称为防滑转调节系统，因为防止驱动轮滑转都是通过调节驱动轮的驱动力（牵引力）来实现，故又称为牵引力控制系统（Traction Force Control System，TCS 或 TRC）。

　　驱动轮防滑转调节系统的功用是在车轮开始滑转时，自动降低发动机的输出转矩来减小传递给驱动轮的驱动力，防止驱动力超过轮胎与路面之间的附着力（或通过增大滑转驱动轮的阻力来增大未滑转驱动轮的驱动力，使所有驱动轮的总驱动力增大），从而提高汽车的通过性。

　　驱动轮防滑转调节系统与防抱死制动系统密切相关，都是汽车的主动安全系统，两个系统通常同时采用。防抱死制动系统的作用是自动调节（增大或减小）制动力，防止车轮抱死滑移，提高汽车的制动性；驱动轮防滑转调节系统的作用是维持附着条件，增大总驱动力，防止车轮抱死滑转，提高汽车的通过性。

5.4.2　驱动轮防滑转的基本原理

　　当发动机输出转矩增大时，驱动力随之增大。但是，驱动力的增大受到附着力的限制，驱动力的最大值只能等于轮胎与路面之间的附着力。当驱动力超过附着力时，驱动轮将在路面上滑转。在日常生活和影视警匪片中，经常看到驾驶人想使汽车快速起步而用力踩下加速踏板时，尽管车轮快速打滑转动，但是汽车却原地不动，其原因就是发动机传递给车轮的驱动力超过了轮胎与路面之间的附着力。

1. 滑转率

汽车车轮"打滑"分为两种情况，一是汽车制动时车轮抱死"滑移"，二是汽车驱动时车轮"滑转"。防抱死制动系统是防止车轮在制动时抱死而滑移，驱动轮防滑转调节系统则是防止驱动轮原地不动地滑转。驱动轮的滑转程度用滑转率 S_d 表示，其表达式为

$$S_d = \frac{v_w - v}{v_w} \times 100\% \tag{5-2}$$

式中：v_w——车轮速度（车轮滚动圆周速度，$v_w = r\omega$），m/s；

r——车轮半径，m；

ω——车轮转动角速度（$\omega = 2\pi n$），rad/s；

v——实际车速（车轮中心纵向速度），m/s。

当 $v_w = v$ 时，滑转率 $S_d = 0$，车轮自由滚动；当 $v = 0$ 时，滑转率 $S_d = 100\%$，车轮完全处于滑转状态；当 $v_w > v$ 时，滑转率 $0 < S_d < 100\%$，车轮既滚动又滑转。滑转率越大，车轮滑转程度也就越大。

2. 滑转率 S_d 与附着系数的关系

车轮滑移率、滑转率与纵向附着系数的关系如图 5-31 所示，制动时的车轮滑移率分布在坐标系的第一象限，滑转率分布在坐标系的第三象限。

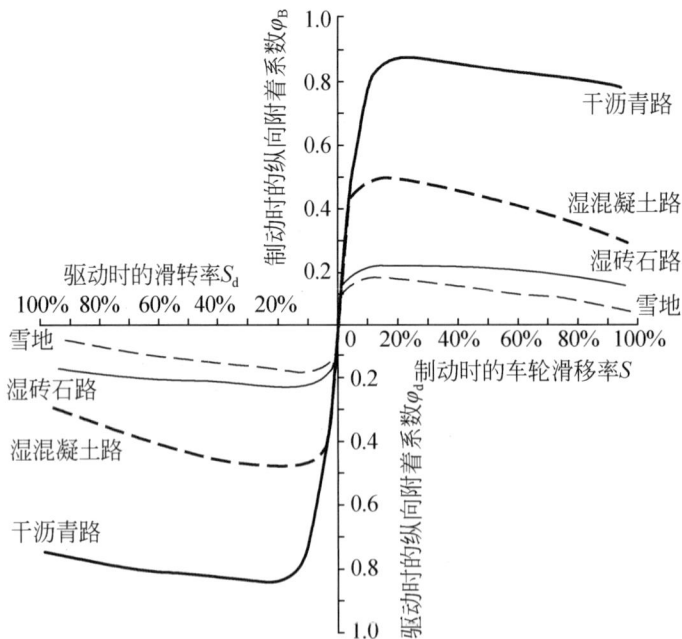

图 5-31　车轮滑移率、滑转率与纵向附着系数的关系

由图 5-32 可见：

1）附着系数随路面性质的不同而发生大幅度的变化。

2）在各种路面上，附着系数均随滑转率的变化而变化，且当滑转率为 20% 左右时，

各种路面上的附着系数达到最大值。若滑转率继续增大，则附着系数逐渐减小。

驱动轮防滑转调节系统的基本原理是将滑转率控制在最佳滑转率（10%～30%）范围内，从而获得较大的附着系数，使路面提供的附着力得到充分利用。汽车装备驱动轮防滑转调节系统后，当起步、加速或在冰雪路面上行驶时，驾驶人无须特别小心地踩下加速踏板，驱动轮防滑转调节系统就能根据路面状况调节驱动力，使驱动力达到最大值。

5.4.3　驱动轮防滑转的控制方式

防止驱动轮滑转的控制方式主要有：控制发动机的输出转矩、控制驱动轮的制动力以及控制防滑转差速器的锁止程度三种。这些控制的最终目的都是调节驱动轮上的驱动力，并将驱动轮的滑转率控制在最佳滑转率范围内。

1. 控制发动机的输出转矩

控制发动机的输出转矩能够保证发动机输出转矩与地面提供的驱动转矩达到匹配，可以改善燃油经济性，减少轮胎磨损，使汽车具有良好的行驶稳定性和乘坐舒适性。在装备电控燃油喷射系统的汽车上，普遍采用了这种控制方式来实现防滑转调节。

控制发动机输出转矩的方法有：控制点火时间、控制燃油供给量、控制节气门开度。

（1）控制点火时间

由内燃机原理可知：推迟汽油机的点火时刻或切断个别汽缸的点火电流，均可降低发动机的输出转矩。现代汽车普遍采用电子点火系统，其点火时刻是根据发动机转速、负荷以及冷却液温度等信号确定。在汽车行驶过程中，ASR ECU 根据轮速传感器和车速传感器信号即可计算确定驱动轮滑转率的大小，通过推迟点火时刻，即可少量降低发动机的输出转矩。当驱动轮滑转率很大，推迟点火时刻不能控制滑转时，则可减少喷油器的喷油量或中断个别汽缸点火来控制滑转率。

在中断个别汽缸点火时，为了防止排放增加和三元催化转换器过热，必须同时中断相应汽缸喷油器的燃油喷射。恢复点火时，点火时刻应缓慢提前，保证发动机输出转矩平稳增加。

（2）控制燃油供给量

控制燃油供给量适用于采用燃油喷射系统的汽油机或柴油机汽车。短时间中断供油可少量调节发动机的输出转矩，但响应速度没有推迟点火时刻迅速。在采用电子加速踏板的汽车上，根据加速踏板行程大小，调节汽油机节气门开度或柴油机供油拉杆（或滑套）位置，使进气量或供油量改变即可调节发动机的输出转矩，燃油供给量的控制方法如图 5-32 所示。

当驾驶人操作加速踏板时，加速踏板的行程信号由传感器输入 ASR ECU 中，ASR ECU 根据预先存储的数据和发动机转速、冷却液温度、进气温度等信号确定伺服电动机（步进电动机）控制电压的高低或电流的大小，再由伺服电动机调节节气门开度或柴油机供油拉杆（或滑套）位置，通过调节进气量或供油量来调节发动机的输出转矩。

（3）控制节气门开度

控制节气门开度适用于电控发动机汽车。控制节气门开度可以控制进入汽缸的进气量，从而能够显著改变发动机的输出转矩，现代汽车（如丰田雷克萨斯 LS300、LS400 型、皇

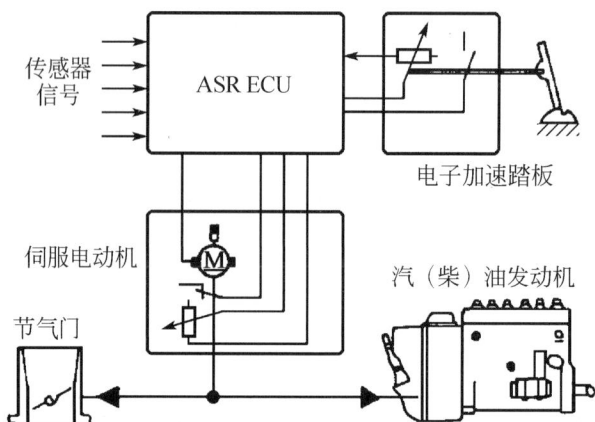

图 5-32　燃油供给量的控制方法

冠 3.0 型轿车）普遍采用这种控制方法。

在电控发动机汽车上，当 ASR ECU 根据轮速传感器和车速传感器信号计算确定驱动轮滑转率的大小之后，通过控制节气门开度和燃油喷射量即可调节发动机的输出转矩。当驱动轮滑转率超出规定值范围时，ASR ECU 便向执行器发出控制指令，减小节气门的开度、缩短喷油器的喷油时间或中断个别喷油器喷油，迅速降低发动机输出转矩，防止驱动轮滑转。

2. 控制驱动轮的制动力

控制驱动轮的制动力来防止驱动轮滑转，实际上是利用差速器的差速作用（效能）来获得较大的总驱动力，控制驱动轮制动力的方法如图 5-33 所示。

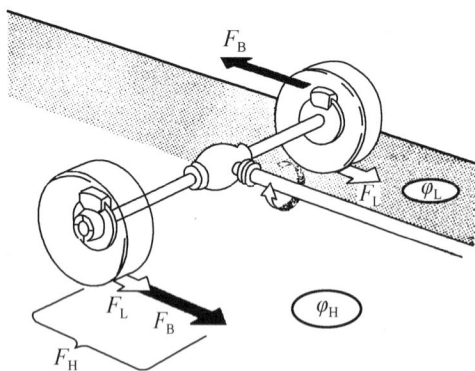

图 5-33　控制驱动轮制动力的方法

处于高附着系数 φ_H 路面上的右侧驱动轮能够产生的驱动力为 F_H，处于低附着系数 φ_L 路面上的左侧驱动轮能够产生的驱动力为 F_L。根据差速器转矩等量分配特性，此时汽车的驱动力只取决于低附着系数路面上的驱动力 F_L。尽管右侧驱动轮能够产生的驱动力为 F_H，但是其获得的驱动力只能与左侧驱动轮能够产生的驱动力 F_L 相等（$F_H = F_L$），即两只驱动轮能够获得的驱动力为 $F_{tL} = F_H + F_L = 2F_L$。为了阻止低附着系数路面上行驶的左侧驱动轮产生滑转，对其施加一个制动力 F_B，通过差速器的差速作用，在右侧驱动轮上也会产生作用力 F_B（$F_H = F_L + F_B$），此时两只驱动轮能够获得的驱动力就为 $F_{uH} = F_H + F_L = 2F_L + F_B$，即驱动力增大了制动力 F_B 值，发动机的输出转矩就可按增大后的驱动力进行调节。

对驱动轮施加制动力是使驱动轮保持最佳滑转率且响应速度较快的控制方法，一般作为仅采用控制节气门开度来调节发动机输出转矩的补充控制。在设计控制系统时，为了保证乘坐舒适性，制动力不能太大；此外，为了避免制动器过热，施加制动力的时间不能过长，因此，这种方法只限于低速行驶时短时间使用。

驱动轮制动力控制又称为电子差速锁（Electronic differential Lock，EDL）控制，大众宝来轿车采用了这种控制方法。差速锁又称为差速限制器，是一种防止单侧驱动轮高速滑转，将左右车轮的转速差自动限制在某数值以下的装置。宝来轿车的电子差速锁是利用防抱死制动系统的传感器来检测驱动轮的转速，根据左右驱动轮的转速差进行控制。当车速达到 80 km/h 左右时，若一侧车轮的路面比较光滑（附着系数低），导致左右驱动轮之间产生的转速差约为 100 r/min 时，ABS/EDL ECU 就会通过对打滑车轮施加制动力，利用差速原理将大部分驱动力传递给另一侧车轮，使两侧车轮的转速达到平衡，从而增大两只驱动轮的总驱动力，便于汽车起步、加速和爬坡。

3. 控制防滑转差速器的锁止程度

控制防滑转差速器的锁止程度必须采用防滑转差速器。防滑转差速器是一种由电控单元控制的可锁止差速器，防滑转差速器的控制原理如图 5-34 所示。

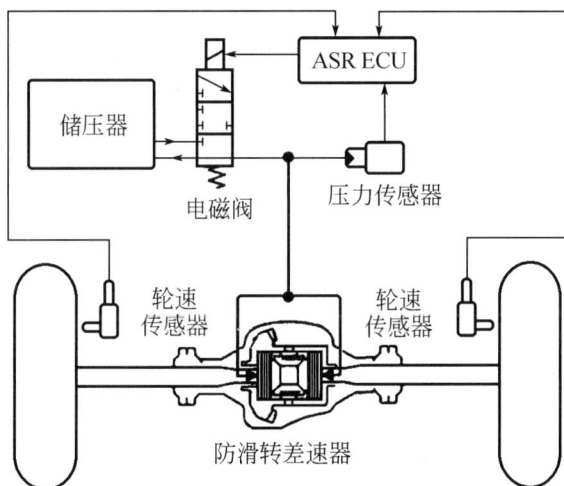

图 5-34 防滑转差速器的控制原理

在防滑转差速器向车轮输出驱动力的输出端设置有液压控制的离合器。调节作用在离合片上的油液压力，即可调节差速器的锁止程度。油压逐渐降低时，差速器锁止程度逐渐减小，传递给驱动轮的驱动力就逐渐减小；反之油压升高时，驱动力将逐渐增大。油液压力来自储压器的高压油液，压力大小由 ASR ECU 通过控制电磁阀使压力"升高""保持""降低"进行调节，并由压力传感器和驱动轮上的轮速传感器反馈给 ASR ECU，从而实现反馈控制。通过调节防滑转差速器的锁止程度，即可调节传递给驱动轮的驱动力。因此，汽车在各种附着系数不同的路面上起步和行驶时，都具有较好的稳定性和操纵性。对于越野汽车，则可大大提高其越野通过性。

在汽车装备的驱动轮防滑转调节系统中，为了充分发挥电控系统的控制功能并有效地防止驱动轮滑转，一般都将不同的控制方法组合在一起进行控制。常用的组合方式有：组合控制发动机的输出转矩和驱动轮的制动力、组合控制发动机的输出转矩和控制防滑转差速器的锁止程度。

5.4.4　防滑转调节系统的组成

实践证明：在控制驱动轮的制动力时，将驱动轮防滑转调节系统与防抱死制动系统结合在一起是控制驱动轮制动力的最佳方案，这是因为对于前驱动汽车，考虑到舒适性和操纵稳定性，驱动轮防滑转调节系统和防抱死制动系统对制动压力的建立速度有不同要求。一般来说，对于制动压力的建立速度，驱动轮防滑转调节系统比防抱死制动系统要慢，因此，驱动轮的制动力可直接使用防抱死制动系统的压力调节系统进行调节，只需在防抱死制动系统的压力调节系统中增设一些防滑转液压调节装置即可。下面以丰田雷克萨斯 LS400 型轿车防滑转调节系统（丰田公司称为牵引力控制系统 TRC）与防抱死制动系统组合在一起的 ABS/TRC 控制系统为例说明，如图 5-35 所示。

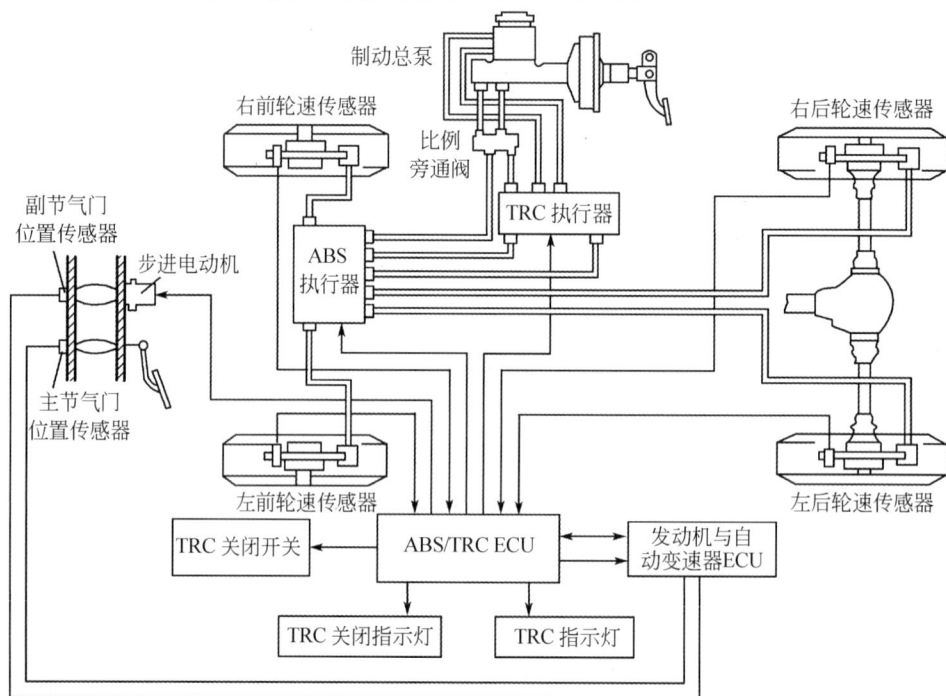

图 5-35　丰田雷克萨斯 LS400 型轿车 ABS/TRC 控制系统组成简图

丰田雷克萨斯 LS400 型轿车 ABS/TRC 控制部件的安装位置如图 5-36 所示。牵引力控制系统与防抱死制动系统一样，也是由液压控制系统和电子控制系统两个子系统组成。

1. 防滑转液压控制系统

防滑转液压控制系统是在防抱死制动液压控制系统的基础上，增设 TRC 执行器（TRC液压调节器）构成，如图 5-37 所示。ABS 液压调节器采用了四个三位三通常开电磁阀。TRC 执行器由主制动油缸关断电磁阀、溢流阀、蓄压器、电动回液泵（回液泵和电动机）、蓄压器关闭电磁阀、储油罐关断电磁阀以及压力传感器组成。三个电磁阀均为两位两通电磁阀，其中，主制动油缸关断电磁阀为常开电磁阀，用于控制制动主缸与防抱死制动系统左、右后轮制动力控制电磁阀之间的液压油路；蓄压器关闭电磁阀为常闭电磁阀，

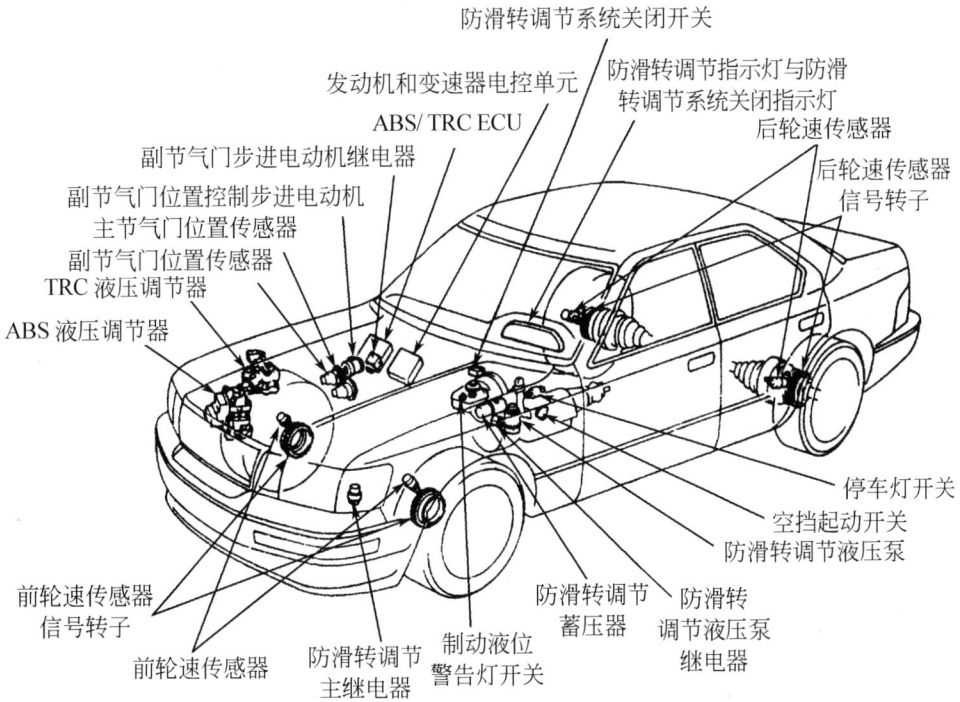

图 5-36 丰田雷克萨斯 LS400 型轿车 ABS/TRC 控制部件的安装位置

用于控制 TRC 执行器的蓄压器与防抱死制动系统左、右后轮制动力控制电磁阀之间的液压通道；储油罐关断电磁阀也为常闭电磁阀，用于控制防抱死制动系统左、右后轮制动力控制储油罐与制动主缸之间的回油通道。蓄压器用于储蓄高压油液。

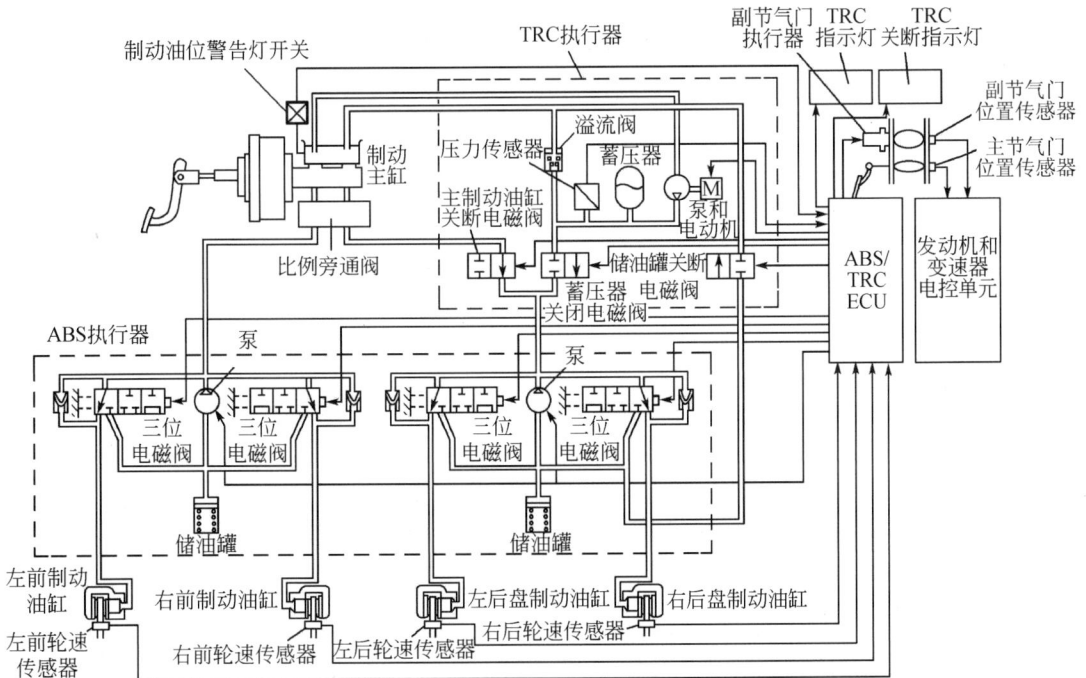

图 5-37 丰田雷克萨斯 LS400 型轿车 ABS/TRC 电子控制系统电路

2. 防滑转电子控制系统

丰田雷克萨斯 LS400 型轿车 ABS/TRC 电子控制系统电路如图 5-38 所示。因为是在防抱死制动系统的基础上增加牵引力控制功能，所以部分控制部件为公用部件，如四个车轮（左前

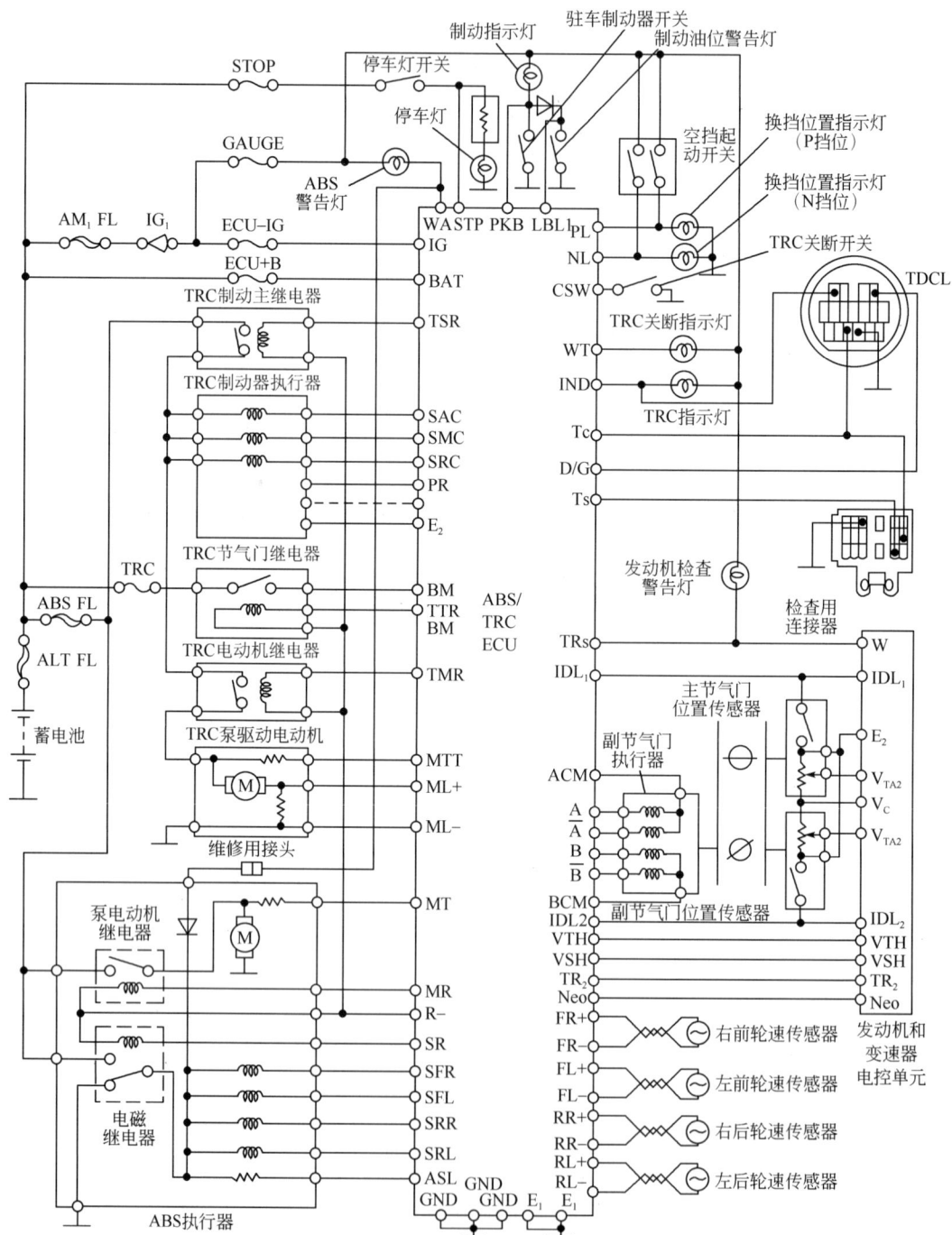

图 5-38　丰田雷克萨斯 LS400 型轿车 ABS/TRC 电子控制系统电路

轮、右前轮、左后轮、右后轮）的四只轮速传感器、控制四个车轮轮缸压力的四只三位三通电磁阀等均为公用部件。TRC ECU 与 ABS ECU 组合为一体，称为 ABS/TRC ECU。

增设的传感器有发动机副节气门位置传感器、TRC 执行器中的压力传感器。增设的控制开关有 TRC 关断开关。增设的执行器有副节气门执行器（位置控制步进电动机、驱动齿轮和齿扇等）、主制动油缸关断电磁阀、电动回液泵、蓄压器关闭电磁阀、储油罐关断电磁阀、TRC 指示灯、TRC 关断指示灯等。压力传感器用于检测蓄压器储蓄的制动油液压力，并将制动油液压力转换为电信号输入 ABS/TRC ECU。

5.4.5 防滑转控制过程

发动机起动后，ABS/TRC ECU 便根据轮速传感器产生的车轮转速信号以及参考车速，计算确定驱动轮的滑移率和滑转率。在滑移率和滑转率未达到设定阈值时，ABS 执行器和 TRC 执行器中的电磁阀均不通电，各电磁阀处于图 5-37 所示的初始状态，蓄压器中制动液的压力保持在一定范围之内，控制副节气门的步进电动机不通电，副节气门保持全开。

1. 防抱死制动过程

当驾驶人踩下制动踏板进行制动时，两前轮（左前轮和右前轮）的制动液从制动主缸，经比例旁通阀、控制前轮制动压力的三位三通常开电磁阀进入左前轮和右前轮的制动轮缸；两后轮（左后轮和右后轮）的制动液从制动主缸，经比例旁通阀、主制动油缸关断电磁阀（两位两通常开电磁阀）、控制后轮的三位三通常开电磁阀进入左后轮和右后轮的制动轮缸。各制动轮缸的压力随制动主缸的压力变化而变化。

当 ABS/TRC ECU 根据轮速传感器输入的信号判定某个车轮的滑移率达到设定阈值而趋于抱死时，ABS/TRC ECU 就会进入防抱死制动控制状态，通过控制 ABS 执行器中相应通道的电磁阀，制动轮缸中的制动液压力"保持""降低""升高"来防止车轮抱死滑移。

2. 防滑转调节过程

丰田雷克萨斯 LS400 型轿车 ABS/TRC 控制系统采用了降低发动机的输出转矩和控制驱动轮的制动力两种方法来调节滑移率。副节气门执行器为步进电动机，利用步进电动机调节副节气门的开度，使发动机进气量减少来降低发动机的输出转矩；利用 TRC 执行器与 ABS 电磁阀联合工作，通过对驱动轮（后轮）施加制动力来增大总驱动力。两前轮不是驱动轮，不参与牵引力控制。

在汽车行驶过程中，当 ABS/TRC ECU 根据轮速传感器产生的车轮转速信号以及参考车速，计算得出的驱动轮的滑转率超过设定阈值时，ABS/TRC ECU 就会进入防滑转调节状态，通过控制发动机输出转矩和对驱动轮施加制动力来避免发生滑转现象。当车速较低时，ABS/TRC ECU 通过增大驱动轮的制动力来防止驱动轮滑转；当车速较高时，ABS/TRC ECU 通过减小发动机输出转矩来防止驱动轮滑转。

控制发动机输出转矩时，ABS/TRC ECU 首先向发动机与变速器电控单元发送一个即将控制副节气门步进电动机动作的指令，通知发动机和变速器电控单元副节气门开度即将减小，发动机的进气量需要选择主节气门和副节气门中开度较小者进行计算。然后，ABS/TRC ECU 再控制副节气门的步进电动机通电，步进电动机步进转动，其轴一端的驱动齿轮就驱动副节气门轴上的扇形齿轮转动，使副节气门开度减小（副节气门在牵引力控制系统不起作用时处于全开状态），发动机的进气量减少，输出转矩随之减小。因为副节气门与主节气门为串联关系，所以即使主节气门开度不变，发动机的进气量也会因副节气门开度减小而减小，从而使发动机输出转矩减小，驱动轮的驱动力随之减小。

控制驱动轮的制动力时，ABS/TRC ECU 首先向主制动油缸关断电磁阀（两位两通常开电磁阀）发出通电指令，电磁阀线圈通电产生电磁吸力，其阀门关闭，使制动主缸与两后轮的三位三通调压电磁阀之间的液压通道关闭（断流），其目的是利用 TRC 执行器中蓄压器储存的高压油液来增大驱动轮的制动力。其次，ABS/TRC ECU 再向 TRC 执行器和 ABS 执行器发出控制指令，使蓄压器关闭电磁阀和储油罐关断电磁阀打开（通流），蓄压器中的高压油液直接流入某一个后驱动轮（低附着系数路面上的驱动轮）的制动轮缸，其制动压力迅速增大。与此同时，ABS/TRC ECU 再像控制防抱死制动一样，向 ABS 执行器发出控制指令，通过独立地调节两后轮调压电磁阀的工作状态，两后轮制动轮缸的制动液压力"升高""保持""降低"，将滑转率控制在设定范围内实现防滑转调节功能。

在防滑转调节过程中，如果驾驶人踩下制动踏板进行制动，ABS/TRC ECU 就会自动退出牵引力控制系统控制状态，不会影响防抱死制动功能的发挥。

5.5 车身稳定性控制系统

当汽车在湿滑路面上行驶时，如果前轮受到侧向力的作用而发生侧滑时，就会失去路径跟踪能力（又称为循迹能力）而偏离行驶轨迹；如果后轮受到侧向力的作用而发生侧滑（如转动转向盘用力过猛即转向过度，后轮产生较大的侧偏角）时，后轮就会侧滑甩尾而失去稳定性。

5.5.1 车身稳定性控制系统的功用

车身稳定性控制系统（Vehicle Stability Control System，VSC）又称为车身动态稳定性控制系统（Dynamic Stability Control System，DSC），因为车身稳定性控制系统主要是在防抱死制动系统和防滑转控制系统的基础上，增设控制程序和个别传感器构成，所以又称为电子控制稳定性程序（Electronically Controlled Stability Program，ESP）。

车身稳定性控制系统的功用是当汽车在湿滑路面上行驶，其前轮或后轮发生侧滑时，自动调节各车轮的驱动力和制动力，确保车辆稳定行驶。车身稳定性控制系统是在防抱死制动系统和防滑转控制系统的基础上拓展而来的主动安全控制系统。

5.5.2　车身稳定性控制系统的组成

为了提高汽车行驶的安全性和稳定性，大多数中高档轿车都配置了车身稳定性控制系统。图 5-39 所示为丰田系列轿车车身稳定性控制系统组成部件的安装位置。

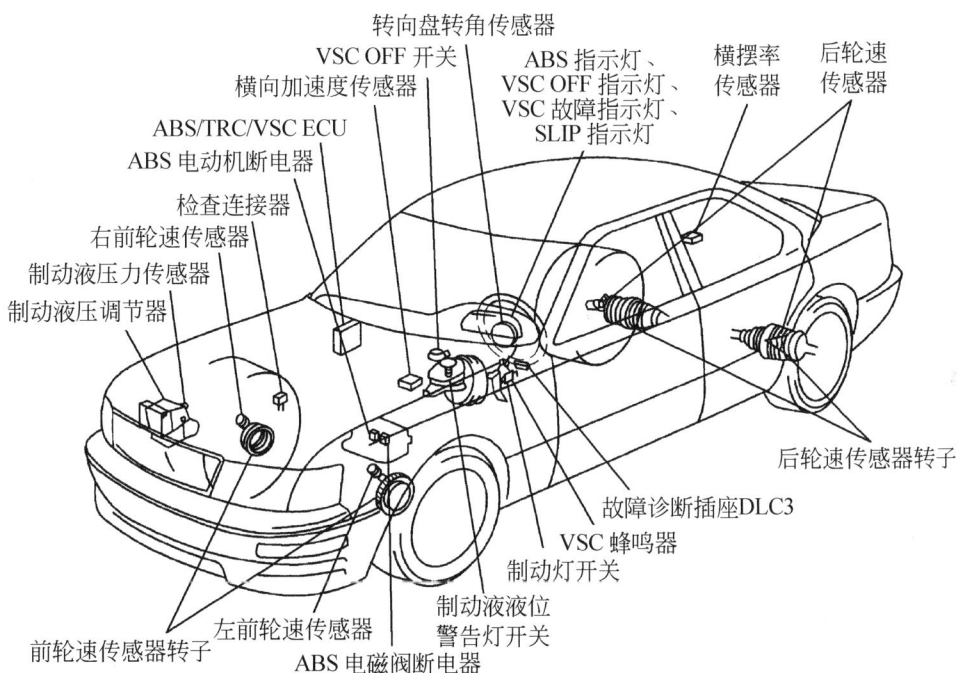

图 5-39　丰田系列轿车车身稳定性控制系统组成部件的安装位置

VSC 也是由传感器、VSC ECU（电控单元）和执行器三部分组成。因为车身稳定性控制系统是防抱死制动系统和防滑转控制系统的完善与补充，所以车身稳定性控制系统的大部分控制部件都可与防抱死制动系统和防滑转控制系统共用。为了实现防止车轮侧滑功能，车身稳定性控制系统在防抱死制动系统和防滑转控制系统的传感器的基础上，需要增设用于检测汽车状态的横摆率传感器、转向盘转角传感器、横向加速度传感器以及检测制动主缸压力的制动液压力传感器。VSC ECU 需要增强运算能力、增加相应的信号处理电路、驱动放大电路和软件程序等，VSC ECU 一般都与 ABS ECU 和 TRC ECU 组合为一体，称为 ABS/TRC/VSC ECU。执行器部分既可像防抱死制动系统或牵引力控制系统那样单独设置压力调节器和发动机输出转矩调节装置，也可对液压通道进行适当改进，直接利用防抱死制动系统和牵引力控制系统已有调节装置对制动力和发动机输出转矩进行调节。除此之外，车身稳定性控制系统还需设置 VSC 故障指示灯、VSC 蜂鸣器等指示与报警装置。

1. 车身稳定性控制系统传感器

1）横摆率传感器又称为偏航率传感器，安装在汽车后轴上部中央部位的行李舱内，用于检测后轴绕车身中心垂线旋转的角速度（横摆率）。横摆率传感器是反映后轮是否产生侧滑的关键部件。当横摆率传感器有信号输入 ABS/TRC/VSC ECU 时，说明后轮有侧滑现象。如果后轮向右侧滑时的横摆率传感器信号为正，则横摆率传感器信号为负时表示后轮向左侧滑。

2）横向加速度传感器简称加速度传感器或 G 传感器，其功能与横摆率传感器相同，安装在前轴上部中央部位的地板下面，即位于汽车重心前方，用于检测前轴的横向加速度，其信号供 ABS/TRC/VSC ECU 判断车身状态以及前轮是否产生侧滑。

3）转向盘转角传感器安装在转向盘内，用于检测驾驶人转动转向盘的角度，其信号用于 ABS/TRC/VSC ECU 判断驾驶人操作转向盘的转向意图（向左转弯还是向右转弯）。

4）制动液压力传感器安装在制动液压调节器的上部，用于检测制动主缸内制动液的压力，ABS/TRC/VSC ECU 根据制动液压力高低向制动液压调节器的电磁阀发出不同占空比的控制脉冲信号，以便控制车轮制动力的大小。

5）轮速传感器安装在每个车轮上检测车轮旋转的角速度，其信号用于 ABS/TRC/VSC ECU 计算车轮滑移率和滑转率并采取相应的控制措施。

6）副节气门位置传感器安装在节气门体上，用于检测副节气门开度的大小。副节气门与主节气门为串联关系，其信号用于 ABS/TRC/VSC ECU 控制发动机输出转矩。

2. 车身稳定性控制系统执行器

1）制动液压调节器。一般都直接利用防抱死制动系统液压调节器来调节制动力。丰田系列轿车将防抱死制动系统液压调节器和牵引力控制系统液压调节器组合制成一体，称为制动液压调节器，安装在发动机舱内右前侧。当汽车制动减速使车轮发生滑移时，液压调节器执行防抱死制动系统功能；当车轮发生滑转时，液压调节器执行牵引力控制系统功能；当车身发生侧滑时，液压调节器执行车身稳定性控制系统功能，通过调节各车轮的制动力，实现防抱死制动系统、牵引力控制系统和车身稳定性控制系统功能。

制动液压调节器主要由蓄压器、储液器、回液泵、回液泵电动机、选择电磁阀和控制电磁阀等组成，其结构原理与前述同类装置大同小异。选择电磁阀在车身稳定性控制系统、牵引力控制系统或防抱死制动系统工作时，接通或关闭制动主缸与控制电磁阀之间的液压通道，控制电磁阀在车身稳定性控制系统、牵引力控制系统或防抱死制动系统工作时，"升高""保持""降低"每个车轮制动轮缸的制动液压力，调节每个车轮的制动力或驱动力，从而实现车身稳定性控制系统、牵引力控制系统或防抱死制动系统功能。

2）副节气门位置调节器。一般采用步进电动机与扇形齿轮配合对发动机副节气门的位置进行控制，称为副节气门位置控制步进电动机，其安装在发动机节气门体旁边，车身稳定性控制系统与牵引力控制系统公用。当车身稳定性控制系统调节发动机输出转矩时，ABS/TRC/VSC ECU 向步进电动机发出控制指令，步进电动机步进转动，电动机轴一端的驱动齿轮就驱动副节气门轴上的扇形齿轮转动，使副节气门开度减小（副节气门在牵引力控制系统、车身稳定性控制系统不起作用时处于全开状态），发动机进气量减少，输出转矩减小，从而使驱动轮的驱动力减小来与附着力匹配，从而抑制驱动轮滑转或侧滑。

5.5.3　车身稳定性的控制

汽车前轮侧滑就会失去路径跟踪能力（循迹能力），后轮侧滑就会发生甩尾现象。车身稳定性控制主要是指侧滑控制，控制内容包括两个方面：一是抑制前轮侧滑，保持汽车的路径跟踪能力；二是抑制后轮侧滑，防止车身出现甩尾现象，确保车辆稳定行驶。

车身稳定性控制系统抑制车轮侧滑的原理是利用左右两侧车轮制动力之差产生的横摆力矩，使车身产生一个与侧滑相反的旋转运动，从而防止前轮侧滑失去路径跟踪能力以及防止后轮侧滑甩尾失去行驶稳定性。

在汽车行驶（特别是在湿滑的路面上转弯）过程中，前轮发生侧滑时就会产生较大的侧向（横向）加速度，后轮发生侧滑时就会产生较大的侧偏角，横向加速度传感器和横摆率传感器分别将这两种侧滑产生的信号输入 ABS/TRC/VSC ECU 后，ABS/TRC/VSC ECU 就会向发动机输出转矩的调节装置（副节气门位置控制步进电动机）发出控制指令，使发动机的输出转矩减小，这样既可减小驱动轮的驱动力，也可降低车速。与此同时，ABS/TRC/VSC ECU 还要根据制动液压力高低向液压调节器的电磁阀发出不同占空比的控制脉冲信号，对相应车轮施加一个制动力，使车身产生一个与侧滑相反的旋转力矩，从而防止车轮侧滑，减少交通事故。

1. 前轮侧滑的控制过程

当安装在前轴上部的横向加速度传感器向 ABS/TRC/VSC ECU 输入信号表明前轮向右侧滑时，ABS/TRC/VSC ECU 首先向副节气门位置控制步进电动机发出控制指令，使发动机输出转矩减小来降低车速和减小驱动轮的驱动力，同时向液压调节器中控制左后轮液压通道的电磁阀发出占空比脉冲信号，向左后轮施加一个制动力，如图 5-40（a）所示（图中箭头表示制动力，下同），以便产生一个沿逆时针方向旋转的力矩使车辆向内旋转微小角度，然后再对两前轮施加制动力，使车速降低并沿图 5-40（a）中左下方曲线所示路径行驶，从而保持路径跟踪能力。如不进行调节，则车辆将按图 5-40（a）中右上方曲线所示路径行驶把路锥撞倒。

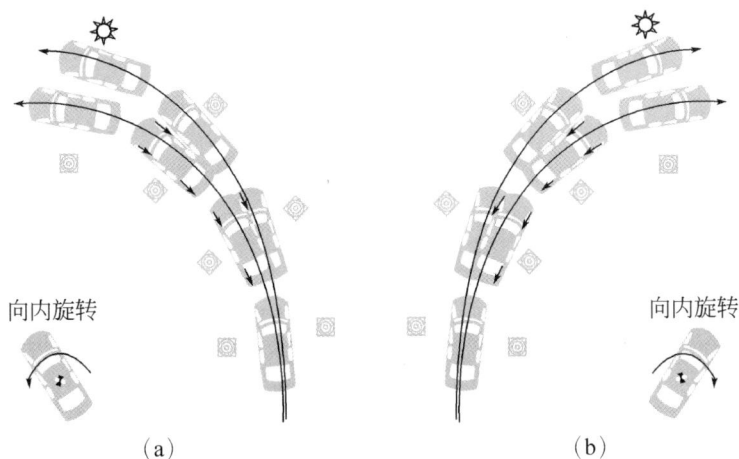

图 5-40　前轮侧滑控制原理

（a）右前轮侧滑的控制；（b）左前轮侧滑的控制

同理可知，当横向加速度传感器向 ABS/TRC/VSC ECU 输入的信号表明前轮向左侧滑时，ABS/TRC/VSC ECU 首先向副节气门位置控制步进电动机发出控制指令，使发动机输出转矩减小的同时，还向控制右后轮液压通道的电磁阀发出占空比控制脉冲信号，向右后轮施加一个制动力，如图 5-40（b）所示，以便产生一个沿顺时针方向旋转的力矩使车辆向内旋转微小角度，然后再对两前轮施加制动力，使车速降低并沿图 5-40（b）中右下方曲线所示路径行驶，从而保持路径跟踪能力。如不进行调节，则车辆将按图 5-40（b）中左上方曲线所示路径行驶把路锥撞倒。

2. 后轮侧滑的控制过程

当安装在后轴上部的横摆率传感器输入 ABS/TRC/VSC ECU 的信号表明后轮向右侧滑时，ABS/TRC/VSC ECU 首先向副节气门位置控制步进电动机发出控制指令，使发动机输出转矩减小来降低车速和减小驱动轮的驱动力，同时向液压调节器中控制右前轮液压通道的电磁阀发出占空比脉冲信号，向右前轮额外施加一个制动力，如图 5-41（a）所示（图中箭头表示制动力，下同），使车身产生一个沿顺时针方向旋转的力矩使车辆向外旋转运动，防止发生甩尾或调头现象，确保汽车稳定行驶。

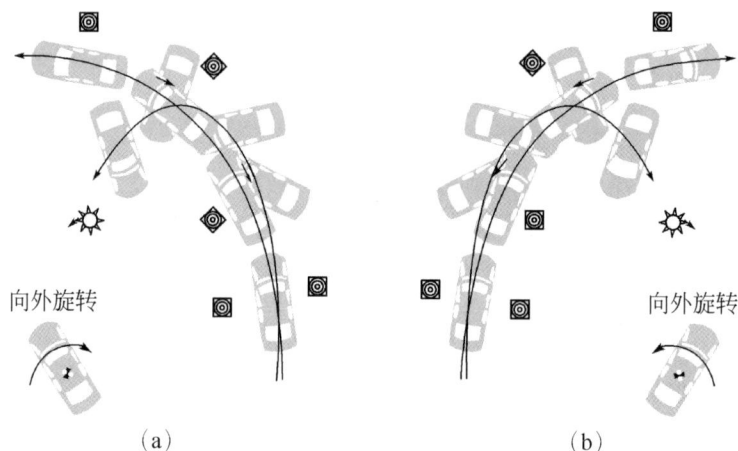

图 5-41 后轮侧滑控制原理
（a）右后轮侧滑的控制；（b）左后轮侧滑的控制

当后轮向左侧滑时，ABS/TRC/VSC ECU 在控制副节气门位置控制步进电动机使发动机输出转矩减小来降低车速和减小驱动轮的驱动力的同时，还向控制左前轮液压通道的电磁阀发出占空比脉冲信号，向左前轮额外施加一个制动力，如图 5-41（b）所示，使车身产生一个沿逆时针方向旋转的力矩使车辆向外旋转运动，防止发生甩尾或调头现象，确保汽车稳定行驶。

根据丰田汽车公司对三种丰田车型连续 5 年发生交通事故件数的统计结果，装备车身稳定性控制系统后，在每 10 000 辆汽车中，因侧滑导致的事故率降低 35%，因侧滑导致正面冲撞的事故率降低 30%。

综上所述，在汽车行驶主动安全系统中，防抱死制动系统、电子控制制动力分配系统、电子控制制动辅助系统、防滑转调节系统和车身稳定性控制系统控制方式的共同特点是调节车轮制动器的制动力来提高控制效能（缩短制动距离、增强转向控制能力和提高行驶稳定性），从而减少交通事故。防滑转调节系统和车身稳定性控制系统在调节车轮制动器制动力的同时，还要调节发动机的输出转矩。虽然防抱死制动系统、电子控制制动力分配系统、电子控制制动辅助系统、防滑转调节系统和车身稳定性控制系统都可调节制动力，但其目的各不相同，防抱死制动系统是防止车轮制动力大于附着力而抱死滑移，电子控制制动力分配系统是增大前、后车轮的制动力，电子控制制动辅助系统是增大紧急制动时各个车轮的制动力，防滑转调节系统是通过施加制动力来增大总驱动力，车身稳定性控制系统是防止前、后轮发生侧滑。因为电子控制制动力分配系统、电子控制制动辅助系统、防滑转调节系统和车身稳定性控制系统等主动安全电控系统都是以防抱死制动系统的轮速传感器和制动压力调节器为基础进行设计的，所以在学习汽车行驶主动安全技术过程中，首先熟悉防抱死制动系统的结构原理、控制方法与控制过程，然后再学习电子控制制动力分配系统、电子控制制动辅助系统、防滑转调节系统和车身稳定性控制系统等电控系统，能够收到事半功倍的效果。

5.5.4　车身稳定性控制技术的发展趋势

为了确保行车安全并获得更好的驾驶性能，车身稳定性控制技术的发展趋势是将防抱死制动系统、电子控制制动力分配系统、电子控制制动辅助系统、防滑转调节系统和车身稳定性控制系统等控制制动力和驱动力的主动安全系统，与电子控制动力转向系统（EPS）和电子调节悬架系统（EMS）等组合成为车身动态综合管理系统（Vehicle Dynamics Integrated Management System，VDIM）。车身动态综合管理系统具有以下特点：

1）车身动态综合管理系统将防抱死制动系统、电子控制制动力分配系统、电子控制制动辅助系统、防滑转调节系统和车身稳定性控制系统等主动安全系统组合成一体，液压调节装置也组合成为一体，称为电子控制制动系统（Electronically Controlled Brake System，ECB）液压调节器，由 ECB ECU（电子控制制动系统电控单元）进行控制。

2）车身动态综合管理系统对车辆的操控性做了进一步的改进。传统的防抱死制动系统、牵引力控制系统和车身稳定性控制系统均为各自独立的功能，改进后的车身动态综合管理系统除了能对包括转向在内的各系统功能进行统一管理之外，还能在发生侧滑之前就开始对车辆实行控制，不仅保证了更高的预防安全性能，而且还能使"行进、转弯、停止"这一车辆的基本运动性能迈上更高的台阶。

3）车身动态综合管理系统将防抱死制动系统、电子控制制动力分配系统、电子控制制动辅助系统、防滑转调节系统和车身稳定性控制系统等主动安全系统与电子控制动力转向系统和电子调节悬架系统等组合，能对车身姿态进行全方位调节。防抱死制动系统、电子控制制动力分配系统、电子控制制动辅助系统和防滑转调节系统可以控制车轮的前后作用力（即制动力和驱动力），车身稳定性控制系统和电子控制动力转向系统配合可以控制侧向作用力（防止侧滑）。在转弯控制方面，通过与电控转向助力的协调来控制转向转矩的助力量，实现更好的行驶安全性和操控性，电子调节悬架系统可以调节车身前后左右的姿态。因此，将这些系统组合成一体对车身姿态进行综合控制，不仅能够提高车身的动态稳定性，而且还能大大提高汽车行驶安全性和乘坐舒适性。

4）在转向控制方面，可变齿数比转向装置（VGRS）可使转向盘转动量与车轮转向角的关系产生灵活变化，电动助力转向可以调节转动转向盘的力矩，形成主动转向功能对前轮转向角和转向盘转矩的最佳控制，从而可以根据制动力、发动机输出转矩以及转向转矩对前轮转向角实行最恰当的控制，同时将驾驶人对转向的修正量控制在最小范围内，实现更好的预防安全性能和更理想的车辆运动性能。

5）为使车辆真正达到人车一体的境界，车身动态综合管理系统采纳了智能识别与诊断技术，并在今后对这些技术做更进一步的改进。

5.6 安全气囊系统

汽车安全气囊系统的确切名称是辅助防护系统（Supplemental Restraint System，SRS）或辅助防护气囊系统（Supplemental Restraint Air Bag System，SRS）。因为辅助防护系统的气囊在汽车发生碰撞时能够起到安全防护作用，所以将其称为安全气囊系统。

安全气囊系统既是被动安全装置，也是座椅安全带的辅助控制装置，只有在使用安全带的条件下，才能充分发挥保护驾驶人和乘员的作用。通用汽车公司1989年的一项研究表明：安全气囊系统与安全带共同使用的保护效果最佳，可使驾驶人和前排乘员的伤亡人数减少43%~46%。由此可见，为了充分发挥安全气囊系统的保护作用，确保汽车驾驶人和乘员的人身安全，驾驶人和乘员在汽车行驶时一定要系好安全带。

5.6.1 安全气囊系统的功用

当汽车发生碰撞时，汽车与汽车或汽车与障碍物之间的碰撞，称为一次碰撞。一次碰撞后，汽车速度将急剧减慢，减速度急剧增大，驾驶人和乘员就会受到较大惯性力的作用而向前移动，使人体与转向盘、挡风玻璃或仪表台等构件发生碰撞，这种碰撞称为二次碰撞。在车辆事故中，二次碰撞是导致驾驶人和乘员遭受伤害的主要原因。

汽车碰撞分为正面碰撞和侧面碰撞。当汽车发生正面碰撞时，在惯性力的作用下，驾驶人面部或胸部可能与转向盘和挡风玻璃发生二次碰撞，前排乘员可能与仪表台和挡风玻璃发生二次碰撞，后排乘员可能与前排座椅发生二次碰撞。当汽车遭受侧面碰撞时，驾驶人和乘员可能与车门、车门玻璃或车门立柱发生二次碰撞。车速越高，惯性力就越大，遭受伤害的程度也就越严重。

安全气囊系统的功用是当汽车遭受碰撞导致驾驶人和乘员的惯性力急剧增大时，使气囊迅速膨胀，从而在驾驶人、乘员与车内构件之间铺垫一个气垫，利用气囊排气节流的阻尼作用来吸收人体惯性力产生的动能，减轻人体遭受伤害的程度。正面气囊保护驾驶人和乘员的面部与胸部，如图5-42（a）和图5-42（b）所示，侧面气囊保护驾驶人和乘员的颈部与腰部，护膝气囊（护膝垫）保护驾驶人和前排乘员的膝部，气帘（窗帘式气囊）保护驾驶人和乘员的头部。

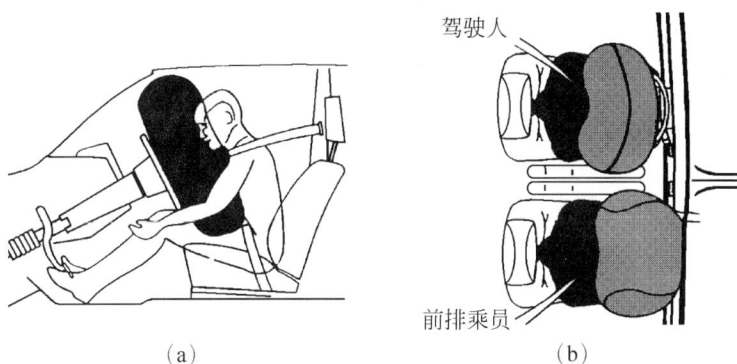

图 5-42　汽车遭受正面碰撞时安全气囊系统作用情况

（a）驾驶席气囊；（b）驾驶席与乘员席气囊

5.6.2　安全气囊系统的组成

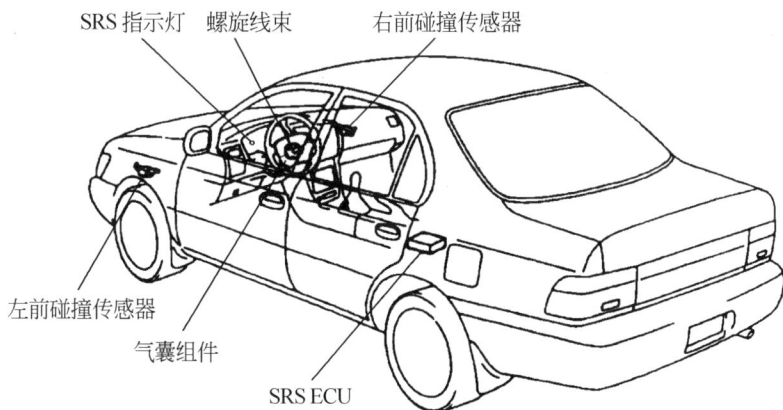

安全气囊系统主要由碰撞传感器、防护传感器、SRS ECU（安全气囊电控单元）、气囊组件和 SRS 指示灯等组成。正面安全气囊系统配装有左前和右前碰撞传感器，侧面安全气囊系统配装有左侧和右侧碰撞传感器，防护传感器一般都安装在 SRS ECU 内部，SRS 指示灯安装在组合仪表板上。正面安全气囊系统控制部件的安装位置如图 5-43 所示，控制电路由备用电源电路、故障记忆电路、故障诊断监测电路、点火引爆电路等组成，如图 5-44 所示。

安全气囊系统组成

图 5-43　正面安全气囊系统控制部件的安装位置

5.6.3　安全气囊系统的分类

安全气囊系统分类

按总体结构不同，安全气囊系统可分为机械控制式和电子控制式两大类。机械控制式安全气囊系统早在 20 世纪 90 年代就已被淘汰，汽车目前装备的均为电子控制式安全气囊系统。

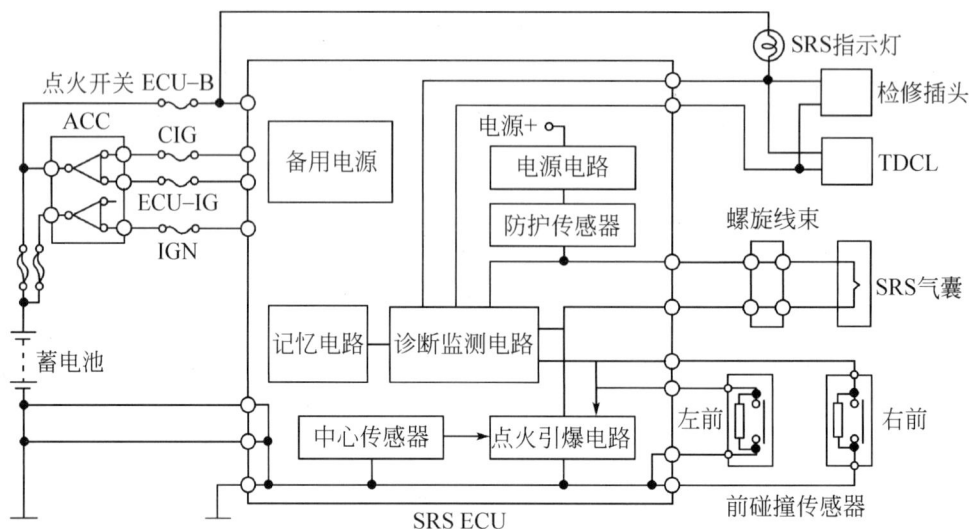

图 5-44　安全气囊系统控制电路

　　按安全气囊系统功能不同，电子控制式安全气囊系统可分为正面安全气囊系统（保护面部与胸部）、侧面安全气囊系统（保护颈部与腰部）、护膝安全气囊系统和头部（气帘）安全气囊系统四大类。

　　按气囊数量不同，电子控制式安全气囊系统可分为单安全气囊系统、双安全气囊系统和多安全气囊系统。单安全气囊系统只装备驾驶席气囊。20 世纪 90 年代以前生产的汽车基本上都装备单安全气囊系统。双安全气囊系统装备有驾驶席和前排乘员席两个气囊，20 世纪 90 年代后生产的大多数轿车都装备了双安全气囊系统。装备 3 个或 3 个以上气囊的安全气囊系统称为多安全气囊系统。

　　汽车品牌不同、档次不同，装备气囊的数量各不相同。汉兰达轿车装备有驾驶席正面、左侧和护膝 3 个气囊，前排乘员席正面和右侧 2 个气囊，驾驶席与前后排乘员席左右两侧 2 个气帘共计 7 个气囊。天津一汽丰田轿车装备有驾驶席正面、左侧和护膝 3 个气囊，前排乘员席正面、右侧和护膝 3 个气囊，驾驶席与前后排乘员席左右两侧 2 个气帘共计 8 个气囊，如图 5-45 所示。北京现代伊兰特轿车装备有驾驶席正面和左侧 2 个气囊，前排乘员席正面和右侧 2 个气囊共计 4 个气囊。一汽马自达 6 轿车装备有驾驶席正面和左侧 2 个气囊，前排乘员席正面和右侧 2 个气囊，驾驶席与前后排乘员席左右两侧 2 个气帘共计 6 个气囊，如图 5-46 所示。

　　同一辆汽车上的气囊数量无论多少，都可集中进行控制，也可分别进行控制。一般来说，正面气囊和护膝气囊可用一个 SRS ECU 进行控制，侧面气囊和头部气帘（窗帘式气囊）可用一个 SRS ECU 进行控制。

图 5-45 8 气囊和气帘膨胀状态

图 5-46 6 气囊和气帘膨胀状态

5.6.4 安全气囊系统的控制过程

安全气囊系统
工作原理

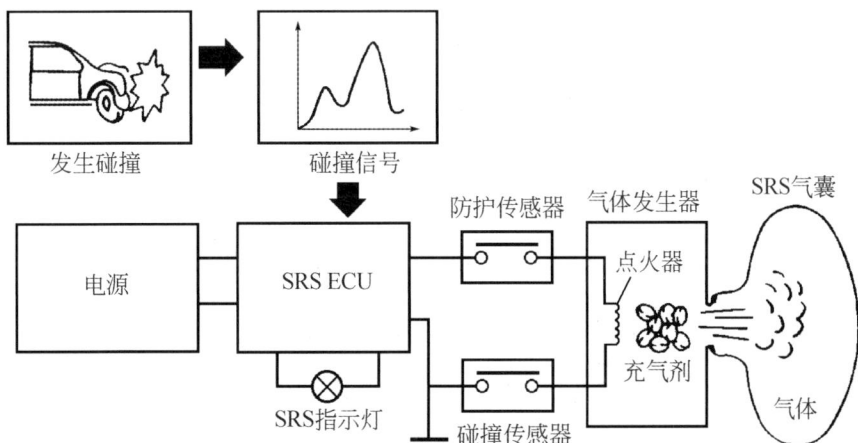

当汽车遭受正面碰撞和侧面碰撞时，安全气囊的控制过程完全相同。下面以图 5-47 为例，说明安全气囊系统的控制过程。

当汽车遭受碰撞时，安装在汽车前部的碰撞传感器和 SRS ECU 内部防护传感器都会检测到汽车突然减速的信号，并将信号输入 SRS ECU，以便 SRS ECU 判断是否发生碰撞。

当汽车遭受碰撞且减速度达到设定阈值时，SRS ECU 就会接通气囊组件中的点火器（电雷管）电路，点火器引爆使点火剂（引药）受热爆炸（电热丝通电发热引爆炸药）。当点火剂引爆时，迅速产生大量热量，充气剂（NaN_3）受热分解并释放出大量 N_2（固态 NaN_3 受热约 300 ℃时就会分解出 N_2）充入气囊，使气囊冲开气囊组件上的装饰盖向驾驶人和乘员方向膨胀，在人体与车内构件之间铺垫一个气垫，驾驶人和乘员面部与胸部压靠在充满气体的气囊上，将人体与车内构件之间的碰撞变为弹性碰撞，通过气囊产生变形和排气节流作用吸收人体碰撞产生的动能，从而达到保护人体的目的。

图 5-47 安全气囊系统的控制过程

5.6.5　安全气囊的动作时序

博世公司在奥迪轿车上的试验研究表明：当汽车以车速 50 km/h 与前方障碍物发生碰撞时，安全气囊的动作时序如图 5-48 所示。

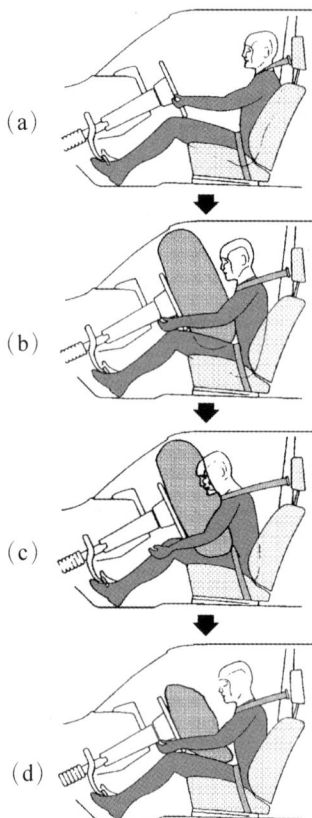

图 5-48　安全气囊的动作时序

(a) 10 ms 后；(b) 40 ms 后；
(c) 60 ms 后；(d) 110 ms 后

1）发生碰撞约 10 ms 后，点火器使点火剂引爆并产生大量热量，使充气剂（固态 NaN_3）受热分解，气囊开始充气，驾驶人尚未移动，如图 5-48（a）所示。

2）发生碰撞约 40 ms 后，气囊完全充满、体积最大，驾驶人身体向前移动，安全带斜系在驾驶人身上并拉紧，部分冲击能量被吸收，如图 5-48（b）所示。

3）发生碰撞约 60 ms 后，驾驶人头部及身体上部压向气囊，气囊排气孔在气体和人体压力作用下排气节流吸收人体与气囊之间弹性碰撞产生的动能，如图 5-48（c）所示。

4）发生碰撞约 110 ms 后，大部分气体已从气囊逸出，驾驶人身体回靠到座椅靠背上，汽车前方恢复视野，如图 5-48（d）所示。

5）发生碰撞约 120 ms 后，碰撞危害解除，车速降低至零。

由此可见，气囊从开始充气到完全充满约需 30 ms。从汽车遭受碰撞开始到气囊收缩为止，所用时间约为 120 ms，而人们眨一下眼睛所用时间约为 200 ms。可见，其动作时间极短，动作状态无法用肉眼确认。气囊动作过程与经历时间的关系如表 5-5 所示。

表 5-5　气囊动作过程与经历时间的关系

碰撞之后经历时间	0	10 ms	40 ms	60 ms	110 ms	120 ms
气囊动作状态	遭受碰撞	点火引爆 开始充气	气囊充满 人体前移	排气节流 吸收动能	人体复位 恢复视野	危害解除 车速降零

5.6.6　安全气囊的有效范围

汽车安全气囊系统并非在所有碰撞情况下都能起作用。正面安全气囊系统只有在汽车正前方±30°角范围内发生碰撞、纵向减速度达到碰撞传感器的设定阈值时，才能引爆气囊充气，如图 5-49 所示。在具备下列条件之一的情况下，正面气囊不会被引爆充气。

1）汽车遭受侧面碰撞超过正前方±30°角时（此时侧面气囊将被引爆充气）。

2）汽车遭受横向碰撞时（此时侧面气囊将被引爆充气）。

3）汽车遭受后方碰撞时。

4）汽车发生绕纵向轴线侧翻时（此时侧面气囊将被引爆充气）。

5）纵向减速度未达到设定阈值时。

6）所有前碰撞传感器都未接通或 SRS ECU 内部的防护传感器未接通时。

7）汽车正常行驶、正常制动或在路面不平的道路条件下行驶时。

减速度阈值根据安全气囊系统的性能进行设定。不同车型装备的安全气囊系统设定的减速度阈值各不相同。在美国，安全气囊系统是按驾驶人不系座椅安全带进行设计，气囊体积大、充气时间长，所以气囊应在较低的减速度阈值时被引爆充气（一般在车速

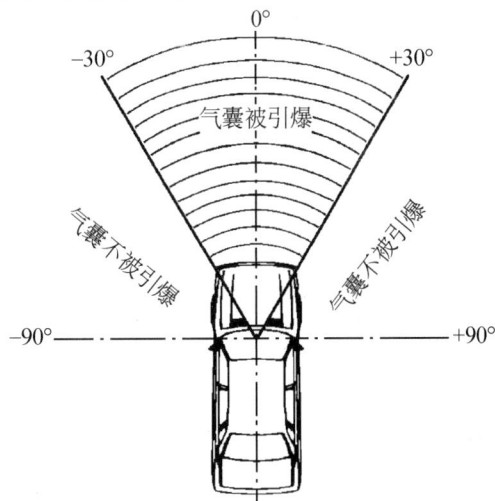

图 5-49　正面碰撞安全气囊系统的有效范围

为 25 km/h 发生碰撞时，气囊就应被引爆充气）。在日本和欧洲，安全气囊系统是按驾驶人系上座椅安全带进行设计，气囊体积小、充气时间短，所以减速度阈值较大（一般在车速为 35 km/h 发生碰撞时，气囊才被引爆充气）。如图 5-50 所示为丰田轿车以 55 km/h 的速度与前方障碍物发生碰撞的试验结果，由图 5-50 可见，虽然发动机舱和车身都已产生变形，但气囊已经被引爆，驾驶人并未受到伤害。

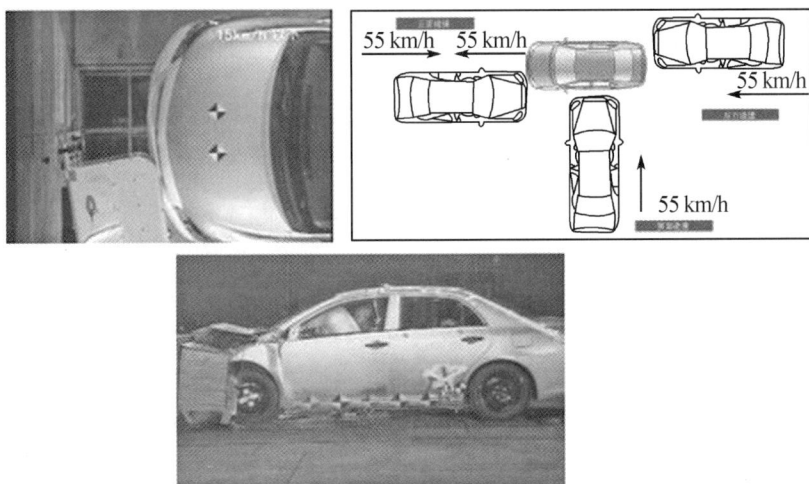

图 5-50　丰田轿车以 55 km/h 的速度与前方障碍物发生碰撞的试验结果

5.6.7　安全气囊系统控制部件的结构原理

安全气囊系统由碰撞传感器、防护传感器、SRS ECU、气囊组件和 SRS 指示灯等组成。气囊组件和 SRS 指示灯是安全气囊系统的执行元件。

1. 碰撞传感器

碰撞传感器实际上是一种减速度传感器，其功用是将碰撞信号输入 SRS ECU 和安全带收紧系统电控单元，以便 SRS ECU 判定是否引爆气囊点火器和安全带收紧点火器。

（1）碰撞传感器分类

按用途不同，碰撞传感器可分为碰撞信号传感器和碰撞防护传感器两种类型。

碰撞信号传感器又称为碰撞烈度（激烈程度）传感器，安装在汽车左前与右前翼子板内侧，两侧前照灯支架下面，发动机散热器支架左、右两侧，左右仪表台下面等。

碰撞防护传感器又称为安全传感器或保险传感器，简称防护传感器，一般都安装在 SRS ECU 内部。防护传感器和碰撞信号传感器的结构原理完全相同，唯一区别在于设定的减速度阈值略有不同。换句话说，一个碰撞传感器既可用作碰撞信号传感器，也可用作碰撞防护传感器，但是必须重新设定其减速度阈值。设定减速度阈值的原则是碰撞防护传感器的减速度阈值比碰撞信号传感器的减速度阈值略小。在欧洲，当汽车以 35 km/h 左右的速度撞到一辆静止或同样大小的汽车上或以 25 km/h 左右的速度迎面撞到一个不可变形的障碍物上时，减速度就会达到碰撞信号传感器设定的阈值，传感器就会动作。

按结构不同，碰撞传感器可分为机电结合式、水银开关式和电子式三种类型。机电结合式碰撞传感器是一种利用机械机构运动（滚动或转动），使电器触点闭合（或断开）来接通（或切断）气囊点火器电路的装置。常用的有滚球式、滚轴式和偏心锤式三种。水银开关式碰撞传感器是一种利用水银的良好导电特性，将气囊点火器电路直接接通或切断的

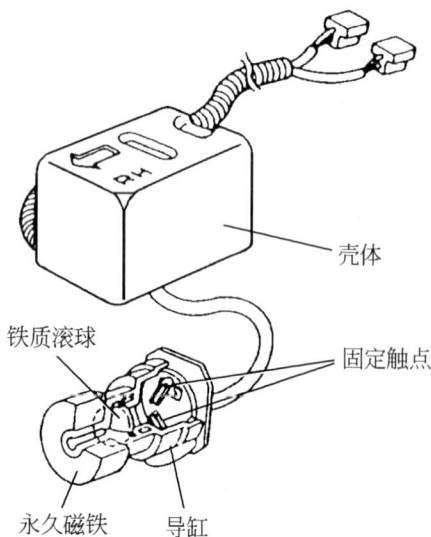

图 5-51　滚球式碰撞传感器结构

装置。电子式碰撞传感器是一种将碰撞作用力转换为电信号，使电子电路导通（或截止）来接通（或切断）气囊点火器电路的装置，其工作原理与压力传感器基本相同。这些传感器结构简单，使用方便，下面以典型的滚球式碰撞传感器为例说明其结构特点与工作原理。

（2）滚球式碰撞传感

滚球式碰撞传感器又称为偏压磁铁式碰撞传感器，滚球式碰撞传感器结构如图 5-51 所示，其主要由铁质滚球、永久磁铁、导缸、固定触点和壳体等组成。两个固定触点分别与传感器引线端子连接。铁质滚球用来测量减速度大小，可在导缸内移动或滚动。壳体上印制有箭头标记，箭头方向与传感器结构有关，有的规定指向汽车前方（如丰田雷克萨斯 LS400 型轿车），有的规定

指向汽车后方。因此，在安装传感器时，箭头方向必须符合使用说明书规定。

滚球式碰撞传感器的工作原理如图 5-52 所示。当传感器处于静止状态时，在永久磁铁磁力作用下，导缸内的铁质滚球被吸向永久磁铁，两个固定触点与铁质滚球分离，如图 5-52（a）所示，传感器电路处于断开状态。

当汽车遭受碰撞且减速度达到设定阈值时，铁质滚球产生的惯性力将大于永久磁铁的磁力。在惯性力的作用下，铁质滚球就会克服磁力沿导缸向两个固定触点运动并将固定触点接通，如图 5-52（b）所示。当传感器用作碰撞信号传感器时，固定触点接通则将碰撞信号输入 SRS ECU；当传感器用作碰撞防护传感器时，则将点火器电源电路接通。

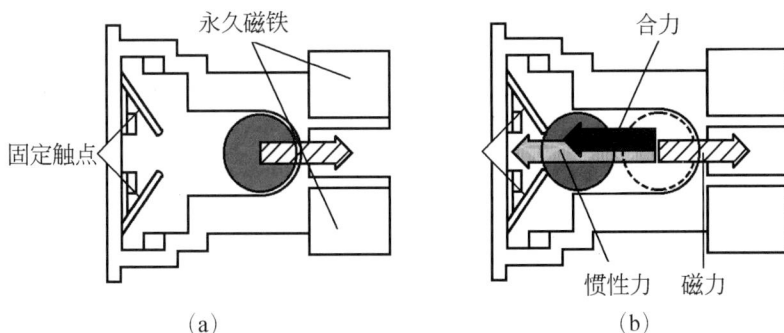

图 5-52　滚球式碰撞传感器的工作原理

（a）静止状态；（b）工作状态

2. SRS ECU（安全气囊电控单元）

SRS ECU（安全气囊电控单元）是安全气囊系统的核心部件，其安装位置因车而异。不同车型 SRS ECU 的结构各有不同，福特林肯·城市轿车 SRS ECU 的内部结构如图 5-53 所示，其主要由专用 CPU、备用电源电路、稳压电路、信号处理电路、保护电路、点火电路和监测电路等组成。

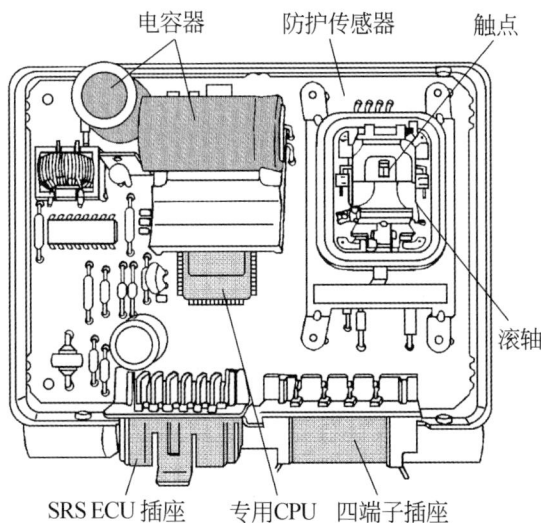

图 5-53　福特林肯·城市轿车 SRS ECU 的内部结构

1）专用 CPU。专用 CPU 由模/数（A/D）转换器、数/模（D/A）转换器、串行输入/输出（I/O）接口、ROM、RAM、电可擦除可编程只读存储器（EEP ROM）和定时器等组成，其主要功用是监测汽车纵向和横向减速度是否达到设定阈值。

2）信号处理电路。信号处理电路主要由放大器和滤波电路组成，其功用是对传感器检测的信号进行整形和滤波处理，以便 SRS ECU 能够接收与识别。

3）备用电源电路。安全气囊系统有两个电源：一个是汽车电源（蓄电池和交流发电机）；另一个是备用电源。备用电源又称为后备电源或紧急备用电源，由电源控制电路和若干个电容器组成，其功用是当汽车电源与 SRS ECU 之间的电路被切断后，在一定时间（一般为 6 s）内维持安全气囊系统供电，保持安全气囊系统的正常功能。当汽车遭受碰撞而导致蓄电池或交流发电机与 SRS ECU 之间的电路切断时，备用电源能在 6 s 之内向安全气囊系统供给电能，保证 SRS ECU 测出碰撞、发出点火指令等正常功能。点火备用电源能在 6 s 之内向点火器供给足够的点火能量引爆点火剂。当时间超过 6 s 之后，备用电源供电能力降低，SRS ECU 备用电源不能保证电脑测出碰撞和发出点火指令，点火备用电源不能供给最小点火能量，气囊将不能充气膨开。

4）稳压电路和保护电路。在汽车电控系统中，许多电器部件带有电感线圈，并且电器开关琳琅满目，电器负载变化频繁。当线圈电流接通或切断、开关接通或断开或负载电流突然变化时，都会产生瞬时脉冲电压（过电压），如果这些瞬时脉冲电压加到安全气囊系统电路上，系统中的电子元件就可能因电压过高而损坏。为了防止安全气囊系统元件遭受损害，SRS ECU 中必须设置保护电路。同时，为了保证汽车电源电压变化时安全气囊系统能正常工作，还必须设置稳压电路。

3. 气囊组件

气囊组件是安全气囊系统的执行元件。按功能不同，气囊组件分为正面（保护面部与胸部）、侧面（保护颈部与腰部）、护膝和头部（气帘）四种类型。其中，正面气囊组件分为驾驶席、前排乘员席（副驾驶席）和后排乘员席三种。各种气囊组件都是由气囊、点火器和气体发生器组成，原理也相同，仅外形尺寸和形状有所不同。下面以驾驶席气囊组件为例说明。

驾驶席气囊组件的结构如图 5-54 所示，其主要由气囊饰盖、气囊、气体发生器和安装在气体发生器内部的点火器组成。

（1）气囊

气囊一般采用聚酰胺织物（如尼龙）制成，内层涂有聚氯丁二烯，用以密闭气体。早期气囊的背面制作有 2~4 个通气小孔，用以排气节流吸收动能，目前普遍采用透气性较好的织物制作，因而没有制作通气孔。

气囊在静止状态时，像降落伞未打开时一样折叠成包，安放在气体发生器上部与气囊饰盖之间。气囊开口一侧固定在气囊安装支架上，先用金属垫圈与气囊支架座圈夹紧，然后用铆钉铆接。气囊饰盖表面模压有撕印，以便气囊充气时撕裂饰盖，减小冲出饰盖的阻力。驾驶席气囊充满 N_2 时的体积为 35 L 左右。

（2）气体发生器

气体发生器又称为充气器，用专用螺栓与螺母固定在转向盘上的气囊支架上，气体发生器的结构如图 5-56 所示，由气体发生器壳体（上盖和下盖）、金属滤网、充气剂、点火器和引爆炸药组成，其功用是在点火器引爆点火剂时，产生气体向气囊充气，使气囊膨开。

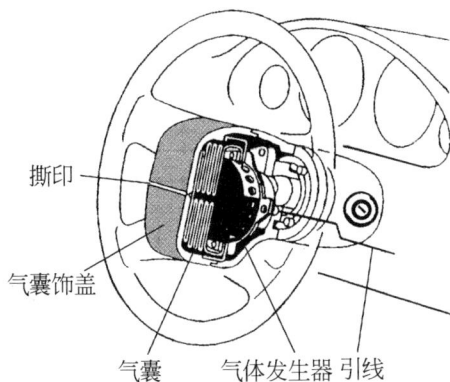

图 5-54 驾驶席气囊组件的结构

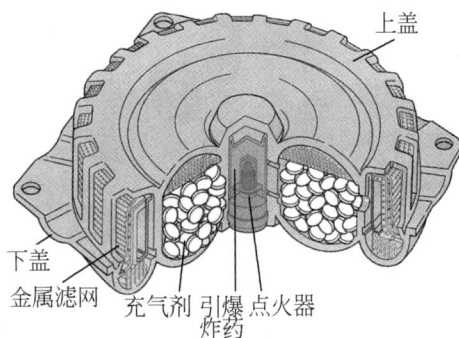

图 5-55 气体发生器的结构

气体发生器壳体由上盖和下盖两部分组成。在上盖上制有若干个长方形或圆形充气孔。下盖上制有安装孔，以便将气体发生器安装到转向盘上的气囊支架上。上盖与下盖用冷压工艺压装成一体，壳体内装充气剂、金属滤网和点火器。金属滤网安放在气体发生器壳体的内表面，用以过滤充气剂和点火剂燃烧产生的渣粒。

充气剂普遍采用叠氮化钠（Sodium Azide）片状合剂。叠氮化钠的分子式为 NaN_3，是无色六方形晶体，有剧毒！密度为 $1.846 \ g/cm^3$，在温度约 300 ℃时分解出 N_2，可由 $NaNH_2$ 与 N_2O 作用制得。NaN_3 与铅盐 ［如 $Pb\ (NO_3)_2$］ 作用可制备起爆药叠氮化铅 ［$Pb\ (N_3)_2$］。目前，大多数气体发生器都是利用热效反应产生 N_2 而充入气囊。在点火器引爆点火剂瞬间，点火剂会产生大量热量，固态 NaN_3 受热立即分解释放 N_2，并从充气孔充入气囊。虽然 N_2 是无毒气体，但是 NaN_3 的副产品有少量的 $NaOH$ 和 $NaHCO_3$（白色粉末），这些物质是有害的。因此，在清洁气囊膨开后的车内空间时，应保证通风良好并采取防护措施。充气剂制作成片状合剂的目的是便于填装到气体发生器壳体内部。

（3）点火器

点火器外包铝箔，安装在气体发生器内部中央位置，点火器结构如图 5-56 所示，其主要由引爆炸药、药筒、引药、电热丝、电极和引出导线等组成。

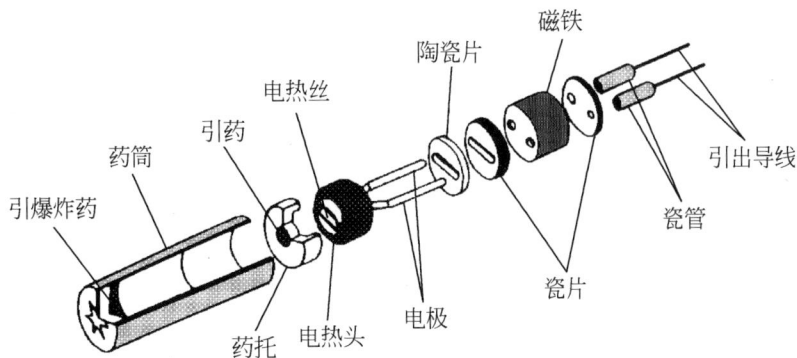

图 5-56 点火器结构

点火器的功用是当 SRS ECU 发出点火指令使电热丝电路接通时，电热丝迅速红热引爆引药，引药瞬间爆炸产生热量，药筒内温度和压力急剧升高并冲破药筒，使 NaN_3 受热分解释放 N_2 充入气囊。

点火器的所有部件均装在药筒内。点火剂包括引爆炸药和引药。引出导线与气囊连接器插头连接，连接器（一般都为黄色）中设有短路片（铜质弹簧片）。当连接器插头拔下或插头与插座未完全结合时，短路片将两根引线短接，防止静电或误通电将电热丝电路接通使引药引爆而造成气囊误膨开。

4. SRS 指示灯

SRS 指示灯又称为 SRS 警告灯，安装在驾驶室仪表板面膜下面，并在面膜表面相应位置制作有气囊动作图形或字母"SRS""AIR BAG""SRS AIR BAG"等指示。

SRS 指示灯的功用是指示安全气囊系统功能是否正常。当点火开关拨到"ON"或"ACC"位置后，如果指示灯发亮或闪亮约 6 s 后自动熄灭，表示安全气囊系统功能正常。如果指示灯不亮、一直发亮或在汽车行驶途中突然发亮或闪亮，说明安全气囊系统故障，应及时排除。故障自诊断系统在控制 SRS 指示灯发亮或闪亮的同时，还会将所发生的故障编成代码存储在存储器中。

5.6.8　安全气囊系统的保险机构

安全气囊系统工作可靠与否，直接关系到人身是否安全。为了便于检查排除故障，安全气囊系统的线束和连接器与其他电器系统都有区别，早期曾采用深蓝色，目前大都采用黄色、橘红色或红色。为了保证安全气囊系统可靠工作，其线束连接器采用了导电性、耐久性良好的镀金接线端子，并设计有防止气囊误爆机构、电路连接诊断机构、端子双重锁定机构、连接器双重锁定机构等保险装置。安全气囊系统线束连接器示意图如图 5-57 所示，线束连接器采用的各种保险机构如表 5-6 所示。

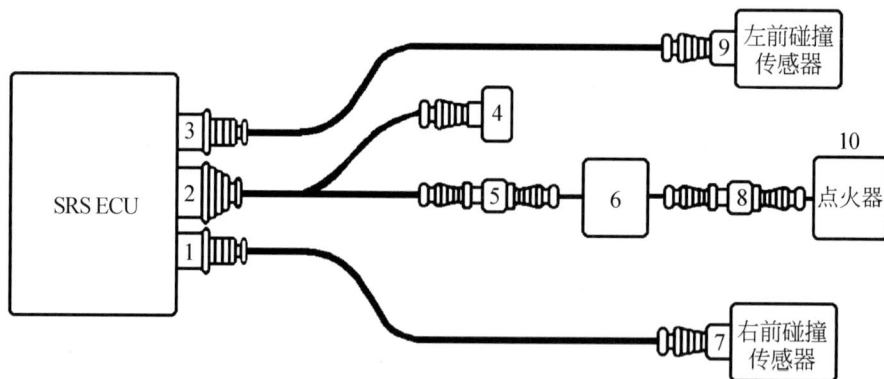

1、2、3—SRS ECU 连接器；4—电源连接器；5—螺旋线束与 SRS ECU 之间的中间线束连接器；6—螺旋线束；
7—右碰撞传感器连接器；8—点火器与螺旋线束之间的连接器；9—左碰撞传感器连接器；10—点火器。

图 5-57　SRS 线束连接器示意图

表 5-6　线束连接器采用的各种保险机构

序号	保险机构名称	采用该装置的连接器代号
1	防止气囊误爆机构	2、5、8
2	电路连接诊断机构	1、3、7、9
3	连接器双重锁定机构	5、8
4	端子双重锁定机构	1、2、3、4、5、7、8、9

1. 防止气囊误爆机构

防止气囊误爆机构为一块铜质弹簧片（短路片），其功用是当连接器拔开（插头拔下或插头与插座未完全结合）时，短路片自动将靠近点火器一侧插座上的两个引线端子，使其短接，如图 5-58 所示，防止静电或误通电将点火器电路接通而造成气囊误膨开。图 5-57 所示的 SRS ECU 至点火器之间的连接器 2、5、8 均采用了防止气囊误爆机构。

短路片一般设在连接器插座上，当插头与插座正常连接时，插头的绝缘壳体将短路片向上顶起，如图 5-58（a）所示，短路片与连接器端子脱开，插头引线端子与插座引线端子接触良好，点火器电热丝电路处于正常连接状态。

当插头与插座脱开时，短路片将点火器一侧插座上的引线端子短接，使点火器电热丝与短路片构成回路，如图 5-58（b）所示，此时即使将电源加到点火器一侧连接器插座上，由于电源被短路片短路，点火器也不会引爆，从而达到防止气囊误爆的目的。

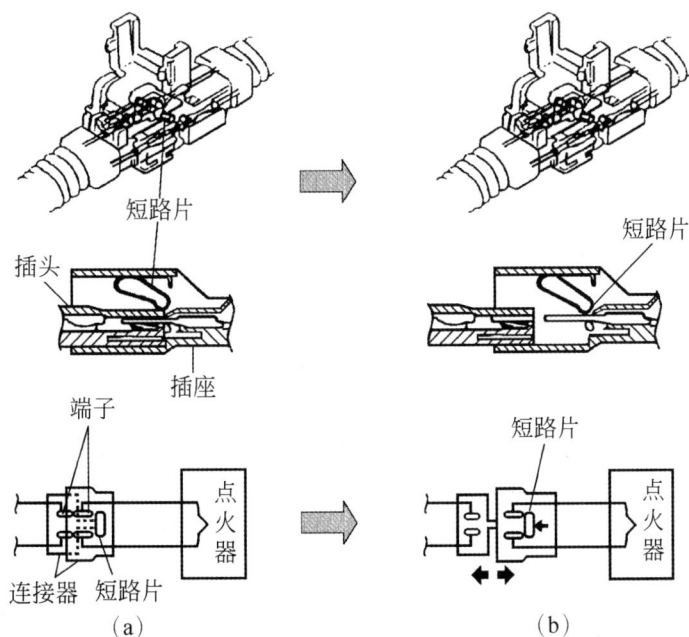

图 5-58　防止气囊误爆机构的结构原理

（a）连接器正常连接时，短路片与端子脱开；

（b）连接器拔开时，短路片将端子短接

2. 电路连接诊断机构

电路连接诊断机构的功用是监测连接器插头与插座是否可靠连接，电路连接诊断机构的结构如图 5-59 所示。图 5-57 所示的前碰撞传感器连接器及其与 SRS ECU 连接的连接器 1、3、7、9 采用了电路连接诊断机构。

在连接器插头或插座上，设有一个诊断销。在连接器插座上设置有两个诊断端子，端子上设有弹簧片，其中一个诊断端子与碰撞传感器的某一个触点相连，另一个诊断端子经过一个电阻（电阻值一般为 1 kΩ，丰田车系为 755～885 Ω）后与碰撞传感器的另一个触点相连。

当传感器插头与插座半连接（未可靠连接）时，诊断端子与诊断销尚未接触，如图 5-59（a）所示，此时电阻尚未与传感器触点构成并联电路，连接器引线"+"与"-"之间的电阻为无穷大。因为"+""-"引线与 SRS ECU 连接器 1 或 3（见图 5-57）的插头连接，所以当 SRS ECU 监测到碰撞传感器的电阻为无穷大时，即判定连接器连接不可靠，SRS ECU 就会控制 SRS 指示灯闪亮报警，同时将故障编成代码存储在存储器中。

当传感器插头与插座可靠连接时，诊断端子与诊断销可靠接触，如图 5-59（b）所示，此时电阻与碰撞传感器触点构成并联电路。因为碰撞传感器触点为常开触点，所以，当 SRS ECU 检测到传感器电路阻值为并联电阻阻值（一般为 1 kΩ，丰田车系为 755～885 Ω）时，即判定连接器可靠连接，传感器电路连接正常。

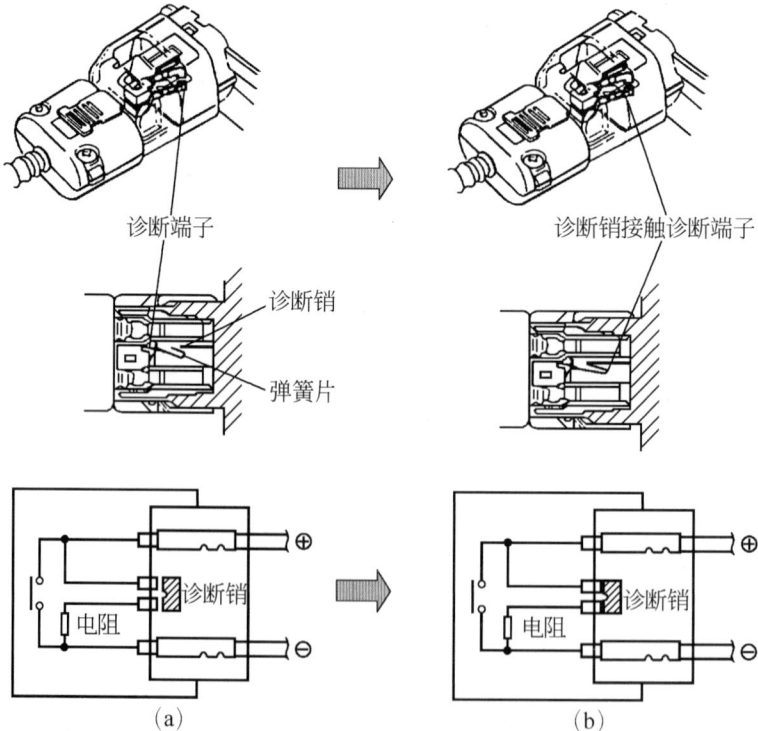

图 5-59　电路连接诊断机构的结构

(a) 半连接时；(b) 可靠连接时

3. 连接器双重锁定机构

连接器双重锁定机构的功用是锁定连接器插头与插座，防止连接器脱开，连接器双重锁定机构的结构如图 5-60 所示。在安全气囊系统和安全带收紧系统线束中，各种气囊组件和螺旋线束等重要连接部位的连接器（见图 5-57 中连接器 5、8）都采用了双重锁定机构。

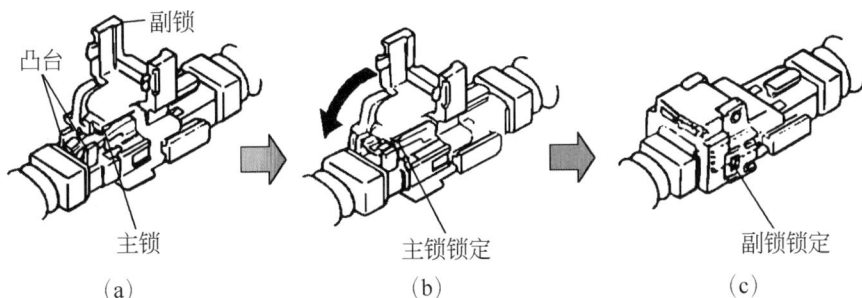

图 5-60　连接器双重锁定机构的结构

（a）主锁打开，副锁被挡住；（b）主锁锁定，副锁可以合上；（c）双重锁定

在连接器插头上，设有主锁和两个凸台。在连接器插座上，设有锁柄能够转动的副锁。当主锁未锁定时，插头上的两个凸台就会阻止副锁锁定，如图 5-60（a）所示；当主锁完全锁定时，副锁锁柄方能转动并锁定，如图 5-60（b）所示；当主锁与副锁双重锁定时，连接器插头与插座的连接状态如图 5-60（c）所示，插头与插座可靠连接，从而防止连接器脱开。

4. 端子双重锁定机构

在安全气囊系统的每一个连接器中，接线端子都设置有双重锁定机构，其功用是防止接线端子滑动而导致接触不良。端子双重锁定机构的结构如图 5-61 所示，其由连接器壳体上的锁柄与分隔片组成。其中，锁柄为一次锁定机构，防止接线端子沿导线轴线方向滑动；分隔片为二次锁定机构，防止接线端子沿导线径向移动。端子双重锁定机构的插头如图 5-61（a）所示，插座如图 5-61（b）所示。

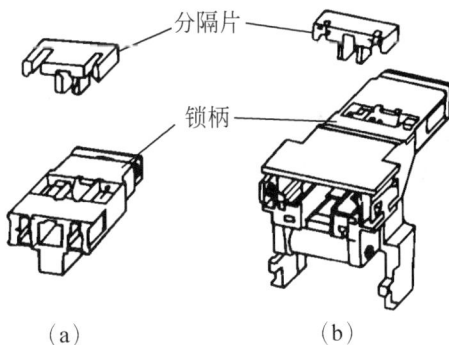

图 5-61　端子双重锁定机构的结构

（a）插头；（b）插座

5. 螺旋线束

为了便于区分和排除故障，安全气囊系统和安全带收紧系统线束一般都套装在具有特殊颜色（一般为黄色或红色）的塑料波纹管内，并与发动机舱线束连成一体。为了保证转向盘具有足够的转动角度而又不致损伤驾驶席气囊组件线束，在转向盘与转向柱管之间采用了螺旋线束，即将线束安装在螺旋形弹簧内，再安放到弹簧壳体内，如图 5-62 所示。

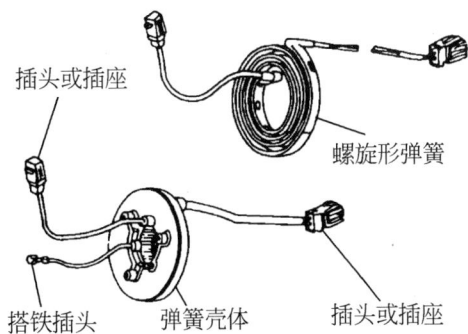

图 5-62　螺旋形弹簧与螺旋线束的结构

221

汽车的电喇叭线束也安装在螺旋形弹簧内。螺旋形弹簧安装在转向盘与转向柱管之间，安装时应注意安装位置和螺旋方向，否则将会导致转向盘转动角度不足或转向沉重。在不同车型的汽车电路图中，螺旋线束的名称各不相同，有的称为螺旋弹簧，有的称为时钟弹簧、游丝弹簧或游丝等。

5.7　安全带收紧系统

安全带收紧系统的全称是座椅安全带紧急收缩触发系统（Seat-Belt Emergency Retracting Triggering System，SRTS），通常简称安全带收紧系统，其功用是当汽车遭受碰撞时，在气囊膨开之前迅速收紧安全带，缩短驾驶人和乘员身体向前移动的距离，避免或减轻人体遭受的伤害。为了充分发挥安全带的保护作用，确保汽车驾驶人和乘员的人身安全，国产轿车大都装备有安全带收紧系统。

5.7.1　安全带收紧系统的结构组成

安全带收紧系统是在安全气囊系统的基础上，增设防护传感器和左、右座椅安全带收紧器构成。丰田雷克萨斯 LS400 型轿车安全带收紧系统与安全气囊系统控制部件的安装位置如图 5-63 所示。安全带收紧系统的前碰撞传感器和电控单元一般都与安全气囊系统共用，仍然称为 SRS ECU，防护传感器设在 SRS ECU 内部，用于接通安全带收紧系统的电源电路。

安全带收紧系统的执行器又称为安全带紧急收紧收缩器，简称安全带收紧器，安装在座椅靠近左、右车身的两侧或左、右车门立柱旁边。按结构不同，安全带收紧器可分为活塞式和钢珠式两种类型。丰田和奔驰轿车采用了活塞式安全带收紧器，大众轿车采用了钢珠式安全带收紧器。

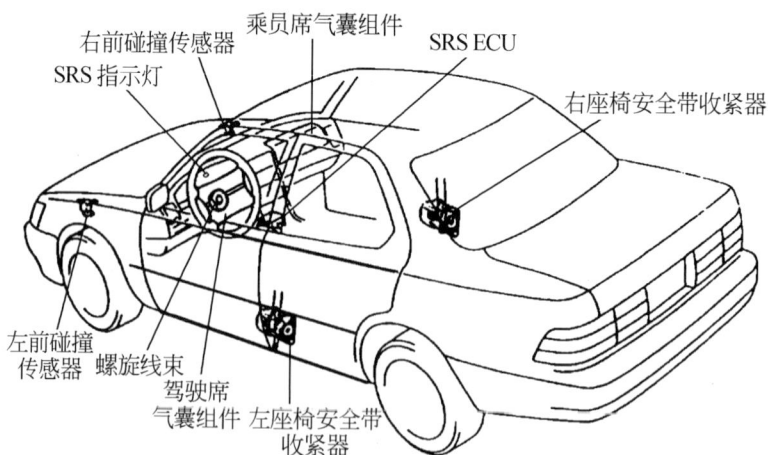

图 5-63　丰田雷克萨斯 LS400 型轿车安全带收紧系统与安全气囊系统控制部件的安装位置

1. 活塞式安全带收紧器

活塞式安全带收紧器由导管（又称为气缸）、活塞、钢丝绳、气体发生器、安全带收缩棘轮机构和伸缩卷筒组成，活塞式安全带收紧器的结构原理如图 5-64 所示。安全带收紧系统气体发生器和点火器的结构原理与安全气囊系统气体发生器和点火器的结构原理基本相同，不同的是安全带收紧系统体积很小，因此，充气剂的用量很少。点火器安放在气体发生器内部。

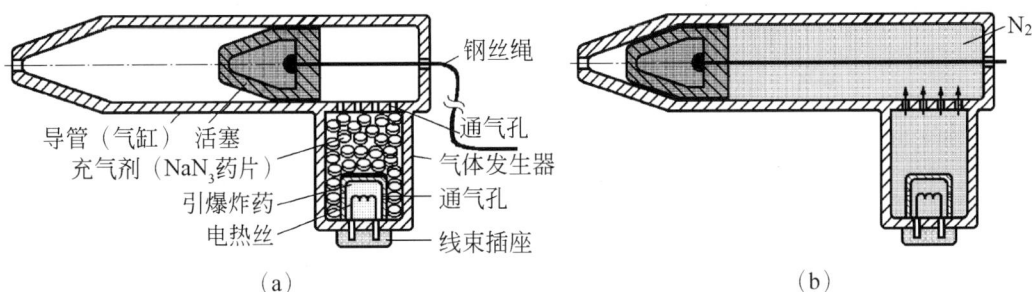

图 5-64　活塞式安全带收紧器的结构原理

（a）引爆前状态；（b）引爆后状态

活塞直径约 20 mm，安装在导管（气缸）内。活塞上焊接有一根钢丝绳，钢丝绳的另一端固定在棘轮机构的一个棘爪上。

棘轮机构设在伸缩卷筒的一端，由三个棘爪、一个外齿圈和时钟弹簧组成。外齿圈固定在伸缩卷筒的转轴上，可与转轴一同转动，棘爪安放在外齿圈周围的圆形固定架内。当钢丝绳不动时，棘爪在时钟弹簧作用下处于松弛状态，外齿圈可随伸缩卷筒沿顺时针或逆时针方向转动；当拉动钢丝绳时，拉力力矩克服时钟弹簧弹力力矩使棘爪抱紧在外齿圈上，并带动伸缩卷筒转动，从而便可使安全带收紧。

活塞式安全带收紧器引爆前状态如图 5-64（a）所示。当点火器电路接通时，电热丝通电红热并引爆炸药，引爆炸药燃烧释放大量热量使充气剂受热分解并释放出大量无毒 N_2 充入安全带收紧器导管。活塞在膨胀气体的推力作用下带动钢丝绳迅速移动，如图 5-64（b）所示。与此同时，钢丝绳通过棘轮机构带动伸缩卷筒转动将安全带收紧，使驾驶人和乘员身体向前移动距离缩短，避免或减轻面部、胸部与转向盘、挡风玻璃或仪表台发生碰撞而遭受的伤害。

2. 钢珠式安全带收紧器

大众轿车采用的钢珠式安全带收紧器，其结构原理如图 5-65 所示，主要由气体发生器、钢珠、带齿转子、安全带卷筒和钢珠回收盒组成。

气体发生器和点火器的结构原理与安全气囊系统的气体发生器和点火器的结构原理基本相同，但体积很小。点火器安放在气体发生器内部，钢珠安放在气体发生器前面的滚道内。带齿转子固定在伸缩卷筒的一端，如图 5-65（a）所示。

当点火器电路接通时，电热丝通电红热并引爆炸药，引爆炸药燃烧释放大量热量，使充气剂受热分解并迅速释放出大量 N_2 冲击钢球。滚道内的钢珠在膨胀气体的推力作用下连续射向带齿转子齿槽，从而驱动带齿转子带动伸缩卷筒转动将安全带收紧，如图 5-65（b）和图 5-65（c）所示。

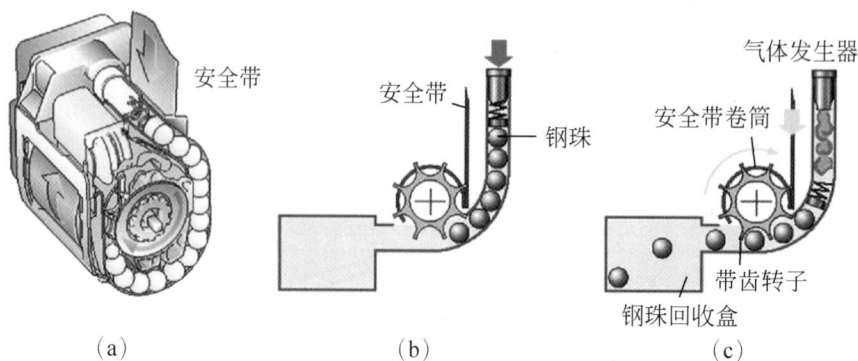

图 5-65　钢珠式安全带收紧器的结构原理
（a）内部结构；（b）引爆前钢珠沿滚道安放；（c）引爆后转子带动卷筒将安全带收紧

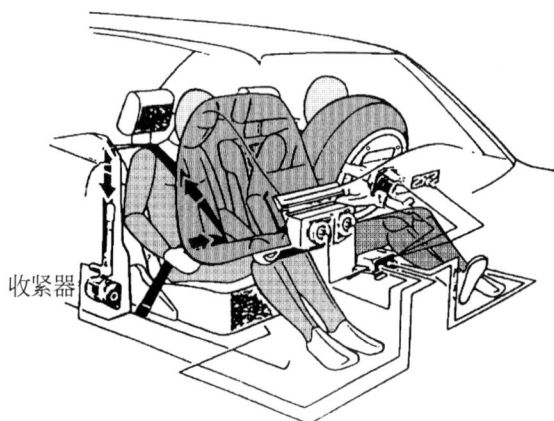

图 5-66　安全带与安全气囊的动作情况

5.7.2　安全带收紧的控制过程

当汽车遭受碰撞且减速度达到碰撞传感器的设定阈值时，防护传感器将安全带收紧点火器的电源电路接通，碰撞传感器信号输入 SRS ECU 后，SRS ECU 立即向安全带收紧火器发出点火指令使收紧点火器电路接通，气体发生器就会产生 N_2 使安全收紧器动作，如图 5-66 所示，在碰撞后约10 ms 内将安全带收紧 15～20 cm，缩短驾驶人和乘员身体向前移动的距离。

在 SRS ECU 向安全带收紧点火器发出点火指令的同时，还要向气囊点火器发出点火指令，使气囊膨胀吸收碰撞产生的动能，达到保护驾驶人和乘员的目的。因为气囊在发生碰撞约 40 ms 后才能完全充气到最大体积，所以在座椅安全带收紧后，驾驶席和乘员席各种气囊（包括正面、侧面、护膝以及气帘气囊）才会同时膨开。

由此可见，安全带收紧与气囊膨开的时序是安全带先收紧，气囊后膨开。

本章小结

本章主要介绍了汽车防抱死制动控制、制动力分配控制、制动辅助控制、驱动轮防滑转调节、车身稳定性控制等主动安全技术以及安全气囊系统和安全带收紧系统等被动安全技术等内容。

下列问题覆盖了本章的主要学习内容，利用以下线索可对所学内容做一次简要的回顾：

1. 防抱死制动的基本原理与控制原理。
2. 防抱死制动系统的组成与分类。

3. 防抱死制动系统的结构组成与工作原理。

4. 两位两通和三位三通电磁阀式防抱死制动系统的控制过程。

5. 制动力分配系统的组成与控制原理。

6. 制动辅助系统的组成与控制原理。

7. 驱动轮防滑转的基本原理与调节方法。

8. 防滑转调节系统的组成与控制过程。

9. 车身稳定性控制系统的组成与控制过程。

10. 安全气囊系统的控制过程、动作时序与有效范围。

11. 安全带收紧系统的结构组成与控制过程。

自测题

一、单选题（在每小题的备选答案中，选出一个正确答案，并将其序号填在括号内）

1. 为了获得最佳的制动效能，防抱死制动系统应将车轮滑移率控制在（　　）。

A. 1% ~ 10%　　　　　　　B. 10% ~ 30%　　　　　　　C. 30% ~ 60%

2. 汽车防抱死制动系统制动压力的调节频率一般为（　　）。

A. 2 ~ 10 次/s　　　　　　B. 10 ~ 20 次/s　　　　　　C. 20 ~ 100 次/s

3. 在汽车制动时，如果后轮抱死，就会出现以下哪种现象？（　　）。

A. 迎面撞车　　　　　　　B. 甩尾　　　　　　　　　　C. 翻车

4. 在装备防抱死制动系统的汽车上，当 ABS ECU 发生故障时，就会出现以下哪种现象？
（　　）。

A. 制动失效　　　　　　　B. 仍有制动功能　　　　　　C. 具有防抱死制动功能

5. 汽车安全气囊充满 N_2 的时间约为（　　）。

A. 10 ms　　　　　　　　　B. 30 ms　　　　　　　　　C. 60 ms

二、判断题（在括号内正确的打√、错误的打×）

1. 在汽车制动时，如果前轮抱死，就会出现甩尾现象。　　　　　　　　　　　（　　）

2. 当两位两通电磁阀式防抱死制动系统升压工作时，其进液阀处于关闭状态。

（　　）

3. 当汽车常规制动系统失效时，防抱死制动系统仍能实现防抱死制动功能。（　　）

4. 汽车电子控制制动力分配系统的执行器是防抱死制动系统的电磁阀。　　（　　）

5. 试验表明，从汽车遭受碰撞开始到气囊收缩为止经历时间约为 120 ms。　（　　）

三、简答题

1. 分析说明两位两通电磁阀式防抱死制动系统的控制过程。

2. 当汽车起步、加速或在冰雪路面上行驶时，为什么车轮容易出现滑转现象？

3. 车身稳定性控制系统必须配置的传感器有哪些？这些传感器的功用分别是什么？

4. 汽车主动安全系统的防抱死制动系统、电子控制制动力分配系统、电子控制制动辅助系统、防滑转调节系统和车身稳定性控制系统实现控制功能的共同特点是什么？

5. 在汽车制动过程中，车轮抱死滑移的根本原因是什么？怎样防止车轮抱死滑移？

第6章 汽车电控自动变速技术

导 言

汽车变速器电子控制自动变速技术简称汽车电控自动变速技术，是由机械变速技术、液力传动技术和电子控制技术组合而成的综合控制技术，又称为电子控制液力机械自动变速技术。

本章主要介绍汽车电控自动变速系统的组成与控制原理，电控变速器自动换挡的控制过程和液力变矩器锁止时机的控制过程，电控无级变速系统的组成与控制原理等内容。

本章学习内容力求使学生掌握汽车电控自动变速技术的相关知识，为继续学习相关章节和使用、维修汽车电控自动变速系统打下坚实的基础。

学习目标

1. 认知目标
1）了解汽车电控自动变速系统的组成。
2）熟悉汽车电控自动变速系统的控制原理。
3）掌握汽车电控变速器自动换挡的控制过程。

2. 技能目标
1）能够说明汽车电控自动变速系统的组成。
2）能够说明汽车电控自动变速系统的控制原理。
3）能够熟练地阐述汽车电控变速器自动换挡的控制过程。

3. 情感目标
1）逐渐养成学习汽车电控自动变速技术的习惯。
2）注重培养一丝不苟、严肃认真的工作态度和工作作风。
3）加强形象思维能力和抽象思维能力培养，不断提高学习兴趣和效率。

6.1 电控自动变速系统的组成

汽车电控自动变速是相对于手动换挡变速而言的，是指电子控制系统根据道路条件和负载变化，自动改变驱动车轮的转速与转矩来满足汽车行驶要求的控制过程。

电控自动变速系统（Electronic Controlled Automatic Transmission System，ECT）又称为电控自动变速器（Electronic Controlled Automatic Transmission，ECT），由齿轮变速系统、

液压控制系统和自动变速电控系统三个子系统组成。丰田雷克萨斯 LS400 型轿车 A341E、A342E 型电控四挡自动变速器的组成如图 6-1 所示。

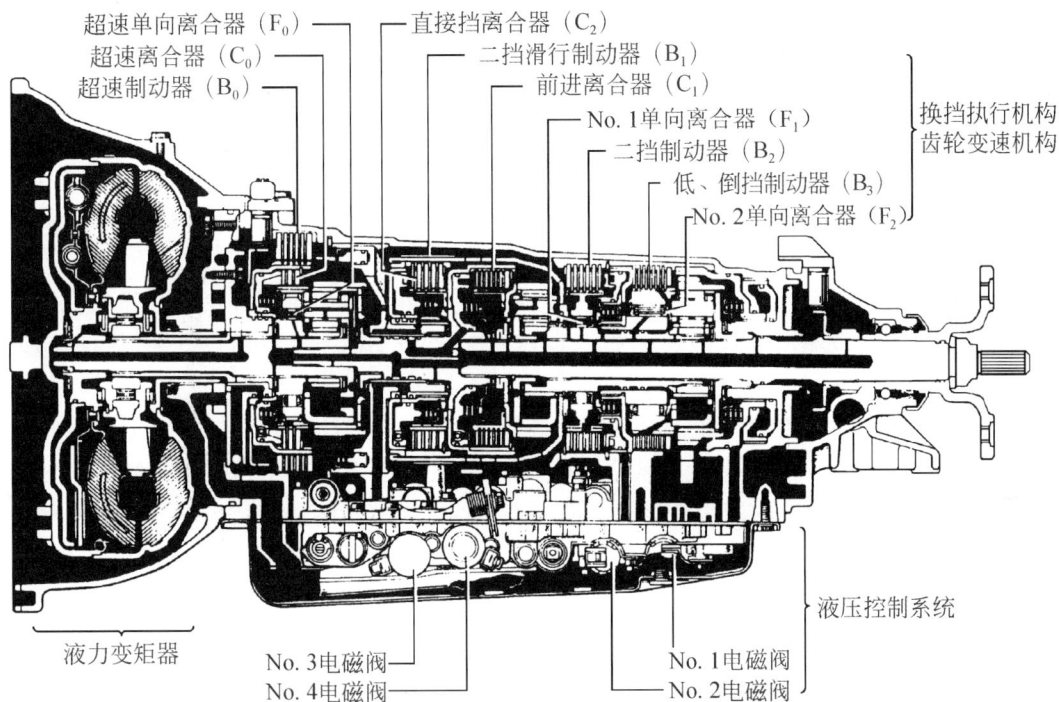

図 6-1　丰田雷克萨斯 LS400 型轿车 A341E、A342E 型电控四挡自动变速器的组成

6.1.1　齿轮变速系统

齿轮变速系统由液力变矩器、换挡执行机构、齿轮变速机构和停车锁止机构组成。

液力变矩器安装在发动机飞轮的一端，其主要功用是将发动机输出的动力传递给齿轮变速机构的输入轴。此外，液力变矩器不仅具有防止发动机过载的功能，而且还能实现无级变速（传动比在一定范围内连续变化），具有一定的减速增扭作用。

换挡执行机构包括换挡离合器和换挡制动器，其功用是改变齿轮变速机构的传动比，从而获得不同的挡位。

齿轮变速机构又称为齿轮变速器，其功用是实现由起步至最高车速范围内的传动比变化。

停车锁止机构的功用是实现驻车（停车）。

6.1.2　液压控制系统

液压控制系统由液压传动装置（油泵、自动传动液）、阀体（电磁阀、换挡阀、锁止阀和调压阀等）以及连接这些液压装置的油道组成。

液压控制系统的功用是根据电磁阀的工作状态，控制换挡执行机构（换挡离合器和换挡制动器）和动力传递元件（锁止离合器）的油路，从而改变齿轮变速机构的传动比来实现自动换挡和改变液力变矩器的工作状态来接通或切断动力传递。

6.1.3　自动变速电控系统

自动变速电控系统与其他电子控制系统一样，也是由传感器与各种控制开关、ECT ECU（自动变速电控单元）和执行器三部分组成，其主要功能是控制自动换挡和动力传递。

传感器包括节气门位置传感器、车速传感器、冷却液温度传感器等；控制开关包括换挡规律选择开关（或驱动模式选择开关）、超速行驶（Over-Drive，O/D）开关、空挡起动开关、制动灯开关等。

执行器包括换挡电磁阀和锁止电磁阀。换挡电磁阀一般设有两个，即 No. 1 电磁阀和 No. 2 电磁阀；锁止电磁阀一般设有一个，即 No. 3 电磁阀。此外，液压控制系统的换挡阀和锁止阀，齿轮变速系统的液力变矩器、换挡离合器、换挡制动器以及齿轮变速机构都是电控系统的执行元件。

6.1.4　自动变速系统的类型

汽车自动变速系统（Automatic Transmission System，AT）又称为自动变速器（Automatic Transmission，AT），其种类繁多、型式各异，且各有特点。自动变速系统的分类方法有多种。可按汽车驱动方式、前进挡数目、变速齿轮类型、液力变矩器类型、控制方式等进行分类。常用方法是按控制方式进行分类，自动变速系统可分为液压控制式自动变速系统和电子控制式自动变速系统两大类。

1. 液压控制式自动变速系统

液压控制式自动变速系统的全称是全液压机械传动式自动变速系统，简称液压自动变速系统（或自动变速器），在电路图中常用英文字母"A/T"表示。

液压控制式自动变速系统由液力变矩器、带有液压控制换挡执行元件（换挡离合器和换挡制动器）的齿轮变速机构（普遍采用行星齿轮变速器）以及液压控制阀（手控阀、换挡阀、反映节气门开度的节气门阀、反映车速的调速阀）等组成。

2. 电子控制式自动变速系统

电子控制式自动变速系统实际上是一种电子控制的液压机械传动式自动变速系统，由液力变矩器、带有液压控制换挡执行机构（换挡离合器和换挡制动器）的齿轮变速机构（普遍采用行星齿轮变速器）、液压控制阀（手控阀、换挡阀等）和电子控制系统（传感器与控制开关、ECT ECU 和电磁阀）等组成。一般用字母 ECT 表示，以区别于液压控制式自动变速系统 A/T。生产公司不同，表示方法不尽相同。

目前，汽车装备的电子控制式自动变速系统可分为电子控制逐级变速系统（ECT）、电子控制无级变速系统（Electronic Controlled Continuously Variable Transmission System，CVT）和电子控制手动-自动一体变速系统（Electronic Controlled Active-matic Transmission System，Active-matic ECT）三种类型。

6.1.5 电子控制式自动变速系统与液压控制式自动变速系统的区别

电子控制式自动变速系统与液压控制式自动变速系统在控制原理、控制方式和控制理论方面均有明显区别，如图 6-2 所示。

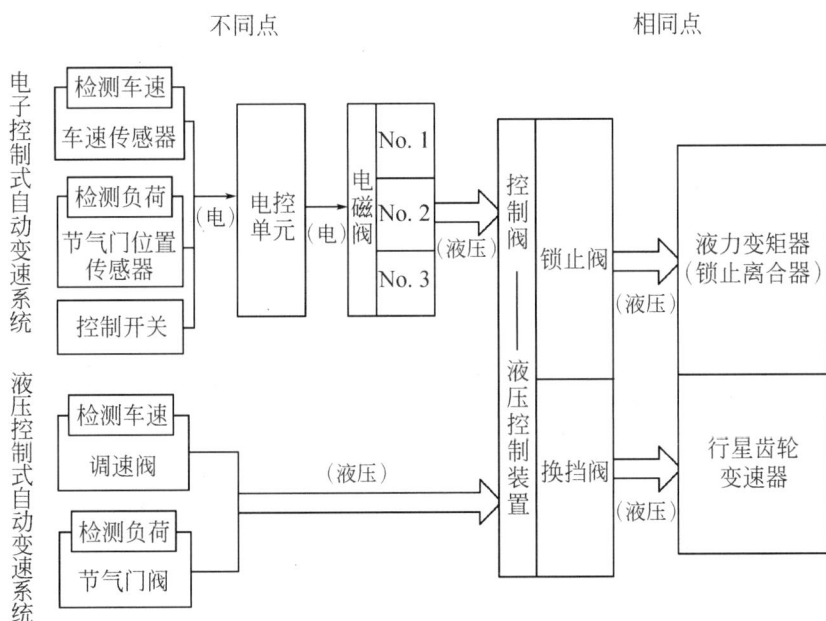

图 6-2 电子控制式与液压控制式自动变速系统的比较

液压控制式自动变速系统的控制原理是液压控制阀根据反映节气门开度的节气门阀和反映车速的调速阀的液压信号决定换挡挡位和换挡时机。控制方式是利用液力操纵换挡阀和换挡元件动作来实现自动变速，其控制理论基于流体力学。

电子控制式自动变速系统的控制原理是 ECT ECU 根据反映节气门开度的节气门位置传感器、反映汽车行驶速度的车速传感器以及发动机冷却液温度传感器、空挡起动开关、制动灯开关等电信号，从预先存储在 ROM 中的换挡时机数据 MAP 中查询得到换挡挡位和换挡时机。控制方式是 ECT ECU 向电磁阀发出控制指令，由电磁阀控制锁止阀动作，锁止阀再控制换挡执行元件动作来实现自动变速，其控制理论基于电工电子学和自动控制理论。

6.2 电控自动变速系统的控制原理

汽车电控自动变速系统的主要功能是根据汽车车速和发动机负荷变化，自动控制换挡和动力传递（自动控制变速机构的换挡时机和液力变矩器的锁止时机），使汽车获得良好的动力性和经济性。此外，还有失效保护功能和故障自诊断功能。

失效保护功能是指当电控系统的个别重要部件（如电磁阀、车速传感器）失效或其线路发生故障时，继续控制变速机构排入个别挡位（一般排入一挡或低挡），以便汽车继续行驶回家或行驶到维修站修理。

故障自诊断功能是指当车速传感器和电磁阀等控制部件或其线路发生故障时，控制系统能将故障性质和故障部位编成代码存储在存储器中，以便设计与维修参考。

6.2.1　电控自动变速控制原理

在装备电控自动变速系统的汽车上，变速机构自动换挡和液力变矩器自动锁止只有在汽车前进挡（D、3、2、L）时才能实现，在 N（空挡）、P（停车挡）和 R（倒挡）时，其将保持初始状态，变速器为纯机械与液压控制。电控自动变速控制主要是指变速器换挡时机控制和液力变矩器锁止时机控制，电控自动变速的控制原理如图 6-3 所示。

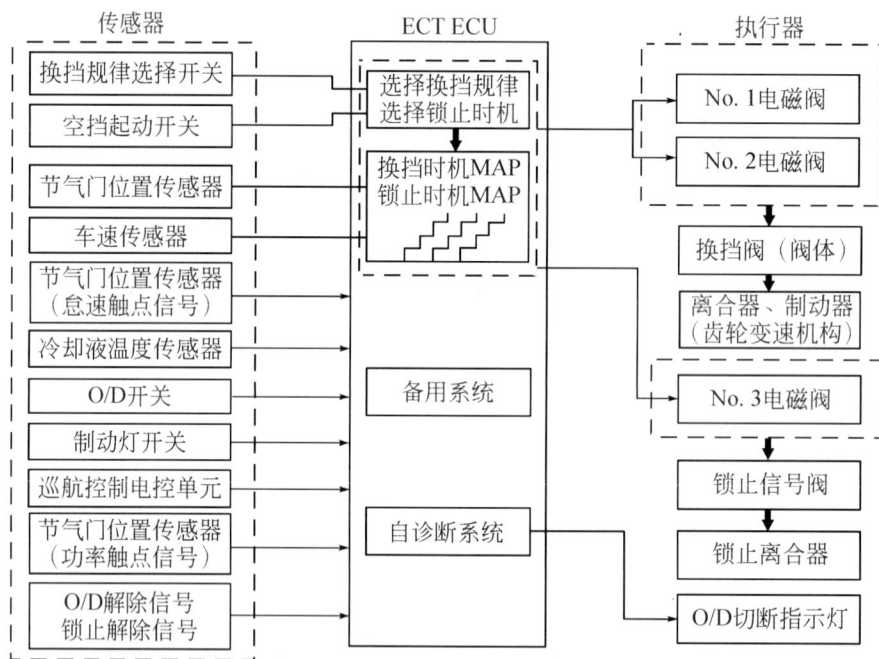

图 6-3　电控自动变速的控制原理

ECT ECU 是电控自动变速系统的控制核心。在 ECT ECU 的 ROM 中，除了存储有进行数学计算和逻辑判断的控制程序之外，还存储有变速器换挡时机 MAP 和变矩器锁止时机 MAP。这些数据 MAP 在电控自动变速系统设计制作完成之后，经模拟仿真和反复试验测试获得，并预先存储在 ROM 之中，以供 ECT ECU 在汽车行驶时查询调用。

换挡规律又称为驱动模式，是指汽车发动机节气门开度与车速（或变速器输出轴转速）之间的关系。电控自动变速系统常用的换挡规律有普通型（Normal Mode，NORM）、动力型（Power Mode，PWR）和经济型（Economy Mode，ECON）三种。如果电控自动变速系统只提供有普通型与动力型换挡规律，那么其普通型换挡规律就相当于经济型换挡规律。

在 ECT ECU 的控制下，当选挡操纵手柄（变速杆）处于 D、L、2、R 位置时，起动继电器线圈不能接通，发动机不能起动。当选挡操纵手柄处于 P 或 N 位置时，起动继电器线圈电路才能接通，发动机才能被起动。

发动机一旦起动，各种传感器（车速传感器、节气门位置传感器等）信号和控制开关信号就不断输入 ECT ECU，经过输入回路和 A/D 转换电路转换成 CPU 能够识别的电信号，CPU 按照一定频率对其进行采样，并将采样信号与预先存储在 ROM 中的换挡时机 MAP 和锁止时机 MAP 进行比较运算或逻辑判断，从而确定变速器是否换挡和变矩器是否锁止。

当选挡操纵手柄拨到前进挡（D、L 或 2）位置时，ECT ECU 首先根据换挡规律（驱动模式）选择开关的状态在换挡规律 MAP 中选择相应的换挡规律；然后根据节气门开度信号、车速信号和控制开关信号在换挡时机 MAP 中查询确定变速器的换挡时机，在锁止时机 MAP 中查询确定液力变矩器的锁止时机。当确定为换挡（或变矩器锁止）时，CPU 立即向相应的电磁阀发出控制指令，电磁阀再控制换挡阀（或锁止阀）动作，换挡阀（或锁止阀）阀芯移动改变换挡离合器和制动器（或锁止离合器）的控制油路，使离合器或制动器的工作状态（接合或分离）发生改变，从而实现自动换挡（或液力变矩器锁止）。

6.2.2　换挡时机控制原理

换挡（升挡或降挡）时机是指变速器自动切换挡位（速比）的时机，又称为换挡点。换挡时机的控制原理如图 6-4 所示。

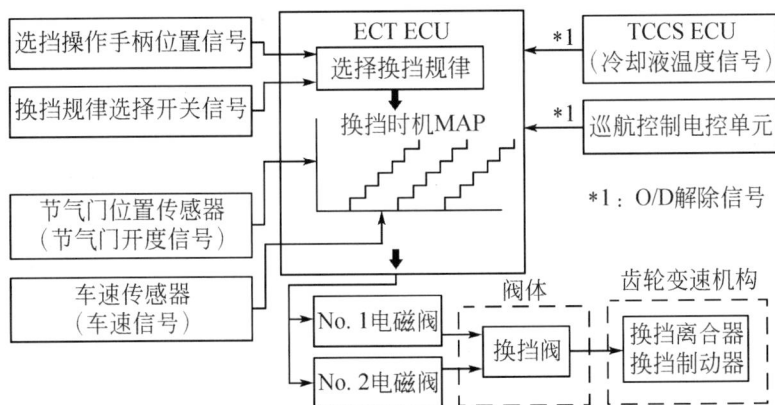

图 6-4　换挡时机的控制原理

在汽车行驶过程中，ECT ECU 确定换挡时机的信息包括选挡操纵手柄提供的位置（D、2 或 L 位）信号，换挡规律选择开关提供的驾驶人选择的换挡规律（NORM、PWR 或 ECON）信号，节气门位置传感器提供的发动机节气门开度（发动机负荷）信号，车速传感器提供的汽车行驶速度信号。此外，还有发动机电控单元和巡航控制电控单元提供的解除超速行驶信号。

当驾驶人将选挡操纵手柄拨到 D、2 或 L 位置时，ECT ECU 便接收到一个表示选挡手柄位置的信号。此时 ECT ECU 首先根据换挡规律选择开关信号在换挡时机 MAP 中选择相应的换挡规律；然后根据节气门位置传感器和车速传感器信号与预先存储在 ROM 中的换挡时机 MAP 进行比较并确定变速器的升挡或降挡时机。当节气门开度和车速达到选定换挡规律的最佳升挡或降挡时机时，ECT ECU 立即向换挡电磁阀（No.1 和 No.2 电磁阀）发出通电或断电指令，控制换挡阀动作。换挡阀阀芯移动时，就会接通或关闭行星齿轮变速器中离合器和制动器的控制油路，使离合器和制动器接合或分离，从而实现自动升挡或降挡，即改变速比和车速。

6.2.3　锁止时机控制原理

汽车电控自动变速系统普遍装备锁止式液力变矩器（带有锁止离合器的液力变矩器）。当汽车在路面不好的道路上行驶时，为了发挥液力传动自动适应行驶阻力剧烈变化的优点，锁止离合器应当分离，使液力变矩器起作用；当汽车在路面良好的道路上行驶时，为了提高行驶速度和燃油经济性，锁止离合器应当接合，使液力变矩器的输入轴与输出轴连接成一体，将发动机动力直接传递到行星齿轮变速器。当汽车高速行驶、液力变矩器速比增大到一定值（具体数值由液力变矩器结构决定，三元件液力变矩器一般为 0.8）时，液力变矩器将锁止传递动力。

锁止时机控制就是何时锁止液力变矩器，将发动机动力直接传递到行星齿轮变速器，从而提高传动效率（提高车速），改善燃油经济性。ECT ECU 根据节气门位置传感器信号和车速传感器信号确定变速器换挡时机的同时，还要在锁止时机 MAP 中查询确定液力变矩器的锁止时机，锁止时机的控制原理如图 6-5 所示。

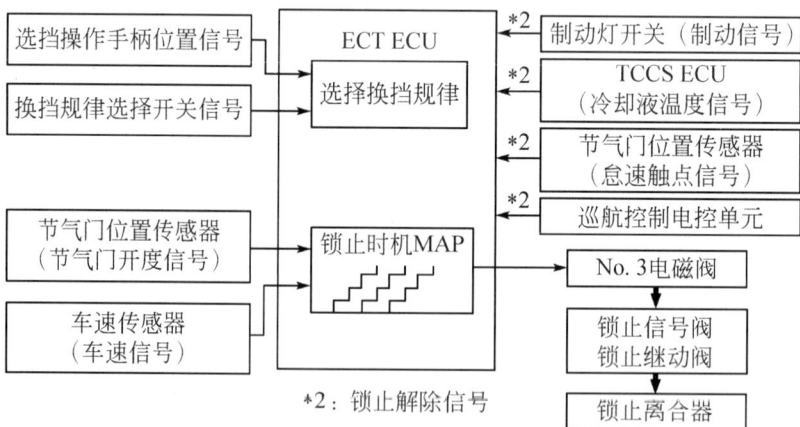

图 6-5　锁止时机的控制原理

ECT ECU 根据节气门位置和车速传感器信号在锁止时机 MAP 中查询确定锁止液力变矩器的数据后，立即向锁止电磁阀（No.3 电磁阀）发出通电或断电指令，控制锁止信号阀和锁止继动阀动作。当锁止信号阀和锁止继动阀阀芯移动时，就会改变液力变矩器内锁止离合器的控制油路使离合器接合，将液力变矩器与发动机飞轮锁成一体。液力变矩器锁止时，发动机输入液力变矩器的动力将直接传递到变速器输入轴，传动效率达 100%。

解除锁止则由制动灯开关、巡航控制电控单元、冷却液温度传感器、节气门位置传感器怠速触点信号决定。

6.3　电控自动变速器的控制

根据国家开放大学汽车学院新培养方案中《汽车电控技术》教材编写大纲的要求，关于汽车电控自动变速器的齿轮变速系统（包括液力变矩器、齿轮变速机构和换挡执行机构）、液压控制系统和自动变速电控系统三个子系统各种控制部件的结构原理，本书不再详述，请参阅《汽车自动变速器》教材。

汽车自动变速器型号不同，其控制电路不尽相同。下面以丰田凯美瑞和赛利卡等轿车装备的 A140E 型自动变速器电控系统为例，说明电控自动变速器的控制过程。

6.3.1　自动变速器的控制电路

A140E 型电控自动变速器的控制电路如图 6-6 所示，ECT ECU 各接线端子的代号及其含义如下。

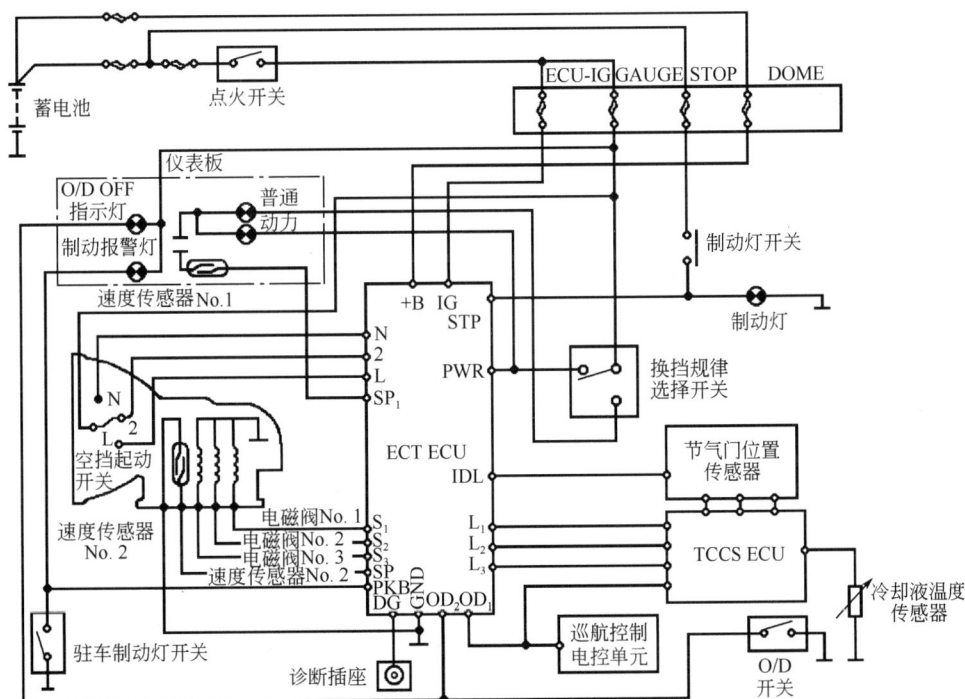

图 6-6　A140E 型电控自动变速器的控制电路

1）+B：ECT ECU 备用电源端子。该端子为存储故障代码的 RAM 等提供电源。

2）IG：ECT ECU 电源端子。该端子受点火开关控制，点火开关接通时，ECT ECU 接通 12 V 电源。

3）STP（或 BR）：制动信号输入端子。当制动踏板踩下时，该端子向 ECT ECU 输入高电平（12 V）信号，ECT ECU 立即发出解除液力变矩器锁止指令，防止发动机在车轮抱死制动时突然熄火。

4）PWR：换挡规律（驱动模式）选择开关信号输入端子。PWR 端有信号电压（电源电压）输入时，ECT ECU 选用 PWR 型换挡规律控制换挡，组合仪表盘上的 PWR 指示灯发亮；PWR 端无信号电压输入时，ECT ECU 选用 NORM 型换挡规律控制换挡，组合仪表盘上的 PWR 指示灯熄灭，NORM 指示灯发亮。

5）IDL：节气门位置传感器怠速触点闭合信号输入端子。当发动机怠速或汽车急减速行驶时，节气门将关闭，怠速触点接通，IDL 端子将向 ECT ECU 输入一个高电平信号。此时，ECT ECU 将向 No. 3 电磁阀发出解除液力变矩器锁止状态指令，防止发动机怠速或在驱动轮抱死时突然熄火。

6）L_1、L_2、L_3：节气门开度信号输入端子。L_1、L_2、L_3 端子分别输入节气门不同开度时的信号电压。

7）OD_1：超速与锁止解除信号输入端子。当发动机冷却液温度低于 60 ℃ 时，发动机电控单元将向 ECT ECU 发出一个解除超速行驶信号，防止电控自动变速器自动升入超速挡行驶。此外，当使用巡航控制功能使汽车在超速挡行驶时，若因行驶条件或其他原因使实际车速降低到巡航控制系统预先设定的车速 4 km/h 时，巡航控制电控单元将向 ECT ECU 发出一个解除超速行驶信号，ECT ECU 将控制变速器换入超速挡以外的挡位行驶；在实际车速达到巡航控制系统预先设定的车速以前，ECT ECU 不会控制电控自动变速器换回超速挡。

8）OD_2：超速切断信号输入端。当 O/D 开关置于"ON"位置（按下 O/D 开关按钮）时，OD_2 端子将接收到电源电压（12 V）信号，如果此时选挡操纵手柄处于 D 挡位，电控自动变速器最高可以升到超速挡（相当于四挡）。如再按一下 O/D 开关（O/D 开关置于"OFF"位置）时，OD_2 端子将接收到低电平 0 V 信号，此时无论汽车在什么条件下行驶，变速器都不能升入超速挡，最高只能升到三挡。

9）GND：ECT ECU 搭铁端子。

10）DG（或 ECT）：故障自诊断测试触发端子。

11）PKB：驻车制动信号输入端子。当驻车制动手柄放松时，制动报警灯熄灭，PKB 端子将接收到一个高电平（12 V）信号，在起步和换挡时，ECT ECU 将控制减少车尾的下坐量。当驾驶人拉紧驻车制动手柄制动时，制动报警灯发亮，PKB 端将接收到一个低电平（0 V）信号，通知 ECT ECU 驻车制动手柄已经拉紧。

12）SP_1、SP：No. 1、No. 2 车速传感器信号输入端子。ECT ECU 优先采用 SP 端由 No. 2 车速传感器输入的车速信号。当 SP 端子无信号或信号异常时，再采用 SP_1 端由 No. 1 车速传感器输入的车速信号。

13）S_1、S_2、S_3：电磁阀控制信号输出端子。ECT ECU 从 S_1、S_2 端子输出的控制指令

控制 No.1、No.2 电磁阀通电与断电，从而控制行星齿轮变速器自动换挡；S_3 端子输出的控制指令控制 No.3 电磁阀通电与断电，从而控制液力变矩器的锁止离合器接合与分离。

14）L、2、N：空挡起动开关输入信号端子。当 L、2、N 端子分别输入信号电压（电源电压）时，ECT ECU 判定变速器分别处于 L、2、N 挡位；如果 L、2、N 端子无信号输入，则 ECT ECU 判定变速器处于 D 挡位。

6.3.2　自动变速器的换挡规律

各种电控自动变速系统的硬件结构大同小异，但软件程序千差万别。自动变速器的换挡规律不同，其换挡时机 MAP 亦不尽相同。丰田 A140E 型电控自动变速器的部分换挡时机（车速）如表 6-1 所示。

表 6-1　丰田 A140E 型电控自动变速器的部分换挡时机（车速）

单位：km/h

挡位	换挡规律选择开关	节气门全开（或全关）							
		1→2	2→3	3→O/D	(3→O/D)	(O/D→3)	O/D→3	3→2	2→1
D 挡	NORM	53~61	104~115	164~176	(35~40)	(21~25)	159~171	97~107	43~48
	PWR	53~61	104~115	164~176	(35~40)	(21~25)	159~171	97~107	43~48
2 挡	NORM PWR	53~61	—	—	—	—	—	97~107	43~48
L 挡	NORM PWR	—	—	—	—	—	—	—	54~59

注：括号内文字表示节气门全关（减速）时的车速。

1. 普通型（NORM）换挡规律

普通型换挡规律是指动力性和燃油经济性介于经济型与动力型之间的换挡规律，普通型换挡规律曲线如图 6-7 所示。普通型换挡规律适用于一般道路驾驶，以便兼顾汽车的动力性和经济性。

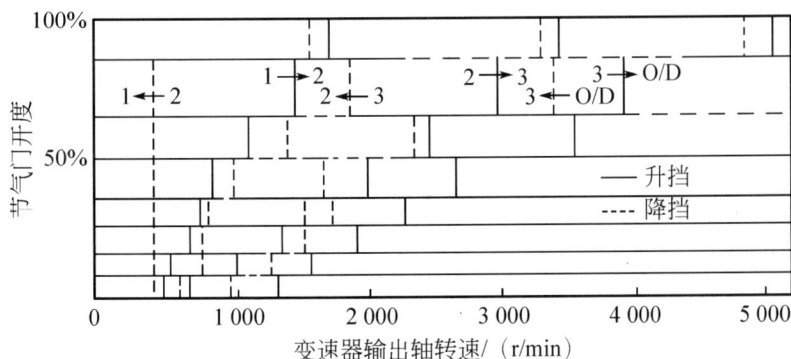

图 6-7　普通型换挡规律曲线

汽车在行驶过程中，车速升高时升挡，车速降低时降挡。由换挡规律可见，在节气门开度相同的情况下，相同挡位的升挡车速（如 2 挡升到 3 挡时的车速）比降挡车速（3 挡降到 2 挡时的车速）要高，即降挡曲线均处在升挡曲线左侧，其目的是充分利用发动机动力以提高燃油经济性。

2. 动力型（PWR）换挡规律

动力型换挡规律是指以汽车获得最大动力为目的的换挡规律，动力型换挡规律曲线如图 6-8 所示。动力型换挡规律适用于坡道和山区驾驶，能够通过改变变速器换挡时机和液力变矩器锁止时机，充分利用液力变矩器增加转矩的功能来提高汽车的动力性。

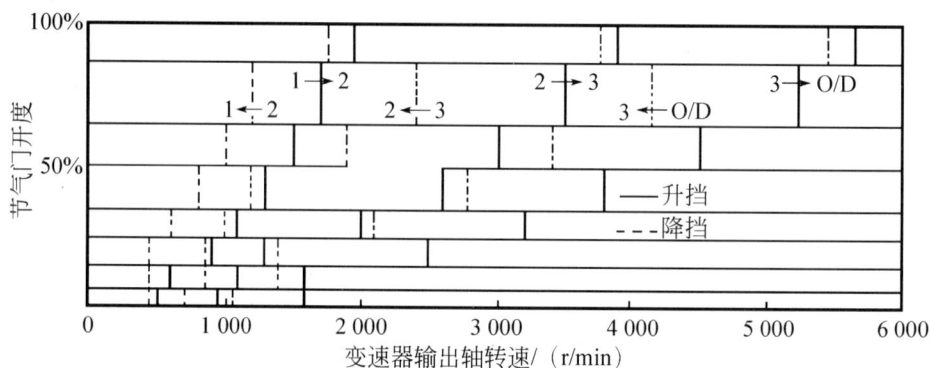

图 6-8　动力型换挡规律曲线

根据图 6-7 和图 6-8 所示曲线，普通型与动力型换挡规律比较如表 6-2 所示。在节气门开度（发动机负荷）相同的情况下，当变速器换入相同挡位时，动力型换挡规律的变速器输出轴转速（或车速）比普通型要高得多。这是因为在节气门开度相同的情况下，车速越高动力性就越好，所以动力型换挡规律的动力性比普通型换挡规律的动力性要好。反之，升挡车速（或降挡车速）越低，则燃油经济性越好。换句话说，动力型换挡规律则是牺牲一定的燃油经济性来提高动力性，而普通型换挡规律是牺牲一定的动力性来提高燃油经济性，二者的目的各不相同。因此，在使用中，应当根据行驶条件（如坡度大小、风阻大小、路面好坏）选择适当的换挡规律。

表 6-2　普通型与动力型换挡规律比较

单位：r/min

挡位	换挡规律选择开关	节气门开度 65%~85%（变速器输出轴转速）					
		1→2	2→3	3→O/D	O/D→3	3→2	2→1
D 挡	NORM	1 500	3 000	3 900	3 400	1 900	400
	PWR	1 700	3 600	5 100	4 100	2 400	1 200

3. 经济型（ECON）换挡规律

经济型换挡规律是指以汽车获得最佳燃油经济性为目的的换挡规律，经济型换挡规律曲线如图 6-9 所示。因为经济型换挡规律是以提高燃油经济性为目的，汽车基本上都是以经济车速行驶，所以特别适用于道路条件良好的城市和高速公路驾驶。

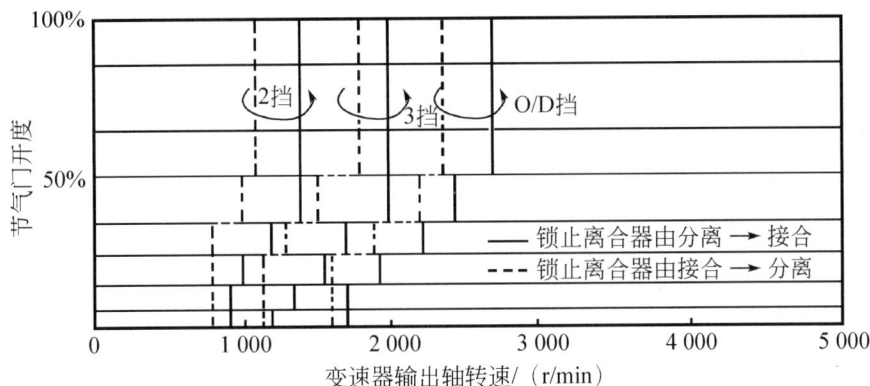

图 6-9　经济型换挡规律曲线

6.3.3　自动变速器换挡控制过程

各种电控自动变速器的换挡控制过程大同小异，控制方法基本相同，都是 ECT ECU 根据节气门位置和车速传感器信号，在换挡时机 MAP 中查询确定换挡时机，然后向换挡电磁阀（No.1、No.2 电磁阀）发出控制指令，换挡电磁阀再控制液压控制系统的换挡阀动作，使换挡离合器和换挡制动器的控制油路改变来实现挡位自动变换。下面分别以 A140E 型电控自动变速器排入二挡和排入三挡为例，说明自动变速系统的换挡控制过程。

1. 换挡电磁阀与执行元件工作情况表

丰田 A140E 型辛普森式四速自动变速器换挡电磁阀及换挡执行元件的工作情况如表 6-3 所示。表 6-3 中各换挡执行元件代号的含义分别是 C_0 为超速离合器；F_0 为超速单向离合器；B_0 为超速制动器；C_1 为前进离合器；C_2 为直接挡离合器；B_1 为二挡滑行制动器；B_2 为二挡制动器；B_3 为低、倒挡制动器；F_1 为 No.1 单向离合器（二挡滑行制动器 B_2 工作时，防止太阳轮逆时针转动）；F_2 为 No.2 单向离合器（防止前行星架逆时针转动）。

2. 液压控制系统工作情况

自动变速器的变速机构是由换挡执行机构（换挡离合器或换挡制动器）接合与分离来实现变速。由于换挡执行机构的接合与分离受控于液压控制系统，研究电控自动变速系统的控制过程，必须研究液压控制系统各种控制阀的结构原理。

汽车各型自动变速器液压控制系统的结构大同小异，丰田凯美瑞和赛利卡轿车装备的 A140E 型自动变速器液压控制系统如图 6-10 所示，其主要由液压传动装置（油泵、自动传动液）、液压控制装置（包括主调压阀、副调压阀、节流阀、换挡阀、手控阀、电磁阀、锁止阀）以及连接这些液压装置的油道组成。

齿轮变速机构传动比的改变受控于换挡离合器和换挡制动器等换挡执行元件。因为这些换挡执行元件受控于换挡阀，所以在研究排挡之前，必须先研究换挡阀的工作情况。

表 6-3 丰田 A140E 型辛普森式四速自动变速器换挡电磁阀及执行元件的工作情况

挡位	传动挡位	No.1 电磁阀	No.2 电磁阀	换挡执行元件									
				C_0	F_0	B_0	C_1	C_2	B_1	B_2	B_3	F_1	F_2
P	停车挡	通电	断电	●									
R	倒挡	通电	断电	●	●			●		●			
N	空挡	通电	断电	●									
D	一挡	通电	断电	●	●		●						●
	二挡	通电	通电	●	●		●			●		●	
	三挡	断电	通电	●	●		●	●					
	O/D 挡	断电	断电			●	●						
2	一挡	通电	断电	●	●		●						●
	二挡	通电	通电	●	●		●		●	●			
	三挡 *	断电	通电	●			●	●		●			
L	一挡	通电	断电	●	●		●				●		●
	二挡 *	通电	通电				●	●	●			●	

注：①符号"●"表示该元件投入工作。

②符号"＊"表示仅下行换挡到 2 或 L 位时才能换入该挡，在 2 或 L 位时不能换入该挡。

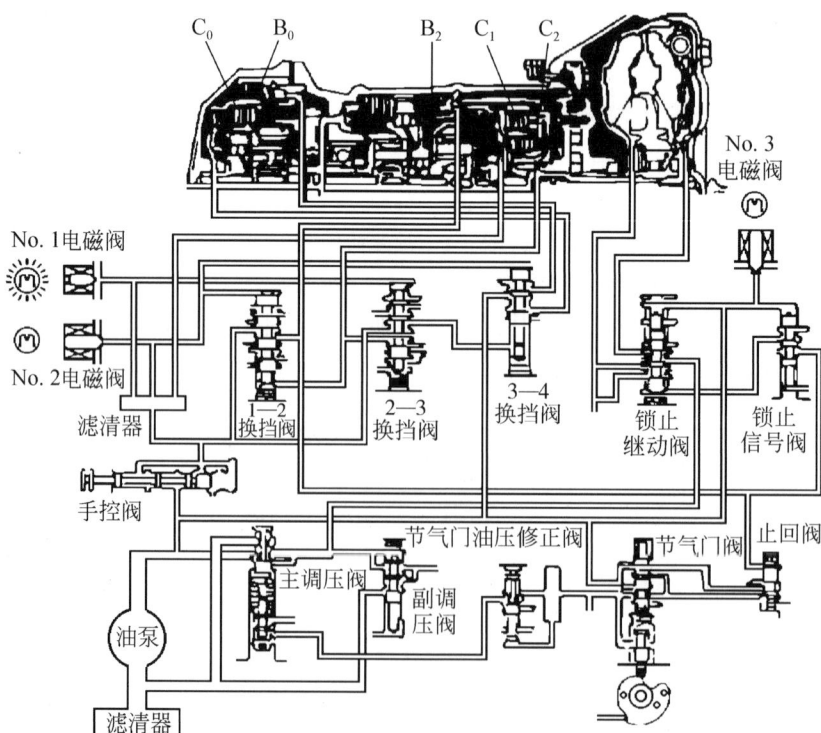

图 6-10 丰田凯美瑞和赛利卡轿车装备的 A140E 型自动变速器液压控制系统

　　自动变速器一般设有3个换挡阀用于控制换挡，分别用1—2、2—3和3—4换挡阀表示，如图6-10所示。各种挡位之间的变换依靠3只换挡阀相互配合工作才能实现。换挡阀的工作状态受换挡电磁阀（No.1和No.2电磁阀）控制，3个换挡阀的工作原理完全相同，由于篇幅所限，仅以图6-11所示1—2换挡阀的工作情况为例说明。

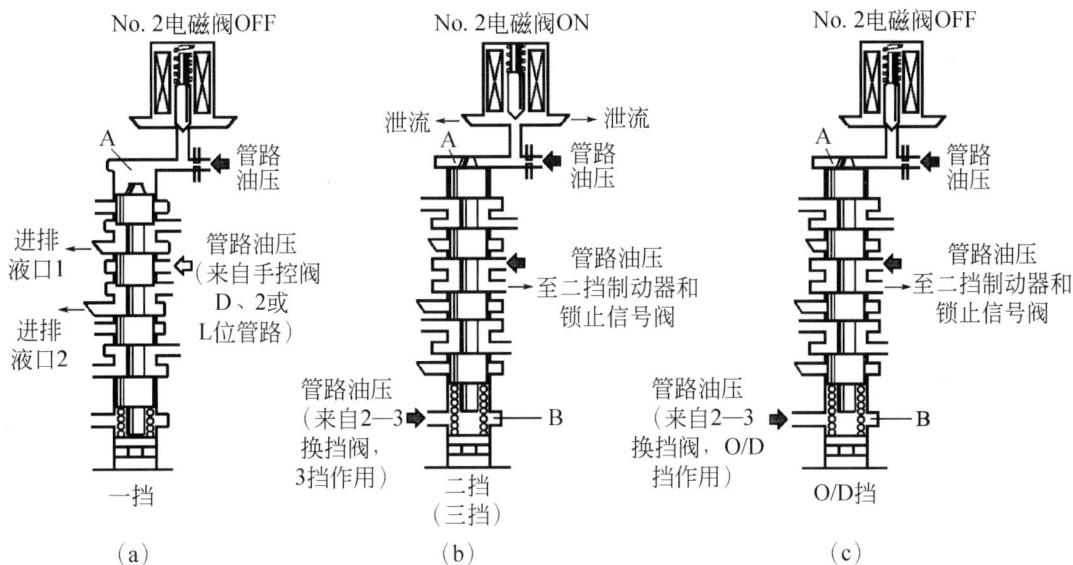

图6-11　1—2换挡阀工作情况

（a）排入一挡；（b）排入二挡或三挡；（c）排入O/D挡；

　　当变速器排入一挡时，由表6-3可知，ECT ECU将控制No.2电磁阀断电，如图6-11（a）所示，No.2电磁阀OFF，电磁阀阀门关闭将泄流回路关闭。此时，主调压阀调节的管路油压作用到1—2换挡阀阀芯上部A处，管路油压对阀芯上端面的作用力克服弹簧预紧力使阀芯向下移动。

　　当变速器排入二挡或三挡时，由表6-3可知，ECT ECU向No.2电磁阀发出通电指令，如图6-11（b）所示，No.2电磁阀ON，电磁阀电磁线圈通电，阀门开启泄流降压，1—2换挡阀阀芯上部A处的管路油压降低。在换挡阀下部B处来自2—3换挡阀的管路油压以及弹簧预紧力作用下，1—2换挡阀阀芯向上移动，从而接通二挡制动器B_2油路。

　　当变速器排入超速挡（O/D挡）时，由表6-3可知，ECT ECU将向No.2电磁阀发出断电指令，如图6-11（c）所示。虽然No.2电磁阀断电时阀门关闭，管路油压将作用在1—2换挡阀上部A处，但是，由于来自2—3换挡阀的管路油压和弹簧预紧力一直作用在1—2换挡阀阀芯下部B处，1—2换挡阀阀芯保持在上述二挡或三挡时所处位置不变，二挡制动器B_2油路保持接通。

　　3. 排入二挡时的工作情况

　　（1）排入二挡时电控系统工作情况

　　丰田A140E型电控自动变速器的部分换挡时机（车速）如表6-1所示，这些数据预先以数据MAP的形式存储在ECT ECU的ROM中，称为换挡时机MAP。当驾驶人将选挡操纵手柄拨到 D（或 2）位置、换挡规律选择开关置于 NORM（或 PWR）位置、节气门传感器信号表示节气门全开、车速传感器信号表示车速为 53~61 km/h 时，ECT ECU 根据这些信号从换挡时机 MAP 中查询确定结果为从一挡排入二挡。

由表 6-3 所示自动变速器换挡电磁阀及执行元件的工作情况可知，此时 ECT ECU 将向 No.1、No.2 换挡电磁阀发出通电指令，控制换挡阀接通前进离合器 C_1、超速离合器 C_0 和二挡制动器 B_2 油路。

（2）排入二挡时液压油路接通情况

由 1—2、2—3 和 3—4 换挡阀工作情况可知，当 No.2 电磁阀通电（No.2 电磁阀 ON）、变速器排入二挡时，超速离合器 C_0、前进离合器 C_1 和二挡制动器 B_2 油路接通，C_0、C_1 和 B_2 油路接合，使行星齿轮变速器自动排入二挡。各控制油路由图 6-10 可知，具体油路控制情况如下。

超速离合器 C_0 油路由 3—4 换挡阀接通，由图 6-10 可知，其控制油路为油泵→3—4 换挡阀→超速离合器 C_0。

二挡制动器 B_2 油路由 1—2 换挡阀接通，如图 6-11（b）和图 6-10 所示，其控制油路为油泵→手控阀→1—2 换挡阀→二挡制动器 B_2。

前进离合器 C_1 油路由手控阀接通，由图 6-10 可见，其控制油路为油泵→手控阀→滤清器→前进离合器 C_1。

当 No.1 电磁阀通电、变速器排入二挡时，2—3 换挡阀将 3—4 换挡阀下部油路接通，保证 3—4 换挡阀向上移动接通 C_0 油路。

4. 排入三挡时的工作情况

（1）排入三挡时电控系统工作情况

汽车在上述行驶条件下，如果选挡操纵手柄在 D 位置，那么当车速升高到 104~115 km/h 时，由表 6-1 可知，ECT ECU 根据节气门位置传感器全开信号和车速传感器信号从换挡时机 MAP 中查询到的判定结果将为从二挡排入三挡。由表 6-3 可知，此时 ECT ECU 将发出 No.1 电磁阀断电、No.2 电磁阀通电指令，控制换挡阀接通超速离合器 C_0、前进离合器 C_1、直接挡离合器 C_2 和二挡制动器 B_2 油路。

（2）排入三挡时液压系统工作情况

由 1—2、2—3 和 3—4 换挡阀工作情况可知，当 No.1 电磁阀断电时，2—3 换挡阀将接通直接挡离合器 C_2 油路；No.2 电磁阀通电时，3—4 换挡阀将接通超速离合器 C_0 油路；1—2 换挡阀将接通二挡制动器 B_2 油路；手控阀接通前进离合器 C_1 油路。C_2、C_0、B_2 和 C_1 油路接通而接合，使变速器自动排入三挡。各控制油路由图 6-10 可知，具体油路控制情况分别如下。

直接挡离合器 C_2 油路为油泵→手控阀→2—3 换挡阀→直接挡离合器 C_2。

超速离合器 C_0 油路为油泵→3—4 换挡阀→超速离合器 C_0。

二挡制动器 B_2 油路为油泵→手控阀→1—2 换挡阀→二挡制动器 B_2。

前进离合器 C_1 油路为油泵→手控阀→滤清器→前进离合器 C_1。

6.3.4 液力变矩器锁止的控制过程

液力变矩器的控制分为锁止时机控制和解除锁止状态两种情况。下面以丰田 A140E 型自动变速器液力变矩器的控制为例，说明锁止时机的控制过程。

A140E 型自动变速器液力变矩器的锁止时机如表 6-4 所示。这些数据预先以数据 MAP 的形式存储在 ECT ECU 的 ROM 中，称为锁止时机 MAP。液力变矩器中的锁止离合器受控于锁止阀，锁止阀受控于锁止电磁阀（No.3 电磁阀），锁止电磁阀受控于 ECT ECU。

表 6-4 丰田 A140E 型自动变速器液力变矩器的锁止时机

单位：km/h

挡位	换挡规律选择开关	节气门开度 5%					
		液力变矩器锁定			液力变矩器不锁定		
		二挡	三挡*	O/D 挡	二挡	三挡*	O/D 挡
D 挡	NORM	—	59~65	55~61	—	54~58	54~59
	PWR	—	59~65	55~61	—	54~58	54~59

注："*"号表示 O/D 开关处于 OFF 位置。

1. 电控系统工作情况

在汽车行驶过程时，当驾驶人将换挡规律开关置于 NORM 或 PWR 位置、O/D 开关置于 ON 位置时，如果节气门位置传感器信号表示节气门开度为 5%（或 5% 以上）、车速传感器信号表示车速为 55~61 km/h 时，ECT ECU 根据这些信号从锁止时机 MAP 中查询到的判定结果为液力变矩器锁止。当 ECT ECU 判定为锁止液力变矩器时，立即向 No.3 电磁阀发出通电指令，使锁止信号阀和锁止继动阀的控制油路接通。

2. 液压系统工作情况

No.3 电磁阀通电时，电磁线圈产生电磁吸力使阀门开启泄压，使管路油压对锁止信号阀阀芯上端面 A 的作用力减小，锁止信号阀阀芯在弹簧预紧力推动下向上移动，将二挡制动器 B_2 至锁定继动阀之间的油压管路接通，油压信号传送到锁止继动阀阀芯（如图 6-10 所示，油压信号传送到锁止继动阀阀芯下端面处，油压对阀芯下端面的作用力将克服油压对上端面的作用力与复位弹簧预紧力之和，使阀芯向上移动），此时锁止继动阀阀芯将向上移动，将副调压阀输出油压经继动阀阀芯传送到液力变矩器，使液力变矩器的锁止离合器接合，液力变矩器锁定而直接传递发动机动力，从而提高车速和燃油经济性。由图 6-10 可知，各控制元件的油路如下。

锁止继动阀阀芯下端面油路为油泵→手控阀→1—2 换挡阀→锁止信号阀→锁止继动阀阀芯下端面。

液力变矩器油路为油泵→主调压阀→副调压阀→锁止继动阀→液力变矩器（见图 6-10）

左侧油路。液力变矩器油路接通使其锁止离合器接合，将涡轮与泵轮接合成一体，发动机输入动力由液力变矩器壳体前盖、锁止压盘和涡轮毂直接传递到变速器输入轴，传动效率为100%。

6.3.5 液力变矩器解除锁止的控制

在行星齿轮变速器升挡或降挡时，ECT ECU 将发出暂时解除液力变矩器锁止状态指令，使换挡离合器或换挡制动器接合柔和，防止或减轻换挡冲击。

1. 液力变矩器解除锁止的条件

当出现下列情况之一时，电控自动变速器的 ECT ECU 将向锁止电磁阀 No.3 发出断电（OFF）指令，并通过锁止信号阀和锁止继动阀切换锁止离合器油路，强制解除液力变矩器的锁止状态。

1）当制动灯开关接通时。当制动踏板踩下时，ECT ECU 的 STP 端子将输入高电平（电源电压）信号，ECT ECU 接收到此信号后，立即发出解除液力变矩器锁止状态指令，以便换挡制动器制动将车速降低，并防止发动机在驱动轮抱死制动时突然熄火。

2）当节气门位置传感器怠速触点闭合表示节气门完全关闭时。当发动机怠速或汽车急减速行驶时，节气门位置传感器怠速触点接通，IDL 端子将向 ECT ECU 输入一个高电平信号。此时，ECT ECU 将向 No.3 电磁阀发出解除液力变矩器锁止状态指令，防止在驱动轮不转或抱死时导致发动机突然熄火。

3）当巡航控制电控单元向 ECT ECU 发出解除锁止信号时。当使用巡航控制功能使汽车巡航行驶时，若因行驶条件（如坡道阻力、迎风阻力、路面阻力）使实际车速降低到巡航控制系统预先设定的车速 4 km/h 以上时，巡航控制电控单元将向 ECT ECU 发出一个解除锁止信号，以便解除巡航控制状态。

4）当发动机冷却液温度低于 60 ℃时。当冷却液温度低于 60 ℃时，发动机电控单元将向 ECT ECU 发出一个解除锁止信号，ECT ECU 将强制解除液力变矩器锁止状态，以便发动机加速预热达到正常工作温度。

2. 液力变矩器解除锁止的控制

当自动变速器升挡或降挡以及在其他条件下需要解除液力变矩器锁止状态时，ECT ECU 将向电磁阀 No.3 发出断电指令，并通过锁止信号阀和锁止继动阀切换锁止离合器油路，使液力变矩器解除锁止状态。

解除液力变矩器锁止状态时，ECT ECU 向 No.3 电磁阀发出断电指令，电磁阀电磁线圈电流切断，电磁吸力消失，其阀芯在复位弹簧预紧力作用下复位，电磁阀阀门关闭，管路油压升高，锁止信号阀阀芯上端面 A 上的作用力增大，克服弹簧预紧力使阀芯向下移动，将二挡制动器 B_2 至锁定继动阀之间的液压管路关闭，锁止继动阀阀芯在油泵输出的管路油压和复位弹簧预紧力作用下迅速向下移动，使液力变矩器传动液的流动方向迅速改变，锁止离合器迅速分离，从而解除变矩器锁止状态。由图 6-10 可知，此时液力变矩器油路为油泵→主调压阀→副调压阀→锁止继动阀→液力变矩器（见图 6-10）右侧油路。锁止压盘在油压作用下向后移动，使锁止离合器分离，变矩器解除锁止状态。

6.3.6 控制部件失效保护控制

车速传感器和换挡电磁阀是 ECT ECU 的重要部件。当换挡电磁阀或车速传感器及其电路出现故障时，ECT ECU 将利用其备用功能，配合选挡操纵手柄和手控阀工作，以便汽车继续行驶回家或行驶到维修站修理，这一功能称为电控自动变速系统的失效保护功能。换挡电磁阀的失效保护功能如表 6-5 所示。

1. 换挡电磁阀及其电路失效保护控制

当 No.1、No.2 电磁阀正常时，在汽车行驶过程中，ECT ECU 通过控制 No.1 和 No.2 电磁阀通电或断电，即可控制换挡阀切换换挡元件油路，使变速器从一挡升挡到 O/D 挡或从 O/D 挡降挡到一挡。当 No.1、No.2 电磁阀中的某一个电磁阀电路发生故障（短路、断路或搭铁）而失去油路控制作用时，ECT ECU 仍能继续控制另一个电磁阀通电或断电，使变速器进行部分挡位变换。

如果 No.1 电磁阀电路发生故障，ECT ECU 将继续控制 No.2 电磁阀通电或断电，使变速器按表 6-5 中"No.1 电磁阀故障"时所示的挡位换挡。如果 No.2 电磁阀电路发生故障，ECT ECU 将继续控制 No.1 电磁阀通电或断电，使变速器按表 6-5 中"No.2 电磁阀故障"时所示挡位换挡。

如果 No.1 和 No.2 电磁阀都发生故障，则 ECT ECU 不能控制换挡，此时只能手动操纵换挡。手动换挡时，选挡操纵手柄将操纵手控阀按表 6-5 中"No.1、No.2 电磁阀故障"时所示的挡位换挡。

表 6-5 换挡电磁阀的失效保护功能

挡位	正常状态			No.1 电磁阀故障			No.2 电磁阀故障			No.1、No.2 电磁阀故障
	传动挡位	电磁阀		电磁阀		传动挡位	电磁阀		传动挡位	手动操纵时换挡执行元件的排挡
		No.1	No.2	No.1	No.2		No.1	No.2		
D	一挡	通电	断电	×	通电	三挡	通电	×	一挡	O/D 挡
	二挡	通电	通电	×	通电	三挡	断电	×	O/D 挡	O/D 挡
	三挡	断电	通电	×	通电	三挡	断电	×	O/D 挡	O/D 挡
	O/D 挡	断电	断电	×	断电	O/D 挡	断电	×	O/D 挡	O/D 挡
2 或 S	一挡	通电	断电	×	通电	三挡	通电	×	一挡	三挡
	二挡	通电	通电	×	通电	三挡	断电	×	三挡	三挡
	三挡	断电	通电	×	通电	三挡	断电	×	三挡	三挡
L	一挡	通电	断电	×	断电	一挡	通电	×	一挡	一挡
	二挡	通电	通电	×	通电	二挡	通电	×	一挡	一挡

注："×"号表示失效。

由表 6-5 可见，当换挡电磁阀或其电路故障时，多数排挡都比换挡电磁阀正常时偏高。例如，当 No.1 和 No.2 电磁阀都发生故障时，如果选挡操纵手柄拨到 D 位，则排挡都为 O/D 挡；如果拨到"2（或 S）"位，排挡则为三挡。因为排挡越高，传动比越小，车速越快，所以在使用中，必须根据行驶条件（平坦路面、坡道弯道、城市道路或野外公路等）慎重选择选挡操纵手柄位置，以免车速过高而导致发生事故。

2. 车速传感器及其电路失效保护控制

在 No.1 和 No.2 车速传感器中，No.1 车速传感器为备用传感器。当 No.1、No.2 车速传感器正常时，ECT ECU 只利用 No.2 车速传感器信号控制换挡；当 No.2 车速传感器或其电路发生故障时，ECT ECU 将利用 No.1 车速传感器信号控制变速器换挡和液力变矩器锁止；当 No.1 和 No.2 车速传感器都发生故障时，ECT ECU 将无法进行控制，汽车只能在一挡行驶而无其他挡位。ECT ECU 既不会使 O/D OFF 指示灯闪亮报警，也不会存储任何故障代码。

6.4　电子控制无级变速技术

经过研究人员的不懈努力，20 世纪 90 年代终于攻克了 V 形驱动带（V 形带）无级变速传动技术难题，先后成功开发了汽车电控连续可变传动比自动变速系统（Electronic Controlled Continuously Variable Transmission System，CVT），又称为电子控制无级自动变速系统或电子控制无级自动变速器，简称电控无级变速系统或电控无级变速器。国产奥迪 A4、A6、A8 等轿车都已采用电控无级变速系统。

6.4.1　电控无级变速系统的优点

电控无级变速系统应用了 V 形带无级变速传动技术，与电控自动变速系统和手动变速器相比，具有以下显著优点。

（1）汽车经济性和排放性好

电控无级变速系统能将汽车行驶条件与发动机负荷协调到最佳状态，使发动机总是工作在较高的效率区域。汽车装备电控无级变速系统与装备 5 挡手动变速器进行道路对比的试验表明，装备电控无级变速系统汽车的燃油消耗要少 11.5%，碳氢化合物排放量少 33%，CO 排放量少 20%。

（2）汽车动力性好

装备电控无级变速系统后，因为传动比连续可变，没有动力间断，所以在变速过程中没有动力损失。与装备电控 4 挡自动变速器的汽车相比，从 0~100 km/h 的加速时间缩短约 10%。

（3）传递效率高

电控无级变速系统采用 V 形带无级变速传动技术，其传动比变化非常平滑，传动比曲线为光滑的曲线。因此，传动效率不仅优于电控自动变速系统，而且接近于手动变速器。此外，还有动力传递无间断，对动力传动系统冲击小等优点，其操作方便性和乘坐舒适性均可与电控自动变速系统相媲美。

6.4.2　电控无级变速系统的组成

电控无级变速系统的组成与电控逐级变速系统基本相同，也是由变速系统、液压控制系统和无级变速电控系统三大部分组成，国产奥迪轿车电控无级变速系统的结构简图如图6-12 所示，电控无级变速系组成如图 6-12（a）所示。其中，液压控制系统和无级变速电控系统的功能、组成和结构原理与电控自动变速系统大同小异，但变速系统的结构组成和变速原理却大不相同，如图 6-12（b）所示。

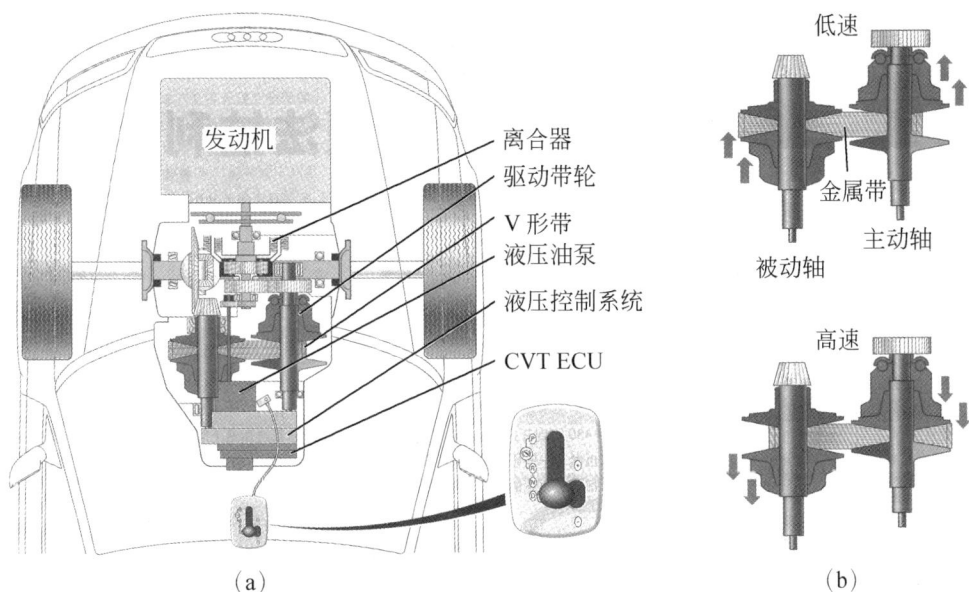

图 6-12　国产奥迪轿车电控无级变速系统的结构简图
（a）电控无级变速系统组成；（b）变速系统

6.4.3　变速系统的结构组成

电控无级变速系统主要由动力传递装置、齿轮传动机构、换挡执行机构和变速传动机构四部分组成。

动力传递装置的功用是将发动机输出的动力直接传递到齿轮传动机构。该装置既可采用电磁离合器，也可采用液力变矩器。因为是直接传递动力，所以必须采用锁止式液力变矩器，如图 6-13 所示。电磁离合器的结构原理与空调系统的电磁离合器基本相同，具有结构简单、控制方便等优点。因此，电控无级变速系统大都采用电磁离合器。

齿轮传动机构的功用是将发动机输出的动力由电磁离合器传递到变速传动机构，并在液压控制系统和电子控制系统的控制下，配合换挡执行机构（换挡离合器和换挡制动器）实现汽车前进和倒车的挡位变换。

换挡执行机构由换挡离合器和换挡制动器等换挡控制元件组成，其功用和结构原理与电控逐级变速系统的换挡执行机构基本相同。

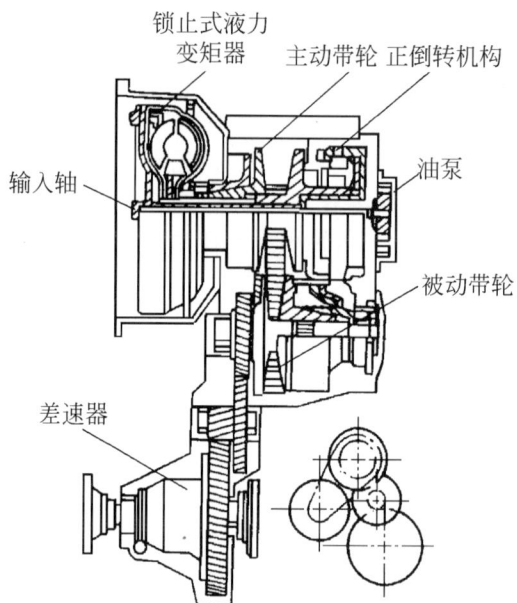

图 6-13　带锁止式液力变矩器的电控无级变速系统

变速传动机构由主动带轮、被动带轮和 V 形驱动带组成，如图 6-14 所示。

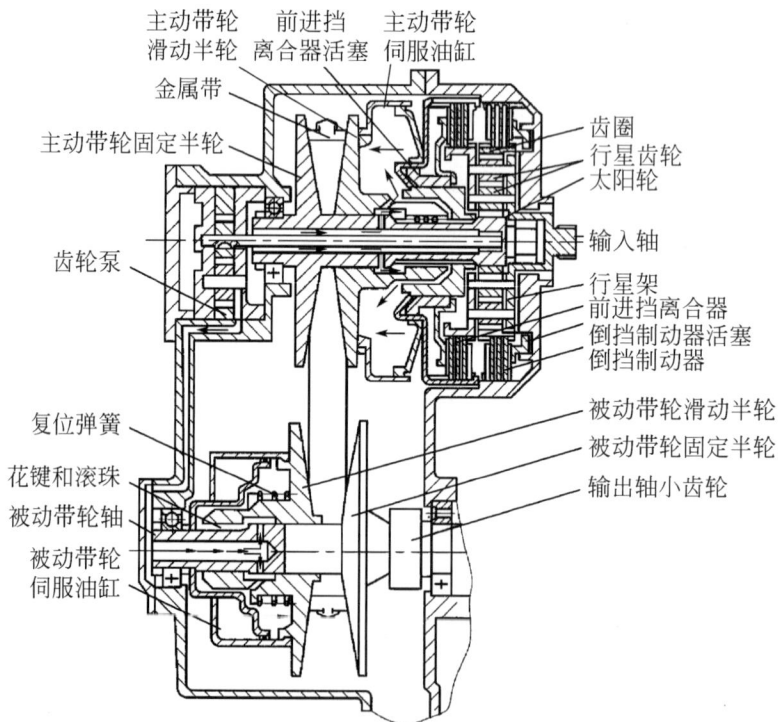

图 6-14　电控无级变速系统的变速传动机构

1. 主动带轮与被动带轮

变速传动机构的主动带轮和被动带轮都是由制有锥面的两个半轮组成。其中，一个半轮是固定的（固定半轮），另一个半轮可以通过液压伺服油缸推动其沿轴向移动（滑动半轮）。每对半轮之间构成的槽为 V 形槽，V 形驱动带能够紧贴在带轮的锥面上。主动带轮轴（输入轴）轴线与被动带轮轴（输出轴）轴线之间的距离固定不变，因此，主动带轮与被动带轮之间的传动比取决于 V 形驱动带与主动带轮和被动带轮的传动半径（接触半径）。当液压控制机构推动滑动半轮轴向移动时，滑动半轮与固定半轮之间的轴向相对位置发生改变，主动带轮与被动带轮的传动半径发生变化，从而改变主动带轮与被动带轮之间的传动比。

2. V 形驱动带

V 形驱动带是电控无级变速系统的关键部件。V 形驱动带简称 V 形带，主要由多条柔性钢带和多块金属片组成，V 形带的结构与连接关系如图 6-15 所示。

一条 V 形带由 2~11 条柔性钢带和 300 片左右金属块组成，总长约 600 mm。其中，每条柔性钢带厚约 0.18 mm；每块金属片厚约 2 mm，宽约 25 mm，高约 12 mm。

金属片为工字形，夹紧在两侧柔性钢带之间，如图 6-15（b）所示。工字下横部分（钢带下面）的金属片侧面为斜面，该斜面与带轮的锥面相接触，如图 6-15（c）所示。V 形带套装在滑动半轮与固定半轮之间，并利用金属片斜面与带轮锥面之间的摩擦力传递动力。柔性钢带起到连接与保持作用。

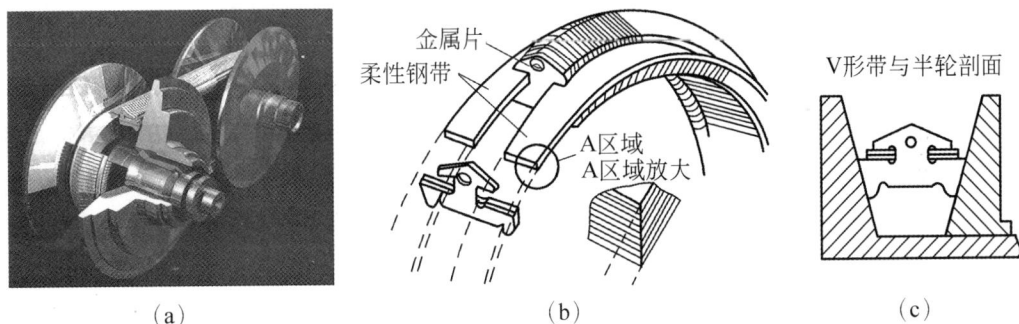

图 6-15　V 形带的结构与连接关系

（a）V 形带与半轮的连接；（b）V 形带的结构；（c）V 形带与半轮的接触面

6.4.4　传动机构无级变速原理

电控无级变速系统的传动比是连续变化的，传动比变化曲线为连续平滑的曲线，电控无级变速系统的无级变速原理如图 6-16 所示，电控系统的执行元件（控制传动比的电磁阀），通过逐渐改变 V 形带滑动半轮液压伺服油缸的压力，使滑动半轮移动的位移量逐渐改变，从而使主动带轮和被动带轮的传动半径逐渐改变来实现无级变速。

当 CVT ECU 根据各种传感器信号从传动比数据 MAP 中查询确定的传动比 $i=1$ 时，CVT ECU 分别向主动带轮滑动半轮的传动比控制电磁阀和被动带轮滑动半轮的传动比控制电磁阀发出占空比控制信号，电磁阀再控制液压阀调节两个滑动半轮液压伺服油缸的压力，液压伺服油缸同时推动两个滑动半轮位移到主、被动带轮传动半径相等的位置，如图6-16（a）所示，从而使传动比 $i=1$。CVT ECU 还可根据变速器输出轴转速传感器信号（车速传感器信号）对传动比进行反馈控制，通过调节电磁阀控制信号的占空比，修正滑动半轮的位移量，使传动比精确控制在 CVT ECU 查询确定的数值。

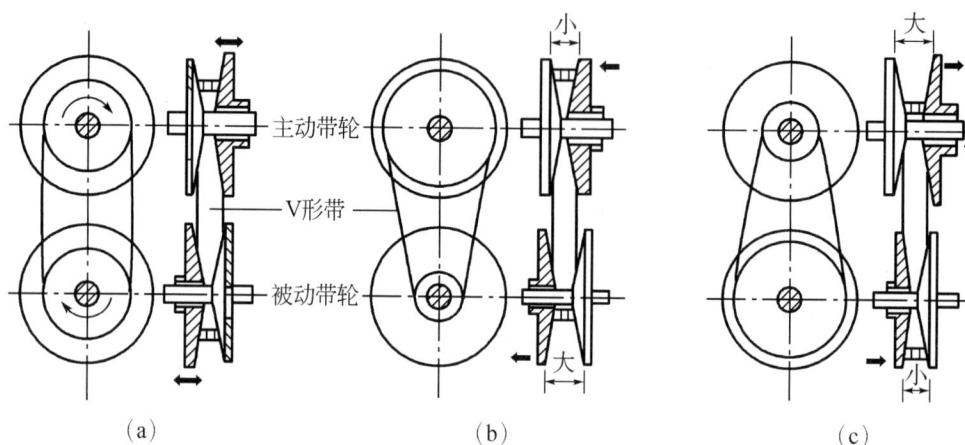

图 6-16　电控无级变速系统的无级变速原理

（a）$i=1$；（b）$i=0.385$；（c）$i=2.47$

当 CVT ECU 根据各种传感器信号从传动比数据 MAP 中查询确定的传动比 $i<1$ 时，CVT ECU 将控制主、被动带轮的滑动半轮向左滑移，如图 6-16（b）所示，使主动半轮之间的距离减小、传动半径增大；同时也使被动半轮之间的距离增大、传动半径减小，从而使汽车行驶速度升高。在 CVT ECU 改变占空比大小控制电磁阀时，电磁阀电流连续变化，电磁阀控制液压伺服油缸的压力也连续变化，使滑动半轮连续向左滑移，主动带轮和被动带轮的传动半径亦连续变化。当主动带轮传动半径逐渐增大时，因为主动带轮轴（输入轴）轴线与被动带轮轴（输出轴）轴线之间的距离固定不变，所以被动带轮传动半径逐渐减小，传动比逐渐减小。由于主、被动带轮半径连续变化，因次，所形成的传动比也连续无级的减小，直到主动带轮半径达到最大而被动带轮半径达到最小为止，相当于汽车处于高挡加速行驶。

同理可知，当 CVT ECU 根据各种传感器信号从传动比数据 MAP 中查询确定的传动比 $i>1$，CVT ECU 将控制主、被动带轮的滑动半轮向右滑移，如图 6-16（c）所示，使主动半轮之间的距离逐渐增大、传动半径逐渐减小；同时也使被动半轮之间的距离逐渐减小、传动半径逐渐增大，传动比也连续增大，从而使汽车行驶速度逐渐降低，直到主动带轮半径达到最小而被动带轮半径达到最大为止，相当于汽车处于抵挡减速行驶。

汽车起步时，主动带轮的传动半径较小，变速器可以获得较大的传动比，保证驱动桥具有足够大的驱动转矩，从而保证汽车稳定起步。随着车速的增加，主动带轮的传动半径逐渐增大，被动带轮的传动半径逐渐减小，电控无级变速系统的传动比减小，汽车能够稳步加速行驶。

6.4.5 无级变速系统控制策略

汽车电控无级变速系统的控制项目主要有控制电磁离合器、带轮油压和传动比。传动比控制策略是传感器→CVT ECU→电磁阀→液压控制阀→滑动半轮位移→传动半径改变→传动比连续变化。

目前，确定电控无级变速器传动比（变速比或速比）的方法有两种，一种是由曲轴位置传感器提供的发动机转速信号（或主动带轮转速传感器信号）和反映发动机负荷大小的加速踏板位置信号（柴油机或汽油机）或节气门位置传感器信号（汽油机）、空调开关信号等决定；另一种是由主、被动带轮转速信号和加速踏板位置信号决定。后者引入主、被动带轮转速信号直接控制传动比，主、被动带轮的滑动半轮分别由CVT ECU 进行控制，其控制方法更加灵活。电控无级变速系统的控制原理如图 6-17 所示。

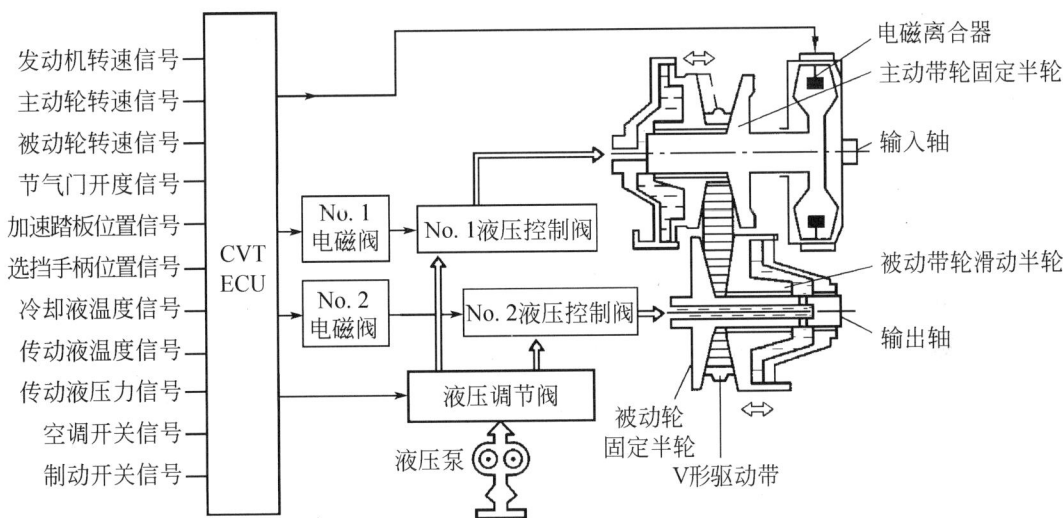

图6-17 电控无级变速系统的控制原理

在电控无级变速系统中，传动比数据 MAP 预先经试验测定并存储在 CVT ECU 的 ROM 之中。发动机起动后，CVT ECU 首先根据选挡操纵手柄位置（一般电控无级变速系统只设有 P、R、N、D 四个位置）信号判定是否控制变速。

当 CVT ECU 接收到选挡操纵手柄处于 D 和 R 位置的信号时，立即控制电磁离合器接合，然后根据各种传感器信号从传动比数据 MAP 中查询确定传动比，再向电磁阀发出占空比控制信号，电磁阀控制液压控制阀动作。调节滑动半轮液压伺服油缸的压力，改变滑动半轮移动的位移量，使主动带轮和被动带轮的传动半径改变，将传动比控制在最佳数值。

本章小结

本章主要介绍了汽车电控自动变速系统的组成与控制原理，电控变速器自动换挡的控制过程和液力变矩器锁止时机的控制过程，电控无级变速系统的组成与控制原理等内容。

下列问题覆盖了本章的主要学习内容，利用以下线索可对所学内容做一次简要的回顾：

1. 电控自动变速系统由齿轮变速系统、液压控制系统和自动变速电控系统三个子系统组成；齿轮变速系统由液力变矩器、换挡执行机构、齿轮变速机构和停车锁止机构组成；液压控制系统由液压传动装置（油泵、自动传动液）、阀体（电磁阀、换挡阀、锁止阀和调压阀等）以及连接这些液压装置的油道组成；自动变速电控系统由传感器与各种控制开关、ECT ECU 和执行器三部分组成。

2. 电子控制式自动变速系统与液压控制式自动变速系统的区别。

3. 电控自动变速系统的控制原理。

4. 变速器换挡时机控制和液力变矩器锁止时机控制。

5. 电控自动变速器的控制电路与换挡规律。

6. 自动变速器换挡的控制过程和液力变矩器锁止的控制过程。

7. 电控无级变速系统的结构组成和控制策略。

8. 电控无级变速器的传动机构和无级变速原理。

自测题

一、单选题（在每小题的备选答案中，选出一个正确答案，并将其序号填在括号内）

1. 装备电控自动变速系统的汽车，当选挡操纵手柄处于下列哪个位置时才能起动发动机？（   ）。

A. N、P 和 R　　　　　　　B. P 或 N　　　　　　　C. D、3 和 2

2. 当选挡操纵手柄处于下列哪个位置时，电控自动变速系统才能自动换挡？（   ）。

A. N、P 和 R　　　　　　　B. D、L、和 R　　　　　　C. D、3 和 2

3. 如果自动变速系统没有提供经济型换挡规律，那么下面哪一种就相当于经济型？（   ）。

A. NORM　　　　　　　　B. PWR　　　　　　　　C. NORM 与 PWR

4. 在装备电控自动变速系统的汽车上，控制变速器自动换挡的电磁阀有（   ）。

A. No. 1 和 No. 2 电磁阀　　B. No. 1 和 No. 3 电磁阀　　C. No. 2 和 No. 3 电磁阀

二、判断题（在括号内正确的打√、错误的打×）

1. 在装备电控自动变速系统的汽车上，当液力变矩器锁止时，汽车将行驶在中速状态。

（   ）

2. 在装备电控自动变速系统的汽车上，控制液力变矩器锁止的电磁阀有 No. 2 电磁阀。

（   ）

3. 电控自动变速系统控制液力变矩器解除锁止状态的信号有巡航控制电控单元信号。

（　　）

4. 在装备电控自动变速系统的汽车上，当液力变矩器锁止时，液力变矩器的传动效率为96%。

（　　）

三、简答题

1. 液压控制式自动变速系统和电子控制式自动变速系统有何异同？

2. 汽车电控自动变速系统控制换挡的基本原理是什么？

3. 什么是换挡时机？ECT ECU 怎样控制换挡时机？

4. 当所有车速传感器都发生故障时，ECT ECU 能否继续进行自动换挡控制？为什么？

5. 电控无级变速器的变速传动机构怎样实现无级变速？

第7章　汽车电控系统故障自诊断技术

导　言

　　汽车的使用条件恶劣，运行环境复杂，故障发生难以预料。为了及时发现故障，汽车电控系统都应用了故障自诊断技术，一旦系统发生故障，就能迅速报警提醒驾驶人采取相应措施，同时还能保持汽车基本的运行能力，以便驾驶人将汽车驾驶回家或送修理站修理。

　　本章主要介绍汽车故障自诊断系统的组成与功能，汽车电控系统故障自诊断监测原理，电控系统自诊断测试方式、测试内容、测试工具和测试过程，汽车电控系统故障诊断与检修方法等内容。

　　本章学习内容力求使学生掌握汽车电控系统故障自诊断测试技术的相关知识，为继续学习相关章节和使用、维修汽车电控系统故障自诊断系统打下坚实的基础。

学习目标

　　1. 认知目标
　　1）了解汽车故障自诊断系统的组成与功能。
　　2）熟悉汽车电控系统故障自诊断监测原理。
　　3）掌握汽车电控系统故障自诊断测试方式。
　　2. 技能目标
　　1）能够说明汽车故障自诊断系统的组成与功能。
　　2）能够说明汽车电控系统故障自诊断监测原理。
　　3）能够熟练地阐述汽车电控系统故障自诊断测试方式。
　　3. 情感目标
　　1）养成学习汽车电控技术的习惯。
　　2）注重培养一丝不苟、严肃认真的工作态度和工作作风。
　　3）加强形象思维能力和抽象思维能力培养，不断提高学习兴趣和效率。

7.1　故障自诊断系统组成与功能

　　汽车故障自诊断是指汽车电控系统监测自身的运行情况，诊断系统有无故障，并采取相应的控制措施。现代汽车每一个电控系统都配置有相应的故障自诊断子系统，通常称为第二代车载故障自诊断系统（On Board Diagnosis System-Ⅱ, OBD-Ⅱ），简称故障自诊断系统（OBD 或 OBDS）。

7.1.1 故障自诊断系统的组成

汽车故障自诊断系统主要由传感器监测电路、执行器监测电路、故障代码存储器、软件程序、故障诊断通信接口（Trouble Diagnostic Communication Link, TDCL）以及各种故障指示灯等组成。

传感器与执行器监测电路一般都与各种电控单元设置在同一块印刷电路板上，软件程序存储在各种电控单元内部的专用存储器中。如图 7-1 所示为典型的发动机冷却液温度传感器自诊断电路示意图。

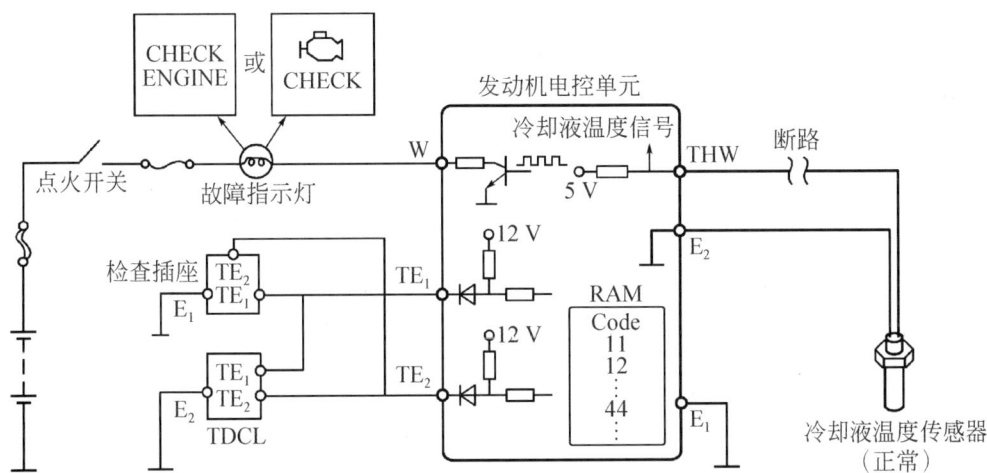

图 7-1 典型的发动机冷却液温度传感器自诊断电路示意图

故障诊断通信接口通常称为故障诊断插座，简称诊断插座，装备电控系统的汽车上都设有故障诊断插座，一般安装在熔断器盒上、仪表板下方或发动机舱内。为了便于检修人员在发动机舱盖开启状态下测试发动机电控系统有无故障，一般在发动机舱内还设有一个故障检查插座，其功用与故障诊断插座相同。如果没有检查插座，检修人员就必须进入驾驶室利用故障诊断插座进行诊断测试。

7.1.2 故障自诊断系统的功能

在汽车运行过程中，各种电控单元根据不同传感器和控制开关输入的信号，按照预先设定的控制程序进行数学计算和逻辑判断，并向各种执行器发出相应的控制指令完成不同的控制功能。如果某只传感器或控制开关发生故障，就不能向电控单元正常输送信号，汽车性能就会变坏甚至无法运行。

当执行器发生故障，其监测电路反馈给电控单元的信号就会出现异常，汽车性能也会变坏甚至无法运行。因此，在使用汽车时，一旦接通点火开关，自诊断电路就会投入工作，实时监测各种传感器、控制开关和执行器的工作状态。一旦发现某只传感器或控制开关信号异常，或执行器监测电路的信号异常，就会立即采取三个方面的措施：一是发现某只传感器或执行器参数异常时，立即发出报警信号；二是将故障内容编成代码（称为故障代码）存储在 RAM 中，以便维修时调用或供设计参考；三是启用相应的后备功能（又称为"回家"功能），使控制系统处于应急状态运行。

1. 发出报警信号

在电控系统运转过程中，当某只传感器、控制开关或执行器发生故障时，电控单元将立即接通仪表板上的故障指示灯电路，使指示灯发亮或闪亮，目的是提醒驾驶人控制系统出现故障，应立即检修或送修理厂修理，以免故障范围扩大。

各种电控系统的故障指示灯都设置在组合仪表板的透明面膜下面，并在面膜上印制有不同的图形符号或英文缩写字母。如发动机电控系统的故障指示灯用发动机图形符号或字母"CHECK ENGINE（检查发动机）"或"SERVICE ENGINE SOON（立即维修发动机）"表示，防抱死制动系统用字母"ABS"表示，安全气囊系统用字母"SRS"或"AIR BAG"表示。

2. 存储故障代码

当故障自诊断系统发现某只传感器、控制开关或执行器发生故障时，其电控单元会将监测到的故障性质（如断路、短路或搭铁）和故障部位等信息，并以故障代码的形式存储在 RAM 中。只要 RAM 电源不被切断，故障代码就会一直保存在 RAM 中。即使是汽车在运行中偶尔出现一次故障，故障自诊断电路也会及时检测到并记录下来。在每一辆汽车的自诊断系统电路中，都设置有一个专用的故障诊断插座（1994 年以后均为 16 端子插座），当需要诊断排除故障或了解电子控制系统的运行参数时，使用制造厂商提供的专用故障检测仪或通过特定的操作方法，就可通过故障诊断插座将 RAM 中的故障代码和有关参数读出，为查找故障部位、了解系统运行情况和改进控制系统的设计提供参考依据。

3. 启用后备功能

当自诊断系统发现某只传感器、控制开关或执行器发生故障时，其电控单元将以预先设定的参数取代故障传感器、控制开关或执行器工作，使控制系统继续维持控制功能，汽车将进入故障应急状态运行并维持基本的行驶能力，以便驾驶人将汽车行驶回家或送到修理厂修理。电控系统的这种功能称为后备功能或失效保护功能。下面以发动机电控系统的后备功能为例说明。

1）冷却液温度传感器电路断路或短路时，电控单元按固定温度值控制喷油器喷油。当冷却液温度传感器工作正常时，冷却液温度一般设定在-30 ℃~120 ℃，其输出信号电压在0.3~4.7 V范围内变化，如图 7-2 所示。

当冷却液温度传感器电路发生短路或断路故障时，其输出的信号电压就会低于 0.3 V 或高于 4.7 V，如图 7-2（a）所示。电控单元接收到低于 0.3 V 或高于 4.7 V 的冷却液温度信号时，故障自诊断系统就会判定冷却液温度传感器及其电路有短路或断路故障，并立即启用后备功能，按冷却液温度固定值（断路时按 80 ℃、短路时按 19.5 ℃）的工作状态控制喷油器喷油，并将故障编成代码存储在 RAM 中，以便检测维修时调用。工作电路如

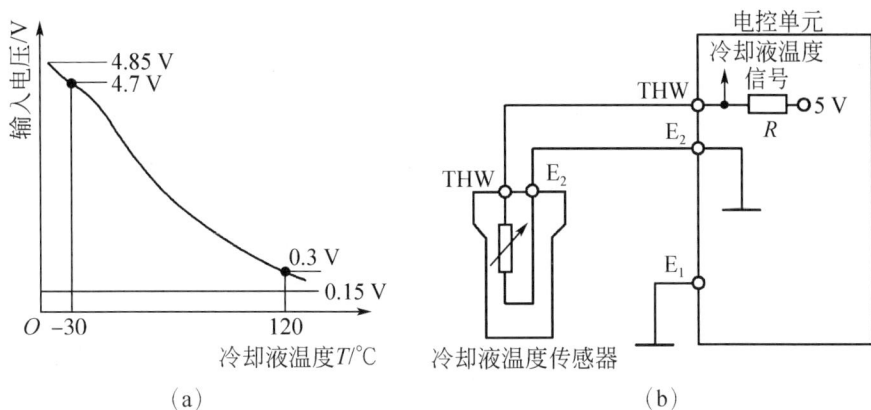

图 7-2　冷却液温度传感器故障自诊断电路

（a）输出特性；（b）工作电路

图 7-2（b）所示。

2）当进气温度传感器或其电路断路或短路时，发动机电控单元将按进气温度为 20 ℃ 的工作状态控制喷油器喷油。

3）当空气流量传感器或歧管压力传感器电路断路或短路时，电控单元将按节气门位置传感器信号以三种固定的喷油量控制喷油器喷油。当节气门位置传感器的怠速触点闭合时，电控单元以固定的怠速喷油量控制喷油；当怠速触点断开、节气门尚未全开时，电控单元以固定的小负荷喷油量控制喷油；当节气门全开或接近全开时，电控单元以固定的大负荷喷油量控制喷油。对于多点燃油顺序喷射系统，喷油频率则由发动机每转两转顺序喷油一次改为每转一转同时喷油一次。

4）当节气门位置传感器电路断路或短路时，电控单元将根据发动机转速信号和空气流量传感器信号计算出一个替代值来控制喷油器的喷油量。

5）当大气压力传感器电路断路或短路时，电控单元将按 101 kPa（1 个标准大气压力）控制喷油器喷油。

6）当氧传感器电路断路短路或输出信号电压保持不变或每 1 min 变化低于 10 次时，电控单元将取消空燃比反馈控制，并以开环控制方式控制喷油器喷油。

7）当曲轴位置和凸轮轴位置传感器中的一种传感器电路断路或短路时，电控单元则根据另一种传感器信号控制喷油和点火，点火提前角根据工况不同按预先设定的固定值（起动和怠速工况一般为上止点前 10°左右，其他工况一般为上止点前 20°左右）进行控制，喷油量根据节气门位置传感器信号按预先设定的固定值控制喷油。对于多点燃油顺序喷射系统，喷油频率则由发动机每转两转顺序喷油一次改为每转一转同时喷油一次。

8）当执行器（如喷油器、点火控制器、怠速控制阀）出现故障时，有的故障能被电控单元检测出来，有的则不能检测出来，具体情况依车型的控制软件和硬件设计而异。例如，当大众公司汽车节气门控制组件内的怠速节气门位置传感器信号中断时，控制组件将利用应急弹簧将节气门拉开到规定开度，使怠速转速升高而进入应急状态运行。

监控执行器故障一般都设有专用监测电路，监测点火器的故障自诊断电路如图 7-3 所示。当发动机转速变化时，电控单元发出与转速同步变化的点火脉冲控制指令，点火器内部功率管导通与截止的频率随发动机转速变化而同步变化，点火器监控电路将从功率管的集电极接收到高、低电平且交替变化的同步信号。

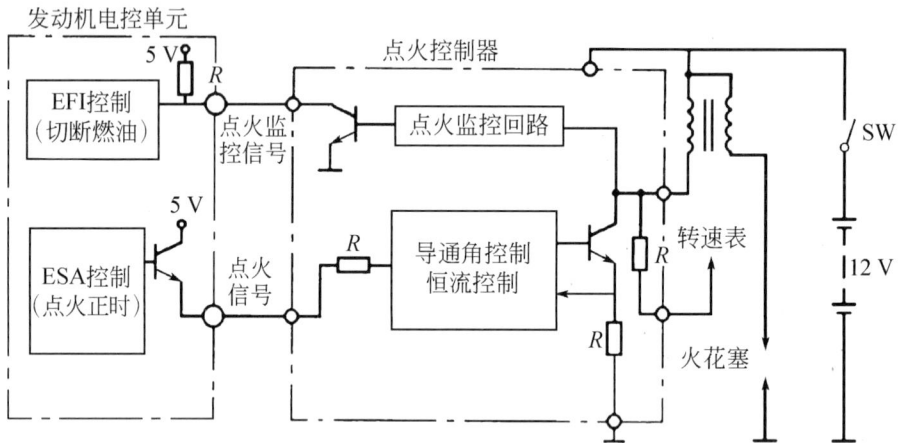

图 7-3　监测点火器的故障自诊断电路

当发动机运转而点火线圈初级电路一直接通或一直断开时，监控电路就接收不到交替变化的信号，反馈到电控单元的监控信号将保持高电平或低电平不变。当电控单元连续发出与汽缸数相同个数的点火脉冲控制指令而点火器监控反馈信号仍保持不变时，电控单元就会判定点火系统发生故障，立即进入应急状态运行，并将故障内容编成代码存储在 RAM 中，以便检测维修时调用。

当发动机电控系统在后备功能工作状态下，由于发动机的性能将受到不同程度的影响，某些车型的发动机故障自诊断系统还将自动切断空调、音响等辅助电器系统电路，以便减小发动机的工作负荷。

7.2　故障自诊断监测原理

在汽车电控系统工作过程中，故障自诊断电路随时都在监测各种传感器、控制开关和执行器的工作状况，诊断它们是否发生故障。

在一般情况下，故障自诊断系统能够识别出故障性质，如无信号（断路）、对地短路（搭铁）、对正极短路。但是，由于控制部件的结构、线路连接以及故障原因各有不同，某些类型的故障原因故障自诊断系统难以区分出来。下面分别以自诊断监测点位于被监测部件正极和负极的故障自诊断原理为例说明。

7.2.1　监测点位于被监测部件正极的故障自诊断原理

在汽车电控系统中，各种传感器的故障自诊断监测点一般都位于传感器的正极。

1. 搭铁和对负极短路的自诊断

当监测点位于被监测部件正极时，传感器搭铁或对负极短路的故障自诊断电路如图 7-4

所示。当传感器及控制系统正常时，自诊断电路从自诊断监测点测得传感器输入 CPU 的信号电压为 0.3~4.7 V，表示该传感器工作正常，自诊断结果无故障记录。

如果传感器与电控单元之间的信号线、连接器插头或传感器部件本身"搭铁"，如图 7-4（a）所示，则自诊断监测点输入 CPU 的监测值将始终为 0 V，此时 CPU 记录的故障为"对地短路"，即搭铁。

如果传感器信号线与负极导线短接，即"对负极短路"，如图 7-4（b）所示，则自诊断监测点输入 CPU 的监测值也将始终为 0 V，此时 CPU 记录的故障也为"对地短路"。

综上所述，在监测点位于被监测部件正极的情况下，当控制部件的信号线、连接器插头或部件本身"搭铁"或"对负极短路"时，CPU 记录的故障均为"对地短路"，即搭铁。

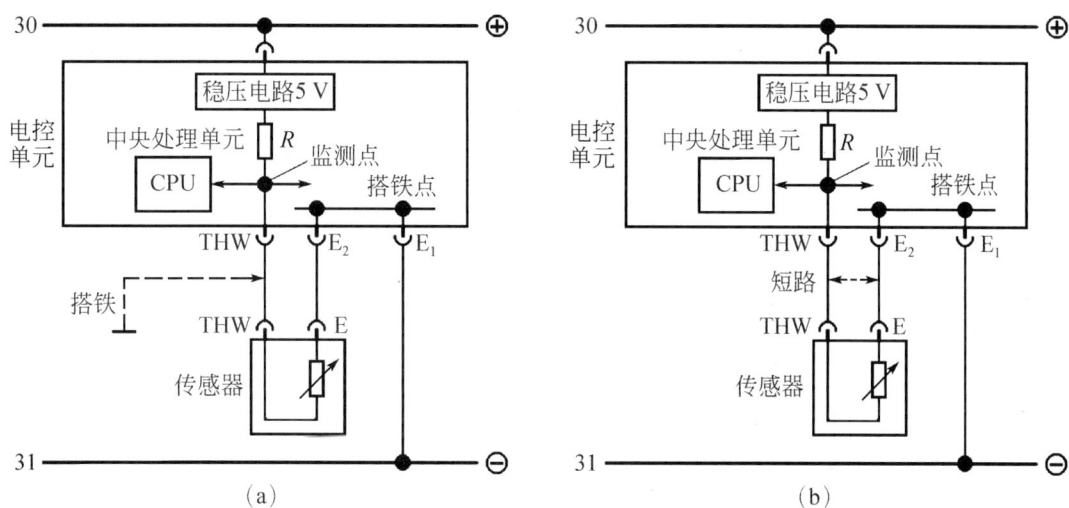

图 7-4　传感器线路搭铁或对负极短路的故障自诊断电路
（a）搭铁的故障自诊断电路；（b）对负极短路的故障自诊断电路

2. 断路与对正极短路的自诊断

当监测点位于被监测部件正极时，传感器线路断路或对正极短路的故障自诊断电路如图 7-5 所示。

当传感器与电控单元之间的信号线、连接器插头或传感器部件本身"断路"时，如图 7-5（a）所示，自诊断监测点输入 CPU 的监测值将始终为 5 V。

某些传感器（如节气门位置传感器）需要提供电源，其电源线、信号线及搭铁线等均通过线束插头或插座与电控单元的线束插座连接。当传感器与电控单元之间的信号线、线束插头或部件本身"对正极短路"时，如图 7-5（b）所示，自诊断监测点输入 CPU 的电压也将始终保持 5 V 不变。

由此可见，当传感器发生"断路"和"对正极短路"两种类型的故障时，因为自诊断监测点输入 CPU 的监测值都始终为 5 V，所以 CPU 难以区分其故障性质。因此，在监测点位于被监控部件正极的情况下，当出现"断路"和"对正极短路"两种故障之一时，CPU 自诊断记录的结论均为"断路或对正极短路"。

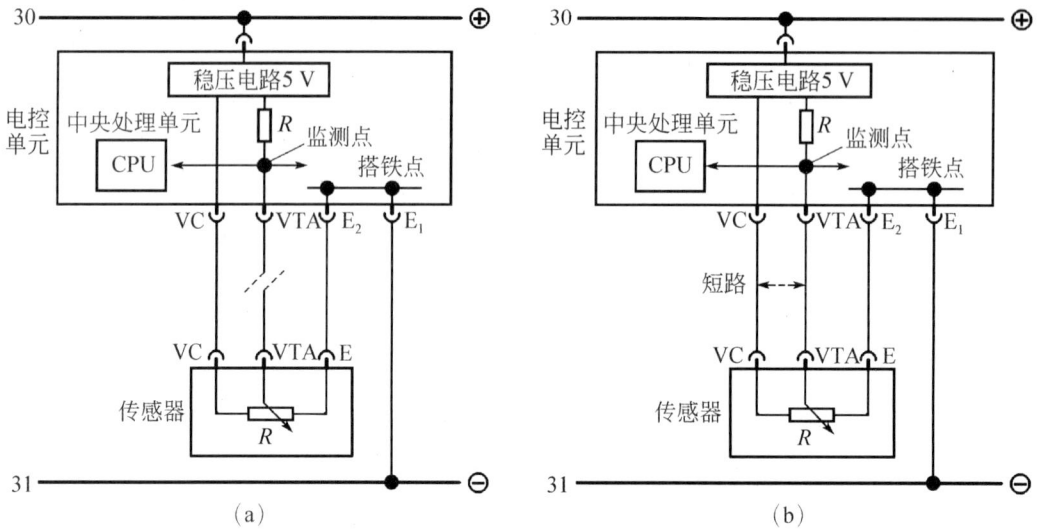

图 7-5　传感器线路断路或对正极短路的故障自诊断电路

（a）断路的故障自诊断电路；（b）对正极短路的故障自诊断电路

7.2.2　监测点位于被监测部件负极的故障自诊断原理

在汽车电控系统中，各种执行器的故障自诊断监测点一般都设在执行器的负极，以便驱动回路驱动执行器动作。

1. 对电源线短路或对正极短路的自诊断

当自诊断监测点位于被监测部件负极时，对电源线短路或对正极短路的故障自诊断电路如图 7-6 所示。

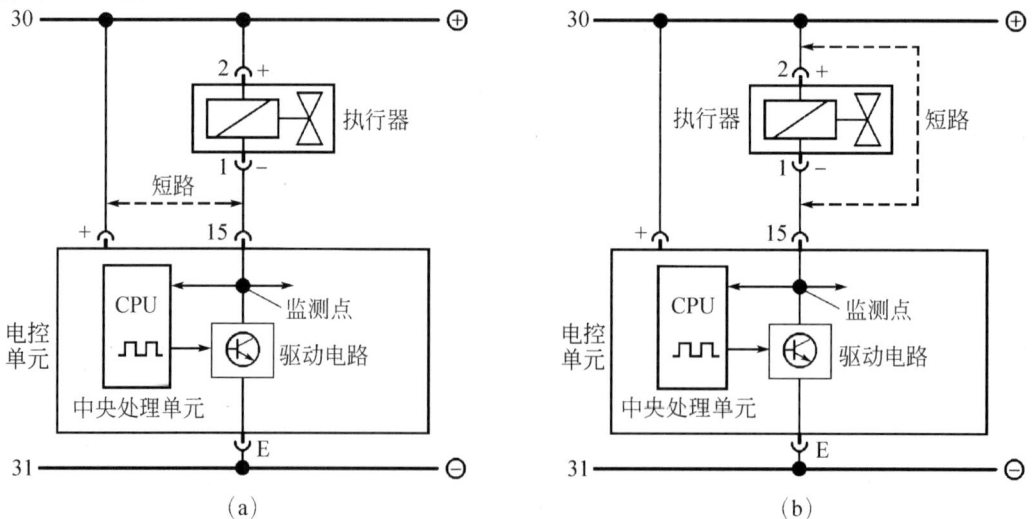

图 7-6　对电源线短路或对正极短路的故障自诊断电路

（a）对电源线短路的故障自诊断电路；（b）对正极短路的故障自诊断电路

当执行器及控制系统正常时，CPU 向输出回路（驱动电路）发出一定频率的脉冲控制信号驱动执行器动作，故障自诊断电路从自诊断监测点可以测得交替变化的脉冲信号并反馈到 CPU，从而说明控制系统工作正常，此时 CPU 无故障记录。

当执行器负极导线、连接器插头或部件本身对电源线短路或对部件正极导线短路时，如图 7-6（a）和图 7-6（b）所示，自诊断监测点反馈输入到 CPU 的监测值将始终等于电源电压。因此，CPU 自诊断记录的结论均为"对正极短路"。

2. 断路与搭铁故障的自诊断

当自诊断监测点位于被监测部件负极时，断路与搭铁（又称为对地短路）的故障自诊断电路如图 7-7 所示。

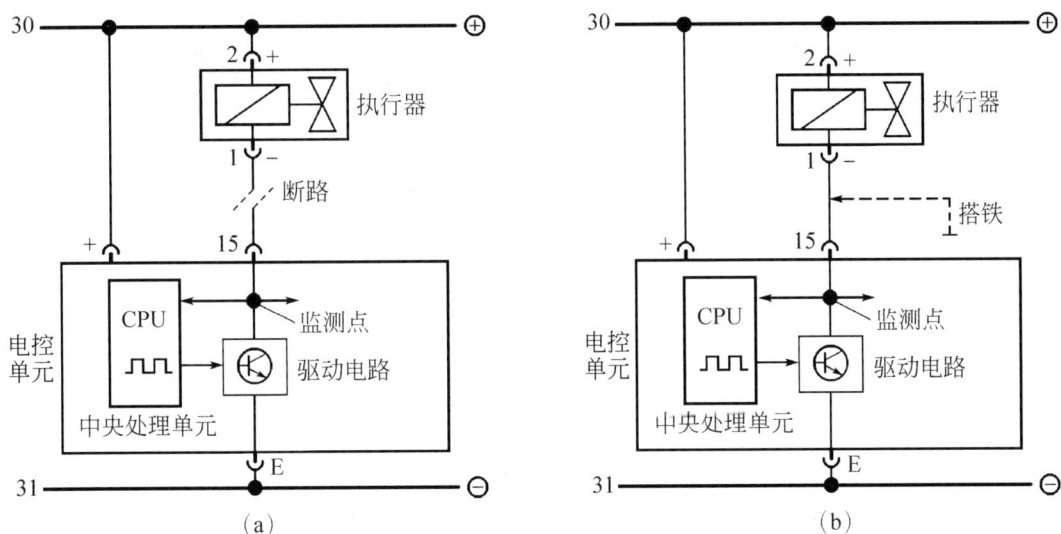

图 7-7 断路与搭铁的故障自诊断电路
（a）断路的故障自诊断电路；（b）搭铁的故障自诊断电路

当执行器负极导线、连接器插头或部件本身与电控单元之间的导线发生断路故障时，如图 7-7（a）所示，自诊断监测点反馈输入 CPU 的监测值将始终等于 0 V。

当执行器负极导线、插头或部件本身搭铁时，如图 7-7（b）所示，自诊断监测点反馈输入 CPU 的监测值也将始终等于 0 V。

由此可见，当执行器发生"断路"和"搭铁"两种类型的故障时，由于自诊断监测点反馈输入 CPU 的监测值相同，CPU 难以区分故障性质。在自诊断监测点位于被监测部件负极的情况下，当出现"断路"和"搭铁"的故障之一时，CPU 自诊断记录的结论均为"断路或对地短路"。

7.3 电控系统故障自诊断测试

故障自诊断测试是指利用专用故障检测仪与车载电控单元进行通信，或按特定的操作方式触发车载电控单元的控制程序运行，以便读取故障代码、清除故障代码、读取车载电控单元内部的控制参数、检测各种传感器和执行器的工作状态及其控制电路是否正常等活动。

汽车电控系统都具有故障自诊断测试功能，利用专用仪器或专用工具，通过故障自诊断测试，根据测试过程中显示的故障代码来检查和排除各种电控系统的故障，是排除汽车电控系统故障最有效、最方便和最快捷的方法。

7.3.1　故障自诊断测试方式

根据发动机工作状态不同，故障自诊断测试方式分为静态测试（Key ON Engine OFF，KOEO）和动态测试（Key ON Engine Run，KOER）两种。

静态测试方式是指在点火开关接通（ON）、发动机不运转（OFF）的情况下进行诊断测试，主要用于读取或清除故障代码。

动态测试方式是指在点火开关接通（ON）、发动机运转（Run）的情况下进行诊断测试，主要用于读取或清除故障代码、检测传感器或执行器工作情况及其控制电路是否良好以及与车载电控单元进行数据通信（数据流分析）等。

7.3.2　故障自诊断测试内容

汽车电控系统故障自诊断测试内容主要包括读取与清除故障代码、数据流分析、监控执行器和编程匹配等。

1. 读取与清除故障代码

读取与清除故障代码是指利用故障检测仪或专用工具，将汽车电控系统各种电控单元中存储的故障代码读出或清除的过程。

汽车在使用过程中，只要蓄电池正极柱和负极柱上的电缆端子未曾拆下，电控单元中存储的故障代码就能长期保存。将故障代码从电控单元中读出，即可知道故障性质、故障部位或故障原因，为检查与排除故障提供依据。

在各型汽车上，蓄电池正极都直接与电控单元连接，不受任何开关控制，以便蓄电池向 RAM 持续供电。因为 RAM 一旦断电，其内部存储的信息就会丢失，所以，在装备电控系统的汽车上，不能轻易断开蓄电池极柱上的电缆接头。

读取与清除故障代码的方法有两种：一种是利用故障检测仪读取，另一种是利用特定的操作方法和操作程序进行读取。汽车故障检测仪对故障代码有比较详细的说明，比如是历史性故障代码还是当前故障代码，故障代码出现几次。历史性故障代码表示故障曾经出现过（如线路接触不良），现在已不出现，但在电控单元中已经存储记忆。当前故障代码表示最近出现的故障，并且可以通过出现的次数来确定此故障代码是否经常出现。

清除故障代码必须在汽车运行一段时间，并确认故障已经排除之后才能进行。确认故障排除时，非常关键的一步是根据使用手册或相关资料，查明出现故障代码的运行条件。如果运行条件不满足要求，故障就可能仍然存在。以发动机控制系统的空气流量传感器信号频率低（故障代码为 DTC P0102）为例，产生该故障的设定条件是空气流量传感器信号频率低于 1 200 Hz 并超过 0.5 s，出现故障代码 DTC P0102 的运行条件是起动发动机运行，点火电压高于 8.0 V，节气门开度低于 50%。如果上述运行条件不满足，即使空气流量传感器存在故障，发动机电控单元也不会发出指令使故障指示灯发亮指示，以避免维修人员误认为故障已经排除。

2. 数据流分析

当发动机运转时，利用故障检测仪将车载电控单元内部的控制参数和计算结果等数值以数据表和串行输出方式在检测仪屏幕上一一显示出来的过程，称为数据流分析，又称为"数据通信""数据传输""读取数据块"。

数据流显示的数据主要包括氧传感器、发动机转速、喷油脉宽、空气流量、节气门开度、怠速转速、蓄电池电压、点火提前角、冷却液温度、进气温度等信号参数。汽车电控系统传感器和执行器的工作参数具有一定的标准和范围，通过数据流分析，各种传感器输出信号电压的瞬时值、电控单元内部的计算与判断结果、各种执行器的控制信号都能一目了然地显示在检测仪屏幕上。根据发动机运转状态和传输数据的变化情况，即可判断控制系统工作是否正常，将特定工况下的传输数据与标准数据进行比较，就能准确判断故障类型和故障部位。

3. 监控执行器

监控执行器是指利用汽车故障检测仪对执行器（如喷油器、怠速电动机、继电器、电磁阀、冷却风扇电动机）进行人工控制，向其发出强制驱动或强制停止指令来监测其动作情况，用以判定执行器及其控制电路的工作状况是否良好的过程。

在发动机怠速状态下对怠速电动机进行动作测试时，可以控制其开度的大小，随着怠速电动机控制节气门（或旁通空气道）开度大小的变化，发动机怠速转速亦应相应地升高或降低，通过测试就可判定怠速电动机及其控制线路是否正常。同理，可在发动机运转时对燃油泵继电器进行监控，当发出断开燃油泵继电器控制指令时，发动机应很快就停止运转。

在发动机运转状态下，如果发出控制某只喷油器停止喷油的指令后，用手触摸该喷油器仍有振动感或发动机转速不降低，说明其控制电路有故障；当控制模式设定为闭环控制模式时，系统将对空燃比实施闭环控制，氧传感器信号将发挥作用，如果故障检测仪屏幕上表示发动机混合气浓度的红色指示灯（混合气浓）与绿色指示灯（混合气稀）交替闪亮，说明闭环控制系统正常，如果红色指示灯常亮不闪或绿色指示灯常亮不闪，说明氧传感器失效。

在发动机熄火状态下，可控制电动燃油泵运转，控制某只电磁阀或继电器（如冷却风扇继电器、空调压缩机继电器）工作，控制某只喷油器喷油等。当发出相应的控制指令后，如果电动燃油泵不转（听不到运转声音），电磁阀不工作（用手触摸时没有振动感），冷却风扇或空调压缩机不转动，说明该执行器或其控制电路有故障。

不同汽车故障检测仪所能支持的执行器动作测试项目不尽相同，有的支持测试项目多，有的支持测试项目少，主要取决于故障检测仪和汽车电控单元的软件程序与匹配关系。

4. 编程匹配

编程匹配是指电控系统工作参数发生变化或更换新的控制部件之后，利用汽车故障检测仪与电控系统的电控单元进行数据通信，通过设定工作参数使系统或新换部件与控制系统匹配工作的过程，又称为初始设定。

编程匹配必须具有详细的技术资料才能进行操作，主要用于怠速设定、电子节气门设定、更换各种电控单元后的编码设定、防盗功能设定、自动灯光设定、自动变速器维修后的设定等。随着汽车电控技术的发展和控制精度的提高，编程匹配工作越来越多，特别是大众系列汽车在更换新的控制部件之后，大都需要进行编程匹配。

7.3.3 故障自诊断测试工具

汽车电控系统常用的故障自诊断测试工具有跨接线、调码器、故障检测仪三种类型。汽车故障检测仪功能齐全、使用方便，但价格昂贵。为了便于没有故障检测仪的用户通过读取故障代码来诊断故障，各大汽车厂家（公司）1993 年以前生产的汽车电控单元中，大都设有利用跨接线或调码器来读取故障代码的软件程序，将跨接线或调码器与诊断插座上相应的接线端子连接之后，即可根据组合仪表板上或调码器上"故障指示灯"的闪烁情况读出故障代码。1994 年，各大汽车厂家（公司）开始统一采用第二代车载故障自诊断系统之后，因为全球汽车厂商统一了故障诊断插座形式（规定为标准的 16 端子诊断插座）和故障测试软件通用标准（规定各种车型的故障测试软件在不同故障检测仪中可以通用），所以 1994 年后生产的汽车，一般都需要使用故障检测仪进行自诊断测试。

1. 跨接线

跨接线是一根普通的单芯导线或两端带有鳄鱼夹的导线，如图 7-8 所示。将跨接线与诊断插座上相应的接线端子连接之后，接通点火开关即可触发读取故障代码的软件程序运行，同时根据组合仪表板上故障指示灯的闪烁情况就可读出故障代码。

2. 调码器

调码器是由发光二极管（LED）与一定阻值的电阻 R 串联组成的显示器，如图 7-9 所示，串联电阻 R 为限流电阻，防止电流过大而烧坏 LED；两只 LED 并联的目的是无论调码器输出端子 T1、T2 与诊断插座输出信号的正负极怎样连接，都有一个 LED 导通工作。将 LED 调码器与诊断插座上的相应端子连接，接通点火开关即可触发读取故障代码的软件程序运行，根据 LED 调码器上 LED 的闪烁情况就可读出故障代码。

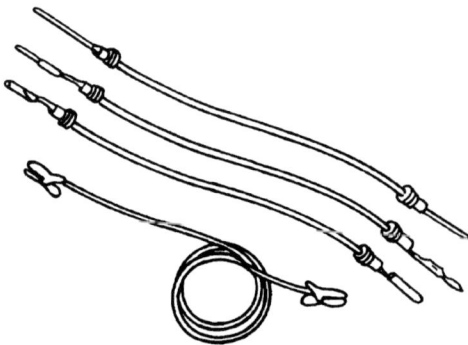

图 7-8 跨接线

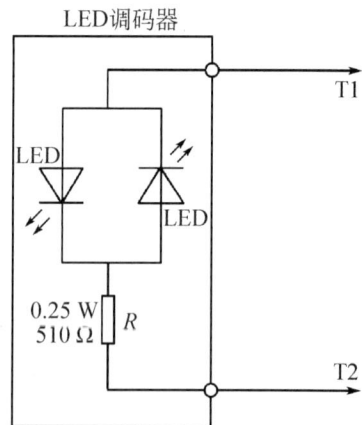

图 7-9 调码器

3. 故障检测仪

汽车故障检测仪是一种利用配套的连接线束与汽车上的故障诊断插座相连，并与各种电控系统的电控单元进行数据交流的专用仪器。为了便于维修人员诊断测试汽车电控系统的故障，汽车制造公司或厂家都为自己生产的汽车设计有专用的故障检测仪。汽车故障检测仪又称为故障诊断测试仪、故障阅读仪和解码器。

汽车故障检测仪通常分为专用检测仪和综合检测仪两种。专用检测仪是指由汽车制造厂家提供或指定的汽车故障检测仪，如奔驰汽车用 HHT，宝马汽车用 MONIC3，大众（奥迪）汽车所用 V.A.G1551（见图 7-10）、V.A.G1552（见图 7-11）、V.A.G5051、V.A.G5052（V.A.G5051、V.A.G5052 分别是 V.A.G1551、V.A.G1552 的换代升级产品，功能更齐全，但体积有所增大），通用汽车用 TECH-2，克莱斯勒汽车用 DRB-2、DRB-3，福特汽车用 WDS 和 NGS，日产汽车用 CONSULT-Ⅰ、CONSULT-Ⅱ等。一般来说，每个汽车制造厂家（公司）都针对自己生产的各种车系研制有专用的故障检测仪，以便为自己生产的汽车提供良好的维修服务。

综合检测仪是非汽车制造厂商提供或指定，由仪器设备厂商生产的汽车故障检测仪，如德国博世公司的汽车故障检测仪、美国的红盒子 MT2500，国内生产的 X-431、金奔腾彩圣、车博士、电眼睛和修车王等。所有品牌的故障检测仪都具有读取与清除故障代码、数据流分析、执行器功能测试、编程匹配、示波器和万用表功能。同一种故障检测仪配备有多种车型的自诊断软件，购买故障检测仪时可据需要选购。由于不同车型的自诊断软件不尽相同，某一种自诊断测试软件仅适用于指定车型的诊断测试，其他厂家或公司的车型不能使用。

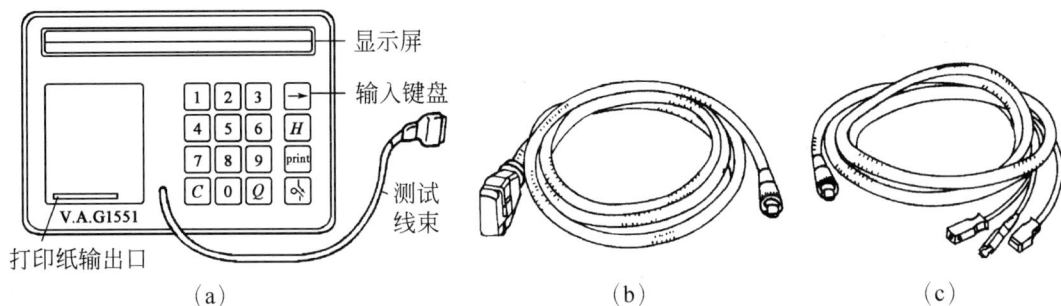

图 7-10　大众（奥迪）汽车所用 V.A.G1551

（a）V.A.G1551 型故障阅读器；（b）16 端子测试线束 V.A.G1551/3；（c）2 端子测试线束 V.A.G1551/1

国产汽车常用故障测试仪 V.A.G1551、V.A.G1552 的功能和使用方法完全相同，唯一区别在于 V.A.G1552 没有打印功能。故障测试仪主要由仪器硬件与软件、显示屏、输入键盘、打印机、测试线束插孔、程序卡安装槽（位于仪器后上部）和交叉线束连接插孔（位于仪器背面）组成，如图 7-10（a）所示。其中，16 端子测试线束适用于具有 16 端子诊断插座的汽车，如图 7-10（b）所示；2 端子测试线束适用于具有 2 端子诊断插座的汽车，如图 7-10（c）所示。不同年份生产的车型，配有不同的磁卡，将其插入相应的故障测试仪，即可对不同的车型进行诊断测试。

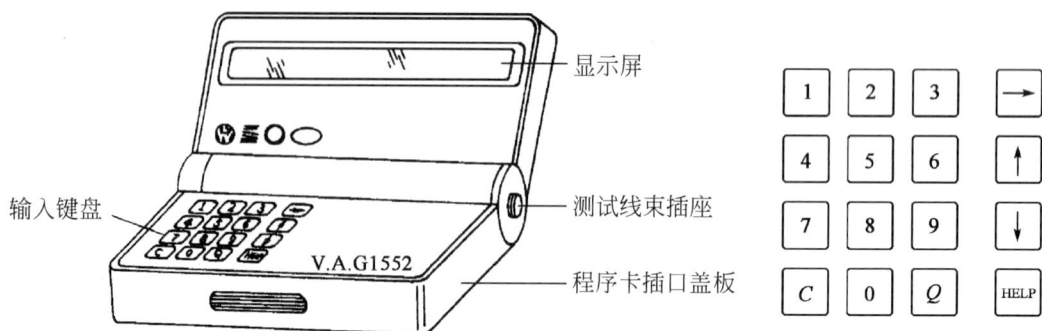

图 7-11 大众（奥迪）汽车所用 V. A. G1552

汽车故障检测仪不仅可以检测诊断燃油喷射系统故障、而且还能检测诊断防抱死制动系统、安全气囊系统、自动变速系统等各种电控系统的故障。故障测试仪型号不同，使用方法也不相同。因此，使用故障测试仪时，必须按照不同故障测试仪的使用说明进行操作。

7.3.4 故障自诊断测试过程

将故障检测仪、调码器或跨接线等自诊断测试工具与汽车上的诊断插座连接后，接通点火开关，即可触发自诊断系统进行自诊断测试。利用故障检测仪进行自诊断测试时，其显示屏能够直接显示故障性质、故障部位与故障原因。各种故障检测仪的使用方法各有不同，下面以国产汽车普遍使用的 V. A. G1551 和 V. A. G1552 型故障测试仪测试大众轿车多点燃油喷射系统为例，说明利用故障测试仪进行故障自诊断测试的过程。

故障测试仪 V. A. G1551 或 V. A. G1552 可供选择的功能有 10 项，如表 7-1 所示。中文版本的故障测试仪可直接识读，使用操作十分方便，维修人员将其称为"傻瓜机"。为了便于读者掌握不同版本故障测试仪的使用方法，下面以英文版本故障测试仪并附译文为例进行说明。

表 7-1 故障测试仪 V. A. G1551 或 V. A. G1552 可供选择的功能

代码	功能	前提条件	
		发动机停转，点火开关接通	发动机怠速运转
01	显示控制系统版本号	—	—
02	读取故障代码	是	是
03	执行机构测试	是	否
04	进入基本设定	是	是
05	清除故障代码	是	是
06	结束输出	是	是
07	控制模块编号	—	—

代码	功能	前提条件	
		发动机停转,点火开关接通	发动机怠速运转
08	读取测量数据块	是	是
09	读取单个测量数据	×	×
10	自适应测试	×	—

注：①发动机停转，点火开关接通进行基本设定时，必须在更换电控单元 J220、节气门控制组
件 J338、发动机或拆下蓄电池电缆后，才能选择代码"04"进行基本设定。
②发动机怠速运转进行基本设定时，冷却液温度高于 80 ℃才能进行，如果冷却液温度低于
80 ℃，基本设定功能将被锁止。
③自适应测试目前仅用于厂内检查。

1. 读取故障代码

使用故障诊断仪进行诊断测试时，蓄电池电压必须高于 11.5 V；燃油喷射熔断丝正常；发动机和变速器上的搭铁线连接必须可靠。读取故障代码的操作程序如下。

1）起动发动机进行至少 220 s 试车。试车中应当满足的条件有：必须在发动机冷却液温度高于 70 ℃的情况下至少运转 174 s；发动机至少高速运行 6 s；发动机运转 210 s 后至少再怠速运转 10 s；发动机转速至少有一次超过 2 200 r/min。对于发动机不能起动的车辆，首先应当排除机械故障，然后反复接通起动开关，使发动机转动数次。

2）连接故障测试仪。大众某型轿车电控汽油喷射系统设有一个 16 端子故障诊断插座（故障阅读仪接口）是一个标准的第二代车载故障自诊断系统插座，安装在变速杆下端皮质护套下面，如图 7-12 所示。诊断电控系统故障时，断开点火开关，用测试线束 V. A. G1551/3 将故障阅读仪 V. A. G1551 或汽车系统测试仪 V. A. G1552 与诊断插座连接，即可进行诊断测试。

图 7-12 大众某型轿车第二代车载
故障自诊断系统插座安装位置

3）接通电源进入诊断测试程序。首先接通点火开关或起动发动机怠速运行（如故障导致发动机不能起动，则接通点火开关即可），其次接通故障诊断仪电源开关。此时故障诊断仪进入"车辆系统测试"模式，"车辆系统测试"模式显示的信息如图 7-13 所示。

4）输入"发动机电子控制系统"的地址指令"01"，并单击"Q"键确认，地址指令代表的系统名称就会出现在屏幕上（单击 C 键可以改变输入指令）。电控单元确认后将显示如图 7-14 所示的电控单元信息（注意：只有在点火开关接通或发动机运转时，才能显示控制器的编号和代码）。需要特别指出的是，由于汽车使用的电控单元以及故障诊断仪使用的程序卡型号不同，各项功能所显示和打印的内容可能有所不同。

图7-13　"车辆系统测试"模式显示的信息

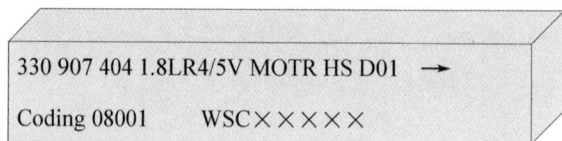

330 907 404—电控单元零件编号（实际编号参见配件目录）；1.8L—发动机排量（1.8升）；
R4/5V—直列4缸5气门发动机；MOTR—燃油喷射系统（MOTRONIC）名称；
HS—手动变速器；D01—电控单元软件代码（程序编号）；Coding 08001—电控单元编码；WSC××××—服务站代码。

图7-14　电控单元信息

5）单击"→"键，直到故障诊断仪屏幕上显示输入"功能选择代码"，如图7-15所示。

图7-15　单击"→"键后显示的"功能选择代码"

6）输入读取故障代码的功能选择代码"02"，并单击"Q"键确认，屏幕上将首先显示存储故障的数量（见图7-16）或显示"没有故障被识别！"（见图7-17）。

图7-16　输入功能选择代码"02"且有故障代码时显示的信息

图7-17　输入功能选择代码"02"但无故障代码时显示的信息

7）单击"→"键继续运行，每个故障的文字说明将单独显示在屏幕上，如图7-18所示。

图7-18　显示每个故障的文字说明信息

如果使用 V. A. G1551 型测试仪，单击"Print"键接通打印机（"Print"键上的指示灯将发亮），存储的一个或多个故障代码及其文字说明将按存储故障的顺序打印出来。为了使打印输出的故障代码与维修手册印制的故障代码表一一对应，故障代码均按5位数字排列，大众某型轿车发动机电控系统的故障代码如表7-2所示。

表7-2　大众某型轿车发动机电控系统故障代码

V. A. G 打印码	故障部位	排除方法
00000	无故障	如果汽车有故障，说明故障没有被控制系统识别
00513	发动机转速传感器 G28	① 检查曲轴位置传感器有无松动； ② 检查线束有无短路、断路或搭铁； ③ 检查传感器有无故障或更换传感器
00515	霍尔式凸轮轴位置传感器 G40	① 检查霍尔传感器转子的安装位置是否准确； ② 检查线束有无短路、断路或搭铁； ③ 检查传感器有无故障或更换传感器
00518	节气门控制组件的节气门位置传感器（电位计）G69	① 检查线束有无短路、断路或搭铁； ② 检查传感器有无故障或更换传感器
00522	冷却液温度传感器 G62	① 检查线束有无短路、断路或搭铁； ② 检查传感器有无故障或更换传感器
00524	1、2 缸用 1 号爆燃传感器 G61	① 检查线束有无短路、断路或搭铁； ② 更换传感器
00527	进气温度传感器 G72	① 检查线束有无短路、断路或搭铁； ② 检查传感器有无故障或更换传感器
00530	节气门怠速位置传感器 G88	① 检查线束有无短路、断路或搭铁； ② 检查传感器有无故障或更换传感器
00540	3、4 缸用 2 号爆燃传感器 G66	① 检查线束有无短路、断路或搭铁； ② 更换传感器
00553	空气流量传感器 G70	① 检查线束有无短路、断路或搭铁； ② 检查传感器至发动机之间是否漏气； ③ 检查传感器是否脏污

V.A.G 打印码	故障部位	排除方法
00668	30号电源线电压高低	① 检查蓄电池电压是否过低； ② 检查整体式交流发电机能否发电
01165	节气门控制组件 J338 基本设定错误	① 检查控制组件与电控单元是否匹配； ② 检查节气门或控制电动机 V60 是否卡死； ③ 重新进行基本设定
01247	活性炭罐电磁阀 N80	① 检查电磁阀线圈电阻（20℃时标准值40~80 Ω）； ② 检查线束有无短路、断路或搭铁
01249	第1缸喷油器 N30	① 检查线束有无短路、断路或搭铁； ② 检查喷油器线圈电阻（20℃时标准值13~18 Ω）
01250	第2缸喷油器 N31	① 检查线束有无短路、断路或搭铁； ② 检查喷油器线圈电阻（20℃时标准值13~18 Ω）
01251	第3缸喷油器 N32	① 检查线束有无短路、断路或搭铁； ② 检查喷油器线圈电阻（20℃时标准值13~18 Ω）
01252	第4缸喷油器 N33	① 检查线束有无短路、断路或搭铁； ② 检查喷油器线圈电阻（20℃时标准值13~18 Ω）

在显示屏上，下面一行显示的是故障性质。如果故障性质后面显示有"/SP"字样，表明该故障为偶然性故障。故障代码及其性质显示完毕，显示屏将显示输入"功能选择代码"。此时输入"功能选择代码"，可继续进行其他诊断测试。

2. 清除故障代码

故障排除后应及时清除故障代码，否则再次读取故障代码时，存储器中所有的故障代码都会一并调出，影响工作效率。如果电控单元电源被切断（如控制器插头被拔下）或蓄电池极柱上的电缆端子被拆下，那么，故障代码存储器中存储的故障信息将被清除。利用故障诊断仪 V.A.G1551 或 V.A.G1552 清除大众某型轿车发动机电控系统故障代码的操作程序如下：

1) 按读取故障代码的操作程序 1）~5）进入诊断测试"功能选择"。当诊断仪屏幕上显示输入"功能选择代码"时，如图 7-19 所示，输入"读取故障代码"的功能选择代码"02"，并单击"Q"键确认。

图 7-19 单击"→"键后显示的"功能选择"信息

2）单击"→"键，直到显示出所有的故障代码，并在屏幕上显示输入"功能选择代码"时，输入"清除故障代码"的功能选择代码"05"，并单击"Q"键确认，显示如图7-20 所示。

Test of vehicle system →

Faults memory is erased!

译文

车辆系统测试 →

存储的故障代码已被清除！

图 7-20　输入功能选择代码"05"时显示的信息

3）单击"→"键，直到故障代码被清除，并在屏幕上显示输入"功能选择代码"时，输入"结束输出"功能选择代码"06"，并单击"Q"键确认。

4）重新试车并再次读取故障代码，不得有故障代码显示。

7.4　电控系统故障诊断与排除

各种汽车电控系统故障的诊断与排除方法大同小异，下面以发动机电控系统为例说明电控系统故障的诊断程序与排除方法。

7.4.1　发动机电控系统故障诊断与检修程序

实践证明，发动机电控系统故障可按下述程序进行诊断与检修。

1）向用户询问有关情况。询问如故障产生时间、产生条件（天气、气温、道路情况以及发动机工况等），故障现象或症状，故障发生频率，是否进行过检修以及检修过哪些部位。

2）进行直观检查。检查电控系统的控制部件是否正常，电气线路连接器或接头有无松动、脱接，导线有无断路、搭铁、错接以及烧焦痕迹，管路有无折断、错接或凹瘪等。部分传感器与执行器对发动机性能的影响如表 7-3 所示，熟悉传感器与执行器对发动机以及车辆运行状态的影响，对迅速诊断与排除故障极为重要。

表 7-3　部分传感器与执行器对发动机性能的影响

序号	部件名称	故障现象
1	电控单元	① 发动机不能起动；② 发动机工作失常
2	点火线圈	① 发动机不能起动；② 无高压火花跳火；③ 次级电压过低
3	燃油泵继电器	① 发动机不能起动；② 燃油泵不工作；③ 喷油器不喷油
4	继电器盒熔断丝	发动机不能起动
5	曲轴与凸轮轴位置传感器	① 发动机不能起动；② 发动机工作不稳定；③ 怠速不稳；④ 中途熄火

续表

序号	部件名称	故障现象
6	空气流量与歧管压力传感器	① 发动机起动困难；② 发动机工作失常；③ 怠速不稳；④ 油耗增加
7	进气温度传感器	① 发动机工作不良；② 怠速不稳或怠速熄火；③ 油耗与排放增加；④ 混合气过浓
8	节气门位置传感器	① 发动机起动困难；② 怠速不稳；③ 发动机工作不良；④ 容易熄火
9	爆燃传感器	① 发动机工作不稳；② 加速时爆燃；③ 点火正时不准
10	氧传感器	① 发动机工作不良；② 怠速不稳；③ 油耗与排放增加；④ 混合气过浓
11	冷却液温度传感器	① 发动机起动困难；② 发动机工作不良；③ 怠速不稳；④ 容易熄火
12	喷油器	① 发动机不能起动或起动困难；② 油耗增加；③ 怠速不稳；④ 发动机工作不良
13	怠速控制阀	① 发动机起动困难；② 怠速不稳或怠速过高；③ 容易熄火
14	曲轴箱通风阀（PVC阀）	① 发动机不能起动或起动困难；② 怠速不稳或怠速过高；③ 加速困难；④ 油耗增加
15	活性炭罐电磁阀	① 发动机工作不良；② 发动机怠速不稳
16	空调开关	① 发动机不能起动；② 发动机怠速不稳；③ 怠速熄火
17	电动燃油泵	① 发动机不能起动或起动困难；② 发动机工作不良；③ 怠速不稳或怠速熄火；④ 发动机回火

3）按基本检查程序进行检查。在诊断发动机电控系统故障时，为了尽快确定故障性质与部位，尽可能少走弯路，在对汽车进行直观检查后，可按图 7-21 所示的发动机电控系统故障的基本检查程序进行检查，包括怠速检查调整和点火正时的检查调整。

4）进行自诊断测试读取故障代码。如有故障代码，则按故障代码表指示的故障原因和部位逐一排除故障；如无故障代码但故障症状依然存在，则通过故障征兆模拟试验来判断试验线路或部件工作是否正常，同时参照汽车厂商提供的"故障征兆表"进行诊断检查，以便缩小故障范围。

汽车电控系统的故障征兆表是一种根据汽车故障征兆（如起动困难、不能起动或怠速失常）和零部件（各种传感器、控制开关及油气管路等）名称，按各种零部件导致该故障发生的可能性大小，用阿拉伯数字由小到大列出的表格。

5）如按上述程序检查仍不能排除故障，说明发动机可能有机械故障和其他故障，可按汽车厂商提供的"发动机机械故障与其他故障征兆表"进行诊断与排除。

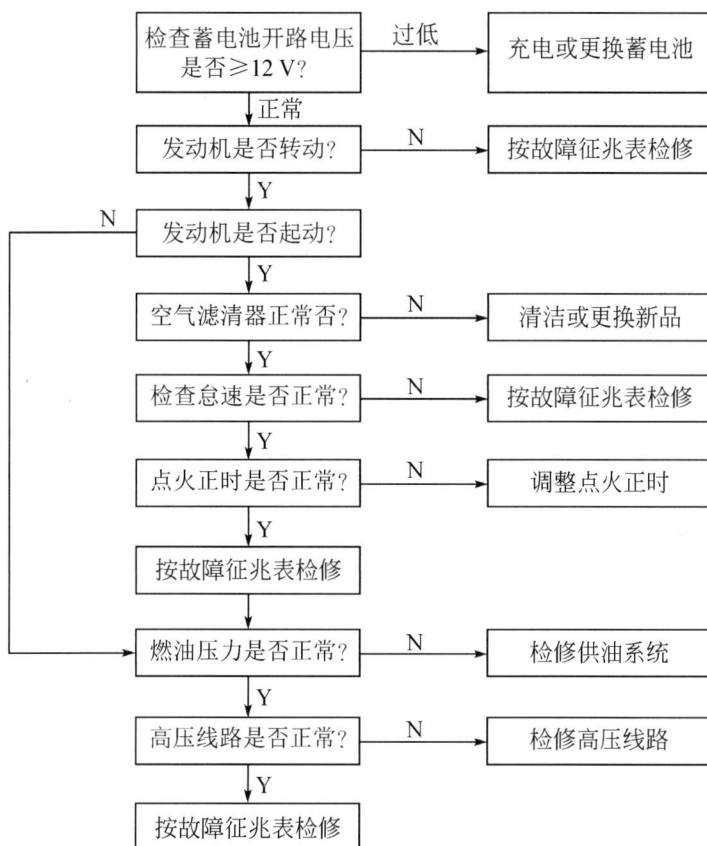

图 7-21 发动机电控系统故障的基本检查程序

7.4.2 发动机电控系统故障诊断与检修方法

诊断检修发动机电控系统故障时，常用以下几种故障征兆模拟试验方法进行。

1. 振动试验法

当振动可能是导致故障产生的主要原因时，就可利用振动试验法进行检验。试验方法主要包括：在水平和垂直方向轻轻摆动连接器、线束、导线接头；用手轻轻拍打传感器、执行器、继电器和开关等控制部件（注意继电器不能用力拍打，以免产生误动作）。

2. 加热试验法

当汽车故障是在热机出现或是由某些传感器与零部件受热所致时，可用电加热吹风机等加热工具对可能引起故障的零部件或传感器进行适当加热，以检查其是否有此故障（注意加热温度不得超过 60 ℃，且不能对电控单元进行加热）。

3. 水淋试验法

当故障在雨天或湿度较大的条件下产生时，可通过水淋试验法检查诊断故障。试验时，将水喷洒在散热器前面和汽车顶部，间接改变温度和湿度检查其是否发生故障（注意不能将水直接喷洒在电器与电控系统零部件上，以免造成短路和其他故障）。

本章小结

本章主要介绍了汽车故障自诊断系统的组成与功能，汽车电控系统故障自诊断检测原理，电控系统自诊断测试方式、测试内容、测试工具和测试过程，汽车电控系统故障诊断与排除等内容。

下列问题覆盖了本章的主要学习内容，利用以下线索可对所学内容做一次简要的回顾：

1. 汽车故障自诊断系统的组成与功能。其功能一是发出报警信号；二是存储故障代码；三是启用后备功能使控制系统处于应急状态运行。

2. 汽车电控系统故障自诊断监测原理。自诊断监测点位于被监测部件正极和负极的故障自诊断原理。

3. 汽车电控系统自诊断测试方式、测试内容、测试工具和测试过程。自诊断测试方式分为静态测试（KOEO）和动态测试（KOER）两种。自诊断测试内容主要包括读取与清除故障代码、数据流分析、监控执行器和编程匹配等。自诊断测试工具有跨接线、调码器、故障检测仪三种类型。

4. 发动机电控系统故障诊断与检修程序。

5. 发动机电控系统故障诊断与检修方法。常用故障征兆模拟试验方法有振动试验法、加热试验法和水淋试验法。

自测题

一、单选题（在每小题的备选答案中，选出一个正确答案，并将其序号填在括号内）

1. 汽车车载故障自诊断系统通常称为（   ）。

A. OBD-Ⅱ   B. OBD   C. TDCL

2. 当汽车电控系统发生故障时，故障自诊断系统就会自动将故障代码存储在（   ）。

A. 电控单元中   B. ROM 中   C. RAM 中

3. 当冷却液温度传感器或其电路发生"断路"时，发动机电控单元将按下列哪个温度控制喷油？（   ）。

A. 19.5 ℃   B. 20 ℃   C. 80 ℃。

二、判断题（在括号内正确的打√、错误的打×）

1. 当冷却液温度传感器发生"短路"时，发动机电控单元将按 80 ℃的工作状态控制喷油器喷油。   （   ）

2. 当进气温度传感器或其电路"短路"时，发动机电控单元将按 80 ℃的工作状态控制喷油器喷油。   （   ）

3. 当氧传感器电路"断路"时，电控单元将进行空燃比反馈控制。   （   ）

三、简答题

1. 装备电控系统的汽车，为什么不能轻易断开蓄电池极柱上的电缆接头？

2. 汽车车载故障自诊断系统监测传感器搭铁故障的自诊断原理是什么？试举例说明。

3. 常用汽车电控系统的自诊断测试工具有哪些？各有什么用途？

参考文献

[1] 蹇小平，麻友良. 汽车电器与电子技术[M]. 北京：人民交通出版社，2006.

[2] 秦明华. 汽车电器与电子技术[M]. 北京：北京理工大学出版社，2003.

[3] 王尚勇，杨青. 柴油机电子控制技术[M]. 北京：机械工业出版社，2005.

[4] 徐家龙. 柴油机电控喷油技术[M]. 北京：人民交通出版社，2004.

[5] 史文库. 汽车新技术[M]. 北京：人民交通出版社，2010.

[6] 吴刚. 汽车电子控制技术[M]. 北京：人民交通出版社股份有限公司，2014.

[7] 舒华. 汽车电器与电控技术[M]. 北京：机械工业出版社，2012.

[8] 周云山，张军. 汽车电器与电子控制技术[M]. 北京：人民交通出版社，2014.

[9] 陈焕江，崔淑华. 汽车检测与诊断技术[M]. 2版. 北京：人民交通出版社股份有限公司，2015.

[10] 张建俊. 汽车诊断与检测技术[M]. 4版. 北京：人民交通出版社股份有限公司，2015.

[11] 刘仲国. 现代汽车检测与故障诊断[M]. 2版. 北京：人民交通出版社股份有限公司，2015.

[12] 麻友良. 汽车电器与电子控制系统[M]. 2版. 北京：机械工业出版社，2006.

[13] 周建平. 汽车电气设备构造与维修[M]. 3版. 北京：人民交通出版社，2014.

[14] 解福泉. 汽车典型电控系统构造与维修[M]. 3版. 北京：人民交通出版社，2014.

[15] 舒华，姚国平. 汽车电器设备与维修[M]. 3版. 北京：北京理工大学出版社，2012.

[16] 彭小红，陈清. 汽车电路和电子系统检测诊断与修复[M]. 北京：人民交通出版社，2012.

[17] 冯崇毅，鲁植雄，何丹娅. 汽车电子控制技术[M]. 2版. 北京：人民交通出版社，2011.

[18] 德国 BOSCH 公司. BOSCH 汽车工程手册[M]. 2版. 顾柏良，译. 北京：北京理工大学出版社，2004.